JN108723

◆頻出事例から応用事例までをパターン別に分けて徹底解説!!
◆配偶者居住権等二次相続を視野に入れた本特例の使い方も解説!!
◆裁判例・裁決例を掲載し「小規模宅地等の特例」を完全網羅!!

一般財団法人 大蔵財務協会

はしがき（令和６年版）

本書は前回、令和３年版として、令和３年11月に発刊させていただきました。その発刊後現在まで、本特例に関する大きな改正はありません。

一方、相続税に関して、令和４年４月19日に財産評価基本通達の総則６項を巡る最高裁の注目判決が出されました。そこでは、相続３、４年前に購入した1棟マンションの相続税評価を巡って、路線価等の評価をした納税者に対して、「評価通達の定める方法による画一的評価を行うことが実質的な租税負担の公平に反するというべき事情がある場合には…財産の評価を評価通達の定める方法により評価した価額を上回る価額によるものとすることが…平等原則に違反するものではないと解するのが相当である」として、鑑定評価額による評価を認めました。この判決自身が本特例に直接影響はしませんが、減額の基となる金額ですので、注目は必要と考えております。そこで、この判決を受けて、令和６年から改正をされたマンション評価について、コラムを掲載しました。また、令和６年4月から義務化される相続登記についても触れました。

本特例を巡って、この２、３年に公表等をされた裁決・裁判例では、生計一を巡ってのものが多くみられました。第４章の裁決・裁判例で紹介をしておりますのでご覧ください。生計一の件は、事実認定の問題が多く含まれており、事例に落とし込むのは難しいため、Ｑ＆Ａでは新問としては入れておりません。今回の改定に当たっては、筆者のもとに寄せられた相談等を新問として織り込みつつ、平成30年改正の経過措置がほとんど終了しているとの想定の下に、不要な問や文言を削除するなど、スクラップアンドビルドを心掛けました。本書が税務に携わる実務家の方々はもちろん、一般の方々にとっても参考になれば幸いに存じます。

終わりに、本書の刊行の機会を与えていただいた大蔵財務協会の木村理事長をはじめ、出版編集部の皆様に心からの謝意を表します。

令和６年２月

税理士　松岡　章夫
税理士　山岡　美樹

はしがき（令和３年版）

本書の前著は令和元年版として、令和元年11月に発刊させていただきました。そこでは、令和元年度税制改正による特定事業用宅地等の要件の改正を織り込み、同年度に創設された個人版事業承継税制との関連にも触れました。また、令和２年４月以降の相続から適用になる配偶者居住権と小規模宅地等の特例との関係についても、記載をしました。

その発刊後現在まで、本特例に関する大きな改正はありませんが、国税庁から「配偶者居住権等の評価に関する質疑応答事例」について（情報）及び相続税及び贈与税等に関する質疑応答事例（民法（相続法）改正関係）について（情報）（いずれも令和２年７月７日付）が出され、配偶者居住権と本特例との関係が整理されました。また、本特例に関して、申告書の記載例の情報も発出された（令和３年４月１日付）ところでありますので、主に配偶者居住権と本特例との関係をわかりやすく解説することを主眼として発刊することといたしました。

さらには、本特例に関する裁判・裁決例の新しいものをまとめるとともに、筆者のもとに寄せられた相談等を新問として織り込みつつ、質疑応答の問を232問としました。

本特例の適用金額は大きい場合が多く、その適用の可否により相続税の課税価格が大きく変わるため、非常に重要な特例であることはいうまでもありませんので、本書は本特例をわかりやすく解説することに心がけております。本書が税務に携わる実務家の方々はもちろん、一般の方々にとっても参考になれば幸いに存じます。

終わりに、本書の刊行の機会を与えていただいた大蔵財務協会の木村理事長をはじめ、出版編集部の皆様に心からの謝意を表します。

令和３年10月

税理士　松岡　章夫
税理士　山岡　美樹

はしがき（令和元年版）

平成27年１月の相続から、相続税の基礎控除が引き下げられ、相続税の申告件数が10万件を優に越え、その半数以上が小規模宅地等の特例（以下、「本特例」といいます。）を適用しているものと思われます。なおかつ、本特例の適用金額は大きい場合が多く、その適用の可否により相続税の課税価格が大きく変わるため、非常に重要な特例であります。

令和元年度税制改正により、本特例に関して、特定事業用宅地等の要件の改正が行われました。本書では、この改正を織り込み、この改正が同じく令和元年度税制改正で創設された個人版事業承継税制との関連があるため、同税制と本特例との関係についても、トピックスとして掲載しました。また、令和２年４月から創設される配偶者居住権に対する本特例の適用関係も解説いたしました。

さらには、本特例に関する裁判・裁決例の新しく判明したものをまとめるとともに、前著の平成30年版発行後に寄せられた相談等を新問として織り込みつつ、質疑応答の問いを219問としました。

改訂版の発刊に当たりましては、わかりやすく解説することに心がけておりますが、本書が税務に携わる実務家の方々はもちろん、一般の方々にとっても参考になれば幸いに存じます。

終わりに、本書の刊行の機会を与えていただいた大蔵財務協会の木村理事長をはじめ、出版編集部の皆様に心からの謝意を表します。

令和元年11月

税理士　松岡　章夫
税理士　山岡　美樹

はしがき（平成30年版）

平成27年１月の相続から、相続税の基礎控除が引き下げられ、平成28年分の相続税の申告件数が13万件を越えたと国税庁が発表しています。また、そのうち小規模宅地等の特例を適用している件数が7.3万件を越えているとの報道があります。相続税の申告の半数以上が小規模宅地等の特例を適用していることになります。なおかつ、小規模宅地等の特例の適用金額も大きい場合が多く、その適用の可否により相続税の課税価格が大きく変わるため、非常に重要な特例であることは間違いありません。

前著となる「平成29年版　相続税　小規模宅地等の特例」の発刊後、平成30年度税制改正により、小規模宅地等の特例に関して、重要な改正が行われました。その改正は、特定居住用宅地等及び貸付事業用宅地等の要件について、納税者にとっては厳しい方向のものとなっています。どちらも制度の趣旨を逸脱していると思われる節税策が見受けられることへの対応と解説されています。

そこで、今回改訂版を発行することとなり、平成30年度税制改正の内容を要点解説として記載し、その改正により質疑応答も内容を見直しました。平成30年度税制改正には、２年から３年にわたる経過措置が設けられているため、相続の時期により取り扱いが異なるものは、相続の時期に場合分けして回答することとしました。また、新たに判明した裁判・裁決例の要旨をまとめるとともに、前著発行後に寄せられた相談等を新問として織り込みつつ、質疑応答の問いを206問としました。

改訂版の発刊に当たりましては、わかりやすく解説することに心がけておりますが、本書が税務に携わる実務家の方々はもちろん、一般の方々にとっても参考になれば幸いに存じます。そして、本書の内容について、読者の方の忌憚のないご意見、ご叱正をいただければ、ありがたく拝聴したいと存じます。

終わりに、本書の刊行の機会を与えていただいた大蔵財務協会の木村理事長をはじめ、出版編集部の皆様に心からの謝意を表します。

平成30年8月

税理士　松岡　章夫

税理士　山岡　美樹

はしがき（平成29年版）

平成27年から、相続税の基礎控除が引き下げられ、相続税の申告件数が２倍になったとの報道があります。その中で、小規模宅地等の特例は適用要件が複雑であり、かつ、適用金額も大きく、その適用の可否により相続税の課税価格が大きく変わるため、非常に重要な特例となることはいうまでもありません。

前著となる「平成27年版　相続税　小規模宅地等の特例」の発刊から約２年が経ち、本特例に関しての改正は、マイナンバーの申告書添付義務により添付書類の改正が行われた程度と思われます。

しかし、平成28年度税制改正で空き家譲渡の特例が創設され、本特例との関係も密接なものがあります。また、この２年間で本特例関係の裁判・裁決例が10例程度、新たに明らかになりました。その中でも平成28年７月22日東京地判は、特例対象となりうる土地の遺贈を受けた者が本特例の適用を受ける場合に、特例の対象となりうる未分割の土地の共同相続人の選択同意書の添付が必要かどうかについて争いとなった事例で、全ての共同相続人の選択同意書の添付が必要であるとの判断が出たものがあり、注目されます。本特例に関しての手続面も問題になるケースが増えていることがうかがわれます。

そこで、今回改訂版を発行するに当たり、空き家譲渡の特例と本特例との関係をトピックスとして記載し、新たに判明した裁判・裁決例の要旨をまとめるとともに、質疑応答との関連も注記しております。また、前著発行後に寄せられた相談等を新問として織り込みつつ、質疑応答の問いが190問としました。

改訂版の発刊に当たりましては、わかりやすく解説することに心がけておりますが、平成25年度からの改正から４年経過していることから、その改正前の取扱に関する記述は原則削っております。

本書が税務に携わる実務家の方々はもちろん、一般の方々にとっても参考になれば幸いに存じます。そして、本書の内容について、読者の方の忌憚のないご意見、ご叱正をいただければ、ありがたく拝聴したいと存じます。

終わりに、本書の刊行の機会を与えていただいた大蔵財務協会の木村理事長をはじめ、出版編集部の皆様に心からの謝意を表します。

平成29年３月

税理士　松岡　章夫
税理士　山岡　美樹

はしがき（平成27年版）

いよいよ平成27年１月となり、相続税の基礎控除が引き下げられました。この相続税の基礎控除の引下げにより、相続税に対する世の中の関心が高まっていることは周知のことと思います。

相続税の中で小規模宅地等の特例は、二世帯住宅や老人ホームの場合など、適用要件が複雑な特例であり、適用の可否が納税額に大きな影響を与えるため、しっかりと理解しておくことが大切です。

そこで、前著となる「平成26年版　Ｑ＆Ａ160問　相続税　小規模宅地等の特例」の改訂版を発行する運びとなりました。前著から１年あまりですが、その間に寄せられた相談を新問として織り込みつつ、質疑応答の問も20問増やし、180問としました。

改訂版の発刊に当たりましては、わかりやすく解説することに心がけ、本特例の適用関係が網羅的にわかるような工夫をしています。平成27年以降の制度をベースとしていますが、改正法の適用時期が、平成26年１月からのものと平成27年１月からのものがあることから、改正前後の取扱いの違いも判るようにしています。

本書が税務に携わる実務家の方々はもちろん、一般の方々にとっても参考になれば幸いに存じます。そして、本書の内容について、読者の方の忌憚のないご意見、ご叱正をいただければと存じます。

終わりに、本書の刊行の機会を与えていただいた大蔵財務協会の石坂理事長をはじめ、出版編集部の皆様に心からの謝意を表します。

平成27年１月

税理士　松岡　章夫
税理士　山岡　美樹

はしがき（平成26年版）

平成25年度税制改正は年度内に成立をして、相続税の基礎控除の引下げ、税率構造の見直し、贈与税の税率構造の見直し、相続時精算課税制度・事業承継税制の見直し、教育資金の一括贈与非課税措置などが盛り込まれました。この中で、相続税の基礎控除の引下げに歩調を合わせ、小規模宅地等の特例が平成27年から限度面積が拡大されることとなりました。また、二世帯住宅及び老人ホームに入居している場合の取扱いについて、平成26年から見直されることになり、その関係政令が平成25年５月31日に公布され、関係通達の改正は、平成25年11月29日付で発遣されました。さらに平成26年１月15日付（平成26年１月24日に国税庁ホームページで公表されました。）で、この改正についてのあらましが国税庁から情報として発信されました。

それらのものを踏まえ、前著となる「新訂版　相続税　小規模宅地等の特例」の改訂版を発行する運びとなりました。前著から２年あまりが経過し、その間に寄せられた相談を新問として織り込みつつ、今回の改訂は、二世帯住宅及び老人ホームに入居している場合の取扱いを中心に行いました。

改訂版の発刊に当たりましては、改正の適用時期が、平成26年１月からのものと平成27年１月からのものがあることから、平成26年１月以降の取扱いを基本としつつ、平成25年12月31日までの改正前の取扱いや平成27年以降の適用関係も併記することにより、わかりやすく解説することに心がけました。そして、本特例の適用関係が網羅的にわかるように、質疑応答の問いも134問から160問と大幅に増やしました。また、老人ホームに入居している場合や二世帯住宅の場合については、トピックスとして詳しく解説するページも作りました。

特に、二世帯住宅の場合については、建物が区分所有建物であるかどうか、被相続人と生計が一であるかどうか、被相続人に配偶者がいるかどうかにより、取扱いが異なることになり、２×２×２の８通りの組み合わせにより本特例の可否を理解することが必要となってきますので、246ページから250ページまでに一覧できるように整理をして、理解できるように工夫をしました。

本特例は平成27年から限度面積が拡大されることになる一方、二世帯住宅及び老人ホームの場合をはじめ、適用要件がますます複雑になってきていると感じます。さらに、適用金額も大きく、その適用の可否により相続税の課税価格が大きく変わるため、本書が税務に携わる実務家の方々はもちろん、一般の方々にとっても参考になれば幸いに存じます。そして、本書の内容について、読者の方の忌憚のないご意見、ご叱正をいただければ、ありがたく拝聴したいと存じます。

終わりに、本書の刊行の機会を与えていただいた大蔵財務協会の石坂理事長をはじめ、出版編集部の皆様に心からの謝意を表します。

平成26年１月

税理士　松岡　章夫

税理士　山岡　美樹

はしがき（初版）

小規模宅地等についての相続税の課税価格の特例は、昭和50年の個別通達により、事業又は居住の用に供されていた宅地の評価について、評価上のしんしゃくが行われていたものです。このときの考え方は、被相続人が事業又は居住していた宅地等のうち最小限必要な部分は、相続人の生活基盤維持のため欠くことができないものであり、その処分に相当の制約を受けるため、評価上のしんしゃくをするものと説明されています。

平成22年度の税制改正において、大きく改正された本特例は、相続人等のうちに要件を満たす者が取得する部分に限り、認められる特例になり、創設当初の被相続人側に注目して適用の要件を定めていた特例から180度考え方が変わったようにも受け取ることができます。これは、相続税の課税方式を遺産課税方式とすべきか取得者課税方式にすべきかの議論にも影響を与えかねないものであるように考えられます。すなわち、創設当初は被相続人の利用状況により評価減を行っていたという遺産税的な発想であり、平成22年度改正は相続人の利用状況等による減額という取得者課税的な発想です。

小規模宅地等についての特例は、金額的には上限なく適用できるため、時には相続税の課税価格を大きく減額することが可能となります。したがって、その適用の可否を巡り、納税者と課税当局の見解の相違、税理士の損害賠償事件などが起こっております。

そこで、平成22年度の改正を受けた小規模宅地等の特例の内容について理解を深めていただくために、本書を執筆いたしました。第１章では、特例の概要を図表を取り入れ解説するとともに、本特例の沿革を記載しています。平成22年度改正は平成22年４月１日以後の相続から適用になるため、改正前（平成22年３月31日以前）の本特例を適用するケースもまだ多く存在すると思いますので、改正前の特例の内容も詳しく記載しています。第２章では、誤りやすい事例を中心に質疑応答を63問掲載しました。事例に応じた改正前の取扱いを全問に付言し、改正内容もわかるように工夫をしました。第３章では、小規模宅地等の特例に関する裁判例、裁決例を調査し、一覧表にするとともにその要旨を掲げました。より深く調べるための端緒になればと考えています。巻末では、条文・通達対比表等を掲げましたので、参考にしていただければと思います。

本書を通じて、小規模宅地等の特例の理解をする上で、税務に携わる税理士、公認会計士、税務当局の方々に少しでもお役に立つことができれば、筆者として幸いです。本書の内容について、読者の方々の忌憚のないご意見、ご叱正をいたければと思います。

終わりに、本書刊行の機会を与えていただいた大蔵財務協会の石坂匡身理事長をはじめ、出版編集部の皆様に心からの謝意を表します。

平成22年９月

税理士　松岡　章夫
税理士　山岡　美樹

【凡　例】

本文中に引用している法令等については、次の略称を使用しています。

租税特別措置法……………………………………………………措法
租税特別措置法施行令……………………………………………措令
租税特別措置法施行規則…………………………………………措規
相続税法……………………………………………………………相法
相続税法施行令……………………………………………………相令
相続税法施行規則…………………………………………………相規
租税特別措置法通達………………………………………………措通
相続税法基本通達…………………………………………………相基通
所得税基本通達……………………………………………………所基通
国税庁ホームページ質疑応答事例「相続税・贈与税」
（小規模宅地等の特例）…………………………庁Q&A（小規模）
国税庁ホームページ質疑応答事例「相続税・贈与税」
（相続財産の範囲）………………………………庁Q&A（相続財産）
国税庁ホームページ質疑応答事例「財産の評価」
（上記以外の土地等・家屋の評価）………庁Q&A（上記以外の土地等）
国税庁ホームページ質疑応答事例「所得税」
（各種所得の区分と計算）………………………庁Q&A（各種所得）

【表示例】

措法69の４①一……………租税特別措置法第69条の４第１項第１号

※　本書は令和５年10月１日現在の法令、通達によっています。

庁Q&Aは、令和６年２月４日時点で閲覧したものを掲載していますが、同ホームページでは原則「令和５年８月１日現在の法令・通達等に基づいて作成しています。」となっています。

<第１章・第２章中に用いる略語>

本書中（第１章・第２章）において以下の意味を表す用語を根拠法令に基づき、略語で表記しています。

略語	意味	根拠法令
宅地等	土地又は土地の上に存する権利	措法69の４①
建物等	租税特別措置法施行規則第23条の２第１項に規定する建物又は構築物	措通69の４－２
被相続人等	相続若しくは遺贈に係る被相続人又はその者と生計を一にしていたその者の親族	措法69の４①
準事業	事業と称するに至らない不動産の貸付又はこれに類する行為で相当の対価を得て継続的に行うもの	措令40の２①
貸付事業	不動産貸付業、駐車場業、自転車駐車場業及び準事業	措法69の４③四、措令40の２⑦
特定貸付事業	貸付事業のうち準事業以外のもの	措法40の２⑲ 措通69の４－24の４
事業	準事業を含む事業	措法69の４① 措通69の４－３
有償	相当の対価を得て継続的に貸し付ける場合	措令40の２①
無償	無償又は相当の対価に至らない程度の対価の授受がある場合	措通69の４－４
敷地利用権	配偶者居住権の目的となっている建物の敷地の用に供される宅地等を配偶者居住権に基づき使用する権利	措令40の２⑥
敷地所有権	配偶者居住権の目的となっている建物の敷地の用に供される宅地等	措令40の２⑥

目　　次

第１章　制度のあらまし

■Ⅰ■　特例の概要

1　特例の適用要件等……3
(1)　特例対象宅地等の範囲……3
◆特例のフローチャート……5
(2)　特定居住用宅地等……6
◆老人ホーム等に入居等した場合の適用関係のフローチャート……12
◆居住用宅地等が複数ある場合の適用関係のフローチャート……15
◆同居親族（配偶者は除く）に当たるか否かの判定のフローチャート……18
(3)　貸付事業用宅地等……20
◆貸付事業用宅地等の適用関係のフローチャート……21
◆建物の貸付けが事業として行われているかのフローチャート……25
(4)　特定事業用宅地等……26
◆特定事業用宅地等の適用関係のフローチャート……28
◆被相続人等の事業の用に供されていた宅地等の範囲のフローチャート……29
(5)　特定同族会社事業用宅地等……31
(6)　郵便局舎用宅地等……33
2　特例対象宅地等の選択……34
3　限度面積要件……35

4 特例対象宅地等の分割要件……36
(1) 原則……36
(2) 申告期限までに分割が未了の場合……36
「申告期限後３年以内の分割見込書」……37
(3) 申告期限後３年を経過する日までに分割できない場合……39
「遺産が未分割であることについてやむを得ない事由がある旨の承認申請書」……41
コラム 相続人が一人になった場合の遺産分割……43
コラム 令和６年４月１日から相続登記が義務化……45
5 申告要件……47
6 申告書への具体的記載例……47
7 添付書類……54
(1) 特定居住用宅地等の場合……54
(2) 貸付事業用宅地等の場合……55
(3) 特定事業用宅地等の場合……56
(4) 特定同族会社事業用宅地等の場合……56
(5) 郵便局舎用宅地等の場合……56
8 併用禁止規定……57
(1) 相続時精算課税制度の特定同族株式等の贈与の特例を受けていた場合……57
(2) 特定物納の適用不可……58

■Ⅱ■ 特例対象宅地等の具体的な範囲

1 特定居住用宅地等（措法69の４③二）……59
A 被相続人の所有する建物等がある場合……59
B 被相続人と生計を一にする親族の所有する建物等がある場合…60
C 被相続人と生計を別にする親族の所有する建物等がある場合…61

D　被相続人及びその親族以外の者が所有する建物等がある場合…62
2　貸付事業用宅地等（措法69の4③四）…63
A　被相続人の所有する建物等がある場合…63
B　被相続人と生計を一にする親族の所有する建物等がある場合…64
C　被相続人と生計を別にする親族の所有する建物等がある場合…65
D　被相続人及びその親族以外の者の所有する建物等がある場合…66
3　特定事業用宅地等（措法69の4③一）…67
A　被相続人の所有する建物等がある場合…67
B　被相続人と生計を一にする親族の所有する建物等がある場合…68
C　被相続人と生計を別にする親族の所有する建物等がある場合…69
D　被相続人及びその親族以外の者の所有する建物等がある場合…70
4　特定同族会社事業用宅地等（措法69の4③三）…71
A　被相続人の建物等があり、特定同族会社が建物等を借りて事業（貸付事業以外）を行っている場合…71
B　被相続人と生計を一にする親族の建物等があり、特定同族会社が建物等を借りて事業(貸付事業以外)を行っている場合…72
C　被相続人と生計を別にする親族の建物等があり、特定同族会社が建物等を借りて事業(貸付事業以外)を行っている場合…73
D　特定同族会社の所有する建物等があり、当該特定同族会社が事業（貸付事業以外）を行っている場合…74
5　総括…75
A　被相続人の所有する建物等がある場合…75
B　被相続人と生計を一にする親族の所有する建物等がある場合…76
C　被相続人と生計を別にする親族の所有する建物等がある場合…77
D　被相続人及びその親族以外の者の所有する建物等がある場合…78
6　郵便局舎用宅地等…79
A　被相続人の所有する建物がある場合…79
B　被相続人と生計を一にする相続人の所有する建物がある場合…80

C　被相続人と生計を別にする相続人の所有する建物がある場合……81
（参考）配偶者居住権が設定された場合の敷地利用権の及ぶ範囲……82

■Ⅲ■　配偶者居住権に基づく敷地利用権の面積と敷地所有権の面積のケース別計算例

1　概要……84
2　ケース別計算例……86
A　土地・建物共に被相続人単独所有の場合……86
B　建物共有・土地単独所有の場合……93
C　建物単独所有・土地共有の場合……100
D　建物共有・土地共有の場合【家屋持分＞土地持分】……107
E　建物共有・土地共有の場合【土地持分＞家屋持分】……114
3　特定居住用宅地等に該当するか否かの検討……121

■Ⅳ■　特例の沿革

1　個別通達（昭和50年6月20日付直資5－17）……122
2　租税特別措置法に創設（昭和58年度改正）……124
3　昭和63年度改正……125
4　平成4年度改正……126
5　平成6年度改正……127
6　平成11年度改正……129
7　平成13年度改正……129
8　平成14年度改正……130
9　平成15年度改正……132
10　平成16年度改正……133
11　平成18年度改正……134
12　平成19年度改正……134
13　平成21年度改正……135

14　平成22年度改正……139
15　平成25年度改正……149
16　平成27年度改正……151
17　平成30年度改正……152
18　令和元年度改正……154

第2章　小規模宅地等の特例に関するQ＆A

【共通事項】

1　7年内贈与・相続時精算課税により取得した場合……161
コラム　相続前贈与加算制度と相続時精算課税……163
2　親族以外の者が遺贈により取得した場合……165
3　親族が遺贈により取得した場合……166
4　養子が遺贈により取得した場合……168
5　共有の場合の適用面積……169
6　特定同族会社事業用宅地等と貸付事業用宅地等が混在する場合……170
7　借地と所有地を一体利用している敷地の場合……172
8　私道に対する特例の適用……174
9　相続開始時点で売買契約中であった場合（売主の場合）……175
10　相続開始時点で売買契約中であった場合（買主の場合）……176
11　海外に所在する宅地等の場合……178
12　土地の所在地と納税義務者と本特例の関係について……179
13　特例要件を満たしていない宅地等からの選択換え……180
14　特例要件を満たしている宅地等からの選択換え……181
15　遺留分侵害額の請求に伴う特例対象宅地等の選択換え（令和元年7月1日以後に開始した相続）……182

16　被相続人と生計を一にする親族……183
17　災害があった場合……185
18　複数の利用区分が存する場合の対象面積の計算方法……187
19　区分所有した場合の対象面積の計算方法……189
20　共有の土地の上に区分所有されている店舗と住宅がある場合……190
21　共有の場合の対象面積の計算方法……192
22　貸付事業用宅地等がある場合の限度面積……194
23　被相続人の共有する土地が被相続人等の居住の用と貸付事業の用に供されていた場合……196
24　特定居住用宅地等と特定事業用等宅地等を選択する場合の限度面積……198
25　特例対象宅地等が申告期限までに分割ができない場合……200
26　特例対象宅地等が申告期限から３年以内に分割ができた場合……202
27　期限内に遺産分割協議を行ったが、申告が期限後となった場合……204
28　遺産分割協議と申告が期限後となった場合……206
29　特例対象宅地等が代償分割の対象となった場合……208
30　遺産分割が確定したが特例対象宅地等の選択同意ができない場合……211
31　特例対象宅地等の一部について分割ができず選択同意書が添付できない場合……213
32　遺産が未分割であることについてやむを得ない事由がある旨の承認申請書の提出期限……215
33　数次相続が発生し相続人が一人になった場合……217
34　共同相続人等が特例対象宅地等の分割前に死亡している場合……222

35　特例対象宅地等を物納する場合の収納価額……………………228
36　太陽光発電設備の敷地……………………………………………229
37　太陽光発電設備用地の貸付け……………………………………231
38　個人の事業用資産についての納税猶予及び免除の適用がある場合………………………………………………………………………232
（参考）個人版事業承継税制の概要…………………………………233

【特定居住用宅地等】

―基本編―

(1)　被相続人所有の建物の場合

39　被相続人と配偶者が居住し、家なし親族が取得した場合………238
40　家なし親族が取得し、申告期限までに賃貸した場合……………241
41　家なし親族が取得し、申告期限までに売却した場合……………243
42　家なし親族が取得し、申告期限後に売却した場合………………244
43　家なし親族が取得し、申告期限までに取り壊した場合…………246
44　家なし親族が取得し、申告期限までに取り壊し、駐車場にした場合…………………………………………………………………247
45　被相続人が居住し、配偶者が取得した場合………………………249
46　被相続人が居住し、同居親族が取得した場合……………………250
47　被相続人が居住し、生計一親族が取得した場合…………………251
48　被相続人の居住用と生計一親族の居住用の選択…………………253
49　被相続人と弟が居住し、家なし親族が取得した場合……………255
50　家なし親族のいとこに遺贈した場合………………………………257
51　被相続人が居住し、生計別親族が取得した場合…………………258
52　配偶者が取得して転居した場合……………………………………259
53　生計一親族が居住し、配偶者が取得した場合……………………260
54　生計一親族が居住し、その者が取得した場合……………………261
55　生計一親族が居住し、家なし親族が取得した場合………………262

56　生計別親族が居住し、配偶者が取得した場合……263
57　生計別親族が居住し、その者が取得した場合……264
58　居住用宅地が２ヶ所ある場合……265

⑵　生計一親族所有の建物の場合

59　被相続人が居住し、配偶者が取得した場合……266
60　被相続人が居住し、生計一親族が取得した場合……267
61　生計一親族が居住し、配偶者が取得した場合……268
62　生計一親族が居住し、その者が取得した場合……269

⑶　生計別親族所有の建物の場合

63　被相続人が居住し、配偶者が取得した場合……270
64　被相続人が居住し、生計別親族が取得した場合……271
65　生計別親族が居住し、その者が取得した場合……272

―応用編―

⑴　隣地に親族が居住していた場合

66　生計別親族で持家の場合……273
67　生計別親族で家なし親族の場合……275
68　生計一親族で持家の場合……276
69　生計一親族で家なし親族の場合……278
70　生計一親族と家なし親族が１/２ずつ相続した場合……280
71　生計一親族と家なし親族が分筆して相続した場合……282

⑵　二世帯住宅の場合

72　住宅内部で行き来ができる場合……284
73　配偶者が取得する場合（区分所有・生計別）……285
74　配偶者が取得する場合（区分所有・生計一親族あり）……287
75　配偶者がいるケースで子が取得する場合（区分所有・生計別）……288
76　配偶者がいるケースで子が取得する場合（区分所有・生計一）……290

77　生計別の子がいるケースで配偶者が取得する場合
（区分所有なし・生計別）……………………………………………292
78　配偶者がいるケースで子が取得する場合
（区分所有なし・生計別）……………………………………………293
79　配偶者がいるケースで子が取得する場合
（区分所有なし・生計一）……………………………………………295
80　配偶者がいるケースで配偶者と子が取得する場合（区分所有なし・生計別）……………………………………………………297
81　配偶者がいるケースで配偶者と子が取得し、申告期限までに区分所有した場合…………………………………………………299
82　生計一親族がいるケースで配偶者が取得する場合
（区分所有なし・生計一）……………………………………………301
83　配偶者がいるケースで子が取得する場合（共有・生計一）……302
84　配偶者がいない場合（区分所有・生計別）………………………304
85　配偶者がいない場合（区分所有・生計別・家なし親族）…………306
86　配偶者がいない場合（区分所有・生計一）………………………308
87　配偶者がいない場合（区分所有・生計一・家なし親族）…………310
88　配偶者がいない場合（区分所有なし）……………………………312
89　３年以内に自己所有の二世帯家屋（区分所有なし）に被相続人と居住した場合…………………………………………………314
90　配偶者がいないケースで家なし親族が取得する場合
（区分所有なし）………………………………………………………316
91　区分所有のマンションの場合（生計別）…………………………318
コラム　**マンションの相続税評価見直し**………………………………320
92　区分所有していないマンションの場合（生計別）………………323
93　被相続人と同じマンションに居住していた者がいる場合
（区分所有・生計別）…………………………………………………325
94　１棟の建物の一部に居住している場合（生計別）………………327

95　建物が区分所有されている場合の１棟の建物の範囲
（区分所有・生計別）……329
96　自用地と貸家建付地がある場合の選択方法……331
97　建物が同族法人と区分所有されている場合……333
⑶　取得者が申告期限までに死亡した場合
98　配偶者が取得した後、申告期限までに死亡した場合……335
99　同居親族が取得した後、申告期限までに死亡した場合……336
100　家なし親族が取得した後、申告期限までに死亡した場合……337
101　生計一親族が取得した後、申告期限までに死亡した場合……338
102　未分割状態で申告期限までに死亡した者に取得させた場
合……340
⑷　家なし親族の場合
103　同族会社の所有家屋に居住していた場合……342
104　いとこの主宰する会社の所有家屋に居住していた者……344
105　家屋を所有する子と同居する孫へ遺贈する場合……346
106　家屋を所有する子と別居する孫へ遺贈する場合……347
107　３年以内に夫所有の外国の所有家屋に居住していた者……349
108　３年以内に自己所有の外国の家屋に居住していた者……351
109　３年以内に居住家屋の土地を所有していた者……353
110　所有する家屋を３年超、第三者へ賃貸していた場合……354
111　所有する家屋に親族が居住していた場合……356
112　３年以内に自己所有家屋に被相続人と居住した場合……358
113　未分割の家屋と「有する家屋」の関係……360
⑸　入院中・老人ホーム等の場合
114　被相続人の入院により空家となっていた場合……362
115　被相続人が入院していた場合に配偶者が取得した場合……365
116　老人ホーム等への入所により空家となっていた場合（家
なし親族が取得したとき）……366

117　老人ホーム等入所時には要支援の認定を受けていない場合……370
118　老人ホーム等に入所していて要支援の認定申請中に相続が発生した場合……371
119　被相続人が老人ホーム等にいて配偶者が取得した場合……372
120　老人ホーム等を移った場合……373
121　被相続人とともに老人ホーム等に入居等した配偶者が取得した場合……375
122　被相続人が老人ホーム等に入居した後も生計一親族が居住している場合……376
123　被相続人が老人ホーム等に入居し生計別となった親族が引き続き居住している場合……378
124　被相続人が老人ホーム等に入居し、同居していた親族が引っ越した場合……380
125　被相続人が老人ホーム等に入居し生計別の親族が空家の自宅に引越してきた場合（配偶者が取得したとき）……382
126　被相続人が老人ホーム等にいて直前の持家が二世帯住宅の場合……384
127　被相続人が持家から他へ転居後老人ホーム等に入所した場合……386
128　被相続人が老人ホーム等にいて直前々の持家が二世帯住宅で生計一親族が取得した場合……388
129　老人ホームに入居中に自宅を相続した場合……390
130　老人ホーム等入所中の自宅の建替中に相続が開始した場合……392
(6)　**配偶者居住権がある場合**
131　配偶者居住権を設定した場合における小規模宅地等の面積調整（第一次相続）……394

132　配偶者居住権を設定した場合に同居の子がいるときの面積調整（第一次相続）……396
133　配偶者居住権を設定して土地を共有で取得した場合（第一次相続）……398
134　被相続人が土地・建物を共有していた場合に配偶者居住権を設定した場合（第一次相続）……400
135　店舗併用住宅に配偶者居住権を設定した場合（第一次相続）……402
136　賃貸併用住宅に配偶者居住権を設定した場合（第一次相続）……406
137　区分所有建物の登記がされている一棟の建物で配偶者居住権を設定した場合（第一次相続）……410
138　区分所有建物の登記がない二世帯住宅で配偶者居住権を設定した場合（第一次相続）……413
139　配偶者居住権が設定してある敷地所有権者の相続で複数の利用区分がある場合（第二次相続）……416

(7)　その他

140　店舗兼居宅敷地で贈与税の特例を受けていた場合……422
141　被相続人が同族会社所有の建物に居住していた場合……424
142　居住用建物の建築中に相続が開始した場合……425
143　相続開始後に居住用建物の建替工事に着手した場合……427
144　配偶者と非同居親族が共有で取得した場合……429
145　非同居親族が建物を取得した場合……431
146　同居親族が建物を取得し、配偶者が土地を取得した場合……432
147　配偶者が建物を取得し、同居親族が土地を取得した場合……433
148　一時的に介護のために被相続人と同居していた場合……434
149　単身赴任中の相続人が取得した場合の同居判定……436
150　単身赴任中の相続人家族が期限まで居住しない場合……438

151　同居親族が申告期限までに海外転勤になった場合……………439
152　庭先部分だけを相続した場合………………………………………441
153　成年後見人である親族が居住し、その者が取得した場合……443

【貸付事業用宅地等】

—基本編—

154　相続開始前３年以内に貸付事業の用に供された宅地等………445
155　貸付事業が事業的規模に該当しない宅地等……………………447
156　共有不動産の貸付の事業的規模の判定……………………………448
157　相続開始前３年以内に貸付事業を行った宅地等のみである場合……………………………………………………………………………451
158　相続開始前３年を超えて貸付事業の用に供した宅地とそれ以外の貸付用宅地がある場合……………………………………453
159　相続開始前３年以内に貸付事業を相続した宅地………………455
160　特定貸付事業が引き続き行われていない場合…………………457
161　生計一親族が３年以内に貸付事業の用に供した場合…………459
162　相続開始３年以内に貸家を建て替えた場合……………………461
163　貸宅地を駐車場に転用した場合……………………………………464
164　アパートの一部が空室となっている場合…………………………466
165　被相続人の所有の土地・建物を生計一親族が取得した場合…468
166　被相続人の所有の土地・建物を生計別親族が取得した場合…470
167　生計一親族が貸付事業を行っている場合…………………………471
168　貸付事業を行っている親族以外が取得した場合………………473
169　借地人が相続人である土地を他の相続人が取得した場合……475
170　借地人が親族である土地を他の相続人が取得した場合………476
171　被相続人が親族に貸付けを行っている場合……………………477
172　賃貸建物とその敷地の取得者が異なる場合……………………478

—応用編—

(1) 建替えがあった場合

173　貸家の建替中に相続が開始した場合……479
174　相続開始後に貸家を建て替えた場合……482
175　新規事業の建物の建築中に相続が開始した場合……484
176　建築中の建物の賃貸割合が建替前の賃貸割合と異なる場合…486

(2) その他

177　申告期限までに分割ができなかった場合……488
178　事業を承継した親族が申告期限までに死亡した場合……490
179　生前から事業を行っていた親族が申告期限までに死亡した場合……492
180　被相続人が行っていた貸付事業用宅地等の分割前に相続人が死亡している場合……494
181　生計一親族が行っていた貸付事業用宅地等の分割前に相続人が死亡している場合……497
182　一時的な空室がある場合の配偶者居住権の敷地利用権の面積……499

【特定事業用宅地等】

—基本編—

183　特定事業に該当しない事業の場合……501
184　相続開始前３年以内に特定事業の用に供された宅地等……502
185　相続開始前３年以内に事業の用に供した宅地が特定事業に該当するか否かの判定……504
186　生計別親族所有の建物（使用貸借）を被相続人が事業の用に供していた場合（土地使用貸借）……506
187　生計別親族所有の建物（使用貸借）を被相続人が事業の用に供していた場合（土地賃貸借）……508

188　生計別親族が事業の用に供していた場合……509
189　事業専従者が取得した場合……510
190　時間貸立体駐車場……512
191　不動産貸付けを事業的規模で行っていた場合……514
192　耕作されている農地……515
193　農機具置場の敷地……516

—応用編—

(1)　厚生施設の敷地の場合

194　従業員宿舎の敷地……518
195　一部親族が使用している従業員宿舎の敷地……520
196　親族が使用している従業員宿舎の敷地……522

(2)　事業承継に関する問題

197　宅地等を取得した者に事業継続要件を満たさない者がいる場合……524
198　従業員が事業承継した場合……526
199　事業承継者と土地の取得者が異なる場合……528
200　生前から事業をしている生計一親族が土地を取得しない場合……530
201　弁護士業を引き継いだ場合……532
202　やむを得ず事業主となれない場合……533
203　事業を承継した親族が死亡しその相続人が事業承継できない場合……535
204　生前から事業を行っていた親族が死亡しその相続人が事業承継できない場合……537

(3)　転業があった場合

205　事業の一部を転業した場合……539
206　相続開始前３年内に事業の一部を転業した場合……541
207　転業があった場合の判定……543

208　法人成りした場合……544

(4)　貸付・譲渡があった場合

209　宅地等の一部の譲渡があった場合……545

210　宅地等の一部の貸付けがあった場合……547

(5)　建替えがあった場合

211　相続開始後に事業用建物の建替工事に着手した場合……549

212　相続開始前に事業用建物の建替工事に着手していた場合……551

213　相続開始2年前に建物を建て替えた場合……554

214　相続開始2年前に隣接地を利用して建物を建て替えた場合……556

215　相続開始2年前に隣接地を利用して建物を増築した場合……558

216　建替後の事業用建物(店舗兼貸家)の店舗部分が増加した場合……560

217　建替後の事業用建物(店舗兼貸家)の店舗部分が減少した場合……562

(6)　その他

218　分割争いで申告期限までに事業の用に供せなかった場合……564

【特定同族会社事業用宅地等】

―基本編―

219　同族会社に特例を適用することについて……566

220　被相続人が土地を会社に使用貸借している場合……567

221　持分の定めがある医療法人が使用している場合……569

222　持分の定めのない医療法人が使用している場合……570

223　株式保有者と宅地取得者が異なる場合……571

224　相続人の夫が法人の役員である場合……572

225　宅地等の持分を非役員の相続人が取得した場合……574

226　土地の取得者と建物の取得者が生計別の場合……575

—応用編—

(1)　不動産貸付との関係
227　会社が不動産貸付業をしている場合……577
228　会社が不動産管理業をしている場合……579
229　不動産業の会社が本社ビルとして使用していた場合……580
230　会社が不動産貸付業を兼業している場合……582
231　会社がビルの一部を賃貸している場合……583
(2)　厚生施設の敷地の場合
232　社宅を親族のみが使用している場合……585
233　役員社宅として使用している部分がある場合……586
(3)　建替えがあった場合
234　相続開始後に建替工事に着手した場合……587
235　建替工事に着手した建物の利用が従前と異なる場合……589
(4)　その他
236　申告期限において会社が清算中の場合……591
237　通常の地代と相当の地代による貸付け……592
238　公益法人等が使用している土地……594

【郵便局舎用宅地等】

239　郵便局舎の敷地と本特例の適用関係……597
240　既に郵政民営化法第180条第１項の規定を受けたことがある宅地……599
241　郵便局舎の取得者とその敷地の取得者が異なる場合……601

第３章　小規模宅地等の特例の相続税額への影響

■Ⅰ■　対象宅地等の選択方法と配偶者の税額軽減……605

■Ⅱ■　遺産の分割方法による相続税額への影響……609

■Ⅲ■　第二次相続を考慮した有利な本特例の適用……614

■Ⅳ■　小規模宅地等の特例の活用例……620

■Ⅴ■　配偶者居住権と小規模宅地等の特例の関係…628

第４章　小規模宅地等の特例に関する裁判例・裁決例

●小規模宅地等に関する裁判例・裁決例一覧……642
●小規模宅地等に関する裁判例・裁決例争点一覧……645
●小規模宅地等に関する裁判例・裁決例要旨……649

巻末資料

◆租税特別措置法第69条の４関係法令・通達一覧……713

索引……723

第1章

制度のあらまし

■Ⅰ■　特例の概要

1　特例の適用要件等

(1)　特例対象宅地等の範囲

小規模宅地等の特例の対象となる宅地等は、個人が相続又は遺贈により取得した宅地等のうち、原則、相続の開始の直前において、被相続人等の事業の用又は居住の用に供されていた宅地等（注１）で一定の建物又は構築物の敷地（注２）の用に供されていたもの（注３）で、特定事業用宅地等、特定居住用宅地等、特定同族会社事業用宅地等又は貸付事業用宅地等に該当する部分に限ります（措法69の４①）。

被相続人等とは、被相続人と被相続人と生計を一にしていた（注４）親族をいいますので、以下の４つの組合せとなります。

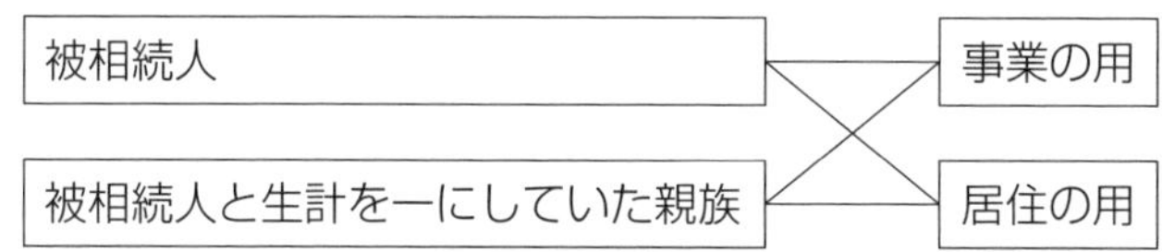

（注１）　ここでいう「宅地等」とは、宅地に限定されず、雑種地も含まれます。

（注２）　この「一定の建物又は構築物の敷地」とは、次の建物又は構築物以外の建物又は構築物の敷地をいいます（措規23の２①）。

①　温室その他の建物で、その敷地が耕作（農地法第43条第１項の規定により耕作に該当するものとみなされる農作物の栽培を含みます。下記②において同じです。）の用に供されるもの。

②　暗きょその他の構築物で、その敷地が耕作の用又は耕作若しくは養畜のための採草若しくは家畜の放牧の用に供されるもの。

（注３）　棚卸資産又はこれに準ずるものとされる雑所得の基因となる宅地等に該当しないものをいいます（措令40の２④、措規23の２③）。

（注４）　ここでいう「生計を一にしていた」ことについて、本特例の規

定のなかでは特に定められていません。したがって、具体的な判定に当たっては、所得税基本通達２－47（生計を一にするの意義）を参考とすることになると思われます。

裁判例・裁決例　№44（669ページ）、№58（677ページ）、№63（680ページ）、№95（699ページ）、№97（700ページ）、№98（701ページ）、№103（706ページ）を参照してください。

（参考）　所得税基本通達２－47

（生計を一にするの意義）

法に規定する「生計を一にする」とは、必ずしも同一の家屋に起居していることをいうものではないから、次のような場合には、それぞれ次による。

(1)　勤務、修学、療養等の都合上他の親族と日常の起居を共にしていない親族がいる場合であっても、次に掲げる場合に該当するときは、これらの親族は生計を一にするものとする。

イ　当該他の親族と日常の起居を共にしていない親族が、勤務、修学等の余暇には当該他の親族のもとで起居を共にすることを常例としている場合

ロ　これらの親族間において、常に生活費、学資金、療養費等の送金が行われている場合

(2)　親族が同一の家屋に起居している場合には、明らかに互いに独立した生活を営んでいると認められる場合を除き、これらの親族は生計を一にするものとする。

＜減額割合等＞

宅地等	取得者	要　件	特例の内容	
			上限面積	減額割合
事業用	親　族	事業継続要件 保有継続要件	400㎡	▲80%
貸　付 事業用	親　族	事業継続要件 保有継続要件	200㎡	▲50%
居住用	同居又は 生計一親族	居住継続要件 保有継続要件	330㎡	▲80%
	配偶者	条件なし		
	家なし親族	保有継続要件		

（※）　限度面積については、35ページを参照

特例のフローチャート

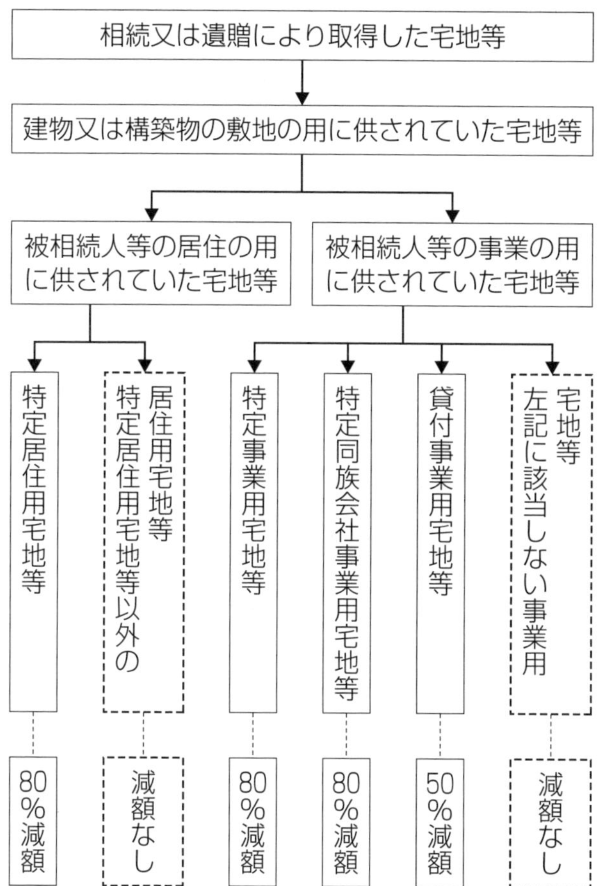
相続又は遺贈により取得した宅地等
建物又は構築物の敷地の用に供されていた宅地等
被相続人等の居住の用に供されていた宅地等
被相続人等の事業の用に供されていた宅地等
特定居住用宅地等
居住用宅地等 特定居住用宅地等以外の
特定事業用宅地等
特定同族会社事業用宅地等
貸付事業用宅地等
宅地等 左記に該当しない事業用
80%減額
減額なし
80%減額
80%減額
50%減額
減額なし

(2)　特定居住用宅地等

①　特定居住用宅地等の範囲

相続開始の直前において被相続人等の居住の用に供されていた宅地等で、次の区分に応じ、それぞれに掲げる要件に該当する被相続人の親族が相続又は遺贈により取得したものをいいます（次表の区分に応じ、それぞれに掲げる要件に該当する部分で、それぞれの要件に該当する被相続人の親族が相続又は遺贈により取得した持分の割合に応ずる部分に限られます。）（措法69の４③二、措令40の２⑫）。

＜特定居住用宅地等の要件＞

<table>
<tr><th colspan="2" rowspan="2">区　分</th><th colspan="2">特例の適用要件</th></tr>
<tr><th>取得者</th><th>取得者ごとの要件</th></tr>
<tr><td rowspan="3">被相続人の居住の用（※１）に供されていた宅地等（※２）（※３）</td><td>A</td><td>被相続人の配偶者</td><td>「取得者ごとの要件」はありません（措法69の４③二柱書）。</td></tr>
<tr><td>B</td><td>被相続人の居住の用に供されていた一棟の建物に居住していた親族（※３）</td><td>相続開始の直前から相続税の申告期限まで引き続きその建物に居住し、かつ、その宅地等を申告期限まで有していること（措法69の４③二イ）</td></tr>
<tr><td>C</td><td>被相続人と同居していない親族
＝
（家なし親族）</td><td>次の①から⑥の要件を全て満たすこと
①　被相続人に配偶者がいないこと
②　相続開始の直前において被相続人と同居していた法定相続人がいないこと
③　居住制限納税義務者又は非居住制限納税義務者のうち日本国籍を有しない者ではないこと
④　相続開始前３年以内に日本国内にある自己、自己の配偶者、自己の３親等内の親族又は自己と特別の関係がある法人（※４）の所有に係る家屋（相続開始の直前において被相続人の居住の用に供されていた家屋を除きます。）に居住したことがないこと
⑤　相続開始時に、取得者が居住している家屋を一度も所有したことがないこと</td></tr>
</table>

			⑥　相続開始時から相続税の申告期限までその宅地等を有していること
被相続人と生計を一にする被相続人の親族の居住の用に供されていた宅地等（※２）	D	被相続人の配偶者	「取得者ごとの要件」はありません（措法69の４③二柱書）。
	E	被相続人と生計を一にしていた親族（配偶者を除きます。）	相続開始の直前から相続税の申告期限まで、引き続きその家屋に居住し、かつ、その宅地等を有している人（措法69の４③二ハ）

（※１）　被相続人が老人ホーム等に入居又は入所（以下、入居等といいます。）していた場合は、８ページ②を参照。

（※２）　その宅地等が二以上ある場合には、主として居住の用に供していた宅地等に限ります（14ページ③を参照）。

（※３）　二世帯住宅の場合は、16ページ④を参照。

（※４）　特別の関係がある法人とは、次に掲げる法人をいいます（措令40の２⑮）。

一　当該宅地等を取得する親族及び次に掲げる者（親族等）が法人の発行済株式又は出資（自己株式は出資を除きます。）の総数又は総額（発行済株式総数等）の10分の５を超える数又は金額の株式又は出資を有する場合における当該法人

イ　当該親族の配偶者

ロ　当該親族の３親等内の親族

ハ　当該親族と婚姻の届出をしていないが事実上婚姻関係と同様の事情にある者

ニ　当該親族の使用人

ホ　イからニまでに掲げる者以外の者で当該親族から受けた金銭その他の資産によって生計を維持しているもの

ヘ　ハからホまでに掲げる者と生計を一にするこれらの者の配偶者又は３親等内の親族

二　親族等及びこれと前号の関係がある法人が他の法人の発行済株式総数等の10分の５を超える数又は金額の株式又は出資を有する場合における当該他の法人

三　親族等及びこれと前２号の関係がある法人が他の法人の発行済株式総数等の10分の５を超える数又は金額の株式又は出資を有する場合における当該他の法人

四　親族等が理事、監事、評議員その他これに準ずるものとなっている持分の定めのない法人

（※５）　対象宅地等を取得した者が配偶者以外の親族の場合で、その親族が相続税の申告期限までに死亡（第二次相続が開始）したとき。

上記表のいずれの場合も、死亡の日まで引き続き居住の用に供し、又は保有していればよいこととされています（措法69の４③一ロかっこ書）。

②　被相続人が老人ホーム等に入所していた場合の取扱い

被相続人の居住の用については、居住の用に供することができない事由として政令（措令40の２②）で定める事由により相続の開始の直前において当該被相続人の居住の用に供されていなかった場合（政令（措令40の２③）で定める用途に供されている場合を除きます。）における当該事由により居住の用に供されなくなる直前の当該被相続人の居住の用が含まれます。

具体的には、次の２要件となります。

ア　要介護認定、要支援認定又は障害支援認定を受けていた被相続人が施設等に入居等していたこと（注）（措令40の２②）。

イ　その建物を事業の用（貸付も含みます。）又は被相続人等（被相続人と施設等に入居等の直前において生計を一にし、かつ、その建物に引き続き居住している親族を含みます。）以外の者の居住の用に供していないこと（措令40の２③）。

（注）　租税特別措置法第69条の４第１項に規定する居住の用に供することができない事由として政令で定める事由は、次に掲げる事由となります（措令40の２②）。相続開始直前での判定となります（措通69の４－７の３）ので、入居時に要介護認定等を受けている必要はありません。

(i)　介護保険法第19条第１項に規定する要介護認定又は同条第２項に規定する要支援認定を受けていた被相続人その他これに類する被相続人（※）が次に掲げる住居又は施設に入居又は入所していたこと。

イ　老人福祉法第５条の２第６項に規定する認知症対応型老人共同生活援助事業が行われる住居、同法第20条の４に規定する養護老人ホーム、同法第20条の５に規定する特別養護老人ホーム、同法第20条の６に規定する軽費老人ホーム又は同法第29条１項に規定する有料老人ホーム

ロ　介護保険法第８条第28項に規定する介護老人保健施設又は同条第29項に規定する介護医療院

ハ　高齢者の居住の安定確保に関する法律第5条第1項に規定するサービス付き高齢者向け住宅（イに規定する有料老人ホームを除きます。）

※　その他これに類する被相続人（措規23の2②）

相続の開始の直前において、介護保険法施行規則第140条の62の4第2号に該当していた者をいいます。

具体的には、新たな介護予防・日常生活支援総合事業において介護予防・生活支援サービス事業によるサービスのみを利用する場合には、要介護認定等を受けていない場合であっても、基本チェックリストに該当することにより介護予防・生活支援サービス事業によるサービスを受けることができますが、このチェックリスト該当者についても、要介護認定及び要支援認定を受けた者と同様に、この特例の対象となります。

(ii)　障害者の日常生活及び社会生活を総合的に支援するための法律第21条第1項に規定する障害支援区分の認定を受けていた被相続人が同法第5条第11項に規定する障害者支援施設（同条第10項に規定する施設入所支援が行われるものに限ります。）又は同条第17項に規定する共同生活援助を行う住居に入所又は入居していたこと。

なお、本書において上記の(i)、(ii)の住居又は施設のことを「老人ホーム等」といいます。

＜介護保険法施行規則＞

（法第115条の45第１項第１号の厚生労働省令で定める被保険者）

第140条の62の４　法第115条の45第１項第１号の厚生労働省令で定める被保険者は、次のいずれかに該当する被保険者とする。

一　居宅要支援被保険者

二　厚生労働大臣が定める基準に該当する第一号被保険者（二回以上にわたり当該基準の該当の有無を判断した場合においては、直近の当該基準の該当の有無の判断の際に当該基準に該当した第一号被保険者）（要介護認定を受けた第一号被保険者においては、当該要介護認定による介護給付に係る居宅サービス、地域密着型サービス及び施設サービス並びにこれらに相当するサービスを受けた日から当該要介護認定の有効期間の満了の日までの期間を除く。）

（参考）

●要介護認定に係る制度の概要（厚生労働省ＨＰ・東京都港区ＨＰより）

〔要介護認定について〕

○　介護保険制度では、寝たきりや認知症等で常時介護を必要とする状態（要介護状態）になった場合や、家事や身支度等の日常生活に支援が必要であり、特に介護予防サービスが効果的な状態（要支援状態）になった場合に、介護サービスを受けることができます。

○　この要介護状態や要支援状態にあるかどうか、その中でどの程度かの判定を行うのが要介護認定（要支援認定を含みます。）であり、保険者である市町村に設置される介護認定審査会において判定されます。

○　要介護認定は介護サービスの給付額に結びつくことから、その基準については全国一律に客観的に定めることとされています。

○　要介護認定を受けるためには要介護・要支援認定申請

書に介護保険被保険者証（2号被保険者の場合は健康保険被保険者証）を添えて申請します。なお、本人や家族が申請できない場合は、指定居宅介護支援事業者や介護保険施設などに代行してもらうこともできます。

〔対象者〕

○　第1号被保険者（65歳以上の人）で、寝たきり、認知症などで常に介護が必要な人、または日常生活の一部介護が必要だが、介護予防サービスを適切に利用すれば心身の機能の維持改善が見込める人

○　第2号被保険者（40歳から64歳で医療保険に加入している人）で、初老期における認知症、脳血管疾患など老化に伴う国が指定する16種類の特定疾病によって介護や予防が必要になった人

〔要介護認定の流れ〕

○　市町村の認定調査員（指定居宅介護支援事業者等に委託可能）による心身の状況調査（認定調査）及び主治医意見書に基づくコンピュータ判定（一次判定）が行われます。

○　保健・医療・福祉の学識経験者により構成される介護認定審査会により、一次判定結果、主治医意見書等に基づき審査判定（二次判定）が行われます。

〔要介護認定の有効期間〕

厚生労働省令で定める次の期間内において有効です。

⑴　要介護、要支援（新規）認定の有効期間：6ヶ月（市町村が必要と認める場合にあっては、3ヶ月から12ヶ月の間で月を単位として市町村が定める期間）

⑵　要介護更新認定の有効期間：12ヶ月（市町村が必要と認める場合にあっては、3ヶ月から24ヶ月の間で月を単位として市町村が定める期間）

⑶　要支援更新認定の有効期間：12ヶ月（市町村が必要と認める場合にあっては、3ヶ月から11ヶ月の間で月を単位として市町村が定める期間）

老人ホーム等に入居等した場合の適用関係

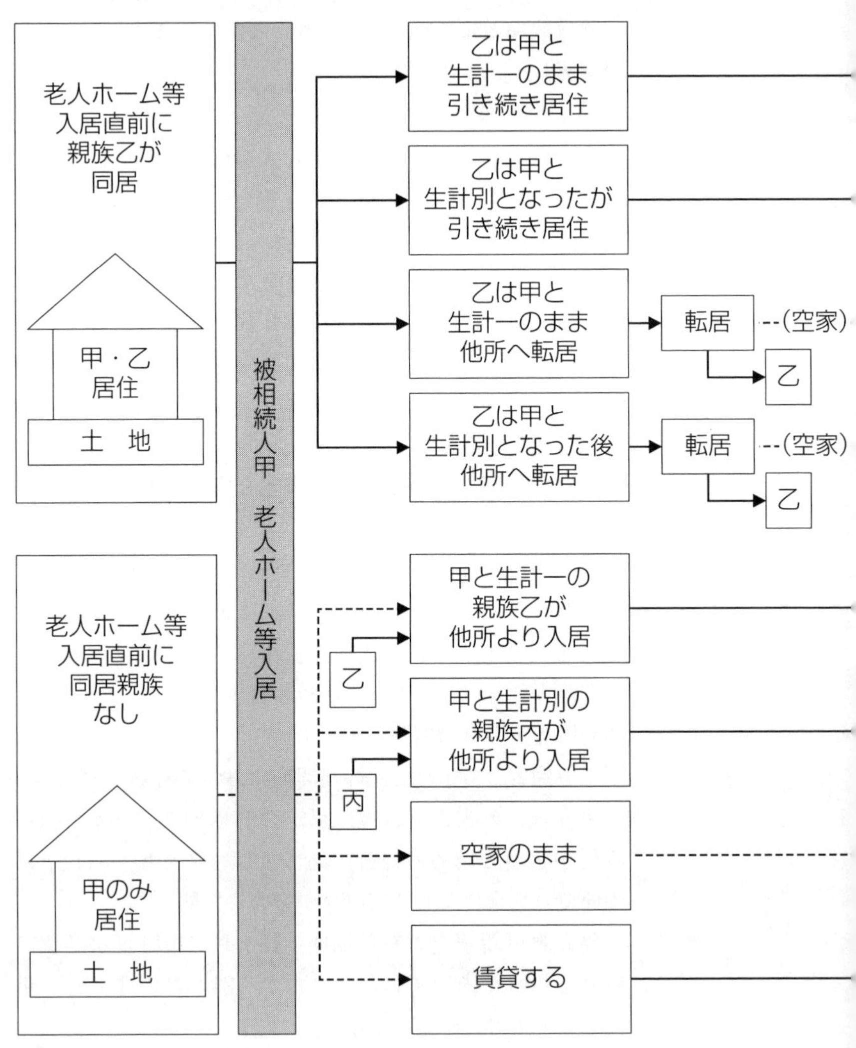

（※）　乙、丙は被相続人甲の子とします。

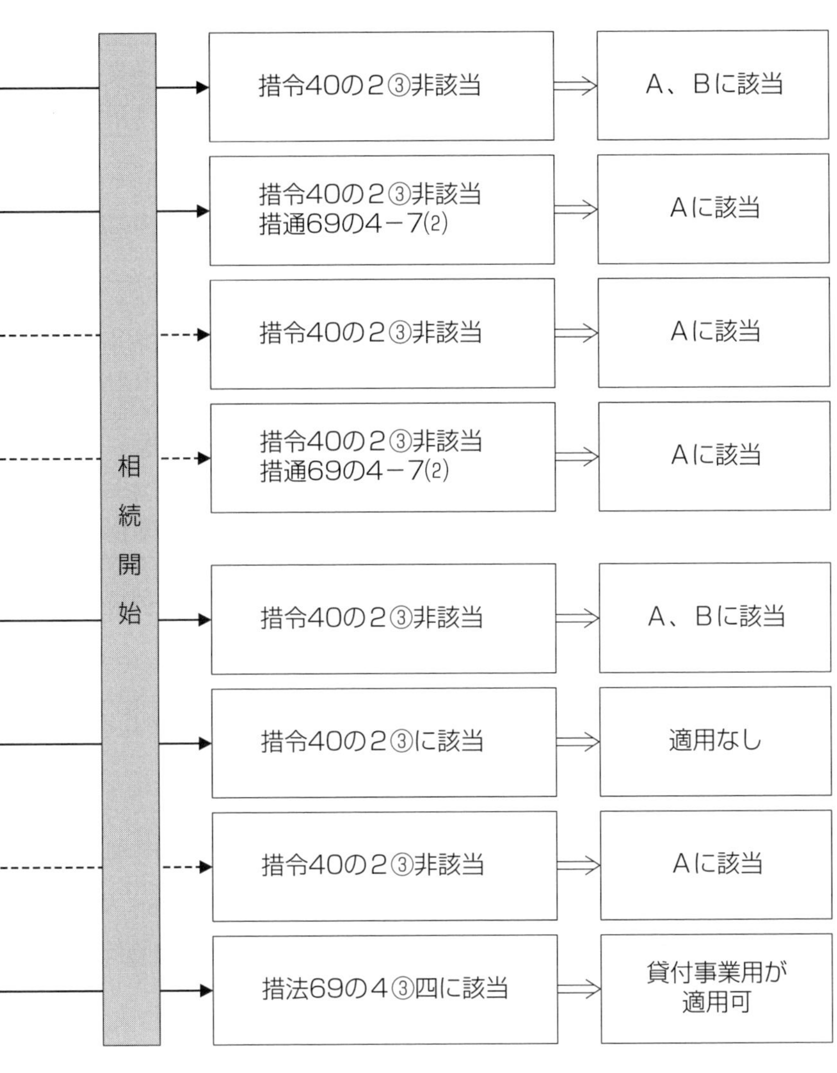
相続開始
措令40の2③非該当
A、Bに該当
措令40の2③非該当
措通69の4－7(2)
Aに該当
措令40の2③非該当
Aに該当
措令40の2③非該当
措通69の4－7(2)
Aに該当
措令40の2③非該当
A、Bに該当
措令40の2③に該当
適用なし
措令40の2③非該当
Aに該当
措法69の4③四に該当
貸付事業用が
適用可
A…被相続人の居住の用
B…生計一親族の居住の用

③　居住の用に供されていた宅地等が二以上ある場合の取扱い

＜被相続人等が居住の用に供していた宅地等が二以上ある場合（措令40の２⑪）＞

<table>
<tr><td>イ</td><td colspan="3">被相続人の居住の用に供されていた宅地等が二以上ある場合（※１）には、その被相続人が主としてその居住の用に供していた一の宅地等</td></tr>
<tr><td>ロ</td><td colspan="3">被相続人と生計を一にしていたその被相続人の親族の居住の用に供されていた宅地等が二以上ある場合（※１）には、その親族が主としてその居住の用に供していた一の宅地等（※２）</td></tr>
<tr><td rowspan="2">ハ</td><td rowspan="2">被相続人等の居住の用に供されていた宅地等が二以上ある場合</td><td>(イ)</td><td>その被相続人が主としてその居住の用に供していた一の宅地等とその親族が主としてその居住の用に供していた一の宅地等とが同一である場合　その一の宅地等</td></tr>
<tr><td>(ロ)</td><td>(イ)に掲げる場合以外の場合　その被相続人が主としてその居住の用に供していた一の宅地等及びその親族が主としてその居住の用に供していた一の宅地等</td></tr>
</table>

（※１）　ハに掲げる場合を除きます。

（※２）　その親族が二人以上ある場合には、その親族ごとにそれぞれ主としてその居住の用に供していた宅地等

なお、上記の改正は一人の者の居住の用に供されていた宅地等は１ヶ所に限られるというものであり、要件を満たす親族が二人以上ある場合などは、限度面積要件の範囲内で合計２ヶ所の宅地等が特定居住用宅地等に該当する場合があります。

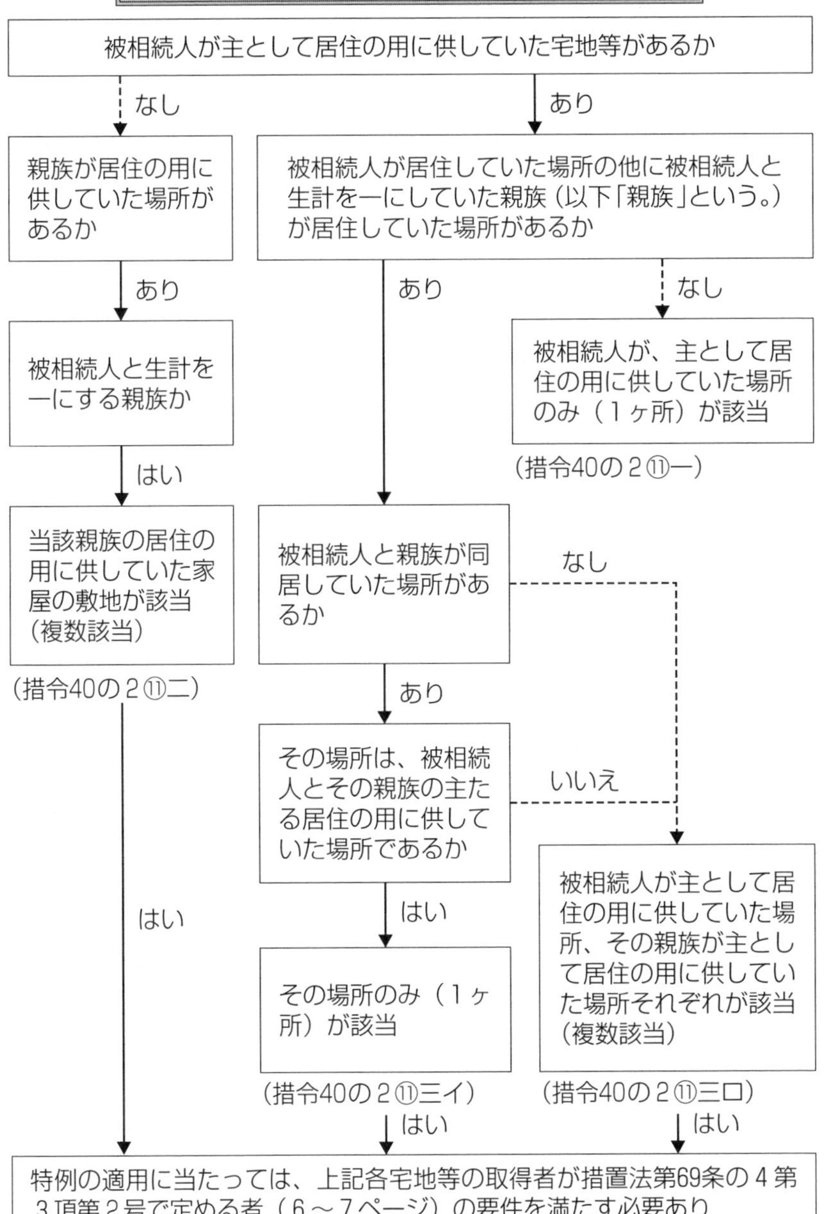
居住用宅地等が複数ある場合の適用関係
被相続人が主として居住の用に供していた宅地等があるか
なし
あり
親族が居住の用に供していた場所があるか
被相続人が居住していた場所の他に被相続人と生計を一にしていた親族（以下「親族」という。）が居住していた場所があるか
あり
あり
なし
被相続人と生計を一にする親族か
被相続人が、主として居住の用に供していた場所のみ（1ヶ所）が該当
（措令40の2⑪一）
はい
当該親族の居住の用に供していた家屋の敷地が該当（複数該当）
（措令40の2⑪二）
被相続人と親族が同居していた場所があるか
なし
あり
その場所は、被相続人とその親族の主たる居住の用に供していた場所であるか
いいえ
はい
はい
その場所のみ（1ヶ所）が該当
（措令40の2⑪三イ）
被相続人が主として居住の用に供していた場所、その親族が主として居住の用に供していた場所それぞれが該当（複数該当）
（措令40の2⑪三ロ）
はい
はい
特例の適用に当たっては、上記各宅地等の取得者が措置法第69条の4第3項第2号で定める者（6～7ページ）の要件を満たす必要あり

④　二世帯住宅の場合の取扱い

被相続人等の居住の用に供されていた部分について、当該居住の用に供されていた部分が被相続人の居住の用に供されていた一棟の建物（建物の区分所有等に関する法律第１条の規定に該当する建物（注）は除かれます。）に係るものである場合は、この一棟の建物の敷地の用に供されていた宅地等のうち被相続人の親族の用に供されていた部分を含むものとされています。

（注）　区分所有建物である旨の登記がされている建物をいい、被災区分所有建物の再建等に関する特別措置法(平成７年３月24日法律第43号)第２条に規定する区分所有建物をいいます（措通69の４－７の４)。

被相続人（被相続人等ではないことに注意が必要です。）が居住していた建物が二世帯住宅であるときの取扱いは以下のようになります。

区分所有建物ではない一棟の建物に被相続人が居住していた場合には、被相続人の居住の用に供していた宅地等の範囲は、その敷地のうち被相続人の居住していた部分に加え、被相続人の親族（配偶者を含み、生計別の親族を含むことに注意が必要です。）の居住の用に供されていた部分も含まれることになります（措令40の２④)。

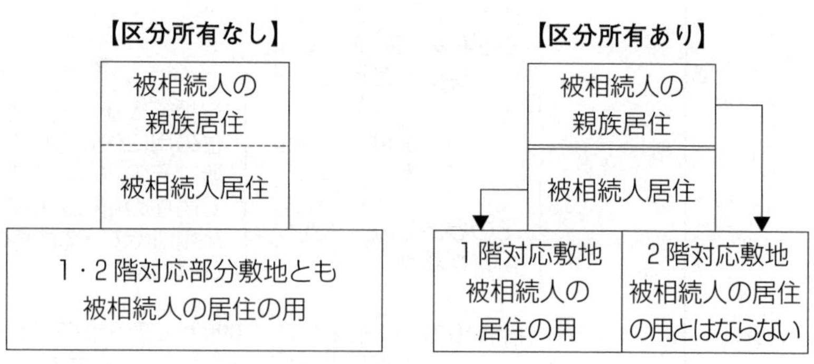

したがって、６ページの表のＡ、Ｂ及びＣの判定上、区分所有建物ではない場合、被相続人の居住の用に供していた宅地等は、被相

続人及びその親族の居住の用に供されていた部分になります。

さらに、6ページの表のBに関して、以下のように区分所有建物であるかないかにより、特定居住用宅地等の対象となる親族（配偶者を除きます。）は、以下のように整理されました（措令40の2⑬）。

区　分		対象親族
①	被相続人の居住の用に供されていた一棟の建物が建物の区分所有等に関する法律第一条の規定に該当する建物である場合	当該被相続人の居住の用に供されていた部分に居住していた者
②	①以外の場合	被相続人又は当該被相続人の親族の居住の用に供されていた部分に居住していた者

結論として、上記図の**【区分所有なし】**の場合、配偶者、1・2階に居住していた親族及び家なし親族が取得したときには、敷地全体が本特例の対象となります。**【区分所有あり】**の場合、配偶者及び家なし親族が取得したときには、1階対応敷地が本特例の対象となります。2階に居住していた親族が取得したときには、本特例の対象となる部分はないことになります。

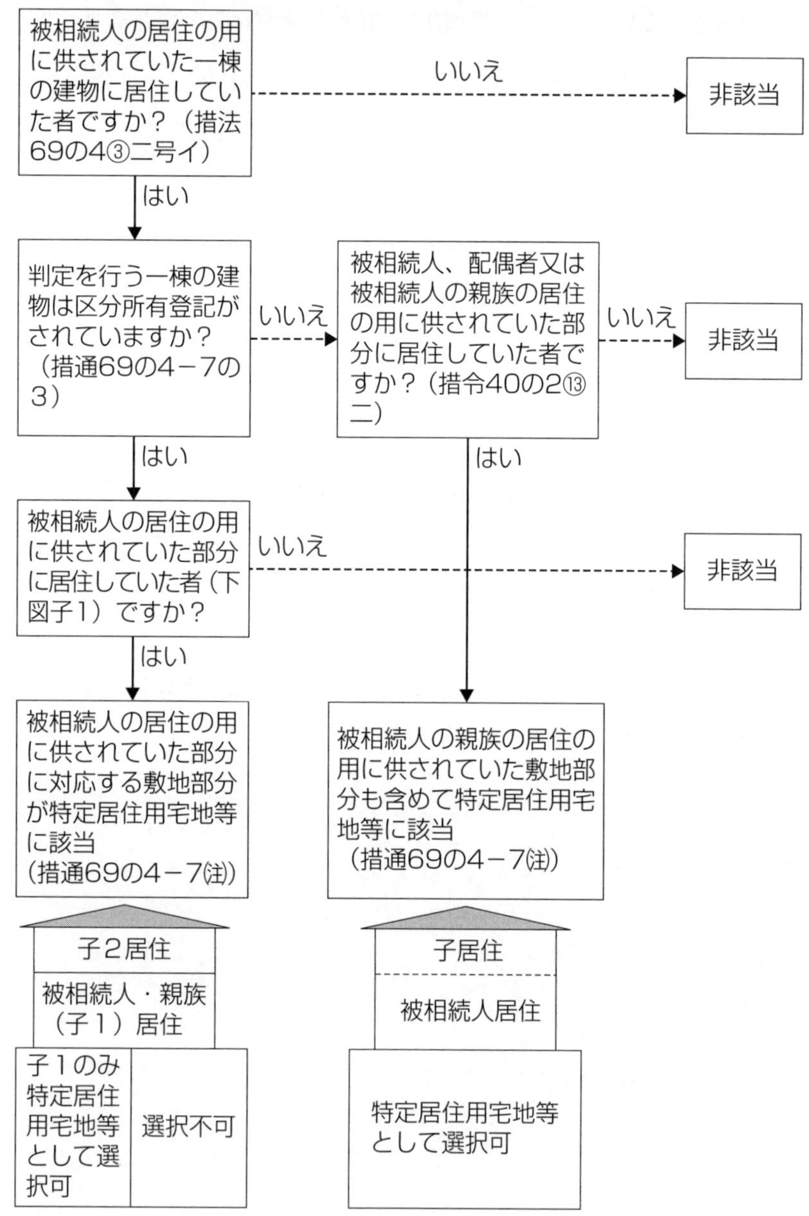
同居親族（配偶者は除く）に当たるか否かの判定
被相続人の居住の用に供されていた一棟の建物に居住していた者ですか？（措法69の4③二号イ）
いいえ
非該当
はい
判定を行う一棟の建物は区分所有登記がされていますか？（措通69の4－7の3）
いいえ
被相続人、配偶者又は被相続人の親族の居住の用に供されていた部分に居住していた者ですか？（措令40の2⑬二）
いいえ
非該当
はい
はい
被相続人の居住の用に供されていた部分に居住していた者（下図子1）ですか？
いいえ
非該当
はい
被相続人の居住の用に供されていた部分に対応する敷地部分が特定居住用宅地等に該当（措通69の4－7㈨）
被相続人の親族の居住の用に供されていた敷地部分も含めて特定居住用宅地等に該当（措通69の4－7㈨）
子２居住
被相続人・親族（子１）居住
子１のみ特定居住用宅地等として選択可
選択不可
子居住
被相続人居住
特定居住用宅地等として選択可

⑤　配偶者居住権が設定された敷地の取扱い

配偶者居住権は、借家権類似の建物についての権利とされていることから、配偶者居住権自体が本特例の対象となることはありません。他方、配偶者居住権に付随するその目的となっている建物の敷地を利用する権利（敷地利用権）については、「土地の上に存する権利」に該当するので、本特例の対象となります。なお、本特例を受けるものとしてその全部又は一部の選択をしようとする宅地等が配偶者居住権の目的となっている建物の敷地の用に供される宅地等又は配偶者居住権に基づく敷地利用権の全部又は一部である場合には、その宅地等の面積は、その面積に、それぞれその敷地の用に供される宅地等の価額又はその敷地利用権の価額がこれらの価額の合計額のうちに占める割合を乗じて得た面積であるものとみなして計算をし、限度面積要件を判定します（措令40の2⑥）。

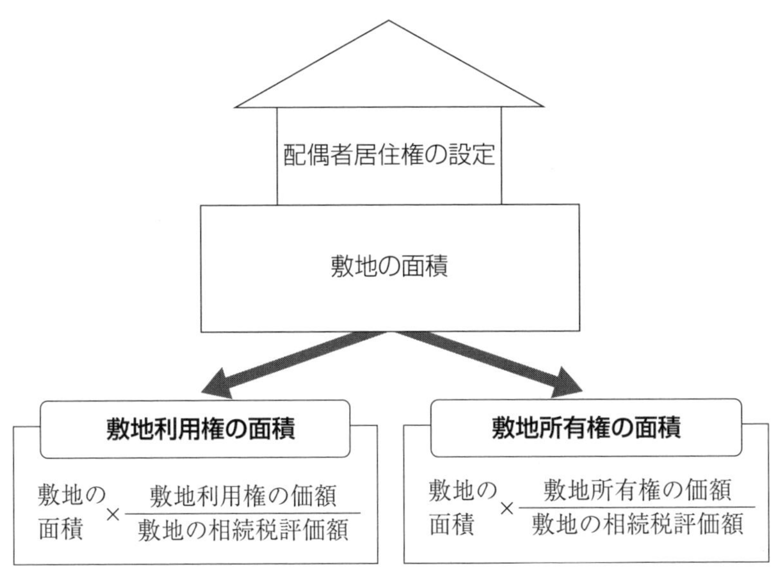

具体的な計算例については、84、394、630ページを参照してください。

(3)　貸付事業用宅地等

①　貸付事業用宅地等の概要

貸付事業用宅地等とは、被相続人等の貸付事業（不動産貸付業、駐車場業、自転車駐車場業及び準事業）の用に供されていた宅地等で、次の表ⅰ又はⅱに掲げる要件のいずれかを満たすその被相続人の親族が相続又は遺贈により取得したもの（相続開始前３年以内に新たに貸付事業の用に供された宅地等（相続開始の日まで３年を超えて引き続き特定貸付事業を行っていた被相続人等の貸付事業の用に供されていたものは除かれます。）を除き、下記表の区分ⅰ、ⅱの特例の要件に該当する親族が相続又は遺贈により取得した持分の割合に対応する部分に限ります。）をいい、200㎡を限度に50％の減額が適用されます（措法69の４③四、措令40の２⑦⑩㉒）。

＜貸付事業用宅地等＞

区　分		特例の適用要件	
ⅰ	被相続人の貸付事業の用に供されていた宅地等	事業承継要件 事業継続要件	その宅地等に係る被相続人の貸付事業を相続税の申告期限までに承継し、かつ、その申告期限までその貸付事業を行っていること
		保有継続要件	その宅地等を相続税の申告期限まで有していること
ⅱ	被相続人と生計を一にしていた被相続人の親族の貸付事業の用に供されていた宅地等	事業継続要件	相続開始の直前から相続税の申告期限まで、その宅地等に係る貸付事業を行っていること
		保有継続要件	その宅地等を相続税の申告期限まで有していること

貸付事業用宅地等の範囲から特定同族会社事業用宅地等が除かれていますが、これは、特定同族会社事業用宅地等は被相続人等が同族会社に「貸し付けている宅地等」であることから、貸付事業用宅地等の規定との重複を排除し、特定同族会社事業用宅地等の規定が

優先されることを明らかにしたものです(措法69の４③四かっこ書)。

（注）　対象宅地等を取得した親族が相続税の申告期限までに死亡（第二次相続が開始）したとき

上記表ⅰの場合は、その死亡した親族の相続人が第一次相続に係る相続税の申告期限（相続税法第27条第２項の規定により延長された申告期限）まで第一次相続に係る被相続人の貸付事業を承継して（死亡した親族の相続人が第一次に係る被相続人の貸付事業を直接引き継ぐ場合も含まれます。）営むことが必要とされています（措通69の４－15)。

上記表ⅱの場合は、宅地等を相続した親族が相続税の申告期限までに死亡した場合には、死亡の日まで引き続き貸付事業の用に供していればよいこととされています(措法69の４③四ロ、一ロかっこ書)。

②　貸付事業用宅地等の範囲

貸付事業用宅地等の適用関係

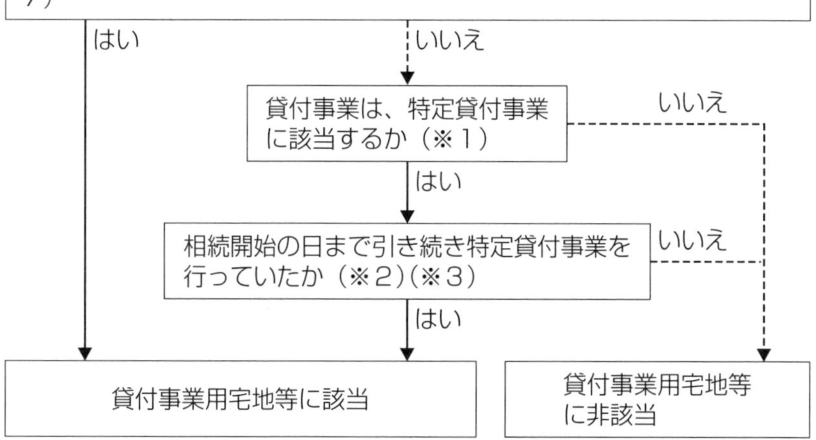
特例の適用を受けようとする宅地は、相続開始前３年を超えて引き続き被相続人等の貸付事業の用に供されていた宅地等か（措通69の４－24の７）
はい
いいえ
貸付事業は、特定貸付事業に該当するか（※１）
いいえ
はい
相続開始の日まで引き続き特定貸付事業を行っていたか（※２）（※３）
いいえ
はい
貸付事業用宅地等に該当
貸付事業用宅地等に非該当

（※１）　措通69の４－24の４（特定貸付事業の意義）

措置法令第40条の２第19項に規定する特定貸付事業（以下69の４－24の８までにおいて「特定貸付事業」という。）は、貸付事業のうち準事業以外のものをいうのであるが、被相続人等の貸付事業が準事業以外の貸付事業に当たるかどうかについては、社会通念上事業と称するに至る程度の規模で当該貸付事業が行われていたかどうかにより判定することに留意する。

なお、この判定に当たっては、次によることに留意する。

⑴　被相続人等が行う貸付事業が不動産の貸付けである場合において、当該不動産の貸付けが不動産所得（所得税法（昭和40年法律第33号）第26条第１項《不動産所得》に規定する不動産所得をいう。以下⑴において同じ。）を生ずべき事業として行われているときは、当該貸付事業は特定貸付事業に該当し、当該不動産の貸付けが不動産所得を生ずべき事業以外のものとして行われているときは、当該貸付事業は準事業に該当すること。

⑵　被相続人等が行う貸付事業の対象が駐車場又は自転車駐車場であって自己の責任において他人の物を保管するものである場合において、当該貸付事業が同法第27条第１項《事業所得》に規定する事業所得を生ずべきものとして行われているときは、当該貸付事業は特定貸付事業に該当し、当該貸付事業が同法第35条第１項《雑所得》に規定する雑所得を生ずべきものとして行われているときは、当該貸付事業は準事業に該当すること。

（注）　⑴又は⑵の判定を行う場合においては、昭和45年７月１日付直審（所）30「所得税基本通達の制定について」（法令解釈通達）26－９《建物の貸付けが事業として行われているかどうかの判定》及び27－２《有料駐車場等の所得》の取扱いがあることに留意する。

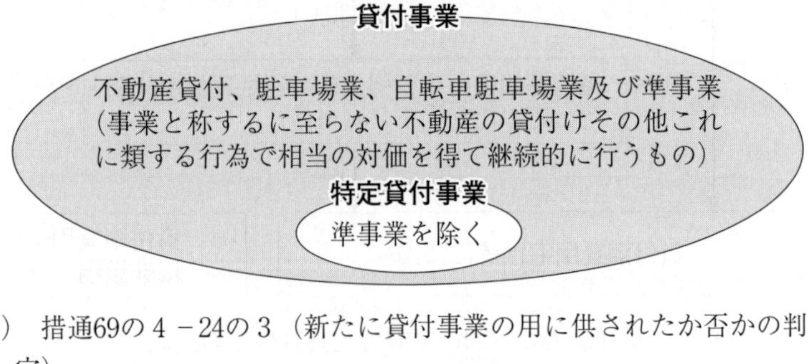

貸付事業

不動産貸付、駐車場業、自転車駐車場業及び準事業（事業と称するに至らない不動産の貸付けその他これに類する行為で相当の対価を得て継続的に行うもの）

特定貸付事業

準事業を除く

（※２）　措通69の４－24の３（新たに貸付事業の用に供されたか否かの判定）

措置法第69条の４第３項第４号の「新たに貸付事業の用に供され

た」とは、貸付事業の用以外の用に供されていた宅地等が貸付事業の用に供された場合又は宅地等若しくはその上にある建物等につき「何らの利用がされていない場合」の当該宅地等が貸付事業の用に供された場合をいうことに留意する。

したがって、賃貸借契約等につき更新がされた場合は、新たに貸付事業の用に供された場合に該当しないことに留意する。

また、次に掲げる場合のように、貸付事業に係る建物等が一時的に賃貸されていなかったと認められるときには、当該建物等に係る宅地等は、上記の「何らの利用がされていない場合」に該当しないことに留意する。

(1)　継続的に賃貸されていた建物等につき賃借人が退去をした場合において、その退去後速やかに新たな賃借人の募集が行われ、賃貸されていたとき（新たな賃借人が入居するまでの間、当該建物等を貸付事業の用以外の用に供していないときに限る。）

(2)　継続的に賃貸されていた建物等につき建替えが行われた場合において、建物等の建替え後速やかに新たな賃借人の募集が行われ、賃貸されていたとき（当該建替え後の建物等を貸付事業の用以外の用に供していないときに限る。）

(3)　継続的に賃貸されていた建物等が災害により損害を受けたため、当該建物等に係る貸付事業を休業した場合において、当該貸付事業の再開のための当該建物等の修繕その他の準備が行われ、当該貸付事業が再開されていたとき（休業中に当該建物等を貸付事業の用以外の用に供していないときに限る。）

(注) 1　建替えのための建物等の建築中に相続が開始した場合には69の4－5の取扱いが、また、災害による損害のための休業中に相続が開始した場合には69の4－17の取扱いが、それぞれあることに留意する。

2　(1)、(2)又は(3)に該当する場合には、当該宅地等に係る「新たに貸付事業の用に供された」時は、(1)の退去前、(2)の建替え前又は(3)の休業前の賃貸に係る貸付事業の用に供された時となることに留意する。

3　(2)に該当する場合において、建替え後の建物等の敷地の用に供された宅地等のうちに、建替え前の建物等の敷地の用に供されていなかった宅地等が含まれるときは、当該供されていなかった宅地等については、新たに貸付事業の用に供された宅地等に該当することに留意する。

（※３）　措通69の４－24の５（特定貸付事業が引き続き行われていない場合）

相続開始前３年以内に宅地等が新たに被相続人等が行う特定貸付事業の用に供された場合において、その供された時から相続開始の日までの間に当該被相続人等が行う貸付事業が特定貸付事業に該当しないこととなったときは、当該宅地等は、相続開始の日まで３年を超えて引き続き特定貸付事業を行っていた被相続人等の貸付事業の用に供されたものに該当せず、措置法第69条の４第３項第４号に規定する貸付事業用宅地等の対象となる宅地等から除かれることに留意する。

（注）　被相続人等が行っていた特定貸付事業が69の４－24の３に掲げる場合に該当する場合には、当該特定貸付事業は、引き続き行われているものに該当することに留意する。

建物の貸付けが事業（所基通26－9）として行われているかのフローチャート

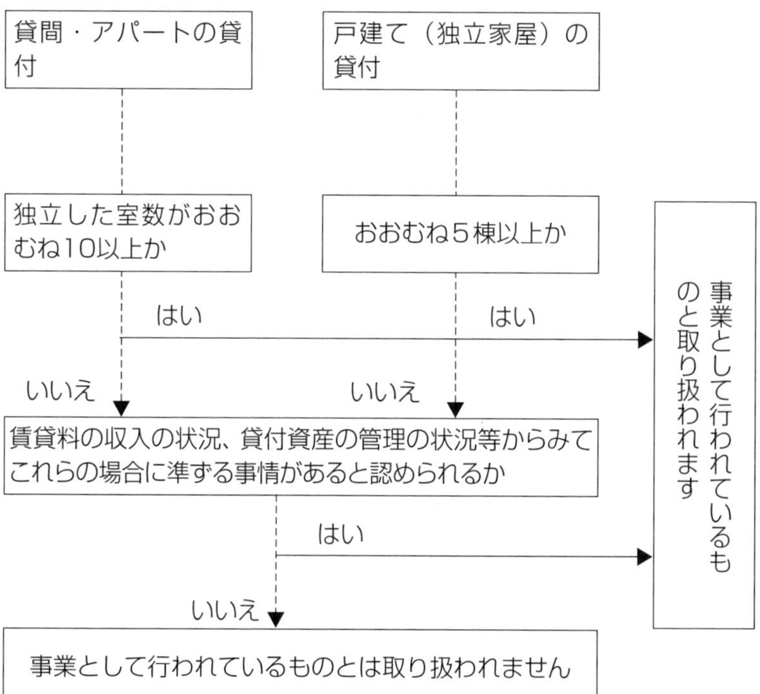

⑷　特定事業用宅地等

①　特定事業用宅地等の概要

特定事業用宅地等とは、被相続人等の事業（貸付事業を除きます。）の用に供されていた宅地等で、下記表ⅰ又はⅱのいずれかを満たすその被相続人の親族が相続又は遺贈により取得したもの（相続開始前３年以内に新たに事業の用に供された宅地等（一定の規模以上の事業「特定事業」を行っていた被相続人等の当該事業の用に供されたものを除きます。）を除き、その親族が相続又は遺贈により取得した持分の割合に応ずる部分に限ります。）をいいます（措法69の４③一、措令40の２⑩）。

特定事業とは、次に掲げる算式を満たす場合における事業をいいます（措通69の４－20の３）。

（算式）

$$\frac{\text{事業の用に供されていた減価償却資産のうち被相続人等が有していたものの相続の開始の時における価額の合計}}{\text{新たに事業の用に供された宅地等（「特定宅地等」といいます）の相続の開始の時における価額}} \geqq \frac{15}{100}$$

（※）減価償却資産とは、特定宅地等に係る被相続人等の事業の用に供されていた次に掲げる資産をいいます。資産のうちに事業の用以外の用に供されていた部分がある場合には、事業の用に供されていた部分に限られます。

①　特定宅地等の上に存する建物（その附属設備を含みます。）又は構築物

②　所得税法第２条第１項第19号《定義》に規定する減価償却資産で特定宅地等の上で行われる事業に係る業務の用に供されていたもの（①に掲げるものを除きます。）

＜特定事業用宅地等＞

区　分		特例の適用要件	
ⅰ	被相続人の事業(※)の用に供されていた宅地等	事業承継要件 事業継続要件	その宅地等の上で営まれていた被相続人の事業を相続税の申告期限までに承継し、かつ、その申告期限までその事業を営んでいること
		保有継続要件	その宅地等を相続税の申告期限まで有していること
ⅱ	被相続人と生計を一にしていた被相続人の親族の事業(※)の用に供されていた宅地等	事業継続要件	相続開始の直前から相続税の申告期限まで、その宅地等の上で事業を営んでいること
		保有継続要件	その宅地等を相続税の申告期限まで有していること

(※)　貸付事業（前掲(3)参照）を除きます。

したがって、特定事業用宅地等以外の事業用宅地等については、上記(3)貸付事業用宅地等又は下記(5)特定同族会社事業用宅地等に該当するものを除き、上記表ⅰ又はⅱに掲げる要件を満たさない限り、本特例の適用はありません（措法69の４①）。

また、上記表ⅰ又はⅱの要件を満たす親族が取得する持分に対応する部分のみが減額対象となります。

（注）　対象宅地等を取得した親族が相続税の申告期限までに死亡（第二次相続が開始）したとき

上記表ⅰの場合は、事業を承継してからの日が浅く、その親族の事業の実績が少ないことから、その死亡した親族の相続人が第一次相続に係る相続税の申告期限（相続税法第27条第２項の規定により延長された申告期限）まで第一次相続に係る被相続人の事業を承継して（死亡した親族の相続人が第一次に係る被相続人の事業を直接引き継ぐ場合も含まれます。）営むことが必要とされています（措法69の４③一本文かっこ書、措通69の４－15）。

上記表ⅱの場合は、相続開始前から既に生計を一にする親族の事業の用に供されていた宅地等をその親族が取得して特定事業用宅地等に該当する場合には、既に親族の事業の実績があるため、宅地等を相続した親族が相続税の申告期限までに死亡した場合には、死亡の日まで引き続き事業の用に供していればよいこととされています（措法69の４③一ロかっこ書）。

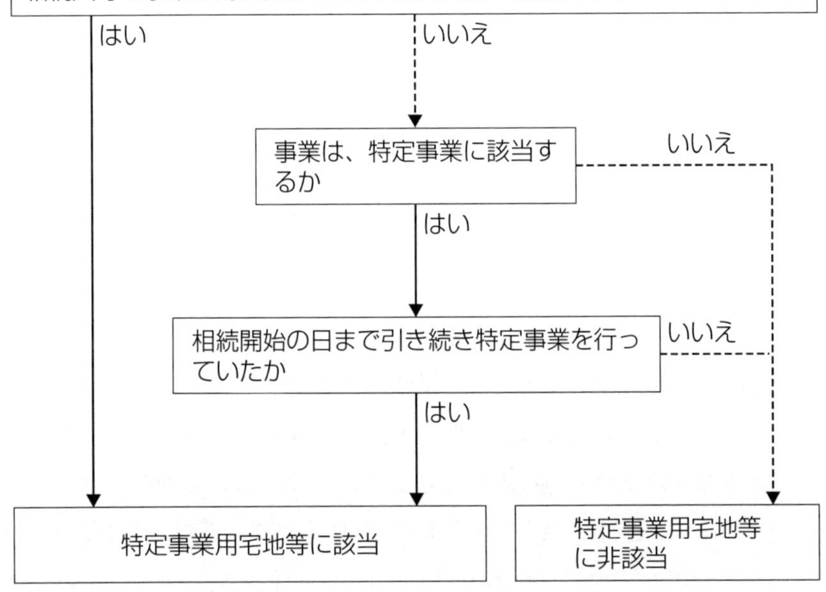
特定事業用宅地等の適用関係
特例の適用を受けようとする宅地は、相続開始前３年を超えて引き続き被相続人等の事業の用に供されていた宅地等か（措通69の４－20の４）
はい
いいえ
事業は、特定事業に該当するか
いいえ
はい
相続開始の日まで引き続き特定事業を行っていたか
いいえ
はい
特定事業用宅地等に該当
特定事業用宅地等に非該当

被相続人等の事業の用に供されていた宅地等の範囲（措通69の４－４）

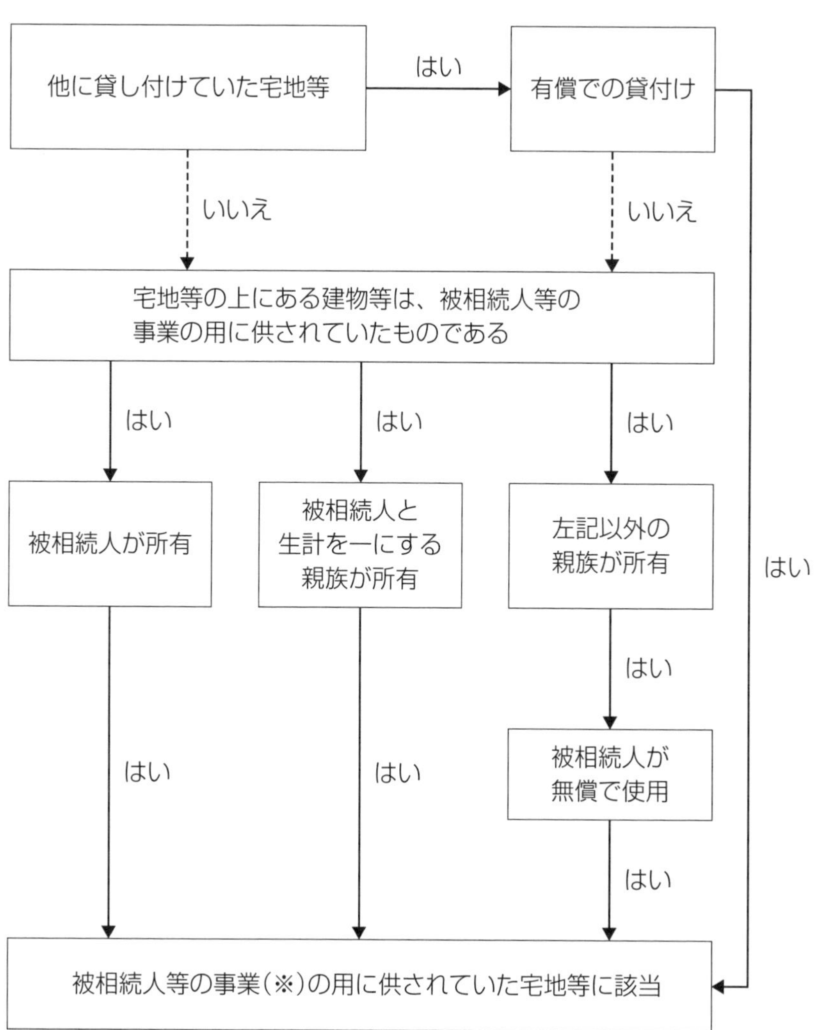

（※）　この事業には、貸付事業が含まれます。

②　個人版事業承継税制と小規模宅地等の特例との関係

被相続人に係る相続又は遺贈により取得した宅地等について小規模宅地等の特例の適用を受ける者がある場合、その適用を受ける小規模宅地等の区分に応じ、個人版事業承継税制（233ページ参照）の適用が次のとおり制限されます。

	適用を受ける小規模宅地等の区分	個人版事業承継税制との適用
イ	特定事業用宅地等	適用を受けることはできません。
ロ	特定同族会社事業用宅地等	「400㎡－特定同族会社事業用宅地等の面積」が適用対象となる宅地等の限度面積となります（※１）。
ハ	貸付事業用宅地等	「400㎡－２×（B×200/330＋A×200/400＋C）」が適用対象となる宅地等の限度面積となります（※２）。
ニ	特定居住用宅地等	適用制限はありません（※１）。

（※）１　他に貸付事業用宅地等について小規模宅地等の特例の適用を受ける場合には、ハによります。

２　A：選択特例対象宅地等である特定同族会社事業用宅地等の面積の合計

B：選択特例対象宅地等である特定居住用宅地等の面積の合計

C：選択特例対象宅地等である貸付事業用宅地等の面積の合計

⑸　特定同族会社事業用宅地等

特定同族会社事業用宅地等とは、相続開始の直前において被相続人及びその被相続人の親族その他その被相続人と特別の関係がある者（注１）が有する株式の数又は出資の額がその株式又は出資に係る法人の発行済株式の総数又は出資の総額（注２）の10分の５を超える法人の事業（貸付事業を除きます。）の用に供されていた宅地等で、その宅地等を相続又は遺贈により取得したその被相続人の親族（申告期限においてその法人の役員（注３）（清算人を除きます。）である者に限ります。）が、相続開始の時から申告期限まで引き続き有し、かつ、申告期限まで引き続きその法人の事業の用に供されているもの（その法人（申告期限において清算中の法人を除きます。）の事業の用に供されていた宅地等のうち、要件を満たす親族が相続又は遺贈により取得した持分の割合に応ずる部分に限ります。）をいいます（措法69の４③三、措令40の２⑱、措規23の２⑤）。

＜特定同族会社事業用宅地等の要件＞

<table>
<tr><th>区　分</th><th colspan="2">特例の要件</th></tr>
<tr><td rowspan="3">特定同族会社の事業の用に供されていた宅地等</td><td>法人の要件</td><td>相続開始の直前において被相続人及び被相続人の親族等が法人の発行済株式の総数又は出資の総額の50％超を有していること</td></tr>
<tr><td>法人役員要件</td><td>相続税の申告期限においてその法人の役員であること</td></tr>
<tr><td>保有継続要件</td><td>その宅地等を相続税の申告期限まで有していること</td></tr>
</table>

（注１）「特別の関係のある者」とは、次のとおりです（措令40の２⑯）。

① 被相続人と婚姻の届出をしていないが事実上婚姻関係と同様の事情にある者

② 被相続人の使用人

③ 被相続人の親族及び①及び②に掲げる者以外の者で被相続人から受けた金銭その他の資産によって生計を維持しているもの

④　①から③に掲げる者と生計を一にするこれらの者の親族
⑤　次に掲げる法人
ｉ　被相続人（当該被相続人の親族及び当該被相続人に係る上記①から④に掲げる者を含みます。以下ⅲまでにおいて同じです。）が法人の発行済株式又は出資（当該法人が有する自己の株式又は出資を除きます。）の総数又は総額（以下ⅲまでにおいて「発行済株式総数等」といいます。）の10分の５を超える数又は金額の株式又は出資を有する場合における当該法人
ⅱ　被相続人及びこれとｉの関係がある法人が他の法人の発行済株式総数等の10分の５を超える数又は金額の株式又は出資を有する場合における当該他の法人
ⅲ　被相続人及びこれとｉ又はⅱの関係がある法人が他の法人の発行済株式総数等の10分の５を超える数又は金額の株式又は出資を有する場合における当該他の法人

（注２）　この特定同族会社事業用宅地の判定に当たっては、株式若しくは出資又は発行済株式には、議決権に制限のある株式又は出資は含まれません（措令40の２⑰、措規23の２⑥⑦）。

（注３）　この場合の役員とは、法人税法第２条第15号に規定する役員（清算人を除きます。）をいいます（措規23の２⑤）。
法人税法第２条第15号に規定する役員は次に掲げるものをいいます。
①　取締役、執行役、会計参与、監査役、理事、監事及び清算人
②　法人の使用人（使用人としての地位のみを有する者に限ります。）以外の者でその法人の経営に従事しているもの
③　同族会社の使用人（使用人としての地位のみを有する者に限ります。）のうち次のｉからⅲまでの要件の全てを満たす者でその会社の経営に従事しているもの
ｉ　持株割合が最も大きい株主グループから順次その順位を付し、その第１順位の株主グループの持株割合を算定し、又はこれに順次第２順位及び第３順位の株主グループの持株割合を加算したときに、その持株割合が全体の50％をはじめて超える場合のそれらの株主グループに属するものであること
ⅱ　その使用人の属する株主グループの持株割合が10％を超えていること
ⅲ　その使用人（配偶者及び持株割合が50％を超える場合におけ

る他の会社を含みます。）の持株割合が５％を超えていること

（注４）　対象宅地等を取得した親族が相続税の申告期限までに死亡（第二次相続が開始）したとき

宅地等を相続した親族が相続税の申告期限までに死亡した場合には、死亡の日まで引き続き保有し、特定同族法人が事業の用に供していればよいこととされています（措法69の４③三、一ロかっこ書）。

⑹　郵便局舎用宅地等

郵政民営化法第180条第１項により同項に規定する要件のすべてを満たす場合、当該宅地等を租税特別措置法第69条の４第３項第１号に規定にする特定事業用宅地等として租税特別措置法第69条の４第１項に規定する特例対象宅地等とみなされます（措通69の４－27）。

具体的には、次のすべての要件を満たすものが、上記のみなされる特例対象宅地等となります。

①　被相続人又はその相続人が、郵政民営化法の施行日（平成19年10月１日）前から日本郵政公社に貸し付けていた郵便局舎の敷地の用に供されていた宅地等で、同日から相続開始までの間、郵便局株式会社（注）及び日本郵便株式会社に引き続き貸し付けていたもの。

したがって、平成19年10月１日以後に新たに締結された契約により貸し付けられたものは、特例対象宅地等とはみなされません。

②　日本郵便株式会社（平成24年９月30日までの期間については郵便局株式会社）が、相続又は遺贈により上記①の宅地等を取得した相続人から相続開始後５年以上、郵便局舎を引き続き借り受け、宅地等を郵便局舎の敷地の用に供する見込みであることについて証明したもの。

③　上記①の敷地は、既に郵政民営化法第180条第１項の規定の適用を受けたことがないものであること。

（注）　郵政民営化法等の一部を改正する等の法律（平成24年法律第30号）が、平成24年５月８日に公布され、郵便局株式会社は、この法律の施行日（平成24年10月１日）に、その商号が日本郵便株式会社に変更されました。

2　特例対象宅地等の選択

本特例の適用を受けるための「選択」（措法69の４①）は、この特例の適用を受けようとする個人が、相続又は遺贈により取得した特例対象宅地等について、次に掲げる場合の区分に応じて、次に定める書類（具体的には、相続申告書第11・11の２表の付表１：49～53ページ参照）を相続税の申告書に添付することにより行うものとされています（措令40の２⑤）。

<特例対象宅地等の選択>

①	その相続又は遺贈により特例対象宅地等を取得した個人が２人以上いる場合	イ	選択をしようとする特例対象宅地等について小規模宅地等の区分その他の明細を記載した書類
		ロ	選択をしようとする特例対象宅地等が限度面積要件のいずれか一の要件を満たす旨を記載した書類
		ハ	特例対象宅地等を取得したすべての者のこの選択についての同意を証する書類
②	①以外の場合	イ	上記①のイ
		ロ	上記①のロ

裁判例・裁決例　No.38（666ページ）・No.39（666ページ）・No.43（668ページ）・No.50（673ページ）・No.60（678ページ）・No.69（683ページ）・No.79（687ページ）・No.83（690ページ）・No.91（695ページ）を参照してください。

3 限度面積要件

上記限度面積について、特定事業用宅地等又は特定同族会社事業用宅地等（あわせて、「特定事業用等宅地等」といいます。）及び特定居住用宅地等のみを特例の対象として選択する場合については、限度面積の調整は行われず、それぞれの限度面積（特定事業用等宅地等400㎡、特定居住用宅地等330㎡）まで適用が可能とされ、最大で730㎡までが本特例の対象となります。

ただし、貸付事業用宅地等を選択する場合については、従来どおり調整を行うこととされています（措通69の４－10）。

＜限度面積＞

	区　分	選択特例対象宅地等の面積の合計等
①	選択特例対象宅地等の全てが特定事業用等宅地等である場合	400㎡以下
②	選択特例対象宅地等が特定居住用宅地等である場合	330㎡以下
③	選択特例対象宅地等に貸付事業用宅地等がある場合	下記算式による

$$（算式）\ A \times \frac{200}{400} + B \times \frac{200}{330} + C \leqq 200㎡$$

A：選択特例対象宅地等である特定事業用宅地等又は特定同族会社事業用宅地等の面積の合計

B：選択特例対象宅地等である特定居住用宅地等の面積の合計

C：選択特例対象宅地等である貸付事業用宅地等の面積の合計

なお、配偶者居住権が設定されている場合の適用面積については、84ページを参照してください。

4　特例対象宅地等の分割要件

(1)　原則

本特例の適用を受けるためには、相続税の申告書の提出期限（相続の開始があったことを知った日の翌日から10ヶ月）までに共同相続人又は包括受遺者によって特例の対象となる宅地等が分割されていることが必要となります（措法69の４④）。

(2)　申告期限までに分割が未了の場合

本特例の適用を受けるためには、相続税の申告期限までに相続人等の間で特例の対象となる特例対象宅地等が分割されていることが必要となりますので、その特例対象宅地等が申告期限までに分割されていない場合には、本特例の適用を受けられないことになります。しかし、相続税の納税地の所轄税務署長に対して、それぞれ次の手続をとることによって、分割が確定した時点で、本特例の適用を受けることができます（措法69の４④ただし書）。

<申告期限までに分割が未了の場合の手続>

①	当初申告の際に「申告期限後３年以内の分割見込書」（次ページ参照）を申告書に添付します。	措規23の２⑧六
②	その後分割協議が行われ、本特例を適用して計算した相続税額が当初に申告した相続税額よりも減少することとなったときは、そのことを知った日から４ヶ月以内に限り、納税地の所轄税務署長に対して、更正の請求をすることができることとされています。	措法69の４⑤ 相法32

■Ⅰ■　特例の概要

通信日付印の年月日	確認印		名簿番号
年　月　日			

被相続人の氏名 ＿＿＿＿＿＿＿＿

申告期限後３年以内の分割見込書

相続税の申告書「第11表（相続税がかかる財産の明細書）」に記載されている財産のうち、まだ分割されていない財産については、申告書の提出期限後３年以内に分割する見込みです。

なお、分割されていない理由及び分割の見込みの詳細は、次のとおりです。

1　分割されていない理由

…………………………………………

…………………………………………

…………………………………………

…………………………………………

…………………………………………

2　分割の見込みの詳細

…………………………………………

…………………………………………

…………………………………………

…………………………………………

…………………………………………

3　適用を受けようとする特例等

(1)　配偶者に対する相続税額の軽減（相続税法第19条の２第１項）

(2)　小規模宅地等についての相続税の課税価格の計算の特例
（租税特別措置法第69条の４第１項）

(3)　特定計画山林についての相続税の課税価格の計算の特例
（租税特別措置法第69条の５第１項）

(4)　特定事業用資産についての相続税の課税価格の計算の特例
（所得税法等の一部を改正する法律(平成21年法律第13号)による改正前の租税特別措置法第69条の５第１項）

（資４－21－Ａ４統一）

（裏）

記　載　方　法　等

この書類は、相続税の申告書の提出期限までに相続又は遺贈により取得した財産の全部又は一部が分割されていない場合において、その分割されていない財産を申告書の提出期限から３年以内に分割し、①相続税法第19条の２の規定による配偶者の相続税の軽減、②租税特別措置法第69条の４の規定による小規模宅地等についての相続税の課税価格の計算の特例又は③租税特別措置法第69条の５の規定による特定事業用資産についての相続税の課税価格の計算の特例の適用を受けようとする場合に使用してください。

1　この書類は、相続税の申告書に添付してください。

2　「１　分割されていない理由」欄及び「２　分割の見込みの詳細」欄には、相続税の申告期限までに財産が分割されていない理由及び分割の見込みの詳細を記載してください。

3　「３　適用を受けようとする特例等」欄は、該当する番号にすべて○を付してください。

4　遺産が分割された結果、納め過ぎの税金が生じた場合には、分割の日の翌日から４か月以内に更正の請求をして、納め過ぎの税金の還付を受けることができます。また、納付した税金に不足が生じた場合には、修正申告書を提出することができます。

5　申告書の提出期限から３年以内に遺産が分割できない場合には、「遺産が未分割であることについてやむを得ない事由がある旨の承認申請書」をその提出期限後３年を経過する日の翌日から２か月以内に相続税の申告書を提出した税務署長に対して提出する必要があります。

　この承認申請書の提出が期間内になかった場合には、相続税法第19条の２の規定による配偶者の相続税の軽減、租税特別措置法第69条の４の規定による小規模宅地等についての相続税の課税価格の計算の特例及び租税特別措置法第69条の５の規定による特定事業用資産についての相続税の課税価格の計算の特例の適用を受けることはできません。

(3) 申告期限後3年を経過する日までに分割できない場合

申告期限後3年を経過する日の翌日から2ヶ月以内に、この特例を受けようとする宅地等の分割ができないことについてのやむを得ない事情の詳細を記載した承認申請書（41ページ参照）を提出する必要があります（措法69の4④ただし書、措令40の2㉓、措規23の2⑧、相令4の2②、相規1の6）。

3年以内にその宅地等が分割されなかったことにつき、やむを得ない事情がある場合において、納税地の所轄税務署長の承認を受けたときには、分割できることとなった日の翌日から4ヶ月以内に分割された場合にも本特例の適用が認められます（措法69の4④ただし書）。この遺産分割等が行われ、本特例を適用して計算した相続税額が当初に申告した相続税額よりも減少することとなったときは、そのことを知った日から4ヶ月以内に限り、納税地の所轄税務署長に対して、更正の請求をすることができることとされています（措法69の4⑤、相法32）。

裁判例・裁決例 No.41（667ページ）・No.56（675ページ）・No.61（678ページ）・No.82（690ページ）・No.91（695ページ）・No.93（698ページ）・No.100（704ページ）を参照してください。

上記のやむを得ない事情がある場合及び分割できることとなった日とは、次に掲げる場合においてそれぞれ次に定める日とされています（措令40の2㉓で準用する相令4の2①）。

＜申告期限後３年を経過する日までに分割できない場合＞

①	相続税の申告期限（相続の開始があったことを知った日の翌日から10ヶ月）の翌日から３年を経過する日において、その相続に関する訴えが提起されている場合	判決の確定又は訴えの取下げの日その他訴訟の完結の日
②	相続税の申告期限の翌日から３年を経過する日において、その相続に関する和解、調停又は審判の申立てがされている場合	和解若しくは調停の成立、審判の確定又は申立ての取下げの日
③	相続税の申告期限の翌日から３年を経過する日において、その相続に関し、民法の定めにより遺産の分割が禁止され、又は相続の承認若しくは放棄の期間が伸長されている場合	その分割が禁止されている期間又はその伸長がされている期間が経過した日
④	①から③までのほか、相続税の申告期限の翌日から３年を経過する日までに分割されなかったこと及び分割が遅延したことにつき税務署長においてやむを得ない事情があると認める場合	その事情の消滅の日

税務署受付印

遺産が未分割であることについてやむを得ない事由がある旨の承認申請書

※欄は記入しないでください。

＿＿年＿＿月＿＿日提出

〒
住　所（居所）＿＿＿＿＿＿＿＿＿＿

＿＿＿＿＿＿税務署長

申請者　氏　名＿＿＿＿＿＿＿＿＿＿

（電話番号　　　－　　　－　　　）

遺産の分割後、
- ・配偶者に対する相続税額の軽減（相続税法第19条の２第１項）
- ・小規模宅地等についての相続税の課税価格の計算の特例（租税特別措置法第69条の４第１項）
- ・特定計画山林についての相続税の課税価格の計算の特例（租税特別措置法第69条の５第１項）
- ・特定事業用資産についての相続税の課税価格の計算の特例（所得税法等の一部を改正する法律（平成21年法律第13号）による改正前の租税特別措置法第69条の５第１項）

の適用を受けたいので、

遺産が未分割であることについて、
- ・相続税法施行令第４条の２第２項
- ・租税特別措置法施行令第40条の２第23項又は第25項
- ・租税特別措置法施行令第40条の２の２第８項又は第11項
- ・租税特別措置法施行令等の一部を改正する政令（平成21年政令第108号）による改正前の租税特別措置法施行令第40条の２の２第19項又は第22項

に規定する

やむを得ない事由がある旨の承認申請をいたします。

1　被相続人の住所・氏名

住　所＿＿＿＿＿＿＿＿＿＿　氏　名＿＿＿＿＿＿＿＿＿＿

2　被相続人の相続開始の日　平成・令和　＿＿年＿＿月＿＿日

3　相続税の申告書を提出した日　平成・令和　＿＿年＿＿月＿＿日

4　遺産が未分割であることについてのやむを得ない理由

（注）やむを得ない事由に応じてこの申請書に添付すべき書類
- ①　相続又は遺贈に関し訴えの提起がなされていることを証する書類
- ②　相続又は遺贈に関し和解、調停又は審判の申立てがされていることを証する書類
- ③　相続又は遺贈に関し遺産分割の禁止、相続の承認若しくは放棄の期間が伸長されていることを証する書類
- ④　①から③までの書類以外の書類で財産の分割がされなかった場合におけるその事情の明細を記載した書類

○　相続人等申請者の住所・氏名等

住　所　（　居　所　）	氏　　名	続　柄

○　相続人等の代表者の指定　　代表者の氏名＿＿＿＿＿＿＿＿＿＿

関与税理士		電話番号	

※	通信日付印の年月日	（確認）	名簿番号
	年　月　日		

（資４－22－１－Ａ４統一）　（令3.3）

（裏）

記載方法等

この承認申請書は、相続税の申告書の提出期限後３年を経過する日までに、相続又は遺贈により取得した財産の全部又は一部が相続又は遺贈に関する訴えの提起などのやむを得ない事由により分割されていない場合において、その遺産の分割後に①相続税法第19条の２の規定による配偶者に対する相続税額の軽減、②租税特別措置法第69条の４の規定による小規模宅地等についての相続税の課税価格の計算の特例、③租税特別措置法第69条の５の規定による特定計画山林についての相続税の課税価格の計算の特例又は④所得税法等の一部を改正する法律（平成21年法律第13号）による改正前の租税特別措置法第69条の５の規定による特定事業用資産についての相続税の課税価格の計算の特例の適用を受けるために税務署長の承認を受けようとするとき、次により使用してください。

なお、小規模宅地等についての相続税の課税価格の計算の特例、特定計画山林についての相続税の課税価格の計算の特例又は特定事業用資産についての相続税の課税価格の計算の特例の適用を受けるためにこの申請書を提出する場合において、その特例の適用を受ける相続人等が２人以上のときは各相続人等が「○相続人等申請者の住所・氏名等」欄に連署し申請してください。ただし、他の相続人等と共同して提出することができない場合は、各相続人等が別々に申請書を提出することもできます。

1　この承認申請書は、遺産分割後に配偶者に対する相続税額の軽減、小規模宅地等についての相続税の課税価格の計算の特例、特定計画山林についての相続税の課税価格の計算の特例又は特定事業用資産についての相続税の課税価格の計算の特例の適用を受けようとする人が納税地（被相続人の相続開始時の住所地）を所轄する税務署長に対して、申告期限後３年を経過する日の翌日から２か月を経過する日までに提出してください。

このため、提出先の「＿＿＿＿税務署長」の空欄には、申請者の住所地（居所）地を所轄する税務署名ではなく、被相続人の相続開始時の住所地を所轄する税務署名を記載してください。

なお、この承認申請書は、適用を受けようとする特例の種類（配偶者に対する相続税額の軽減・小規模宅地等についての相続税の課税価格の計算の特例・特定計画山林についての相続税の課税価格の計算の特例・特定事業用資産についての相続税の課税価格の計算の特例）ごとに提出してください。このとき｛　｝内の該当しない特例の文言及び条項を二重線で抹消してください。

2　「4　遺産が未分割であることについてのやむを得ない理由」欄には、遺産が分割できないやむを得ない理由を具体的に記載してください。

3　「（注）やむを得ない事由に応じてこの申請書に添付すべき書類」欄は、遺産が分割できないやむを得ない事由に応じて該当する番号を○で囲んで表示するとともに、その書類の写し等を添付してください。

コラム　相続人が一人になった場合の遺産の分割

本特例の適用を受けるためには、特例対象宅地等が共同相続人又は包括受遺者によって分割される必要があります。

例えば、被相続人Ａの法定相続人が配偶者ＢとＡ・Ｂの子Ｃのみで、被相続人Ａの遺産の分割の協議が行われないままＢが死亡した場合は、Ｃは共同相続人Ｂが存在せず被相続人Ａの相続について共同相続人Ｂと分割を行うことができないので分割要件を満たすことができないこととなります。

1　平成28年３月２日民二第154号（219ページ参照）

平成28年３月２日民二第154号通知で、上記の事例の場合（Ｂの生前に遺産の分割が行われていない場合）は「ＣはＡの遺産分割をする余地はない」としているのは、遺産の分割は相続人が複数いることを前提としているからです。一方、ＢとＣの間でＣが単独でＡの遺産を取得する旨のＡの遺産の分割の協議が行われた後にＢが死亡したとき（Ｂの生前に遺産の分割が行われていたとき）は、遺産の分割の協議は要式行為ではないことから、Ｃの生前にＢとＣの間で遺産分割協議書が作成されていなくてもその遺産の分割の協議は有効とされており、同通知でその証明書類として有効と判断された「遺産分割協議証明書」が示されています。

2　共同相続人等が特例対象宅地等の分割前に死亡している場合（222ページ参照）

租税特別措置法通達69の４－25（共同相続人等が特例対象宅地等の分割前に死亡している場合）は、上記の場合とは異なり数次相続が発生し相続人が一人ではなく複数人いる場合の通達である点に注意が必要です。

相続が開始した場合、不動産の所有権移転登記のため登記原因証明情報（遺産分割協議書など）を作成する必要があることから司法書士など専門家とご相談ください。

遺言書は登記原因証明情報になることから、遺言書を作成することにより上記問題を解決できる場合もあるので専門家とご相談ください。

令和6年4月1日から相続登記が義務化され、令和6年4月1日より前に相続した不動産は、令和9年3月31日までに行う必要があります。相続登記の義務化について次のコラムでご確認ください。

コラム 令和6年4月1日から相続登記が義務化

相続登記がされていないため、「所有者不明土地」が増加し、環境悪化や公共工事の阻害などが社会問題になったことから、相続登記が義務化されることとなりました。正当な理由なく相続登記をしない場合、10万円以下の過料が課される可能性があります。

詳しくは、法務省ホームページ（民事局・不動産を相続した方へ）で確認をお願いします。

備えて安心！令和６年４月１日から相続登記が義務化されます！

Q１ 知りませんでした！ 不動産（土地・建物）の相続登記が義務化されるのは、なぜですか？

相続登記がされないため、登記簿を見ても所有者が分からない「所有者不明土地」が全国で増加し、周辺の環境悪化や公共工事の阻害など、社会問題になっています。

この問題解決のため、令和３年に法律が改正され、これまで任意だった相続登記が義務化されることになりました。

Q２ 相続登記の義務化とは、どういう内容ですか？

相続人は、不動産（土地・建物）を相続で取得したことを知った日から３年以内に、相続登記をすることが法律上の義務になります。法務局に申請する必要があります。

正当な理由がないのに相続登記をしない場合、10万円以下の過料が科される可能性があります。

遺産分割の話合いで不動産を取得した場合も、別途、遺産分割から３年以内に、登記をする必要があります。

Q３ 義務化が始まるのは、いつからですか？始まった後に、対応すれば大丈夫でしょうか？

「相続登記の義務化」は、令和６年４月１日から始まります。ただ、今のうちから、備えておくことが重要です。

また、令和６年４月１日より前に相続した不動産も、相続登記がされていないものは、義務化の対象になります（３年間の猶予期間があります。）ので、要注意です。

Q４　不動産を相続した場合、どう対応すれば良いですか？　新制度のペナルティが不安なのですが。

相続人の間で早めに遺産分割の話合いを行い、不動産を取得した場合には、その結果に基づいて法務局に、相続登記をする必要があります。

早期の遺産分割が難しい場合には、今回新たに作られた「相続人申告登記」という簡便な手続（※）を法務局でとることによって、義務を果たすこともできます。

※相続人申告手続は、戸籍などを提出して、自分が相続人であることを申告する、簡易な手続です。

遺産分割の話合いがまとまった	→	遺産分割の結果に基づく相続登記 不動産の相続を知った日から３年以内にする必要(※)
早期に遺産分割をすることが困難	→	相続人申告登記 不動産の相続を知った日から３年以内にする必要(※)

※令和６年４月１日より前に相続した不動産は、令和９年３月３１日までにする必要があります。

Q５　早めの対応が必要なのですね。相続登記について不明な点があれば、どこに相談すれば良いのですか？

お近くの法務局（予約制の手続案内を実施中）や、登記の専門家である司法書士・司法書士会等に、ご相談ください。

法務省では、新制度を紹介する漫画や、相続登記の手続を案内するハンドブックも、提供しています。

法務省・法務局の名称を不正に使用した勧誘や架空請求などにご注意ください

不動産登記推進イメージキャラクター「トウキツネ」

詳しくは、こちらの法務省ホームページをご覧ください。▶

法務省民事局
MINISTRY OF JUSTICE CIVIL AFFAIRS BUREAU

2023年5月版

5 申告要件

本特例の適用を受けるには、相続税の申告書に、この特例の適用を受けようとする旨を記載し、選択した特例対象宅地等の明細書、限度面積要件に係る書類及び特例対象宅地等を取得したすべての者の同意を証する書類（49～53ページ参照）、その他下記 7 に掲げる添付書類を相続税の申告書に添付することが必要とされています（措法69の４⑦、措令40の２⑤）。

ただし、申告書の提出がなかった場合又は上記の記載若しくは添付がない申告書の提出があった場合においても、税務署長がやむを得ない事情があると認めるときは、その記載をした書類及び添付書類の提出があった場合に限り、本特例を受けることができます（措法69の４⑧）。

6 申告書への具体的記載例

上記のとおり、本特例の適用を受けるために、申告書に明細書等を添付しなければならないので、具体的な記載例を第２章問18（187ページ）の事例（区分所有していない場合）を使って示します。

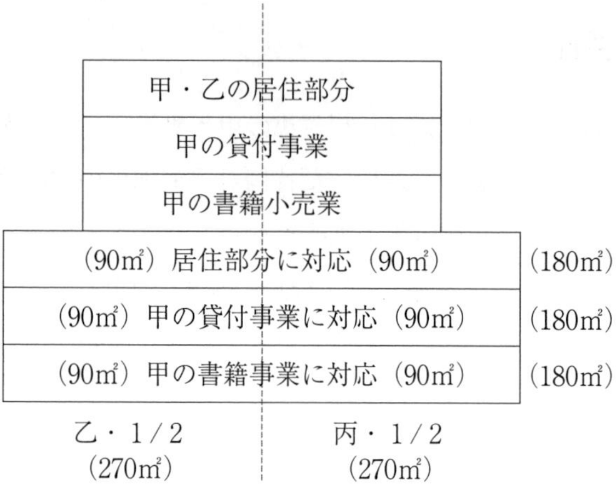

<table>
<tr><td colspan="2">甲・乙の居住部分</td><td></td></tr>
<tr><td colspan="2">甲の貸付事業</td><td></td></tr>
<tr><td colspan="2">甲の書籍小売業</td><td></td></tr>
<tr><td>（90㎡）居住部分</td><td>に対応（90㎡）</td><td>（180㎡）</td></tr>
<tr><td>（90㎡）甲の貸付事</td><td>業に対応（90㎡）</td><td>（180㎡）</td></tr>
<tr><td>（90㎡）甲の書籍事</td><td>業に対応（90㎡）</td><td>（180㎡）</td></tr>
<tr><td>乙・１／２
（270㎡）</td><td>丙・１／２
（270㎡）</td><td></td></tr>
</table>

⑴　前提として、路線価額などは以下のとおりとします。

路線価額　　１㎡当たり　300,000円

借地権割合　60％

借家権割合　30％

⑵　したがって、各階部分ごとの評価額は次のとおりとなります。

３階部分　300,000円×180㎡＝54,000千円

２階部分　300,000円×（１－0.6×0.3）×180㎡＝44,280千円

１階部分　300,000円×180㎡＝54,000千円

⑶　以下のものを小規模宅地等として選択したものとします。

①　丙が取得した１階部分の90㎡………………特定事業用

②　乙が取得した３階部分の90㎡………………特定居住用

③　丙が取得した２階部分の90㎡………………貸付事業用

④　乙が取得した２階部分の90㎡の内10.454545㎡……貸付事業用

（①～④で適用した面積が、$90㎡\times\frac{200}{400}+90㎡\times\frac{200}{330}+90㎡+10.454545㎡=200㎡$となります。）

小規模宅地等についての課税価格の計算明細書

FD3549

被相続人	甲

この表は、小規模宅地等の特例（租税特別措置法第69条の4第1項）の適用を受ける場合に記入します。
なお、被相続人から、相続、遺贈又は相続時精算課税に係る贈与により取得した財産のうちに、「特定計画山林の特例」の対象となり得る財産又は「個人の事業用資産についての相続税の納税猶予及び免除」の対象となり得る宅地等その他一定の財産がある場合には、第11・11の2表の付表2を、「特定事業用資産の特例」の対象となり得る財産がある場合には、第11・11の2表の付表2の2を作成します（第11・11の2表の付表2又は付表2の2を作成する場合には、この表の「**1 特例の適用にあたっての同意**」欄の記入を要しません。）。
（注）この表の1又は2の各欄に記入しきれない場合には、第11・11の2表の付表1(続)を使用します。

1　特例の適用にあたっての同意

この欄は、小規模宅地等の特例の対象となり得る宅地等を取得した全ての人が次の内容に同意する場合に、その宅地等を取得した全ての人の氏名を記入します。

私(私たち)は、「2 小規模宅地等の明細」の①欄の取得者が、小規模宅地等の特例の適用を受けるものとして選択した宅地等又はその一部(「2 小規模宅地等の明細」の⑤欄で選択した宅地等)の全てが限度面積要件を満たすものであることを確認の上、その取得者が小規模宅地等の特例の適用を受けることに同意します。

氏名	乙	丙	

（注）小規模宅地等の特例の対象となり得る宅地等を取得した全ての人の同意がなければ、この特例の適用を受けることはできません。

2　小規模宅地等の明細

この欄は、小規模宅地等の特例の対象となり得る宅地等を取得した人のうち、その特例の適用を受ける人が選択した小規模宅地等の明細等を記載し、相続税の課税価格に算入する価額を計算します。

「小規模宅地等の種類」欄は、選択した小規模宅地等の種類に応じて次の1～4の番号を記入します。
小規模宅地等の種類：**1 特定居住用宅地等、2 特定事業用宅地等、3 特定同族会社事業用宅地等、4 貸付事業用宅地等**

選択した小規模宅地等	小規模宅地等の種類（1～4の番号を記入します。）	① 特例の適用を受ける取得者の氏名〔事業内容〕	⑤ ③のうち小規模宅地等(「限度面積要件」を満たす宅地等)の面積
		② 所在地番	⑥ ④のうち小規模宅地等(④×$\frac{⑤}{③}$)の価額
		③ 取得者の持分に応ずる宅地等の面積	⑦ 課税価格の計算に当たって減額される金額(⑥×⑨)
		④ 取得者の持分に応ずる宅地等の価額	⑧ 課税価格に算入する価額(④－⑦)
	1	① 乙〔　〕	⑤ 90. ㎡
		② ○○区○○	⑥ 27000000 円
		③ 90. ㎡	⑦ 21600000 円
		④ 27000000 円	⑧ 5400000 円
	4	① 乙〔貸家〕	⑤ 10.454545 ㎡
		② ○○区○○	⑥ 2571818 円
		③ 10.454545 ㎡	⑦ 1285909 円
		④ 2571818 円	⑧ 1285909 円
	4	① 丙〔貸家〕	⑤ 90. ㎡
		② ○○区○○	⑥ 22140000 円
		③ 90. ㎡	⑦ 11070000 円
		④ 22140000 円	⑧ 11070000 円

(注)1　①欄の「〔　〕」は、選択した小規模宅地等が被相続人等の事業用宅地等(2、3又は4)である場合に、相続開始の直前にその宅地等の上で行われていた被相続人等の事業について、例えば、飲食サービス業、法律事務所、貸家などのように具体的に記入します。
2　小規模宅地等を選択する一の宅地等が共有である場合又は一の宅地等が貸家建付地である場合において、その評価額の計算上「賃貸割合」が1でないときには、第11・11の2表の付表1(別表1)を作成します。
3　小規模宅地等を選択する宅地等が、配偶者居住権に基づく敷地利用権又は配偶者居住権の目的となっている建物の敷地の用に供される宅地等である場合には、第11・11の2表の付表1(別表1の2)を作成します。
4　⑧欄の金額を第11表の「財産の明細」の「価額」欄に転記します。

○　「限度面積要件」の判定

上記「2 小規模宅地等の明細」の⑤欄で選択した宅地等の全てが限度面積要件を満たすものであることを、この表の各欄を記入することにより判定します。

小規模宅地等の区分	被相続人等の居住用宅地等	被相続人等の事業用宅地等		
小規模宅地等の種類	1 特定居住用宅地等	2 特定事業用宅地等	3 特定同族会社事業用宅地等	4 貸付事業用宅地等
⑨ 減額割合	$\frac{80}{100}$	$\frac{80}{100}$	$\frac{80}{100}$	$\frac{50}{100}$
⑩ ⑤の小規模宅地等の面積の合計	90 ㎡	90 ㎡	㎡	100.454545 ㎡
⑪ 限度面積 イ 小規模宅地等のうちに4貸付事業用宅地等がない場合	〔1の⑩の面積〕 ≦330㎡	〔2の⑩及び3の⑩の面積の合計〕 ㎡ ≦ 400㎡		
⑪ 限度面積 ロ 小規模宅地等のうちに4貸付事業用宅地等がある場合	〔1の⑩の面積〕 90 ㎡ × $\frac{200}{330}$ ＋	〔2の⑩及び3の⑩の面積の合計〕 90 ㎡ × $\frac{200}{400}$ ＋		〔4の⑩の面積〕 100.454545 ㎡ ≦ 200㎡

(注)　限度面積は、小規模宅地等の種類(「4 貸付事業用宅地等」の選択の有無)に応じて、⑪欄(イ又はロ)により判定を行います。「限度面積要件」を満たす場合に限り、この特例の適用を受けることができます。

※税務署整理欄	年分		名簿番号		申告年月日		一連番号		グループ番号		補完	

○この申告書は機械で読み取りますので、黒ボールペンで記入してください。

※の項目は記入する必要がありません。

第11・11の2表の付表1（令和2年4月分以降用）

第11・11の2表の付表1(令5.7)　(資4－20－12－3－1－A4統一)

小規模宅地等についての課税価格の計算明細書（続）

F D 3 5 5 0

第11・11の2表の付表1（続）（令和2年4月分以降用）

被相続人	甲

○この申告書は機械で読み取りますので、黒ボールペンで記入してください。

1　特例の適用にあたっての同意

この欄は、小規模宅地等の特例の対象となり得る宅地等を取得した全ての人が次の内容に同意する場合に、その宅地等を取得した全ての人の氏名を記入します。

私(私たち)は、「2 小規模宅地等の明細」の①欄の取得者が、小規模宅地等の特例の適用を受けるものとして選択した宅地等又はその一部(「2 小規模宅地等の明細」の⑤欄で選択した宅地等)の全てが限度面積要件を満たすものであることを確認の上、その取得者が小規模宅地等の特例の適用を受けることに同意します。

氏名			

(注)　小規模宅地等の特例の対象となり得る宅地等を取得した全ての人の同意がなければ、この特例の適用を受けることはできません。

2　小規模宅地等の明細

この欄は、小規模宅地等の特例の対象となり得る宅地等を取得した人のうち、その特例の適用を受ける人が選択した小規模宅地等の明細等を記載し、相続税の課税価格に算入する価額を計算します。

「小規模宅地等の種類」欄は、選択した小規模宅地等の種類に応じて次の1～4の番号を記入します。

小規模宅地等の種類：1 特定居住用宅地等、2 特定事業用宅地等、3 特定同族会社事業用宅地等、4 貸付事業用宅地等

	小規模宅地等の種類（1～4の番号を記入します。）	① 特例の適用を受ける取得者の氏名〔事業内容〕 ② 所在地番 ③ 取得者の持分に応ずる宅地等の面積 ④ 取得者の持分に応ずる宅地等の価額	⑤ ③のうち小規模宅地等（「限度面積要件」を満たす宅地等）の面積 ⑥ ④のうち小規模宅地等（④×⑤/③）の価額 ⑦ 課税価格の計算に当たって減額される金額（⑥×⑨） ⑧ 課税価格に算入する価額（④－⑦）
選択した小規模宅地等	2	① 丙〔書籍販売業〕	⑤ 90. ㎡
		② ○○区○○	⑥ 27000000 円
		③ 90. ㎡	⑦ 21600000 円
		④ 27000000 円	⑧ 5400000 円
		①〔　〕	⑤ ㎡
		②	⑥ 円
		③ ㎡	⑦ 円
		④ 円	⑧ 円
		①〔　〕	⑤ ㎡
		②	⑥ 円
		③ ㎡	⑦ 円
		④ 円	⑧ 円
		①〔　〕	⑤ ㎡
		②	⑥ 円
		③ ㎡	⑦ 円
		④ 円	⑧ 円
		①〔　〕	⑤ ㎡
		②	⑥ 円
		③ ㎡	⑦ 円
		④ 円	⑧ 円

(注)1　①欄の「〔　〕」は、選択した小規模宅地等が被相続人等の事業用宅地等(2、3又は4)である場合に、相続開始の直前にその宅地等の上で行われていた被相続人等の事業について、例えば、飲食サービス業、法律事務所、貸家などのように具体的に記入します。
2　小規模宅地等を選択する一の宅地等が共有である場合又は一の宅地等が貸家建付地である場合において、その評価額の計算上「賃貸割合」が1でないときには、第11・11の2表の付表1(別表1)を作成します。
3　小規模宅地等を選択する宅地等が、配偶者居住権に基づく敷地利用権又は配偶者居住権の目的となっている建物の敷地の用に供される宅地等である場合には、第11・11の2表の付表1(別表1の2)を作成します。
4　⑧欄の金額を第11表の「財産の明細」の「価額」欄に転記します。

※の項目は記入する必要がありません。

※税務署整理欄	年分		名簿番号		申告年月日		一連番号		グループ番号		補完	

第11・11の2表の付表1（続）（令5.7）　　（資4－20－12－3－2－A4統一）

小規模宅地等についての課税価格の計算明細書（別表1）

被相続人	甲

この計算明細書は、特例の対象として小規模宅地等を選択する一の宅地等（注1）が、次のいずれかに該当する場合に一の宅地等ごとに作成します（注2）。
1　相続又は遺贈により一の宅地等を2人以上の相続人又は受遺者が取得している場合
2　一の宅地等の全部又は一部が、貸家建付地である場合において、貸家建付地の評価額の計算上「賃貸割合」が「1」でない場合
（注）1　一の宅地等とは、一棟の建物又は構築物の敷地をいいます。ただし、マンションなどの区分所有建物の場合には、区分所有された建物の部分に係る敷地をいいます。
2　一の宅地等が、配偶者居住権に基づく敷地利用権又は配偶者居住権の目的となっている建物の敷地の用の供される宅地等である場合には、この計算明細書によらず、第11・11の2表の付表1（別表1の2）を使用してください。

1　一の宅地等の所在地、面積及び評価額
一の宅地等について、宅地等の「所在地」、「面積」及び相続開始の直前における宅地等の利用区分に応じて「面積」及び「評価額」を記入します。
(1)「①宅地等の面積」欄は、一の宅地等が持分である場合には、持分に応ずる面積を記入してください。
(2) 上記2に該当する場合には、⑪欄については、⑤欄の面積を基に自用地として評価した金額を記入してください。

宅地等の所在地	○○区○○	①宅地等の面積	180 ㎡
相続開始の直前における宅地等の利用区分		面積（㎡）	評価額（円）
A	①のうち被相続人等の事業の用に供されていた宅地等（B、C及びDに該当するものを除きます。）	②	⑧
B	①のうち特定同族会社の事業（貸付事業を除きます。）の用に供されていた宅地等	③	⑨
C	①のうち被相続人等の貸付事業の用に供されていた宅地等（相続開始の時において継続的に貸付事業の用に供されていると認められる部分の敷地）	④	⑩
D	①のうち被相続人等の貸付事業の用に供されていた宅地等（Cに該当する部分以外の部分の敷地）	⑤	⑪
E	①のうち被相続人等の居住の用に供されていた宅地等	⑥ 180	⑫ 54,000,000
F	①のうちAからEの宅地等に該当しない宅地等	⑦	⑬

2　一の宅地等の取得者ごとの面積及び評価額
上記のAからFまでの宅地等の「面積」及び「評価額」を、宅地等の取得者ごとに記入します。
(1)「持分割合」欄は、宅地等の取得者が相続又は遺贈により取得した持分割合を記入します。一の宅地等を1人で取得した場合には、「1/1」と記入します。
(2)「1 持分に応じた宅地等」は、上記のAからFまでに記入した一の宅地等の「面積」及び「評価額」を「持分割合」を用いてあん分して計算した「面積」及び「評価額」を記入します。
(3)「2 左記の宅地等のうち選択特例対象宅地等」は、「1 持分に応じた宅地等」に記入した「面積」及び「評価額」のうち、特例の対象として選択する部分を記入します。なお、Bの宅地等の場合は、上段に「特定同族会社事業用宅地等」として選択する部分の、下段に「貸付事業用宅地等」として選択する部分の「面積」及び「評価額」をそれぞれ記入します。
「2 左記の宅地等のうち選択特例対象宅地等」に記入した宅地等の「面積」及び「評価額」は、「申告書第11・11の2表の付表1」の「2小規模宅地等の明細」の「③取得者の持分に応ずる宅地等の面積」欄及び「④取得者の持分に応ずる宅地等の価額」欄に転記します。
(4)「3 特例の対象とならない宅地等（1−2）」には、「1 持分に応じた宅地等」のうち「2 左記の宅地等のうち選択特例対象宅地等」欄に記入した以外の宅地等について記入します。この欄に記入した「面積」及び「評価額」は、申告書第11表に転記します。

宅地等の取得者氏名	乙	⑭持分割合	1/2			
	1 持分に応じた宅地等		2 左記の宅地等のうち選択特例対象宅地等		3 特例の対象とならない宅地等（1−2）	
	面積（㎡）	評価額（円）	面積（㎡）	評価額（円）	面積（㎡）	評価額（円）
A	②×⑭	⑧×⑭				
B	③×⑭	⑨×⑭				
C	④×⑭	⑩×⑭				
D	⑤×⑭	⑪×⑭				
E	⑥×⑭ 90	⑫×⑭ 27,000,000	90	27,000,000		
F	⑦×⑭	⑬×⑭				

宅地等の取得者氏名	丙	⑮持分割合	1/2			
	1 持分に応じた宅地等		2 左記の宅地等のうち選択特例対象宅地等		3 特例の対象とならない宅地等（1−2）	
	面積（㎡）	評価額（円）	面積（㎡）	評価額（円）	面積（㎡）	評価額（円）
A	②×⑮	⑧×⑮				
B	③×⑮	⑨×⑮				
C	④×⑮	⑩×⑮				
D	⑤×⑮	⑪×⑮				
E	⑥×⑮ 90	⑫×⑮ 27,000,000			90	27,000,000
F	⑦×⑮	⑬×⑮				

第11・11の2表の付表1（別表1）（令5.7）　　（資4−20−12−3−5−A4統一）

小規模宅地等についての課税価格の計算明細書（別表１）

被相続人	甲

第11・11の２表の付表１（別表１）（令和２年４月分以降用）

この計算明細書は、特例の対象として小規模宅地等を選択する一の宅地等（注１）が、次のいずれかに該当する場合に一の宅地等ごとに作成します（注２）。
1　相続又は遺贈により一の宅地等を２人以上の相続人又は受遺者が取得している場合
2　一の宅地等の全部又は一部が、貸家建付地である場合において、貸家建付地の評価額の計算上「賃貸割合」が「1」でない場合
（注）１　一の宅地等とは、一棟の建物又は構築物の敷地をいいます。ただし、マンションなどの区分所有建物の場合には、区分所有された建物の部分に係る敷地をいいます。
　２　一の宅地等が、配偶者居住権に基づく敷地利用権又は配偶者居住権の目的となっている建物の敷地の用の供される宅地等である場合には、この計算明細書によらず、第11・11の２表の付表１（別表１の２）を使用してください。

1　一の宅地等の所在地、面積及び評価額

一の宅地等について、宅地等の「所在地」、「面積」及び相続開始の直前における宅地等の利用区分に応じて「面積」及び「評価額」を記入します。
(1)　「①宅地等の面積」欄は、一の宅地等が持分である場合には、持分に応ずる面積を記入してください。
(2)　上記２に該当する場合には、⑪欄については、⑤欄の面積を基に自用地として評価した金額を記入してください。

宅地等の所在地	○○区○○	①宅地等の面積	180 ㎡
相続開始の直前における宅地等の利用区分		面積（㎡）	評価額（円）
A	①のうち被相続人等の事業の用に供されていた宅地等（B、C及びDに該当するものを除きます。）	② 180	⑧ 54,000,000
B	①のうち特定同族会社の事業（貸付事業を除きます。）の用に供されていた宅地等	③	⑨
C	①のうち被相続人等の貸付事業の用に供されていた宅地等（相続開始の時において継続的に貸付事業の用に供されていると認められる部分の敷地）	④	⑩
D	①のうち被相続人等の貸付事業の用に供されていた宅地等（Cに該当する部分以外の部分の敷地）	⑤	⑪
E	①のうち被相続人等の居住の用に供されていた宅地等	⑥	⑫
F	①のうちAからEの宅地等に該当しない宅地等	⑦	⑬

2　一の宅地等の取得者ごとの面積及び評価額

上記のAからFまでの宅地等の「面積」及び「評価額」を、宅地等の取得者ごとに記入します。
(1)　「持分割合」欄は、宅地等の取得者が相続又は遺贈により取得した持分割合を記入します。一の宅地等を１人で取得した場合には、「1/1」と記入します。
(2)　「1 持分に応じた宅地等」は、上記のAからFまでに記入した一の宅地等の「面積」及び「評価額」を「持分割合」を用いてあん分して計算した「面積」及び「評価額」を記入します。
(3)　「2 左記の宅地等のうち選択特例対象宅地等」は、「1 持分に応じた宅地等」に記入した「面積」及び「評価額」のうち、特例の対象として選択する部分を記入します。なお、Bの宅地等の場合は、上段に「特定同族会社事業用宅地等」として選択する部分の、下段に「貸付事業用宅地等」として選択する部分の「面積」及び「評価額」をそれぞれ記入します。
　「2 左記の宅地等のうち選択特例対象宅地等」に記入した宅地等の「面積」及び「評価額」は、「申告書第11・11の２表の付表１」の「２小規模宅地等の明細」の「③取得者の持分に応ずる宅地等の面積」欄及び「④取得者の持分に応ずる宅地等の価額」欄に転記します。
(4)　「3 特例の対象とならない宅地等（1－2）」には、「1 持分に応じた宅地等」のうち「2 左記の宅地等のうち選択特例対象宅地等」欄に記入した以外の宅地等について記入します。この欄に記入した「面積」及び「評価額」は、申告書第11表に転記します。

宅地等の取得者氏名	乙		⑭持分割合	1／2		
	1 持分に応じた宅地等		2 左記の宅地等のうち選択特例対象宅地等		3 特例の対象とならない宅地等（1－2）	
	面積（㎡）	評価額（円）	面積（㎡）	評価額（円）	面積（㎡）	評価額（円）
A	②×⑭ 90	⑧×⑭ 27,000,000			90	27,000,000
B	③×⑭	⑨×⑭				
C	④×⑭	⑩×⑭				
D	⑤×⑭	⑪×⑭				
E	⑥×⑭	⑫×⑭				
F	⑦×⑭	⑬×⑭				

宅地等の取得者氏名	丙		⑮持分割合	1／2		
	1 持分に応じた宅地等		2 左記の宅地等のうち選択特例対象宅地等		3 特例の対象とならない宅地等（1－2）	
	面積（㎡）	評価額（円）	面積（㎡）	評価額（円）	面積（㎡）	評価額（円）
A	②×⑮ 90	⑧×⑮ 27,000,000	90	27,000,000		
B	③×⑮	⑨×⑮				
C	④×⑮	⑩×⑮				
D	⑤×⑮	⑪×⑮				
E	⑥×⑮	⑫×⑮				
F	⑦×⑮	⑬×⑮				

第11・11の２表の付表１（別表１）（令5.7）　　（資4－20－12－3－5－A4統一）

小規模宅地等についての課税価格の計算明細書（別表1）

被相続人	甲

第11・11の2表の付表1（別表1）（令和2年4月分以降用）

この計算明細書は、特例の対象として小規模宅地等を選択する一の宅地等（注1）が、次のいずれかに該当する場合に一の宅地等ごとに作成します（注2）。
1　相続又は遺贈により一の宅地等を2人以上の相続人又は受遺者が取得している場合
2　一の宅地等の全部又は一部が、貸家建付地である場合において、貸家建付地の評価額の計算上「賃貸割合」が「1」でない場合
（注）1　一の宅地等とは、一棟の建物又は構築物の敷地をいいます。ただし、マンションなどの区分所有建物の場合には、区分所有された建物の部分に係る敷地をいいます。
　　2　一の宅地等が、配偶者居住権に基づく敷地利用権又は配偶者居住権の目的となっている建物の敷地の用の供される宅地等である場合には、この計算明細書によらず、第11・11の2表の付表1（別表1の2）を使用してください。

1　一の宅地等の所在地、面積及び評価額

一の宅地等について、宅地等の「所在地」、「面積」及び相続開始の直前における宅地等の利用区分に応じて「面積」及び「評価額」を記入します。
(1)　「①宅地等の面積」欄は、一の宅地等が持分である場合には、持分に応ずる面積を記入してください。
(2)　上記2に該当する場合には、⑪欄については、⑤欄の面積を基に自用地として評価した金額を記入してください。

宅地等の所在地		○○区○○	①宅地等の面積	180 ㎡
相続開始の直前における宅地等の利用区分			面積（㎡）	評価額（円）
A	①のうち被相続人等の事業の用に供されていた宅地等（B、C及びDに該当するものを除きます。）		②	⑧
B	①のうち特定同族会社の事業（貸付事業を除きます。）の用に供されていた宅地等		③	⑨
C	①のうち被相続人等の貸付事業の用に供されていた宅地等（相続開始の時において継続的に貸付事業の用に供されていると認められる部分の敷地）		④ 180	⑩ 44,280,000
D	①のうち被相続人等の貸付事業の用に供されていた宅地等（Cに該当する部分以外の部分の敷地）		⑤	⑪
E	①のうち被相続人等の居住の用に供されていた宅地等		⑥	⑫
F	①のうちAからEの宅地等に該当しない宅地等		⑦	⑬

2　一の宅地等の取得者ごとの面積及び評価額

上記のAからFまでの宅地等の「面積」及び「評価額」を、宅地等の取得者ごとに記入します。
(1)　「持分割合」欄は、宅地等の取得者が相続又は遺贈により取得した持分割合を記入します。一の宅地等を1人で取得した場合には、「1/1」と記入します。
(2)　「1 持分に応じた宅地等」は、上記のAからFまでに記入した一の宅地等の「面積」及び「評価額」を「持分割合」を用いてあん分して計算した「面積」及び「評価額」を記入します。
(3)　「2 左記の宅地等のうち選択特例対象宅地等」は、「1 持分に応じた宅地等」に記入した「面積」及び「評価額」のうち、特例の対象として選択する部分を記入します。なお、Bの宅地等の場合は、上段に「特定同族会社事業用宅地等」として選択する部分の、下段に「貸付事業用宅地等」として選択する部分の「面積」及び「評価額」をそれぞれ記入します。
　「2 左記の宅地等のうち選択特例対象宅地等」に記入した宅地等の「面積」及び「評価額」は、「申告書第11・11の2表の付表1」の「2小規模宅地等の明細」の「③取得者の持分に応ずる宅地等の面積」欄及び「④取得者の持分に応ずる宅地等の価額」欄に転記します。
(4)　「3 特例の対象とならない宅地等（1-2）」には、「1 持分に応じた宅地等」のうち「2 左記の宅地等のうち選択特例対象宅地等」欄に記入した以外の宅地等について記入します。この欄に記入した「面積」及び「評価額」は、申告書第11表に転記します。

宅地等の取得者氏名	乙		⑭持分割合	1／2		
	1　持分に応じた宅地等		2　左記の宅地等のうち選択特例対象宅地等		3　特例の対象とならない宅地等（1－2）	
	面積（㎡）	評価額（円）	面積（㎡）	評価額（円）	面積（㎡）	評価額（円）
A	②×⑭	⑧×⑭				
B	③×⑭	⑨×⑭				
C	④×⑭ 90	⑩×⑭ 22,140,000	10,454545	2,571,818	79,545455	19,568,182
D	⑤×⑭	⑪×⑭				
E	⑥×⑭	⑫×⑭				
F	⑦×⑭	⑬×⑭				

宅地等の取得者氏名	丙		⑮持分割合	1／2		
	1　持分に応じた宅地等		2　左記の宅地等のうち選択特例対象宅地等		3　特例の対象とならない宅地等（1－2）	
	面積（㎡）	評価額（円）	面積（㎡）	評価額（円）	面積（㎡）	評価額（円）
A	②×⑮	⑧×⑮				
B	③×⑮	⑨×⑮				
C	④×⑮ 90	⑩×⑮ 22,140,000	90	22,140,000		
D	⑤×⑮	⑪×⑮				
E	⑥×⑮	⑫×⑮				
F	⑦×⑮	⑬×⑮				

第11・11の2表の付表1（別表1）（令5.7）

（資4－20－12－3－5－A4統一）

7 添付書類

本特例に関する添付書類のみを下記に掲げており、相続税申告書に関するもの（相規16③）は省略しています。

⑴ 特定居住用宅地等の場合（措令40の２⑤、措規23の２⑧二、三、六、七）

<共通>

① 小規模宅地等に係る計算明細書（50～53ページ）

② 遺言書の写し、分割協議書の写し（相続人全員の印鑑証明書の添付が必要（外国居住の場合は、サイン証明等で差し支えありません。））その他財産の取得の状況を証する書類

③ 相続税の申告期限までに分割されていない宅地等について、申告期限後に分割されることにより特例の適用を受けようとする場合には、その旨並びに分割されていない事情及び分割の見込みの詳細を明らかにした書類

<同居親族（措法69の４③二イ）、生計一親族（措法69の４③二ハ）の場合の追加書類（措規23の２⑧二ロ）>

・ 適用を受ける者が個人番号（行政手続における特定の個人を識別するための番号の利用等に関する法律第２条第５項に規定する個人番号をいいます。）を有しない場合には、当該者が自己の居住の用に供していることを明らかにする書類

<家なし親族の場合（措法69の４③二ロ）の追加書類（措規23の２⑧二ハ、二、ホ）>

・ 適用を受ける者が個人番号を有しない場合には、相続の開始の

日の３年前の日から相続開始日までの間の当該者の住所又は居所を明らかにする書類

・　適用を受ける者の相続開始前の３年以内に居住していた家屋が自己、その配偶者又はその三親等内の親族等の所有でないことを証する書類

・　相続の開始の時において、適用を受ける者が居住している家屋を相続開始前のいずれの時においても所有していたことがないことを証する書類

<被相続人が老人ホームに入居していた場合等の追加書類（措規23の２⑧三）>

・　相続の開始の日以後に作成された被相続人の戸籍の附票の写し

・　介護保険の被保険者証の写し又は障害者の日常生活及び社会生活を総合的に支援するための法律第22条第８項に規定する障害福祉サービス受給者証の写しその他の書類で、当該被相続人が当該相続の開始の直前において介護保険法第19条第１項に規定する要介護認定若しくは同条第２項に規定する要支援認定を受けていたこと若しくは介護保険法施行規則第140条の62の４第２号に該当していたこと又は障害者の日常生活及び社会生活を総合的に支援するための法律第21条第１項に規定する障害支援区分の認定を受けていたことを明らかにするもの

・　被相続人が相続の開始の直前において入居又は入所していた施行令第40条の２第２項第１号イからハまでに掲げる住居若しくは施設又は同項第２号の施設若しくは住居の名称及び所在地並びにこれらの住居又は施設がこれらの規定のいずれの住居又は施設に該当するかを明らかにする書類

⑵　貸付事業用宅地等の場合（措規23の２⑧五、六、七）

・　上記⑴の①～③の書類

・　貸付事業用宅地等である小規模宅地等が相続開始前３年以内に

新たに被相続人等の貸付事業の用に供されたものである場合には、被相続人等（租税特別措置法施行令第40条の２第21項に規定する第一次相続に係る被相続人を含みます。）が当該相続開始の日まで３年を超えて特定貸付事業を行っていたことを明らかにする書類

(3)　特定事業用宅地等の場合（措規23の２⑧一、六、七）

・　上記(1)の①～③の書類

・　特定事業用宅地等である小規模宅地等が相続開始前３年以内に新たに被相続人等の事業の用に供されたものである場合には、当該事業の用に供されていた租税特別措置法施行令第40条の２第８項各号に掲げる資産（26ページ、算式の(※)参照）の当該相続開始の時における種類、数量、価額及びその所在場所その他の明細を記載した書類で当該事業が同項に規定する規模以上のものであることを明らかにする書類

(4)　特定同族会社事業用宅地等の場合（措規23の２⑧四、六、七）

・　上記(1)の①～③の書類

・　相続開始時に効力を有する当該会社の定款の写し

・　相続開始直前における当該会社の発行済株式の総数又は出資総額並びに被相続人及びその親族等が有する当該会社の株式の総数又は出資総額を記載した書類で、その会社が証明したもの

(5)　郵便局舎用宅地等の場合

・　上記(1)の①～③の書類

・　「相続の開始の日以後５年以上郵便局舎として、日本郵便株式会社(注１)が引き続き借り受けることにより、同日以後５年以上郵便局舎の敷地の用に供する見込みである旨」の証明書（原本）

（注1）　平成24年9月30日以前に相続開始があった場合には、同日までの期間は郵便局株式会社となります（33ページ参照）。

（注2）　総務大臣がこの事項を証明した書類を相続税の申告書に添付することが必要ですので、同大臣に対して、「租税特別措置法第69条の4第1項第1号の郵便局の用に供されている宅地等であることの証明申請書」を提出し、同大臣から証明書の交付を受けることになります。

8　併用禁止規定

⑴　相続時精算課税制度の特定同族株式等の贈与の特例を受けていた場合

特定同族株式等の贈与を受けた場合には、平成19年1月1日から平成20年12月31日までの贈与について、次のイ及びロの2つの特例がありました（平成21年改正前旧措法70の3の3、70の3の4）。

イ　贈与者の年齢要件を60歳以上に引下げ

ロ　特定同族株式等特別控除額（500万円）の上乗せ

この特定同族株式等の贈与の特例は上記期日をもって廃止されましたが、平成20年12月31日以前に贈与を受けた特定同族株式等は従前の例によることになります。そして、以下のような経過措置があります（平成21年所法等改正法附則64⑥⑦）。

この特定同族株式等の贈与の特例の受贈者が、①平成22年3月31日までに非上場株式等に係る相続税の納税猶予の適用を受ける旨の選択の届出を行い、②贈与の時から贈与者の死亡（平成20年10月1日以後に限ります。）までの一定の期間（平成21年措令等改正令附則43⑥）において当該会社の役員の地位を有しており、③贈与を受けた株式のすべてを相続税の申告期限まで保有し、④確認日（平成21年改正前旧措法70の3の3③四）の2ヶ月後までに確認書を提出する、という要件を満たしたときには、非上場株式等に係る相続税の納税猶予を適用することができます。

なお、この届出書を提出しない場合には、特定贈与者の死亡に係る相続税の申告に当たり、特定贈与者から贈与された株式等だけでなく、相続等により取得した同一会社の株式等についても、相続税の納税猶予の規定を受けることができません(平成21年所法等改正法附則64⑧)。

上記イ、ロの特例のいずれかの規定の適用を受けている場合には、上記経過措置の適用の有無にかかわらず、その適用を受けた者だけでなく、当該被相続人から相続若しくは遺贈又は相続時精算課税に係る贈与により財産を取得したすべての者について本特例の適用がありません（措通69の４－39)。

⑵　特定物納の適用不可

相続税の納付方法として延納を選択している納税者が、延納条件の変更を行ったとしても延納を継続することが困難となった場合には、その納付を困難とする金額を限度として、その相続税の申告期限から10年以内の申請により、延納から物納に変更することができます。これを特定物納といいます（相法48の２)。

この特定物納の収納価額は、特定物納の申請書を提出した時の価額になります。相続税の当初申告において、本特例を適用して課税価格を減額した宅地等を、特定物納の申請時の価額（小規模宅地等の減額なしの価額）で物納することは制度的になじまないと考えられます。

したがって、本特例を適用した財産は、特定物納することはできません（措法69の４⑨)。

■Ⅱ■　特例対象宅地等の具体的な範囲

1　特定居住用宅地等（措法69の４③二）

＜特定居住用の具体的なケース＞

A　被相続人の所有する建物等がある場合

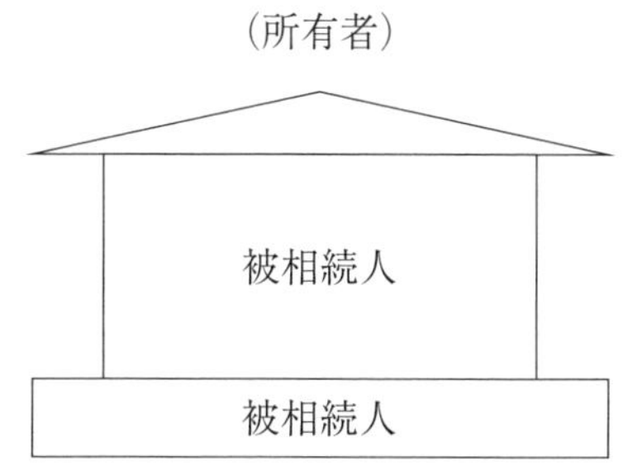

当該建物に居住している者	建物の貸借形態	特例内容	根　拠
被相続人	—	特定居住用	措通69の４－７(1)
生計を一にする親族	有　償	貸付事業用	措通69の４－４(1)
	無　償	特定居住用	措通69の４－７(1)
被相続人等以外の者	有　償	貸付事業用	措通69の４－４(1)
	無　償	非該当	—

（※１）　特定居住用は、特定居住用宅地等の他の要件を満たしている場合に限ります（以下Ⅱにおいて同じです。）。

（※２）　二世帯住宅の場合には、16ページの④を、老人ホーム等に入所していた場合には８ページの②をそれぞれ参照してください（以下Ⅱにおいて同じです。）。

B　被相続人と生計を一にする親族の所有する建物等がある場合

(所有者)

生計を一にする親族

B－１　(土地の貸借が無償であるとき)

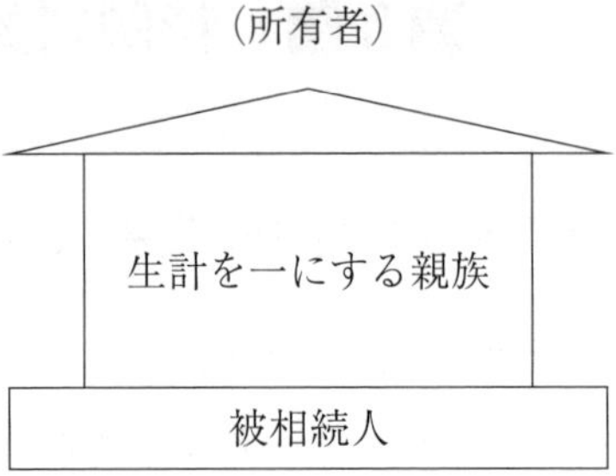

土地の貸借：無償

被相続人

当該建物に居住している者	建物の貸借形態	特例内容	根　拠
生計を一にする親族	—	特定居住用	措通69の４－７(1)
被相続人	有　償	貸付事業用	措通69の４－４(1)
	無　償	特定居住用	措通69の４－７(1)
被相続人等以外の者	有　償	貸付事業用	措通69の４－４(1)
	無　償	非該当	—

(所有者)

生計を一にする親族

B－２　(土地の貸借が有償で行われているとき)

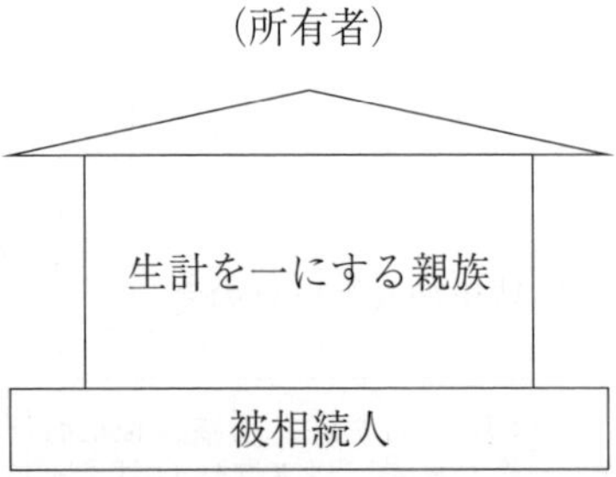

土地の貸借：有償

被相続人

当該建物に居住している者	土地の貸借形態	特例内容	根　拠
不　問	有　償	貸付事業用	措通69の４－４(1)

C　被相続人と生計を別にする親族の所有する建物等がある場合

C－1　(土地の貸借が無償であるとき)

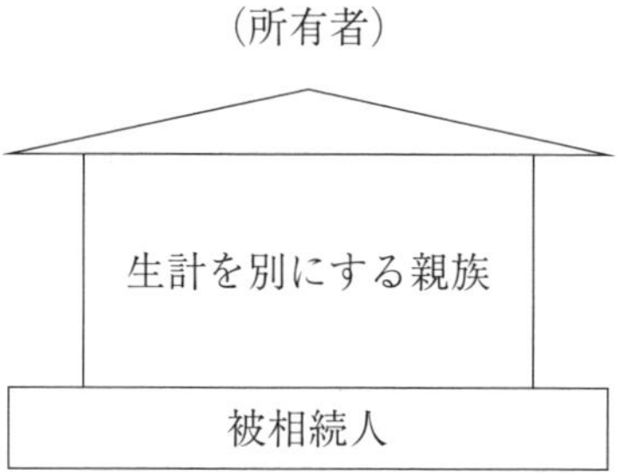

(所有者)

生計を別にする親族

土地の貸借：無償　被相続人

当該建物に居住している者	建物の貸借形態	特例内容	根　拠
生計を別にする親族	—	非該当	—
被相続人等	有　償	非該当	—
	無　償	特定居住用	措通69の4－7(1)
被相続人及びその親族以外の者	不　問	非該当	—

C－2　(土地の貸借が有償で行われているとき)

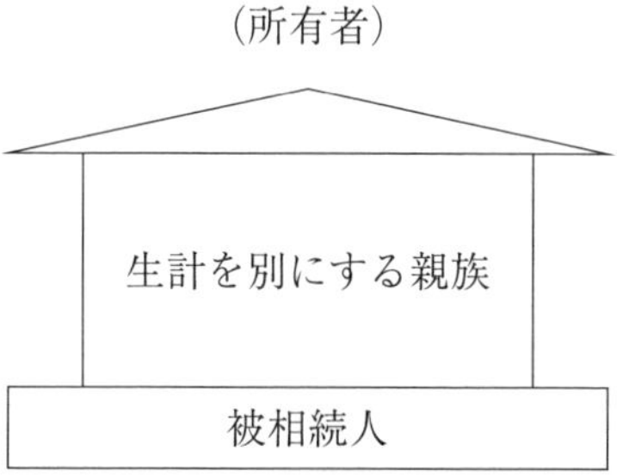

(所有者)

生計を別にする親族

土地の貸借：有償　被相続人

当該建物に居住している者	土地の貸借形態	特例内容	根　拠
不　問	有　償	貸付事業用	措通69の4－4(1)

D　被相続人及びその親族以外の者が所有する建物等がある場合

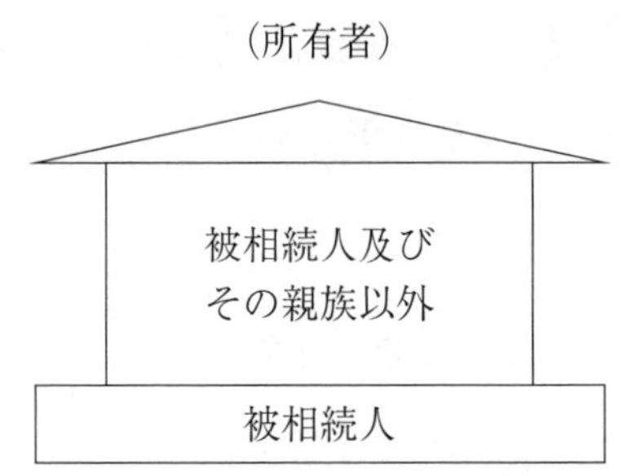

当該建物に居住している者	土地の貸借形態	特例内容	根　拠
不　問	有　償	貸付事業用	措通69の4－4(1)

被相続人等が居住していたとしても、居住用宅地等の減額はありません。

2　貸付事業用宅地等（措法69の4③四）

＜貸付事業用の具体的なケース＞

A　被相続人の所有する建物等がある場合

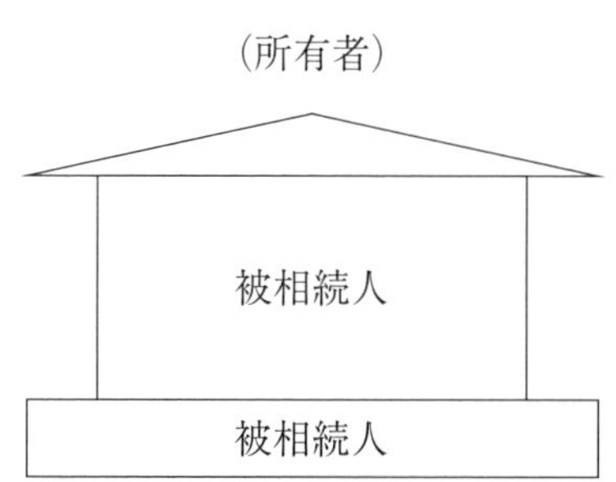

当該建物で事業（※）を行っている者	建物の貸借形態	特例内容	根　拠
不　問	有　償	貸付事業用	措通69の4－4(2)
	無　償	非該当	—

（※）　2において、事業には、貸付事業及び貸付事業以外も含まれます。

B　被相続人と生計を一にする親族の所有する建物等がある場合

B－1　（土地の貸借が無償であるとき）

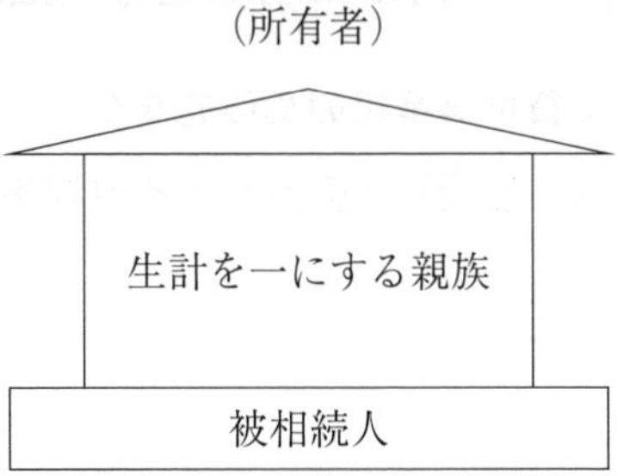

（所有者）

生計を一にする親族

土地の貸借：無償

被相続人

当該建物で事業を行っている者	建物の貸借形態	特例内容	根　拠
不　問	有　償	貸付事業用	措通69の４－４(2)
	無　償	非該当	—

B－2　（土地の貸借が有償で行われているとき）

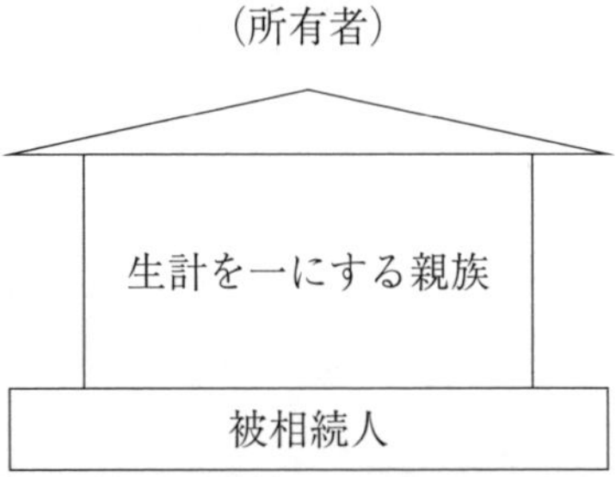

（所有者）

生計を一にする親族

土地の貸借：有償

被相続人

当該建物で事業を行っている者	土地の貸借形態	特例内容	根　拠
不　問	有　償	貸付事業用	措通69の４－４(1)

C　被相続人と生計を別にする親族の所有する建物等がある場合

C－1　（土地の貸借が無償であるとき）

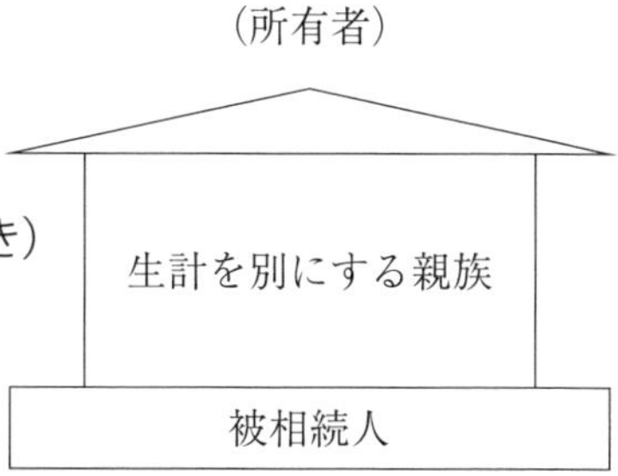

（所有者）

生計を別にする親族

土地の貸借：無償　被相続人

当該建物で事業を行っている者	建物の貸借形態	特例内容	根　拠
不　問	有　償	非該当	—
	無　償	非該当	—

C－2　（土地の貸借が有償で行われているとき）

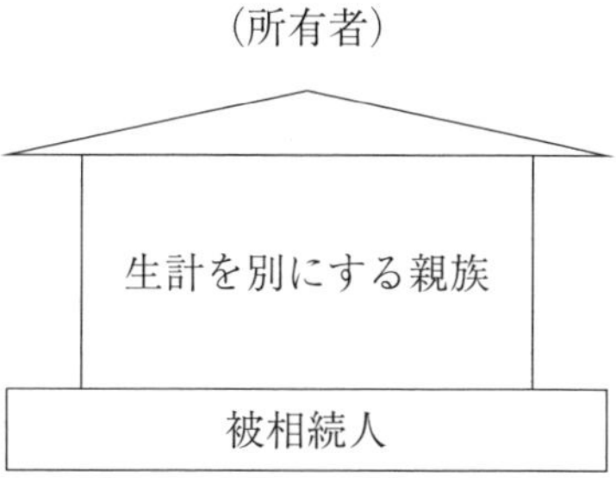

（所有者）

生計を別にする親族

土地の貸借：有償　被相続人

当該建物で事業を行っている者	土地の貸借形態	特例内容	根　拠
不　問	有　償	貸付事業用	措通69の4－4(1)

D　被相続人及びその親族以外の者の所有する建物等がある場合

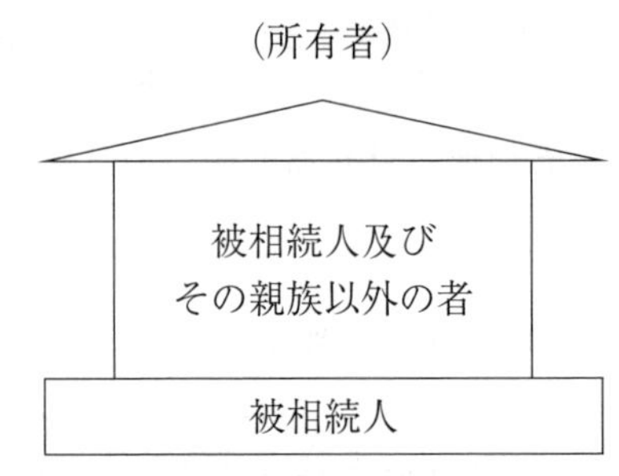

建物所有者	土地の貸借形態	特例内容	根　拠	相続税評　価
個人（被相続人及びその親族以外）	有　償	貸付事業用	措通69の４－４(1)	貸宅地
	無　償	非該当	—	原則として自用地
法人（特定同族会社以外）（無償返還届なし）	有　償	貸付事業用	措通69の４－４(1)	貸宅地
	無　償	非該当	—	貸宅地
法人（特定同族会社以外）（無償返還届あり）	有　償	貸付事業用	措通69の４－４(1)	20%評価減(※)
	無　償	非該当	—	自用地

(※)　個別通達「相当の地代を支払っている場合等の借地権等についての相続税及び贈与税の取扱いについて」（昭60.6.5直評９他）8

3　特定事業用宅地等（措法69の４③一）

＜特定事業用、貸付事業用の具体的なケース＞

A　被相続人の所有する建物等がある場合

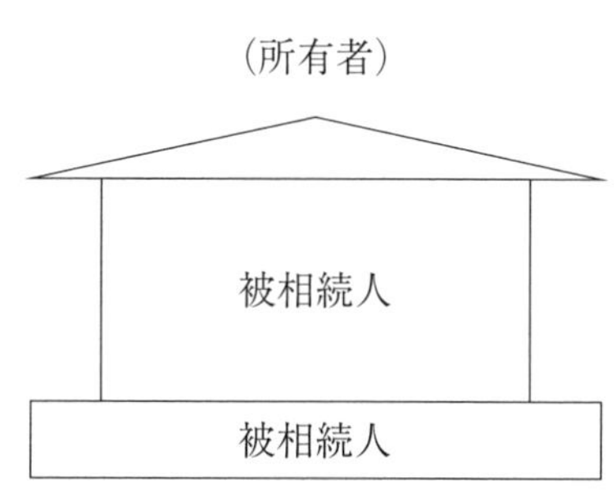

当該建物で事業（※１）を行っている者		建物の貸借形態	特例内容	根　拠
被相続人	一般事業	—	特定事業用	措通69の４－４(2)
	貸付事業	有　償	貸付事業用	措通69の４－４(2)
生計を一にする親族		有　償	貸付事業用	措通69の４－４(1)
		無　償	特定事業用	措通69の４－４(2)
被相続人等以外の者		有　償	貸付事業用	措通69の４－４(1)
		無　償	非該当	—

（※１）　Ⅱにおいて、貸付事業以外の事業を一般事業と表します。
（※２）　Ⅱにおいて、特定事業用、貸付事業用は、それぞれ特定事業用宅地等、貸付事業用宅地等の他の要件を満たしている場合に限ります。

B　被相続人と生計を一にする親族の所有する建物等がある場合

B－1　(土地の貸借が無償であるとき)

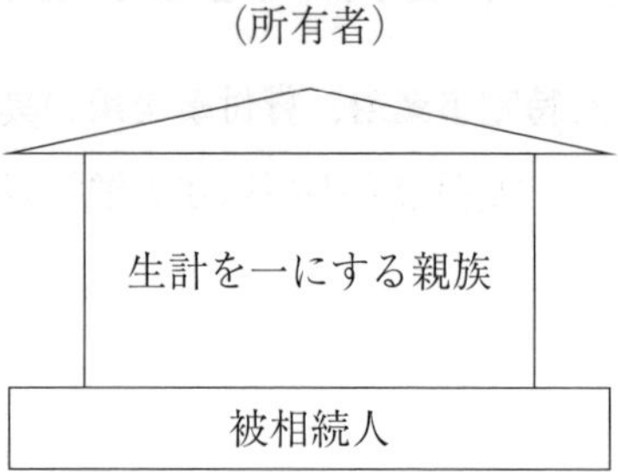

土地の貸借：無償

当該建物で事業を行っている者		建物の貸借形態	特例内容	根　拠
生計を一にする親族	一般事業	—	特定事業用	措通69の4－4(2)
	貸付事業	有　償	貸付事業用	措通69の4－4(2)
被相続人		有　償	貸付事業用	措通69の4－4(1)
		無　償	特定事業用	措通69の4－4(2)
被相続人等以外の者		有　償	貸付事業用	措通69の4－4(1)
		無　償	非該当	—

B－2　(土地の貸借が有償で行われているとき)

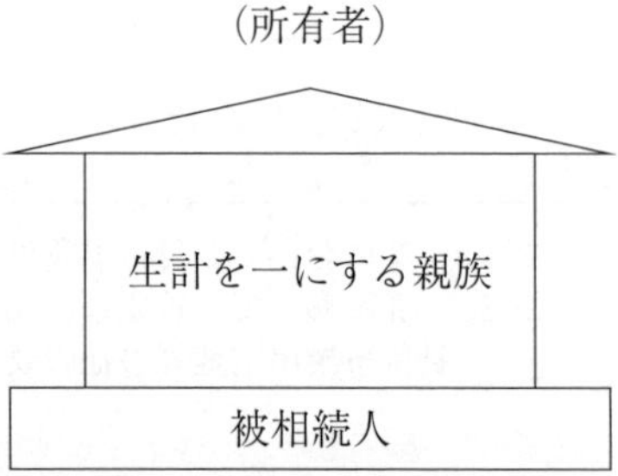

土地の貸借：有償

当該建物で事業を行っている者	土地の貸借形態	特例内容	根　拠
不　問	有　償	貸付事業用	措通69の4－4(1)

C　被相続人と生計を別にする親族の所有する建物等がある場合

C－1　（土地の貸借が無償であるとき）

（所有者）

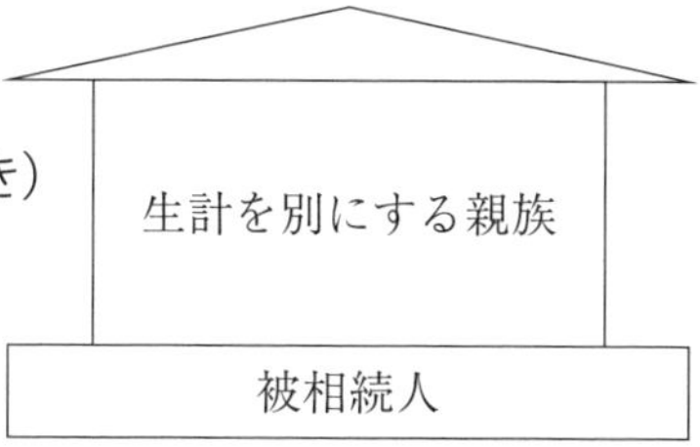

生計を別にする親族

土地の貸借：無償　被相続人

当該建物で事業を行っている者	建物の貸借形態	特例内容	根　拠
生計を別にする親族	—	非該当	—
被相続人等	有　償	非該当	—
	無　償	特定事業用	措通69の4－4(2)
被相続人及びその親族以外の者	不　問	非該当	—

C－2　（土地の貸借が有償で行われているとき）

（所有者）

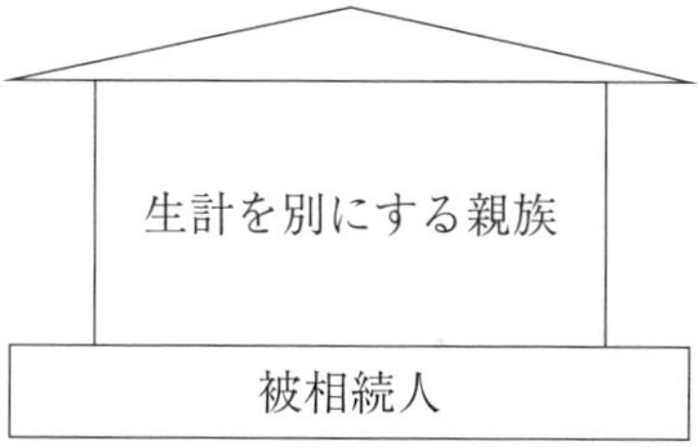

生計を別にする親族

土地の貸借：有償　被相続人

当該建物で事業を行っている者	土地の貸借形態	特例内容	根　拠
不　問	有　償	貸付事業用	措通69の4－4(1)

D　被相続人及びその親族以外の者の所有する建物等がある場合

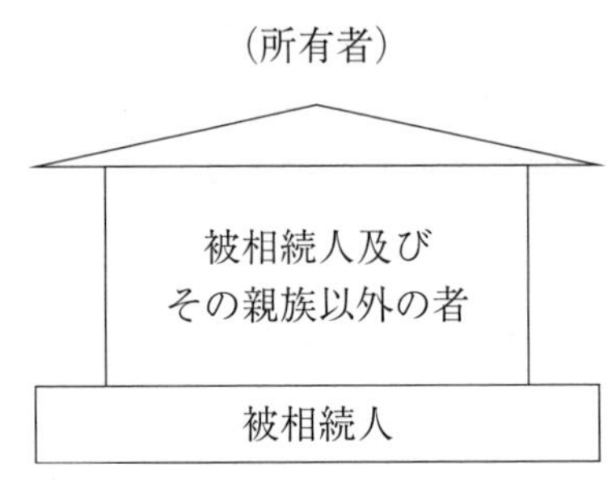

建物所有者	土地の貸借形態	特例内容	根　拠	相続税評　価
個人（被相続人及びその親族以外）	有　償	貸付事業用	措通69の４－４(1)	貸宅地
	無　償	非該当	—	原則として自用地
法人（特定同族会社以外）（無償返還届なし）	有　償	貸付事業用	措通69の４－４(1)	貸宅地
	無　償	非該当	—	貸宅地
法人（特定同族会社以外）（無償返還届あり）	有　償	貸付事業用	措通69の４－４(1)	20％評価減(※)
	無　償	非該当	—	自用地

(※)　個別通達「相当の地代を支払っている場合等の借地権等についての相続税及び贈与税の取扱いについて」（昭60.６.５直評９他）８

4　特定同族会社事業用宅地等（措法69の4③三）

＜特定同族会社事業用の具体的なケース＞

A　被相続人の建物等があり、特定同族会社が建物等を借りて事業（貸付事業以外）を行っている場合

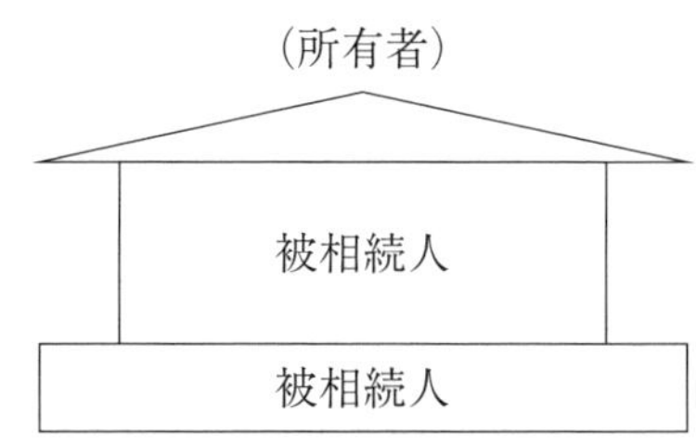

建物の貸借形態	特例内容	根　拠
有　償	特定同族会社事業用	措通69の4－23
無　償	非該当	—

（※）特定同族会社事業用は、特定同族会社事業用宅地等の他の要件を満たしている場合に限ります（以下Ⅱにおいて同じです。）。

B　被相続人と生計を一にする親族の建物等があり、特定同族会社が建物等を借りて事業（貸付事業以外）を行っている場合

B－1　（土地の貸借が無償であるとき）

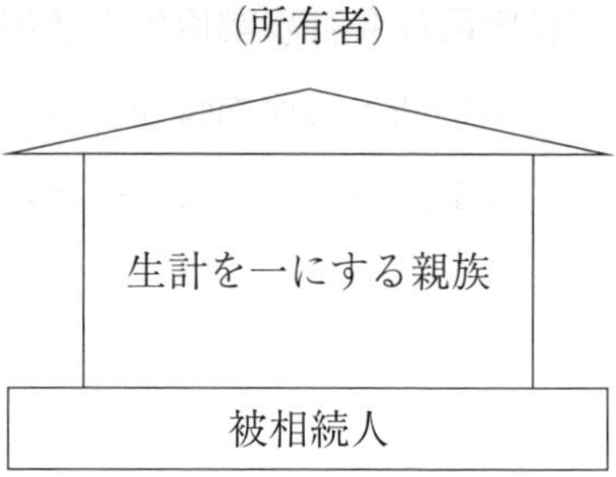

土地の貸借：無償

建物の貸借形態	特例内容	根　拠
有　償	特定同族会社事業用	措通69の４－23
無　償	非該当	—

B－2　（土地の貸借が有償で行われているとき）

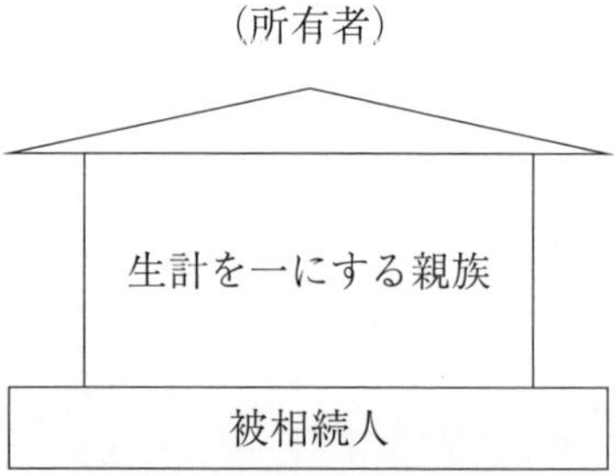

土地の貸借：有償

土地の貸借形態	特例内容	根　拠
有　償	貸付事業用	措通69の４－４(1)

C　被相続人と生計を別にする親族の建物等があり、特定同族会社が建物等を借りて事業（貸付事業以外）を行っている場合

C－1　（土地の貸借が無償であるとき）

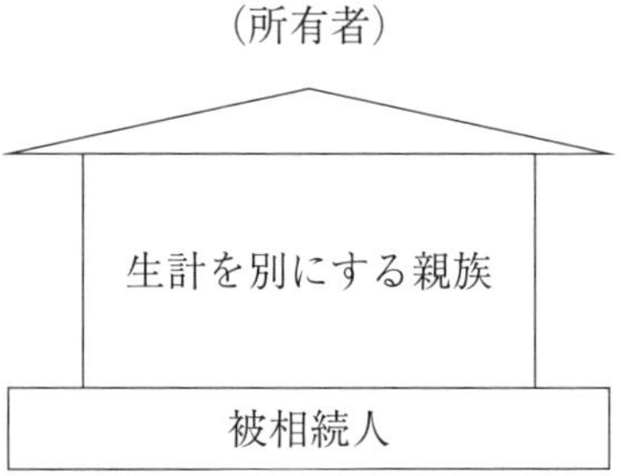

（所有者）

生計を別にする親族

土地の貸借：無償　被相続人

建物の貸借形態	特例内容	根　拠
不　問	非該当	—

（※）　この場合は、生計を別にする親族の事業となるので、本特例の対象とはなりません。

C－2　（土地の貸借が有償で行われているとき）

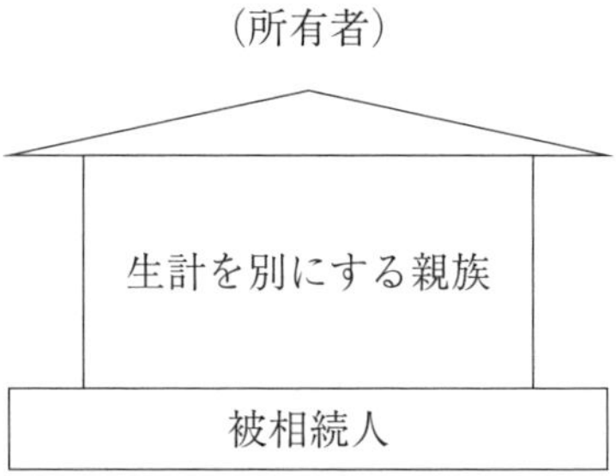

（所有者）

生計を別にする親族

土地の貸借：有償　被相続人

土地の貸借形態	特例内容	根　拠
有　償	貸付事業用	措通69の4－4(1)

D　特定同族会社の所有する建物等があり、当該特定同族会社が事業（貸付事業以外）を行っている場合

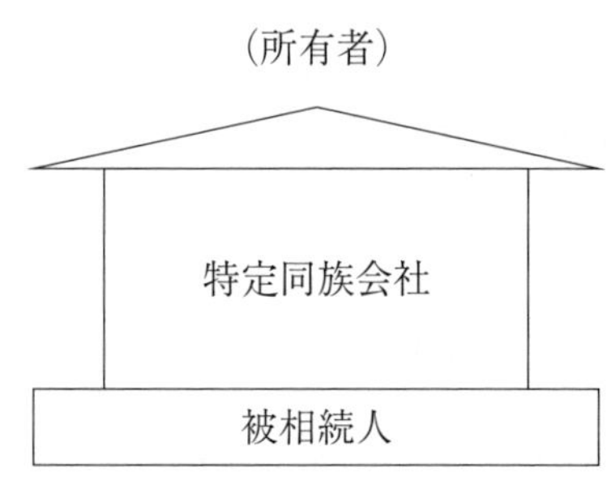

土地の貸借形態	無償返還届	特例内容（※）	根　拠	相続税評価
相当地代を支払っている場合	無	特定同族会社事業用	措通69の４－23	20％評価減
有　償	無	特定同族会社事業用	措通69の４－23	貸宅地
無　償	無	非該当	—	自用地
相当地代を支払っている場合	有	特定同族会社事業用	措通69の４－23	20％評価減
有　償	有	特定同族会社事業用	措通69の４－23	20％評価減
無　償	有	非該当	—	自用地

（※）　特定同族会社が貸付事業を行っている場合は、特定同族会社事業用ではなく、貸付事業用として減額対象となります。

5　総　括

A　被相続人の所有する建物等がある場合

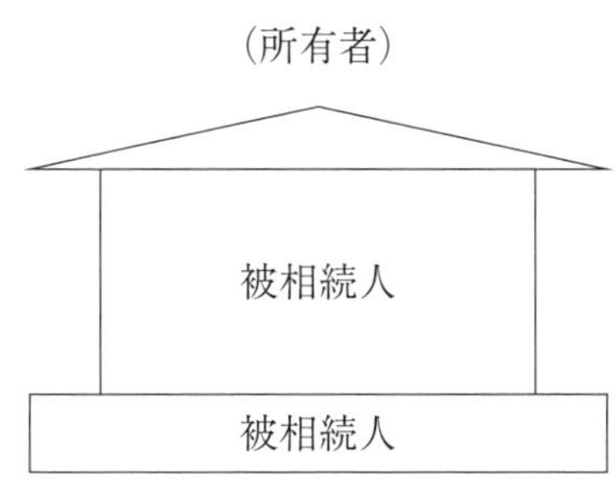

建物の利用状況		建物の貸借形態	特例内容	根　拠
被相続人	一般事業	—	特定事業用	措通69の４－４(2)
	貸付事業	有　償	貸付事業用	措通69の４－４(2)
	居住	—	特定居住用	措通69の４－７(1)
生計一親族	不問	有　償	貸付事業用	措通69の４－４(1)
	事業	無　償	特定事業用	措通69の４－４(2)
	居住	無　償	特定居住用	措通69の４－７(1)
特定同族会社	事業（※）	有　償	特定同族会社事業用	措通69の４－23
		無　償	非該当	—
上記以外の者		有　償	貸付事業用	措通69の４－４(1)
		無　償	非該当	—

（※）　特定同族会社が貸付事業を行っている場合は、特定同族会社事業用ではなく、貸付事業用として減額対象となります（以下同じです。）。

B　被相続人と生計を一にする親族の所有する建物等がある場合

B－1　（土地の貸借が無償であるとき）

（所有者）

生計を一にする親族

被相続人

土地の貸借：無償

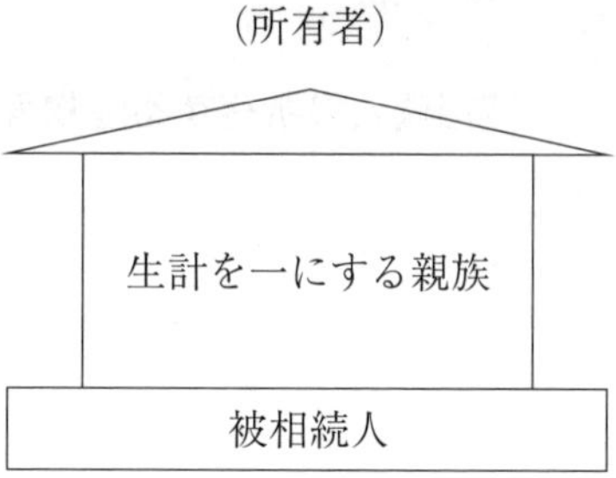

建物の利用状況		建物の貸借形態	特例内容	根　拠
生計一親族	一般事業	—	特定事業用	措通69の4－4(2)
	貸付事業	有　償	貸付事業用	措通69の4－4(2)
	居住	—	特定居住用	措通69の4－7(1)
被相続人	不問	有　償	貸付事業用	措通69の4－4(1)
	事業	無　償	特定事業用	措通69の4－4(2)
	居住	無　償	特定居住用	措通69の4－7(1)
特定同族会社	事業	有　償	特定同族会社事業用	措通69の4－23
		無　償	非該当	—
上記以外の者		有　償	貸付事業用	措通69の4－4(1)
		無　償	非該当	—

B－2　（土地の貸借が有償で行われているとき）

（所有者）

生計を一にする親族

被相続人

土地の貸借：有償

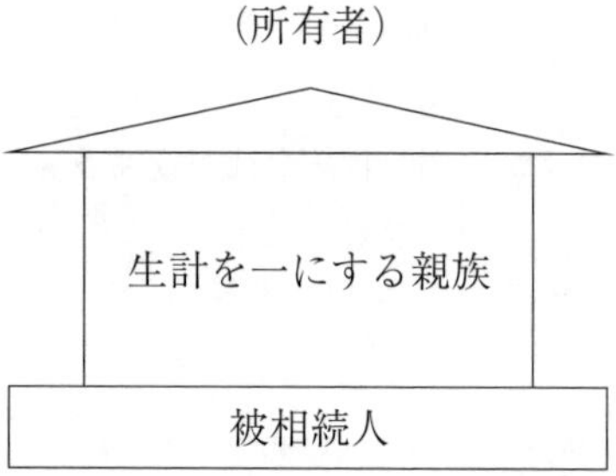

建物の利用状況	土地の貸借形態	特例内容	根　拠
不　問	有　償	貸付事業用	措通69の4－4(1)

C　被相続人と生計を別にする親族の所有する建物等がある場合

C－1　（土地の貸借が無償であるとき）

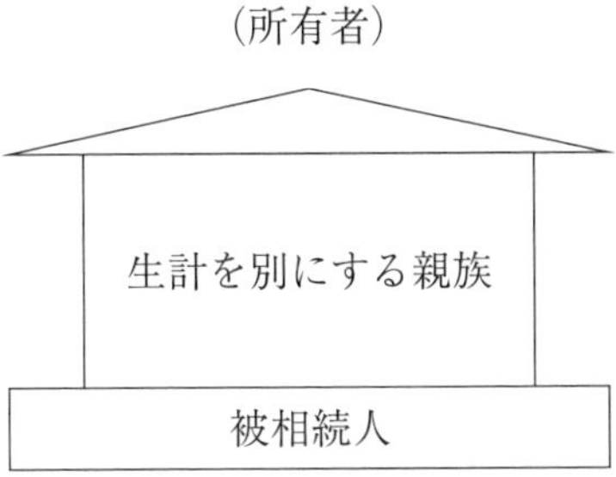

（所有者）

生計を別にする親族

土地の貸借：無償　被相続人

建物の利用状況		建物の貸借形態	特例内容	根　拠
生計別親族	不問	—	非該当	—
被相続人等	不問	有　償	非該当	—
	事業	無　償	特定事業用	措通69の4－4(2)
	居住	無　償	特定居住用	措通69の4－7(1)
上記以外の者		不　問	非該当	—

C－2　（土地の貸借が有償で行われているとき）

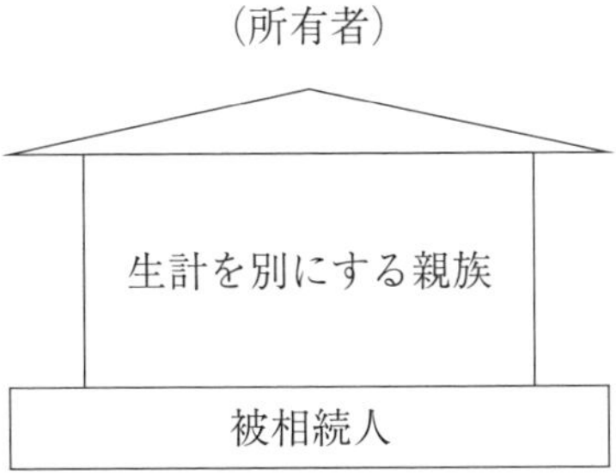

（所有者）

生計を別にする親族

土地の貸借：有償　被相続人

建物の利用状況	土地の貸借形態	特例内容	根　拠
不　問	有　償	貸付事業用	措通69の4－4(1)

D　被相続人及びその親族以外の者の所有する建物等がある場合

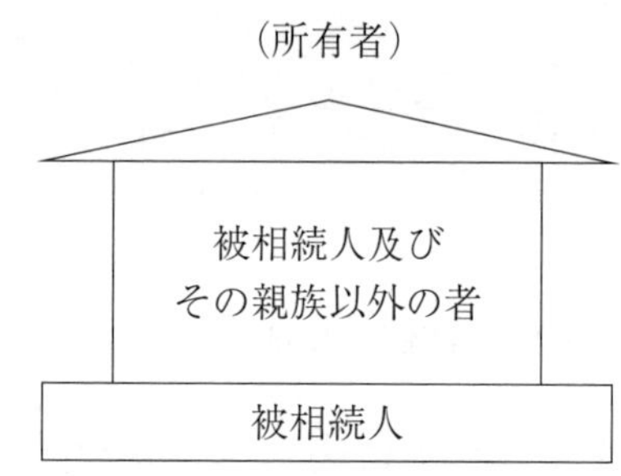

建物所有者	土地の貸借形態	特例内容	根　拠
個人（被相続人及びその親族以外）	有　償	貸付事業用	措通69の４－４(1)
	無　償	非該当	—
法人（特定同族会社以外）	有　償	貸付事業用	措通69の４－４(1)
	無　償	非該当	—
特定同族会社	有　償	特定同族会社事業用	措通69の４　23
	無　償	非該当	—

6 郵便局舎用宅地等

次のすべての要件を満たすものが、特定事業用宅地等としてみなされ、特例対象宅地等となります。

① 被相続人又はその相続人が、郵政民営化法の施行日（平成19年10月１日）前から日本郵政公社に貸し付けていた郵便局舎の敷地の用に供されていた宅地等で、同日から相続開始までの間、郵便局株式会社(注)及び日本郵便株式会社に引き続き貸し付けていたもの。

② 日本郵便株式会社（平成24年９月30日までの期間については郵便局株式会社)が、相続又は遺贈により上記①の宅地等を取得した相続人から相続開始後５年以上、郵便局舎を引き続き借り受け、宅地等を郵便局舎の敷地の用に供する見込みであることについて証明したもの。

③ 上記①の敷地は、既に郵政民営化法第180条第１項の規定の適用を受けたことがないものであること。

(注) 郵便局株式会社は、平成24年10月１日より日本郵便株式会社に商号変更になりました（33ページ参照)。

＜郵便局舎用の具体的なケース＞

A 被相続人の所有する建物がある場合

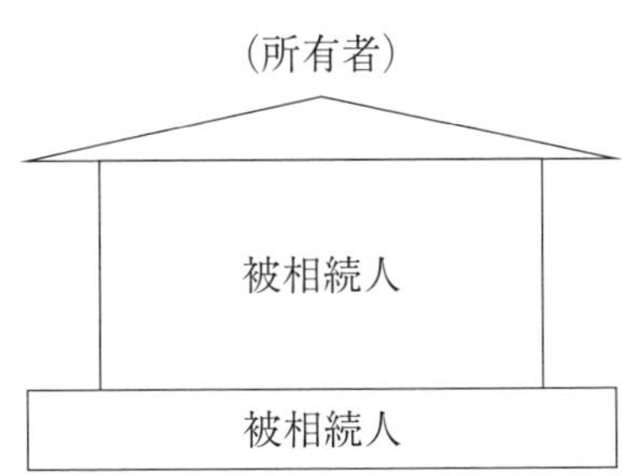

特定宅地等の要件	建物の貸借形態	特例内容	根　拠
該　当	—	特定事業用	措通69の４－27
非該当	有　償	貸付事業用	措通69の４－４(1)

B　被相続人と生計を一にする相続人の所有する建物がある場合

B－1　（土地の貸借が無償であるとき）

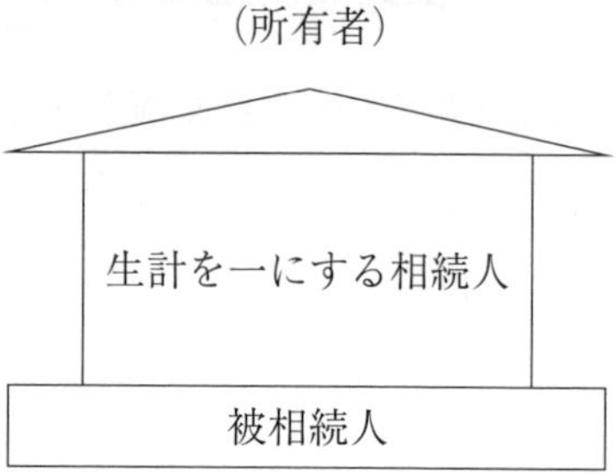

（所有者）
生計を一にする相続人
被相続人

土地の貸借：無償

特定宅地等の要件	建物の貸借形態	特例内容	根　拠
該　当	—	特定事業用	措通69の４－27
非該当	有　償	貸付事業用	措通69の４－33

B－2　（土地の貸借が有償で行われているとき）

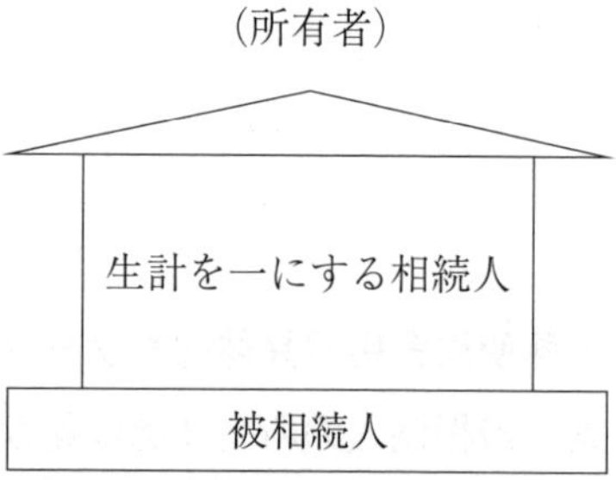

（所有者）
生計を一にする相続人
被相続人

土地の貸借：有償

特定宅地等の要件	建物の貸借形態	特例内容	根　拠
該　当	—	特定事業用	措通69の４－27
非該当	不　問	貸付事業用	措通69の４－４(1)

C　被相続人と生計を別にする相続人の所有する建物がある場合

C－1　(土地の貸借が無償であるとき)

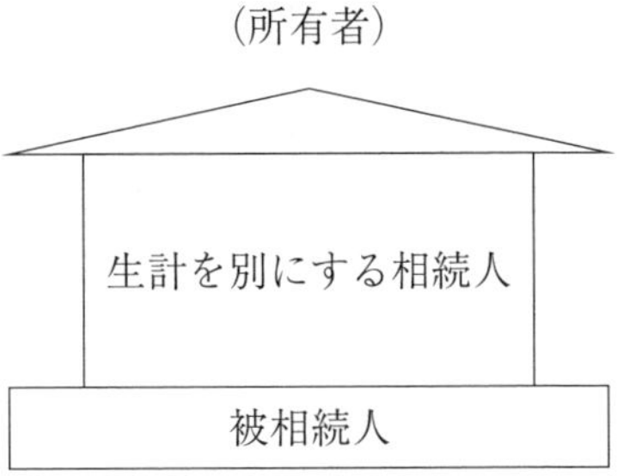

土地の貸借：無償

特定宅地等の要件	建物の貸借形態	特例内容	根　拠
該　当	—	特定事業用	措通69の４－27
非該当	不　問	非該当	—

C－2　(土地の貸借が有償で行われているとき)

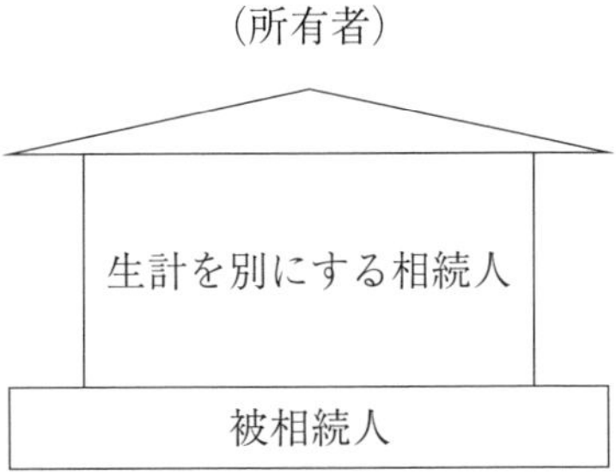

土地の貸借：有償

特定宅地等の要件	建物の貸借形態	特例内容	根　拠
該　当	—	特定事業用	措通69の４－27
非該当	不　問	貸付事業用	措通69の４－４(1)

（参考）配偶者居住権が設定された場合の敷地利用権の及ぶ範囲

配偶者居住権の目的となっている建物の敷地の用に供されている宅地等は、その宅地の面積を敷地利用権に対応する面積と敷地所有権に対応する面積に按分して小規模宅地等の特例の適用を検討しなければなりません。対象となる宅地の所有は、被相続人単独所有である場合や配偶者と共有である場合もあります。また、対象となる宅地の利用は、居住用、事業用、貸付事業用など様々であり、敷地利用権の及ぶ範囲を的確に捉える必要があります。

そこで、配偶者居住権が設定された場合の敷地利用権の及ぶ範囲を図解してみました。この図解によれば、敷地利用権が宅地に及ぶ範囲は、その宅地の面積を敷地利用権に対応する面積と敷地所有権に対応する面積に按分して本特例の適用を検討しなければならないとも言い換えることができます。

1　建物・敷地ともに甲が単独で所有している場合

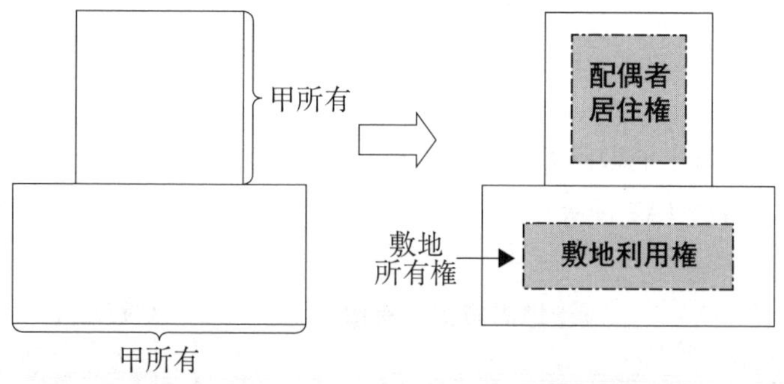

2　建物を配偶者（乙）と共有し、敷地を甲が単独で所有している場合

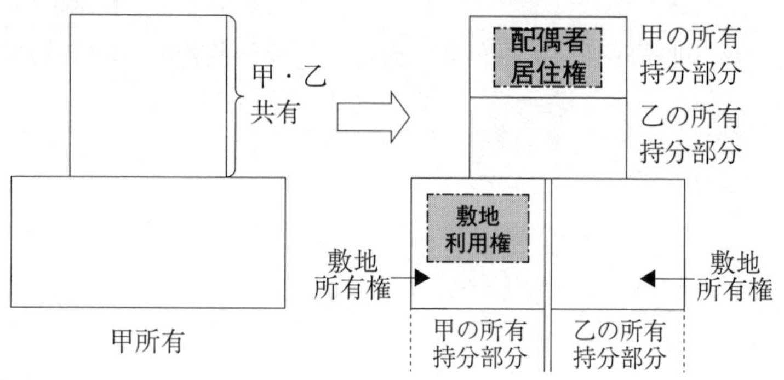

3　建物を甲が単独で所有し利用区分が分かれている場合
（1階：貸付用／2階：居住用）

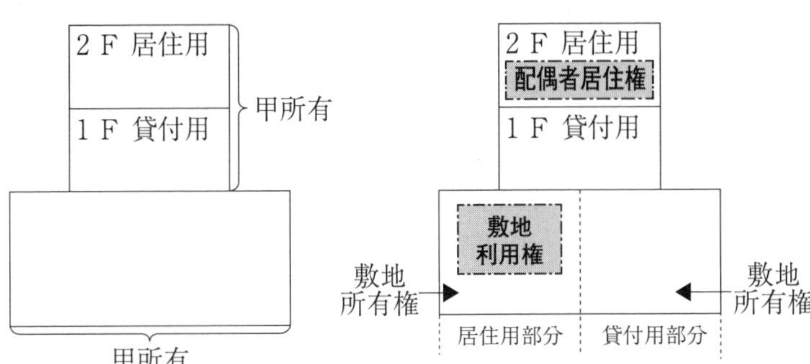

4　建物を甲が単独で所有し利用区分が分かれている場合
（1階：事業用／2階：居住用）

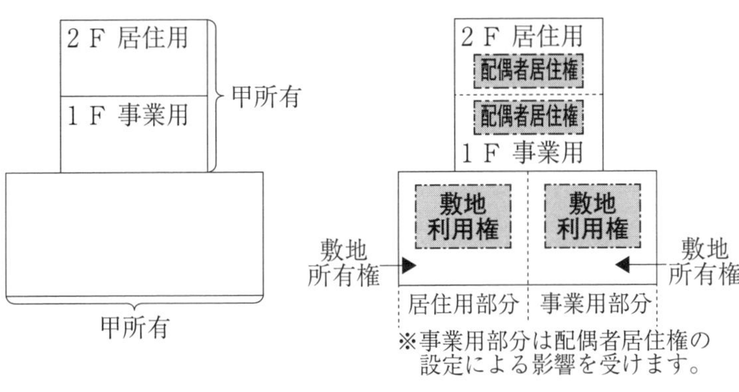

■Ⅲ■　配偶者居住権に基づく敷地利用権の面積と敷地所有権の面積のケース別計算例

1　概要

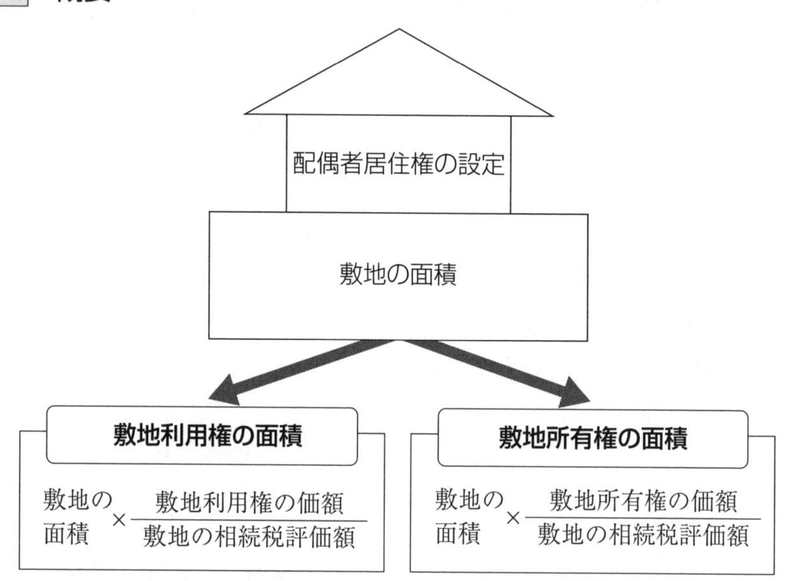

〈算式〉

【敷地利用権の価額】

敷地の相続税評価額－敷地の相続税評価額×複利原価率

【敷地所有権の価額】

敷地の相続税評価額－敷地利用権の価額

※複利原価率は存続年数に応じた法定利率によります。

配偶者居住権が設定された建物の敷地について本特例の適用を受けるためには、特例対象宅地等の面積を上記図の算式によりそれぞれの権利に基づき按分計算を行った上で適用を受ける必要があります（措法69の

4①、措令40の2⑥)。

そこで、本特例対象宅地の面積を敷地利用権に対応する面積と敷地所有権に対応する面積に按分する計算例を代表的な所有関係や利用関係によるケース別で示してみました。

なお、全てのケースを網羅できてはいませんのでその他のケースは応用して検討をお願いいたします。

㈱　配偶者居住権が設定された建物の敷地（宅地等）を配偶者が単独で取得した場合には、必要がありません。

2 ケース別計算例

A 土地・建物共に被相続人単独所有の場合

A-1 （賃貸部分なし）

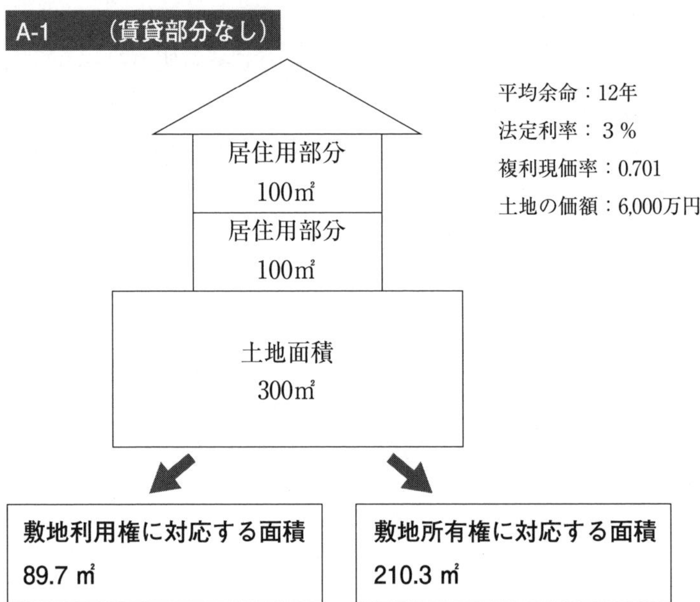

敷地利用権に対応する面積	敷地所有権に対応する面積
89.7 ㎡	210.3 ㎡

<計算>

1 敷地利用権の評価額

● 敷地利用権の評価額の計算の基礎となる金額

賃貸部分以外の床面積割合　被相続人の建物or敷地の持分割合の低い割合

$$60{,}000{,}000円 \times \frac{200㎡}{200㎡} \times \frac{1}{1} = 60{,}000{,}000円$$

● 敷地利用権の評価額

60,000,000円－60,000,000円×0.701＝17,940,000円

2 敷地所有権の評価額

（居住建物の敷地の評価額）

60,000,000円－17,940,000円＝42,060,000円

3　敷地利用権・敷地所有権に対応する面積

● 敷地利用権に対応する面積

$$300㎡ \times \frac{17,940,000円}{60,000,000円} = 89.7㎡$$

● 敷地所有権に対応する面積

$$300㎡ \times \frac{42,060,000円}{60,000,000円} = 210.3㎡$$

A-2　（賃貸部分あり）

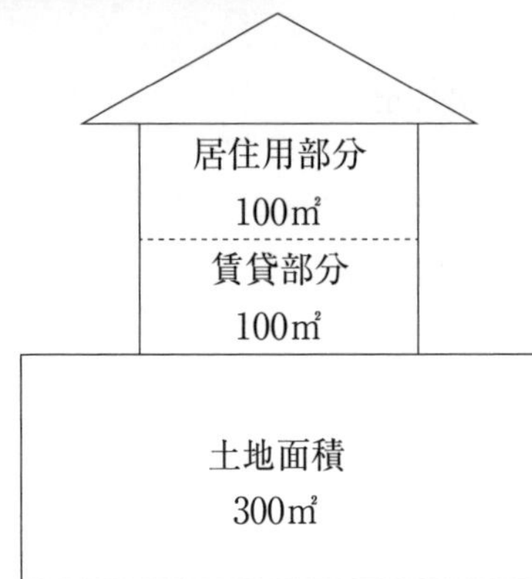

平均余命：12年
年法定利率：３％
複利現価率：0.701
土地の価額：6,000万円
借地権割合：60％
借家権割合：30％

居住用部分の敷地利用権に対応する面積　44.85㎡ 賃貸部分の敷地利用権に対応する面積　０㎡	居住用部分の敷地所有権に対応する面積　105.15㎡ 賃貸部分の敷地所有権に対応する面積　150㎡

＜計算＞

1　居住用部分

（１）居住用部分の敷地利用権の評価額

● 敷地利用権の評価額の計算の基礎となる金額

$$60{,}000{,}000\text{円} \times \underbrace{\frac{100㎡}{200㎡}}_{\text{賃貸部分以外の床面積割合}} \times \underbrace{\frac{1}{1}}_{\text{被相続人の建物or敷地合の低い割合}} = 30{,}000{,}000\text{円}$$

● 居住用部分の敷地利用権の評価額

30,000,000円－30,000,000円×0.701＝8,970,000円

（２）居住用部分の敷地所有権の評価額

● 居住用部分の敷地の評価額（時価）

$$60{,}000{,}000\text{円} \times \underbrace{\frac{100㎡}{200㎡}}_{\text{床面積割合}} = 30{,}000{,}000\text{円}$$

● 居住用部分の敷地所有権の評価額

30,000,000円－8,970,000円＝21,030,000円

（3）敷地利用権・敷地所有権に対応する面積

● 居住用部分（賃貸用以外の部分）の土地面積

床面積割合

$$300㎡ \times \frac{100㎡}{200㎡} = 150㎡$$

● 居住用部分の敷地利用権に対応する面積

$$150㎡ \times \frac{8{,}970{,}000円}{30{,}000{,}000円} = 44.85㎡$$

● 居住用部分の敷地所有権に対応する面積

$$150㎡ \times \frac{21{,}030{,}000円}{30{,}000{,}000円} = 105.15㎡$$

2　賃貸部分

賃貸部分の敷地利用権の評価額は算出されないことから、敷地利用権に対応する面積、敷地所有権に対応する面積を求める必要はありません。

【参考】

● 敷地利用権の評価額の計算の基礎となる金額

賃貸部分以外の床面積割合　　被相続人の建物or敷地の持分割合の低い割合

$$60{,}000{,}000円 \times \frac{0㎡}{200㎡} \times \frac{1}{1} = 0円$$

● 賃貸部分の敷地利用権の評価額

0円

【POINT】

敷地利用権の評価額の計算の基礎となる金額が0円となるため、敷地利用権に対応する面積は0㎡

A-3　（事業部分あり）

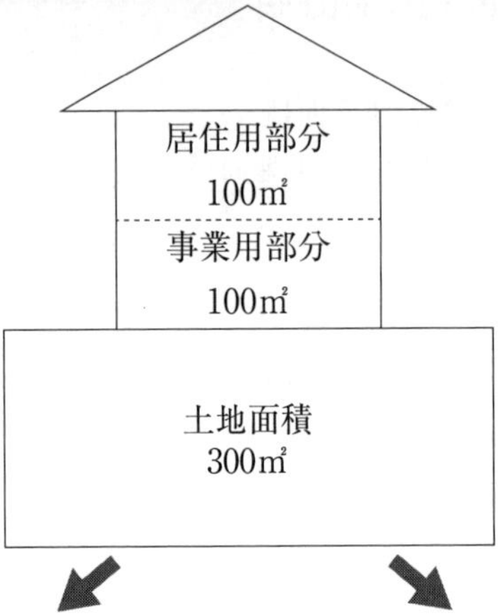

<計算>

1　居住用部分

（１）居住用部分の敷地利用権の評価額

● 敷地利用権の評価額の計算の基礎となる金額

賃貸部分以外の床面積割合／被相続人の建物or敷地の持分割合の低い割合

60,000,000円 × $\frac{200㎡}{200㎡}$ × $\frac{1}{1}$ ＝ 60,000,000円

● 居住用部分の敷地利用権の評価額の計算の基礎となる金額

居住用部分の床面積

60,000,000円 × $\frac{100㎡}{200㎡}$ ＝ 30,000,000円

● 居住用部分の敷地利用権の評価額

30,000,000円－30,000,000×0.701＝8,970,000円

（2）居住用部分の敷地所有権の評価額

● 居住用部分の敷地の評価額（時価）

床面積割合

$$60{,}000{,}000\text{円} \times \frac{100\text{㎡}}{200\text{㎡}} = 30{,}000{,}000\text{円}$$

● 居住用部分の敷地所有権の評価額

30,000,000円－8,970,000円＝21,030,000円

（3）敷地利用権・敷地所有権に対応する面積

● 居住用部分の土地面積

居住用部分の床面積

$$300\text{㎡} \times \frac{100\text{㎡}}{200\text{㎡}} = 150\text{㎡}$$

● 居住用部分の敷地利用権に対応する面積

$$150\text{㎡} \times \frac{8{,}970{,}000\text{円}}{30{,}000{,}000\text{円}} = 44.85\text{㎡}$$

● 居住用部分の敷地所有権に対応する面積

$$150\text{㎡} \times \frac{21{,}030{,}000\text{円}}{30{,}000{,}000\text{円}} = 105.15\text{㎡}$$

2　事業用部分

（1）事業用部分の敷地利用権の評価額

● 敷地利用権の評価額の計算の基礎となる金額

賃貸部分以外の床面積割合　　被相続人の建物or敷地の持分割合の低い割合

$$60{,}000{,}000\text{円} \times \frac{200\text{㎡}}{200\text{㎡}} \times \frac{1}{1} = 60{,}000{,}000\text{円}$$

● 事業用部分の敷地利用権の評価額の計算の基礎となる金額

事業用部分の床面積

$$60{,}000{,}000\text{円} \times \frac{100\text{㎡}}{200\text{㎡}} = 30{,}000{,}000\text{円}$$

● 事業用部分の敷地利用権の評価額

30,000,000円－30,000,000×0.701＝8,970,000円

（２）事業用部分の敷地所有権の評価額

● 事業用部分の敷地の評価額（時価）

床面積割合

$$60{,}000{,}000\text{円} \times \frac{100\text{㎡}}{200\text{㎡}} = 30{,}000{,}000\text{円}$$

● 事業用部分の敷地所有権の評価額

30,000,000円－8,970,000円＝21,030,000円

（３）敷地利用権・敷地所有権に対応する面積

● 事業用部分の土地面積

事業用部分の床面積

$$300\text{㎡} \times \frac{100\text{㎡}}{200\text{㎡}} = 150\text{㎡}$$

● 事業用部分の敷地利用権に対応する面積

$$150\text{㎡} \times \frac{8{,}970{,}000\text{円}}{30{,}000{,}000\text{円}} = 44.85\text{㎡}$$

● 事業用部分の敷地所有権に対応する面積

$$150\text{㎡} \times \frac{21{,}030{,}000\text{円}}{30{,}000{,}000\text{円}} = 105.15\text{㎡}$$

【POINT】

配偶者居住権は事業用部分にも影響します。

B　建物共有・土地単独所有の場合

B-1　（賃貸部分なし）：被相続人・配偶者の建物共有持分２分の１

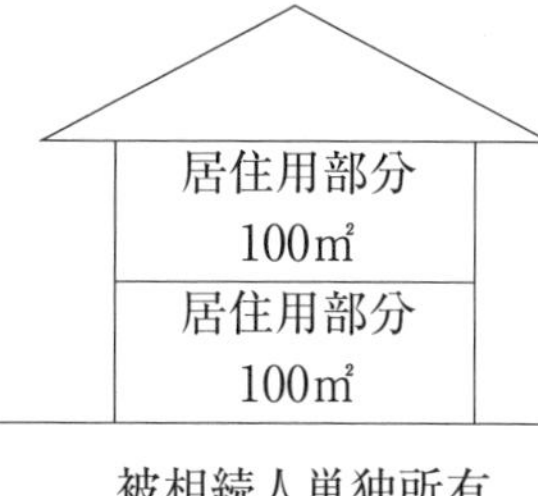

年平均余命：12年
年法定利率：３％
複利現価率：0.701
土地の価額：6,000万円

被相続人単独所有
土地面積
300㎡

敷地利用権に対応する面積	敷地所有権に対応する面積
44.85㎡	255.15㎡

<計算>

1　敷地利用権の評価額

● 敷地利用権の評価額の計算の基礎となる金額

賃貸部分以外の床面積割合　被相続人の建物or敷地の持分割合の低い割合

$$60,000,000円 \times \frac{200㎡}{200㎡} \times \frac{1}{2} = 30,000,000円$$

● 敷地利用権の評価額

30,000,000円－30,000,000円×0.701＝8,970,000円

2　敷地所有権の評価額

（居住建物の敷地の評価額）

60,000,000円　－　8,970,000円＝51,030,000円

3　敷地利用権・敷地所有権に対応する面積

● 敷地利用権に対応する面積

$$300\text{㎡} \times \frac{8{,}970{,}000\text{円}}{60{,}000{,}000\text{円}} = 44.85\text{㎡}$$

● 敷地所有権に対応する面積

$$300\text{㎡} \times \frac{51{,}030{,}000\text{円}}{60{,}000{,}000\text{円}} = 255.15\text{㎡}$$

【POINT】

被相続人が建物を配偶者以外の者と共有していた場合は、配偶者居住権の設定をすることができません。

B-2　（賃貸部分あり）：被相続人・配偶者の建物共有持分２分の１

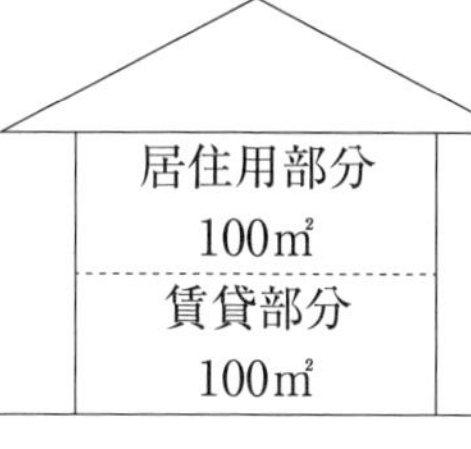

被相続人単独所有
土地面積
300㎡

平均余命：12年
法定利率：３％
複利現価率：0.701
土地の価額：6,000万円
借地権割合：60％
借家権割合：30％

居住用部分の敷地利用権に対応する面積　22.425㎡
賃貸部分の敷地利用権に対応する面積　０㎡

居住用部分の敷地所有権に対応する面積　127.575㎡
賃貸部分の敷地所有権に対応する面積　150㎡

＜計算＞

1　居住用部分

（１）居住用部分の敷地利用権の評価額

● 敷地利用権の評価額の計算の基礎となる金額

賃貸部分以外の床面積割合　被相続人の建物or敷地の持分割合の内低い建物割合

$$60{,}000{,}000\text{円} \times \frac{100\text{㎡}}{200\text{㎡}} \times \frac{1}{2} = 15{,}000{,}000\text{円}$$

● 居住用部分の敷地利用権の評価額

15,000,000円－15,000,000円×0.701＝4,485,000円

（２）居住用部分の敷地所有権の評価額

● 居住用部分の敷地の評価額（時価）

床面積割合

$$60{,}000{,}000\text{円} \times \frac{100\text{㎡}}{200\text{㎡}} = 30{,}000{,}000\text{円}$$

● 居住用部分の敷地所有権の評価額
30,000,000円－4,485,000円＝25,515,000円

（３）敷地利用権・敷地所有権に対応する面積

● 居住用部分（賃貸用以外の部分）の土地面積

床面積割合

$$300㎡ \times \frac{100㎡}{200㎡} = 150㎡$$

● 居住用部分の敷地利用権に対応する面積

$$150㎡ \times \frac{4,485,000円}{30,000,000円} = 22.425㎡$$

● 居住用部分の敷地所有権に対応する面積

$$150㎡ \times \frac{25,515,000円}{30,000,000円} = 127.575㎡$$

2　賃貸部分

賃貸部分の敷地利用権の評価額は算出されないことから、敷地利用権に対応する面積、敷地所有権に対応する面積を求める必要はありません。

【参考】

● 敷地利用権の評価額の計算の基礎となる金額

賃貸部分以外の床面積割合　　被相続人の建物or敷地の持分割合の低い割合

$$60,000,000円 \times \frac{0㎡}{200㎡} \times \frac{1}{2} = 0円$$

● **賃貸部分の敷地利用権の評価額**
０円

【POINT】

敷地利用権の評価額の計算の基礎となる金額が０円となるため、敷地利用権に対応する面積は０㎡

B-3　（事業部分あり）：被相続人・配偶者の建物共有持分２分の１

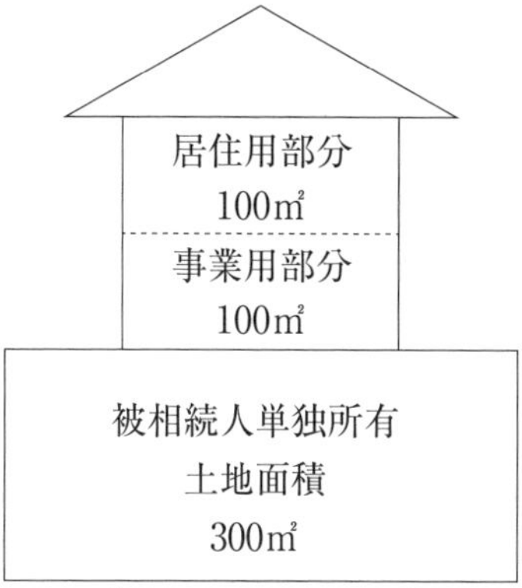

居住用部分
100㎡
事業用部分
100㎡

被相続人単独所有
土地面積
300㎡

平均余命：12年
法定利率：３％
複利現価率：0.701
土地の価額：6,000万円

居住部分の敷地利用権に対応する面積　22.425㎡ 事業用部分の敷地利用権に対応する面積　22.425㎡	居住部分の敷地所有権に対応する面積　127.575㎡ 事業用部分の敷地所有権に対応する面積　127.575㎡

＜計算＞

1　居住用部分

（１）居住用部分の敷地利用権の評価額

● 敷地利用権の評価額の計算の基礎となる金額

賃貸部分以外の床面積割合　／　被相続人の建物or敷地の持分割合の内低い建物割合

$$60{,}000{,}000円 \times \frac{200㎡}{200㎡} \times \frac{1}{2} = 30{,}000{,}000円$$

● 居住用部分の敷地利用権の評価額の計算の基礎となる金額

居住用部分の床面積

$$30{,}000{,}000円 \times \frac{100㎡}{200㎡} = 15{,}000{,}000円$$

● 居住用部分の敷地利用権の評価額

15,000,000円－15,000,000×0.701＝4,485,000円

（２）居住用部分の敷地所有権の評価額

● 居住用部分の敷地の評価額（時価）

$$60{,}000{,}000円 \times \overset{床面積割合}{\frac{100㎡}{200㎡}} = 30{,}000{,}000円$$

● 居住用部分の敷地所有権の評価額

30,000,000円－4,485,000円＝25,515,000円

（３）敷地利用権・敷地所有権に対応する面積

● 積面地土の分部用住居

$$300㎡ \times \overset{居住用部分の床面積}{\frac{100㎡}{200㎡}} = 150㎡$$

● 居住用部分の敷地利用権に対応する面積

$$150㎡ \times \frac{4{,}485{,}000円}{30{,}000{,}000円} = 22.425㎡$$

● 居住用部分の敷地所有権に対応する面積

$$150㎡ \times \frac{25{,}515{,}000円}{30{,}000{,}000円} = 127.575㎡$$

2　事業用部分

（１）事業用部分の敷地利用権の評価額

● 敷地利用権の評価額の計算の基礎となる金額

賃貸部分以外の床面積割合　被相続人の建物or敷地の持分割合の内低い建物割合

$$60{,}000{,}000円 \times \frac{200㎡}{200㎡} \times \frac{1}{2} = \mathbf{30{,}000{,}000円}$$

● 事業用部分の敷地利用権の評価額の計算の基礎となる金額

$$30{,}000{,}000円 \times \overset{事業用部分の床面積}{\frac{100㎡}{200㎡}} = 15{,}000{,}000円$$

● 事業用部分の敷地利用権の評価額

15,000,000円－15,000,000×0.701＝4,485,000円

（2）事業用部分の敷地所有権の評価額

● 事業用部分の敷地の評価額（時価）

床面積割合

$$60{,}000{,}000円 \times \frac{100㎡}{200㎡} = 30{,}000{,}000円$$

● 事業用部分の敷地所有権の評価額

30,000,000円－4,485,000円＝25,515,000円

（3）敷地利用権・敷地所有権に対応する面積

● 事業用部分の土地面積

事業用部分の床面積

$$300㎡ \times \frac{100㎡}{200㎡} = 150㎡$$

● 事業用部分の敷地利用権に対応する面積

$$150㎡ \times \frac{4{,}485{,}000円}{30{,}000{,}000円} = 22.425㎡$$

● 事業用部分の敷地所有権に対応する面積

$$150㎡ \times \frac{25{,}515{,}000円}{30{,}000{,}000円} = 127.575㎡$$

【POINT】

配偶者居住権は事業用部分にも影響します。

C　建物単独所有・土地共有の場合

C-1　（賃貸部分なし）：被相続人単独所有

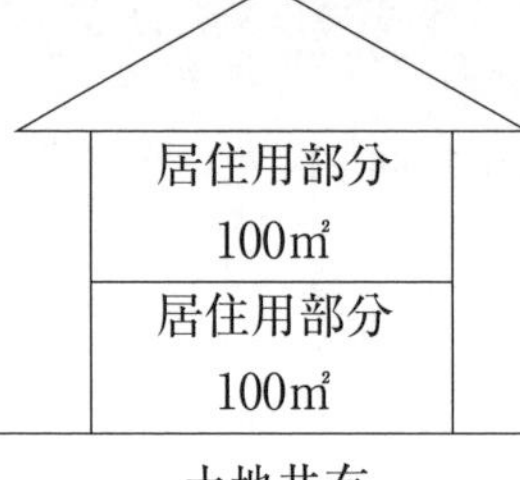

平均余命：12年
法定利率：３％
複利現価率：0.701
土地の価額：6,000万円
土地面積：300㎡

土地共有
被相続人共有持分1/2
共有持分面積
150㎡

敷地利用権に対応する面積 **44.85㎡**	**敷地所有権に対応する面積** **105.15㎡**

＜計算＞

1　敷地利用権の評価額

● 敷地利用権の評価額の計算の基礎となる金額

賃貸部分以外の床面積割合　被相続人の建物or敷地の持分割合の低い土地割合

$$60{,}000{,}000\text{円} \times \frac{200\text{㎡}}{200\text{㎡}} \times \frac{1}{2} = 30{,}000{,}000\text{円}$$

● 敷地利用権の評価額

30,000,000円－30,000,000円×0.701＝8,970,000円

2　敷地所有権の評価額

（持分）

$$60{,}000{,}000\text{円} \times \frac{1}{2} = 30{,}000{,}000\text{円}$$

（居住建物の敷地の評価額）

30,000,000円　－　8,970,000円　＝　21,030,000円

3　敷地利用権・敷地所有権に対応する面積

（持分）

$$300㎡ \times \frac{1}{2} = 150㎡$$

● 敷地利用権に対応する面積

$$150㎡ \times \frac{8{,}970{,}000円}{30{,}000{,}000円} = 44.85㎡$$

● 敷地所有権に対応する面積

$$150㎡ \times \frac{21{,}030{,}000円}{30{,}000{,}000円} = 105.15㎡$$

C-2　（賃貸部分あり）：被相続人単独所有

居住用部分
100㎡
賃貸部分
100㎡

土地共有
被相続人共有持分1/2
共有持分面積
150㎡

平均余命：12年
法定利率：３％
複利現価率：0.701
土地の価額：6,000万円
土地面積：300㎡
借地権割合：60％
借家権割合：30％

居住用部分の敷地利用権に対応する面積　22.425㎡
賃貸部分の敷地利用権に対応する面積　０㎡

居住用部分の敷地所有権に対応する面積　52.575㎡
賃貸部分の敷地所有権に対応する面積　75㎡

＜計算＞

1　居住用部分

（１）居住用部分の敷地利用権の評価額

●　敷地利用権の評価額の計算の基礎となる金額

賃貸部分以外の床面積割合　／　被相続人の建物or敷地の持分割合の内低い土地割合

$$60{,}000{,}000円 \times \frac{100㎡}{200㎡} \times \frac{1}{2} = 15{,}000{,}000円$$

●　居住用部分の敷地利用権の評価額

15,000,000円－15,000,000円×0.701＝4,485,000円

（２）居住用部分の敷地所有権の評価額

●　居住用部分の敷地の評価額（時価）

（持分）　床面積割合

$$60{,}000{,}000円 \times \frac{1}{2} \times \frac{100㎡}{200㎡} = 15{,}000{,}000円$$

● 居住用部分の敷地所有権の評価額

15,000,000円－4,485,000円＝10,515,000円

（3）敷地利用権・敷地所有権に対応する面積

● 居住用部分（賃貸用以外の部分）の土地面積

（持分）　床面積割合

$$300㎡ \times \frac{1}{2} \times \frac{100㎡}{200㎡} = 75㎡$$

● 居住用部分の敷地利用権に対応する面積

$$75㎡ \times \frac{4{,}485{,}000円}{15{,}000{,}000円} = 22.425㎡$$

● 居住用部分の敷地所有権に対応する面積

$$75㎡ \times \frac{10{,}515{,}000円}{15{,}000{,}000円} = 52.575㎡$$

2　賃貸部分

賃貸部分の敷地利用権の評価額は算出されないことから、敷地利用権に対応する面積、敷地所有権に対応する面積を求める必要はありません。

【参考】

● 敷地利用権の評価額の計算の基礎となる金額

賃貸部分以外の床面積割合　被相続人の建物or敷地の持分割合の低い割合

$$60{,}000{,}000円 \times \frac{0㎡}{200㎡} \times \frac{1}{2} = 0円$$

● 賃貸部分の敷地利用権の評価額

0円

【POINT】

敷地利用権の評価額の計算の基礎となる金額が0円となるため、敷地利用権に対応する面積は0㎡

C-3　（事業部分あり）：被相続人単独所有

居住用部分
100㎡

事業用部分
100㎡

土地共有
被相続人共有持分1/2
共有持分面積
150㎡

平均余命：12年
法定利率：３％
複利現価率：0.701
土地の価額：6,000万円
土地面積：300㎡

居住部分の敷地利用権に対応する面積　22.425㎡
事業用部分の敷地利用権に対応する面積　22.425㎡

居住部分の敷地所有権に対応する面積　52.575㎡
事業用部分の敷地所有権に対応する面積　52.575㎡

＜計算＞

1　居住用部分

（1）居住用部分の敷地利用権の評価額

● 敷地利用権の評価額の計算の基礎となる金額

（賃貸部分以外の床面積割合）（被相続人の建物or敷地の持分割合の内低い土地割合）

$$60{,}000{,}000円 \times \frac{200㎡}{200㎡} \times \frac{1}{2} = 30{,}000{,}000円$$

● 居住用部分の敷地利用権の評価額の計算の基礎となる金額

（居住用部分の床面積）

$$30{,}000{,}000円 \times \frac{100㎡}{200㎡} = 15{,}000{,}000円$$

● 居住用部分の敷地利用権の評価額

15,000,000円－15,000,000×0.701＝4,485,000円

（2）居住用部分の敷地所有権の評価額

● 居住用部分の敷地の評価額（時価）

（持分）　床面積割合

$$60{,}000{,}000\text{円} \times \frac{1}{2} \times \frac{100\text{㎡}}{200\text{㎡}} = 15{,}000{,}000\text{円}$$

● 居住用部分の敷地所有権の評価額

15,000,000円－4,485,000円＝10,515,000円

（3）敷地利用権・敷地所有権に対応する面積

● 居住用部分の土地面積

（持分）　居住用部分の床面積

$$300\text{㎡} \times \frac{1}{2} \times \frac{100\text{㎡}}{200\text{㎡}} = 75\text{㎡}$$

● 居住用部分の敷地利用権に対応する面積

$$75\text{㎡} \times \frac{4{,}485{,}000\text{円}}{15{,}000{,}000\text{円}} = 22.425\text{㎡}$$

● 居住用部分の敷地所有権に対応する面積

$$75\text{㎡} \times \frac{10{,}515{,}000\text{円}}{15{,}000{,}000\text{円}} = 52.575\text{㎡}$$

2　事業用部分

（1）事業用部分の敷地利用権の評価額

● 敷地利用権の評価額の計算の基礎となる金額

賃貸部分以外の床面積割合　被相続人の建物or敷地の持分割合の内低い土地割合

$$60{,}000{,}000\text{円} \times \frac{200\text{㎡}}{200\text{㎡}} \times \frac{1}{2} = 30{,}000{,}000\text{円}$$

● 事業用部分の敷地利用権の評価額の計算の基礎となる金額

事業用部分の床面積

$$30{,}000{,}000\text{円} \times \frac{100\text{㎡}}{200\text{㎡}} = 15{,}000{,}000\text{円}$$

● 事業用部分の敷地利用権の評価額

15,000,000円－15,000,000×0.701＝4,485,000円

（２）事業用部分の敷地所有権の評価額

● 事業用部分の敷地の評価額（時価）

$$60{,}000{,}000円 \times \underset{(持分)}{\frac{1}{2}} \times \underset{床面積割合}{\frac{100m^2}{200m^2}} = 15{,}000{,}000円$$

● 事業用部分の敷地所有権の評価額

15,000,000円－4,485,000円＝10,515,000円

（３）敷地利用権・敷地所有権に対応する面積

● 事業用部分の土地面積

$$300m^2 \times \underset{(持分)}{\frac{1}{2}} \times \underset{事業用部分の床面積}{\frac{100m^2}{200m^2}} = 75m^2$$

● 事業用部分の敷地利用権に対応する面積

$$75m^2 \times \frac{4{,}485{,}000円}{15{,}000{,}000円} = 22.425m^2$$

● 事業用部分の敷地所有権に対応する面積

$$75m^2 \times \frac{10{,}515{,}000円}{15{,}000{,}000円} = 52.575m^2$$

【POINT】
配偶者居住権は事業用部分にも影響します。

D 建物共有・土地共有の場合【家屋持分＞土地持分】

D-1 （賃貸部分なし）：被相続人の家屋持分2/3＞土地持分1/2

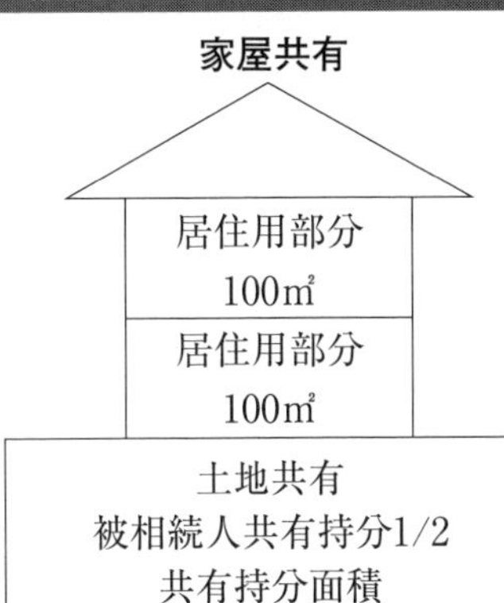

平均余命：12年

法定利率：３％

複利現価率：0.701

土地の価額：6,000万円

土地面積：300㎡

敷地所有権に対応する面積	敷地利用権に対応する面積
105.15㎡	44.85㎡

＜計算＞

1　敷地利用権の評価額

● 敷地利用権の評価額の計算の基礎となる金額

（賃貸部分以外の床面積割合）（被相続人の建物or敷地の持分割合の低い土地割合）

$$60{,}000{,}000円 \times \frac{200㎡}{200㎡} \times \frac{1}{2} = 30{,}000{,}000円$$

● 敷地利用権の評価額

30,000,000円－30,000,000円×0.701＝8,970,000円

2　敷地所有権の評価額

（持分）

$$60{,}000{,}000円 \times \frac{1}{2} = 30{,}000{,}000円$$

（居住建物の敷地の評価額）

30,000,000円 － 8,970,000円 ＝ 21,030,000円

3　敷地利用権・敷地所有権に対応する面積

$$300㎡ \times \underset{(持分)}{\frac{1}{2}} = 150㎡$$

● 敷地利用権に対応する面積

$$150㎡ \times \frac{8{,}970{,}000円}{30{,}000{,}000円} = 44.85㎡$$

● 敷地所有権に対応する面積

$$150㎡ \times \frac{21{,}030{,}000円}{30{,}000{,}000円} = 105.15㎡$$

D-2　（賃貸部分あり）：被相続人の家屋持分2/3＞土地持分1/2

家屋共有

居住用部分
100㎡

賃貸部分
100㎡

土地共有
被相続人共有持分1/2
共有持分面積
150㎡

平均余命：12年
法定利率：３％
複利現価率：0.701
土地の価額：6,000万円
土地面積：300㎡
借地権割合：60％
借家権割合：30％

居住用部分の敷地利用権に対応する面積　22.425㎡
賃貸部分の敷地利用権に対応する面積　０㎡

居住用部分の敷地所有権に対応する面積　52.575㎡
賃貸部分の敷地所有権に対応する面積　75㎡

<計算>

1　居住用部分

（１）居住用部分の敷地利用権の評価額

●　敷地利用権の評価額の計算の基礎となる金額

賃貸部分以外の床面積割合　／　被相続人の建物or敷地の持分割合の内低い土地割合

$$60{,}000{,}000円 \times \frac{100㎡}{200㎡} \times \frac{1}{2} = 15{,}000{,}000円$$

●　居住用部分の敷地利用権の評価額

15,000,000円－15,000,000円×0.701＝4,485,000円

（２）居住用部分の敷地所有権の評価額

●　居住用部分の敷地の評価額（時価）

$$\underset{}{60{,}000{,}000円} \times \overset{(持分)}{\frac{1}{2}} \times \overset{床面積割合}{\frac{100㎡}{200㎡}} = 15{,}000{,}000円$$

● 居住用部分の敷地所有権の評価額
15,000,000円－4,485,000円＝10,515,000円

（3）敷地利用権・敷地所有権に対応する面積

● 居住用部分（賃貸用以外の部分）の土地面積

$$300㎡ \times \overset{(持分)}{\frac{1}{2}} \times \overset{床面積割合}{\frac{100㎡}{200㎡}} = 75㎡$$

● 居住用部分の敷地利用権に対応する面積

$$75㎡ \times \frac{4{,}485{,}000円}{15{,}000{,}000円} = 22.425㎡$$

● 居住用部分の敷地所有権に対応する面積

$$75㎡ \times \frac{10{,}515{,}000円}{15{,}000{,}000円} = 52.575㎡$$

2　賃貸部分

賃貸部分の敷地利用権の評価額は算出されないことから、敷地利用権に対応する面積、敷地所有権に対応する面積を求める必要はありません。

【参考】

● 敷地利用権の評価額の計算の基礎となる金額

（賃貸部分以外の床面積割合）（被相続人の建物or敷地の持分割合の低い割合）

$$60{,}000{,}000円 \times \frac{0㎡}{200㎡} \times \frac{1}{2} = 0円$$

● 賃貸部分の敷地利用権の評価額
0円

【POINT】

敷地利用権の評価額の計算の基礎となる金額が0円となるため、敷地利用権に対応する面積は0㎡

D-3　（事業部分あり）：被相続人の家屋持分2/3＞土地持分1/2

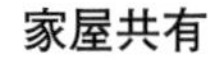

家屋共有

居住用部分
100㎡

事業用部分
100㎡

土地共有
被相続人共有持分1/2
共有持分面積
150㎡

平均余命：12年
法定利率：３％
複利現価率：0.701
土地の価額：6,000万円
土地面積：300㎡

居住部分の敷地利用権に対応する面積　22.425㎡
事業用部分の敷地利用権に対応する面積　22.425㎡

居住部分の敷地所有権に対応する面積　52.575㎡
事業用部分の敷地所有権に対応する面積　52.575㎡

<計算>

1　居住用部分

（１）居住用部分の敷地利用権の評価額

● 敷地利用権の評価額の計算の基礎となる金額

賃貸部分以外の床面積割合　　被相続人の建物or敷地の持分割合の内低い土地割合

$$60{,}000{,}000円 \times \frac{200㎡}{200㎡} \times \frac{1}{2} = 30{,}000{,}000円$$

● 居住用部分の敷地利用権の評価額の計算の基礎となる金額

居住用部分の床面積

$$30{,}000{,}000円 \times \frac{100㎡}{200㎡} = 15{,}000{,}000円$$

● 居住用部分の敷地利用権の評価額

15,000,000円－15,000,000×0.701＝4,485,000円

（２）居住用部分の敷地所有権の評価額

● 居住用部分の敷地の評価額（時価）

（持分）　床面積割合

$$60{,}000{,}000円 \times \frac{1}{2} \times \frac{100㎡}{200㎡} = 15{,}000{,}000円$$

● 居住用部分の敷地所有権の評価額

15,000,000円－4,485,000円＝10,515,000円

（３）敷地利用権・敷地所有権に対応する面積

● 居住用部分の土地面積

（持分）　居住用部分の床面積

$$300㎡ \times \frac{1}{2} \times \frac{100㎡}{200㎡} = 75㎡$$

● 居住用部分の敷地利用権に対応する面積

$$75㎡ \times \frac{4{,}485{,}000円}{15{,}000{,}000円} = 22.425㎡$$

● 居住用部分の敷地所有権に対応する面積

$$75㎡ \times \frac{10{,}515{,}000円}{15{,}000{,}000円} = 52.575㎡$$

2　事業用部分

（１）事業用部分の敷地利用権の評価額

● 敷地利用権の評価額の計算の基礎となる金額

賃貸部分以外の床面積割合　被相続人の建物or敷地の持分割合の内低い土地割合

$$60{,}000{,}000円 \times \frac{200㎡}{200㎡} \times \frac{1}{2} = 30{,}000{,}000円$$

● 事業用部分の敷地利用権の評価額の計算の基礎となる金額

事業用部分の床面積

$$30{,}000{,}000円 \times \frac{100㎡}{200㎡} = 15{,}000{,}000円$$

● 事業用部分の敷地利用権の評価額

15,000,000円－15,000,000×0.701＝4,485,000円

（2）事業用部分の敷地所有権の評価額

● 事業用部分の敷地の評価額（時価）

（持分）　床面積割合

$$60{,}000{,}000円 \times \frac{1}{2} \times \frac{100㎡}{200㎡} = 15{,}000{,}000円$$

● 事業用部分の敷地所有権の評価額

15,000,000円－4,485,000円＝10,515,000円

（3）敷地利用権・敷地所有権に対応する面積

● 事業用部分の土地面積

（持分）　事業用部分の床面積

$$300㎡ \times \frac{1}{2} \times \frac{100㎡}{200㎡} = 75㎡$$

● 事業用部分の敷地利用権に対応する面積

$$75㎡ \times \frac{4{,}485{,}000円}{15{,}000{,}000円} = 22.425㎡$$

● 事業用部分の敷地所有権に対応する面積

$$75㎡ \times \frac{10{,}515{,}000円}{15{,}000{,}000円} = 52.575㎡$$

【POINT】

配偶者居住権は事業用部分にも影響します。

E　建物共有・土地共有の場合【土地持分＞家屋持分】

E-1　（賃貸部分なし）：被相続人の土地持分2/3＞家屋持分1/2

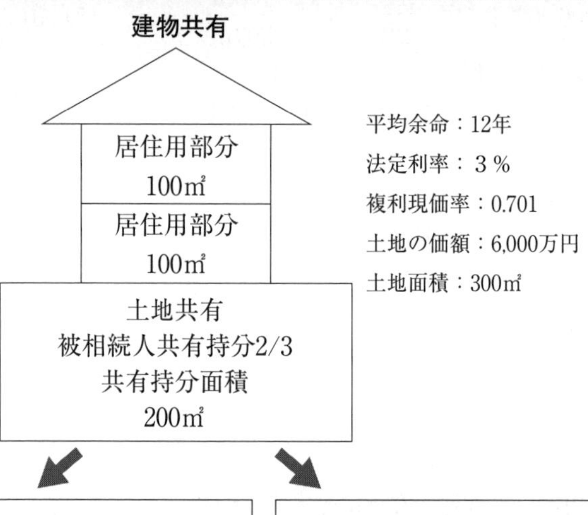

平均余命：12年
法定利率：３％
複利現価率：0.701
土地の価額：6,000万円
土地面積：300㎡

敷地利用権に対応する面積 44.85㎡	敷地所有権に対応する面積 155.15㎡

<計算方法>

1　敷地利用権の評価額

● 敷地利用権の評価額の計算の基礎となる金額

（賃貸部分以外の床面積割合）（被相続人の建物or敷地の持分割合の低い家屋割合）

$$60,000,000円 \times \frac{200㎡}{200㎡} \times \frac{1}{2} = 30,000,000円$$

● 敷地利用権の評価額

30,000,000円－30,000,000円×0.701＝8,970,000円

2　敷地所有権の評価額

$$60,000,000円 \times \frac{2}{3}（持分） = 40,000,000円$$

（居住建物の敷地の評価額）

40,000,000円　－　8,970,000円　＝　31,030,000円

3　敷地利用権・敷地所有権に対応する面積

（持分）

$$300㎡ \times \frac{2}{3} = 200㎡$$

● 敷地利用権に対応する面積

$$200㎡ \times \frac{8,970,000円}{40,000,000円} = 44.85㎡$$

● 敷地所有権に対応する面積

$$200㎡ \times \frac{31,030,000円}{40,000,000円} = 155.15㎡$$

E-2　（賃貸部分あり）：被相続人の土地持分2/3＞家屋持分1/2

建物共有

居住用部分
100㎡

賃貸部分
100㎡

土地共有
被相続人共有持分2/3
共有持分面積
200㎡

平均余命：12年
法定利率：３％
複利現価率：0.701
土地の価額：6,000万円
土地面積：300㎡
借地権割合：60％
借家権割合：30％

居住用部分の敷地利用権に対応する面積　22.425㎡
賃貸部分の敷地利用権に対応する面積　０㎡

居住用部分の敷地所有権に対応する面積　77.575㎡
賃貸部分の敷地所有権に対応する面積　100㎡

<計算方法>

1　居住用部分

（１）居住用部分の敷地利用権の評価額

● 敷地利用権の評価額の計算の基礎となる金額

（賃貸部分以外の床面積割合）（被相続人の建物or敷地の持分割合の内低い家屋割合）

$$60{,}000{,}000円 \times \frac{100㎡}{200㎡} \times \frac{1}{2} = 15{,}000{,}000円$$

● 居住用部分の敷地利用権の評価額

15,000,000円－15,000,000円×0.701＝4,485,000円

（２）居住用部分の敷地所有権の評価額

● 居住用部分の敷地の評価額（時価）

（持分）（床面積割合）

$$60{,}000{,}000円 \times \frac{2}{3} \times \frac{100㎡}{200㎡} = 20{,}000{,}000円$$

● 居住用部分の敷地所有権の評価額

20,000,000円－4,485,000円＝15,515,000円

（3）敷地利用権・敷地所有権に対応する面積

● 居住用部分（賃貸用以外の部分）の土地面積

（持分）　床面積割合

$$300㎡ \times \frac{2}{3} \times \frac{100㎡}{200㎡} = 100㎡$$

● 居住用部分の敷地利用権に対応する面積

$$100㎡ \times \frac{4,485,000円}{20,000,000円} = 22.425㎡$$

● 居住用部分の敷地所有権に対応する面積

$$100㎡ \times \frac{15,515,000円}{20,000,000円} = 77.575㎡$$

2　**賃貸部分**

賃貸部分の敷地利用権の評価額は算出されないことから、敷地利用権に対応する面積、敷地所有権に対応する面積を求める必要はありません。

【参考】

● 敷地利用権の評価額の計算の基礎となる金額

賃貸部分以外の床面積割合　被相続人の建物or敷地の持分割合の低い割合

$$60,000,000円 \times \frac{0㎡}{200㎡} \times \frac{1}{2} = 0円$$

● 賃貸部分の敷地利用権の評価額

0円

【POINT】

敷地利用権の評価額の計算の基礎となる金額が0円となるため、敷地利用権に対応する面積は0㎡

E-3　（事業部分あり）：被相続人の土地持分2/3＞家屋持分1/2

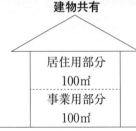

建物共有

居住用部分
100㎡

事業用部分
100㎡

土地共有
被相続人共有持分2/3
共有持分面積
200㎡

平均余命：12年
法定利率：３％
複利現価率：0.701
土地の価額：6,000万円
土地面積：300㎡

居住部分の敷地利用権に対応する面積　22.425㎡ 事業用部分の敷地利用権に対応する面積　22.425㎡	居住部分の敷地所有権に対応する面積　77.575㎡ 事業用部分の敷地所有権に対応する面積　77.575㎡

<計算方法>

1　居住用部分

（１）居住用部分の敷地利用権の評価額

● 敷地利用権の評価額の計算の基礎となる金額

（賃貸部分以外の床面積割合）（被相続人の建物or敷地の持分割合の内低い家屋割合）

$$60{,}000{,}000\text{円} \times \frac{200㎡}{200㎡} \times \frac{1}{2} = 30{,}000{,}000\text{円}$$

● 居住用部分の敷地利用権の評価額の計算の基礎となる金額

（居住用部分の床面積）

$$30{,}000{,}000\text{円} \times \frac{100㎡}{200㎡} = 15{,}000{,}000\text{円}$$

● 居住用部分の敷地利用権の評価額

15,000,000円－15,000,000×0.701＝4,485,000円

（2）居住用部分の敷地所有権の評価額

● 居住用部分の敷地の評価額（時価）

（持分）　床面積割合

60,000,000円 × $\frac{2}{3}$ × $\frac{100㎡}{200㎡}$ ＝ 20,000,000円

● 居住用部分の敷地所有権の評価額

20,000,000円－4,485,000円＝15,515,000円

（3）敷地利用権・敷地所有権に対応する面積

● 居住用部分の土地面積

（持分）　居住用部分の床面積

300㎡ × $\frac{2}{3}$ × $\frac{100㎡}{200㎡}$ ＝ 100㎡

● 居住用部分の敷地利用権に対応する面積

100㎡ × $\frac{4,485,000円}{20,000,000円}$ ＝ 22.425㎡

● 居住用部分の敷地所有権に対応する面積

100㎡ × $\frac{15,515,000円}{20,000,000円}$ ＝ 77.575㎡

2　事業用部分

（1）事業用部分の敷地利用権の評価額

● 敷地利用権の評価額の計算の基礎となる金額

賃貸部分以外の床面積割合　被相続人の建物or敷地の持分割合の内低い土地割合

60,000,000円 × $\frac{200㎡}{200㎡}$ × $\frac{1}{2}$ ＝ 30,000,000円

● 事業用部分の敷地利用権の評価額の計算の基礎となる金額

事業用部分の床面積

30,000,000円 × $\frac{100㎡}{200㎡}$ ＝ 15,000,000円

● 事業用部分の敷地利用権の評価額

15,000,000円－15,000,000×0.701＝4,485,000円

（２）事業用部分の敷地所有権の評価額

● 事業用部分の敷地の評価額（時価）

$$60{,}000{,}000円 \times \underset{(持分)}{\frac{2}{3}} \times \underset{床面積割合}{\frac{100㎡}{200㎡}} = 20{,}000{,}000円$$

● 事業用部分の敷地所有権の評価額

20,000,000円－4,485,000円＝15,515,000円

（３）敷地利用権・敷地所有権に対応する面積

● 事業用部分の土地面積

$$300㎡ \times \underset{(持分)}{\frac{2}{3}} \times \underset{事業用部分の床面積}{\frac{100㎡}{200㎡}} = 100㎡$$

● 事業用部分の敷地利用権に対応する面積

$$100㎡ \times \frac{4{,}485{,}000円}{20{,}000{,}000円} = 22.425㎡$$

● 事業用部分の敷地所有権に対応する面積

$$100㎡ \times \frac{15{,}515{,}000円}{20{,}000{,}000円} = 77.575㎡$$

【POINT】

配偶者居住権は事業用部分にも影響します。

3　特定居住用宅地等に該当するか否かの検討

A　被相続人と配偶者が同居の場合

配偶者居住権の設定

敷地面積の内 **敷地利用権**の価額に 対応する面積	敷地面積の内 **敷地所有権**の価額に 対応する面積
⬇	⬇
該当○	イ　同居親族が取得した場合➡**該当○** ロ　家なし親族が取得した場合➡**非該当×** ※配偶者がいるため ハ　生計一親族➡**非該当×** ※この建物の敷地には居住していないため

B　被相続人がこの敷地には居住していない場合

配偶者居住権の設定(注)

敷地面積の内 **敷地利用権**の価額に 対応する面積	敷地面積の内 **敷地所有権**の価額に 対応する面積
⬇	⬇
配偶者と被相続人が ・生計一➡**該当○** ※被相続人等が居住している宅地等を配偶者が取得しているため ・生計別➡**非該当×** ※被相続人等が居住していないため	イ　同居親族が取得した場合➡**非該当×** ※被相続人とは同居していない ロ　家なし親族が取得した場合➡**非該当×** ※配偶者がいるため ハ　生計一親族➡**該当○** ※被相続人と生計一にしている親族がこの建物に居住しているため

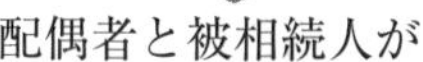

(注)　配偶者居住権は、配偶者が居住している建物について設定されます（民法1028①本文）。

■Ⅳ■　特例の沿革

1　個別通達（昭和50年６月20日付直資５－17）

昭和50年１月１日～昭和57年12月31日の間に相続又は遺贈により取得した財産に係る相続税は、個別通達により次のように取り扱われていました。

⑴　事業又は居住の用に供されていた宅地の評価

相続又は遺贈により取得した宅地等で、その相続又は遺贈に係る被相続人の事業又は居住の用に供されていたものの価額（その宅地の地積が下記⑶に掲げる地積を超える場合には、⑶に掲げる地積に対応する部分の価額）は、昭和39年４月25日付直資56、直審（資）17「財産評価に関する基本通達」第２章第２節の定めにかかわらず、同節の定めにより評価したその宅地の価額の100分の80に相当する金額によって評価することとされていました。

⑵　「事業又は居住の用に供されていた宅地等」の範囲

⑴により評価する「事業又は居住の用に供されていた宅地等」の範囲は、次によります。

①　事業の用に供されていた宅地等

事業の用に供されていた宅地等とは、相続開始時において被相続人がその営む事業の用に供していた宅地等をいい、貸し付けていた宅地等及び貸し付けていた建物の存する宅地等は、これに該当しないものとされていました。

② 居住の用に供されていた宅地等

居住の用に供されていた宅地等とは、相続開始時において被相続人が居住の用に供していた宅地等をいい、これに該当する宅地等が二以上ある場合には、相続開始時において被相続人が主として居住の用に供していた宅地等をいうものとされていました。

③ 事業又は居住の用とそれら以外の用との双方の用途に供されていた宅地等の事業又は居住の用に供されていた部分の判定

事業又は居住の用に供する建物の一部が貸し付けられている場合のように、その宅地が事業又は居住の用とそれら以外の用との双方の用途に供されていたものである場合には、原則としてそれぞれの用途に供されていたものとされていました。ただし、事業又は居住の用以外の用に供されていた部分の地積がその宅地等の地積の10分の１以下であるときは、その宅地等の全部が事業又は居住の用に供されていたものとすることができるものとされていました。

⑶ 宅地の地積

⑴により評価する事業又は居住の用に供されていた宅地等の地積は、それらの土地の地積の合計数が200㎡を超える場合には、そのうち200㎡までのものとされていました。

この場合において、⑵による事業の用に供されていた宅地等と居住の用に供されていた宅地等との双方がある場合又は事業の用に供されていた宅地が二以上ある場合には、それらの宅地等のうち納税者が選択した宅地等の200㎡までの地積によるものとし、納税者の選択がない場合には、単位地積当たりの評価額が高い宅地から順次選定した宅地の200㎡までの地積によるものとされていました。

2　租税特別措置法に創設（昭和58年度改正）

「小規模宅地等についての相続税の課税価格の計算の特例」として創設されました。

⑴　制度の概要

個人が相続又は遺贈により財産を取得した場合において、その財産のうちに、その相続の開始の直前において被相続人等の事業の用又は居住の用に供されていた宅地等があるときは、その相続又は遺贈により財産を取得した者のすべての宅地等の200㎡までの部分のうちその個人が取得した宅地等については、相続税の課税価格に算入すべき価額は、通常の方法によって評価した金額に次表に掲げる場合の区分に応じてそれぞれ次に掲げる割合を乗じた金額を減額した金額とされました。

＜減額割合＞

<table>
<tr><th colspan="4">区　分</th><th>減額割合</th></tr>
<tr><td>①</td><td colspan="3">200㎡までの部分の宅地等のすべてが事業の用に供されていた宅地等である場合</td><td>40％</td></tr>
<tr><td rowspan="2">②</td><td rowspan="2">200㎡までの部分の宅地等の一部が事業の用に供されていた宅地等である場合</td><td>イ</td><td>事業の用に供されていた宅地等</td><td>40％</td></tr>
<tr><td>ロ</td><td>居住の用に供されていた宅地等</td><td>20％</td></tr>
<tr><td>③</td><td colspan="3">200㎡までの部分の宅地等のすべてが居住の用に供されていた宅地等である場合</td><td>30％</td></tr>
</table>

なお、上記表②のロの場合において、これによって計算した金額が200㎡までの部分の宅地等の通常の方法による評価額の70％相当額を超えるときは、居住の用に供されていた宅地等については、当該70％

相当額から事業の用に供されていた宅地等の通常の方法による評価額の60％相当額を控除した金額によることとされています。

つまり、全体として減額後の割合が70％を超えるときは、全体として減額後の割合が70％となるように居住の用に供されていた宅地等の価額を減額することによって調整することとされています。

個別通達のときの取扱いとの主な違いは、「事業」に、いわゆる事業のほか、事業と称するに至らない不動産の貸付けその他これに類する行為で相当の所得を得る目的で対価を得て継続的に行われるものも含むこととされた点、被相続人の事業の用又は居住の用に供されていた宅地等のほか、被相続人の親族で被相続人と生計を一にしていたものの事業の用又は居住の用に供されていた宅地等も本特例の対象とすることができるようになった点です。

⑵　適用時期

昭和58年１月１日以後の相続又は遺贈により取得した財産に係る相続税から適用されました（改正措法附則15）。

3　昭和63年度改正

⑴　改正の内容

①　不動産貸付けの除外

改正前は、製造業、卸売業、小売業などのいわゆる事業の用又は居住の用に供されていた宅地等のほか、事業に準ずるものの用に供されていた宅地等（不動産貸付け）も対象とされていました。

改正により、事業に準ずるものの用に供されていた宅地等（不動産貸付け）はこの特例の対象外とされましたが、特定郵便局の敷地は本特例の対象とされました。

② 特例の減額割合の引上げ

被相続人等の事業が、被相続人等又は国の事業（特定郵便局の用に供されているものをいいます。）に改められ、次表のように特例の減額割合が引き上げられました。

<減額割合>

<table>
<tr><th colspan="4">区　分</th><th>改正前</th><th>改正後</th></tr>
<tr><td>①</td><td colspan="3">被相続人等（又は国）の事業の用に供されていた宅地等</td><td>40%</td><td>60%</td></tr>
<tr><td rowspan="3">②</td><td rowspan="3">被相続人等（又は国）の事業の用に供していたものと居住の用に供していたものとがある場合</td><td>イ</td><td>事業用部分</td><td>40%</td><td>60%</td></tr>
<tr><td>ロ</td><td>居住用部分</td><td>20%</td><td>40%</td></tr>
<tr><td>ハ</td><td>（減額最低保証）</td><td>（30%）</td><td>（50%）</td></tr>
<tr><td>③</td><td colspan="3">被相続人等の居住の用に供されていた宅地等</td><td>30%</td><td>50%</td></tr>
</table>

⑵ 適用時期

不動産貸付けの除外は、昭和63年12月31日以後の相続又は遺贈により取得した財産に係る相続税から適用し、減額割合の引上げの改正は、昭和63年１月１日以後の相続又は遺贈により取得した財産に係る相続税から適用されました（改正所法等附則72①）。

4 平成４年度改正

⑴ 改正の内容

土地の相続税評価の適正化（地価公示価格水準の80%程度への引上げ）に伴う負担調整に際して、居住用及び事業用の特例の減額割合が引き上げられました。

＜減額割合＞

	区　分			改正前	改正後
①	被相続人等（又は国）の事業の用に供されていた宅地等			60%	70%
②	被相続人等（又は国）の事業の用に供していたものと居住の用に供していたものとがある場合	イ	事業用部分	60%	70%
		ロ	居住用部分	40%	50%
		ハ	（減額最低保証）	（50%）	（60%）
③	被相続人等の居住の用に供されていた宅地等			50%	60%

(2) 適用時期

平成４年１月１日以後の相続又は遺贈により取得した財産に係る相続税から適用されました（改正措法附則30①）。

5 平成６年度改正

(1) 改正の内容

①　特例の対象となる宅地等の範囲の改正

被相続人等の事業用宅地等に、「事業と称するに至らない不動産の貸付けその他これに類する行為で相当な対価を得て継続的に行うもの」の用に供されていた宅地等が含まれることとされました。

＜特例の対象となる宅地等の範囲＞

①	被相続人等の事業用宅地等
②	特定同族会社事業用宅地等
③	被相続人等の居住用宅地等
④	国の事業用宅地等
⑤	上記以外の小規模宅地等

②　小規模宅地等の価額を課税価格へ算入する場合の減額割合の改正

＜減額割合＞

【改正前】

区　分	減額割合
被相続人等の事業用宅地等（※）	70%
被相続人等の居住用宅地等	60%
国の事業用宅地等	70%

（※）「事業と称するに至らない不動産の貸付けその他これに類する行為で相当な対価を得て継続的に行うもの」の用に供されていた宅地等は含まれていません。

➡

【平成６年度改正後】

区　分	減額割合
＜一定の要件に該当する小規模宅地等＞	80%
特定事業用宅地等	
特定同族会社事業用宅地等	
特定居住用宅地等	
国営事業用宅地等	
上記以外の小規模宅地等	一律50%

③　未分割宅地等についての特例の不適用

特例の適用を受けるためには、特例の対象となる宅地等が共同相続人又は包括受遺者によって分割されていることが必要であり、相続税の申告期限から３年以内に分割されていない宅地等については、原則として特例の適用がないこととされました。

⑵　適用時期

平成６年１月１日以後に相続又は遺贈により取得した財産に係る相続税から適用され、平成６年１月１日から同年４月１日までの間に相続又は遺贈により小規模宅地等を取得したすべての人が、平成６年度の税制改正前の本特例の適用を選択した場合には、この改正前の特例を適用することができることとされました（改正措法附則22①、改正措令附則15①）。

6 平成11年度改正

(1) 改正の内容

① 限度面積の拡大

【改正前】

区　分	限度面積
特定事業用宅地等	200㎡
特定同族会社事業用宅地等	
国営事業用宅地等	

➡

【平成11年度改正後】

限度面積
330㎡

② 措法69の３③二ロ（現措法69の４③二ロ）の親族の範囲の見直し

特定居住用宅地等に係る要件の「相続開始の直前において被相続人の居住の用に供していた家屋に居住していた親族がいない場合」の親族の範囲が、民法第５編第２章の規定による相続人（相続の放棄があった場合には、その放棄がなかったものとした場合における相続人）とすることとされました。

(2) 適用時期

平成11年１月１日以後に相続又は遺贈により取得した財産に係る相続税から適用されました（改正措法等附則36①）。

7 平成13年度改正

(1) 改正の内容

平成13年度の税制改正においては、小規模宅地等の限度面積が宅地等の区分に応じ、次表のとおり拡大されました。

<限度面積>

区　分		改正前	改正後
①	特定事業用宅地等	330㎡	400㎡
	特定同族会社事業用宅地等		
	国営事業用宅地等		
②	特定居住用宅地等	200㎡	240㎡
③	上記①、②以外の特例対象宅地等	200㎡	200㎡

⑵　適用時期

平成13年１月１日以後に相続又は遺贈により取得した財産に係る相続税から適用されました（改正措法等附則32①）。

8　平成14年度改正

⑴　改正の内容

①　特定事業用資産についての相続税の課税価格の計算の特例との関係

特定事業用資産についての相続税の課税価格の計算の特例（措法69の５）が創設され、その特例の適用対象となる特例対象株式等及び特例対象山林との選択制となりました。あわせて、分割済の小規模宅地等について特定事業用資産が分割されないことにより、本特例を選択できない場合における更正の請求の規定の整備等が行われました。

②　小規模宅地等の特例の適用について同意を要する者の範囲

小規模宅地等の特例の適用を受ける宅地等を取得した者のほかに相続又は遺贈により特例対象株式等又は特例対象山林を取得した個人がいる場合には、その取得した個人全員の同意も併せて必要とされました。

＜特例対象宅地等を取得した個人が２人以上いる場合＞

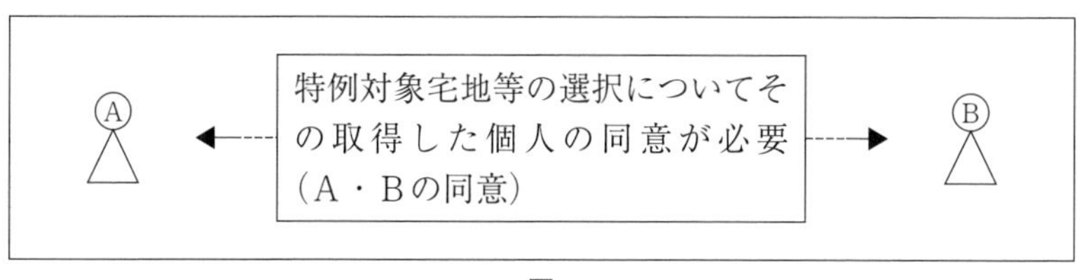

＜特例対象宅地等を取得した者のほかに特例対象株式等又は特例対象山林を取得した個人がいる場合＞

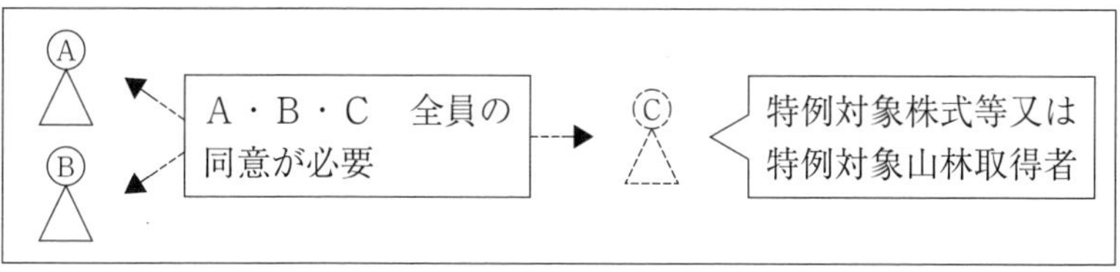

③　特定事業用資産が分割されないため相続税の申告書の提出期限までに分割済特例対象宅地等について本件特例が選択できない場合の更正の請求

提出期限までに特例対象株式等又は特例対象山林の全部又は一部が分割されなかったことにより、本特例の適用を受けようとする特例対象宅地等の選択ができず、その特例の適用を受けていなかった場合には、提出期限から３年以内に当該特例対象株式等又は特例対象山林の全部又は一部が分割されたことにより、その選択がされることとなったときには、その選択された特例対象宅地等について相続税法第32条の規定を準用した更正の請求により本特例の適用を受けることができることとされました。

（注）　３年以内に分割ができない場合には、その３年を経過する日の翌日から１ヶ月以内に分割ができないことについてのやむを得ない事情の詳細を記載した承認申請書を提出し、所轄税務署長の承認を受けなければなりません。

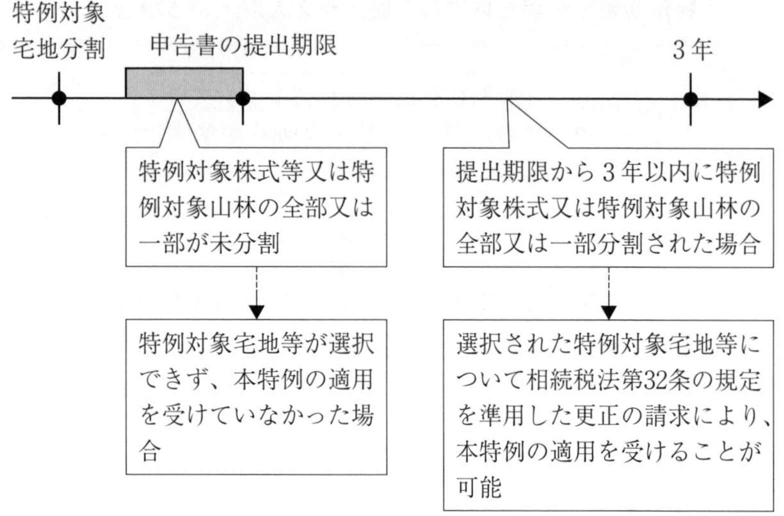

(2)　適用時期

平成14年１月１日以後に相続又は遺贈により取得する財産に係る相続税から適用されました（改正措法等附則32①）。

9　平成15年度改正

(1)　改正の内容

①　特定同族会社の要件の改正

特定同族会社事業用宅地等の判定の基となる法人が「相続開始直前に被相続人及び当該被相続人の親族その他当該被相続人と特別の関係がある者が有する株式の総数又は出資の金額の合計額が当該株式又は出資に係る法人の発行済株式の総数又は出資金額の10分の５を超える法人」とされました。

この場合、「10分の５」を超えるかどうかの判定に当たっては、株式若しくは出資又は発行済株式若しくは出資金額には、議決権に制限のある株式又は出資として財務省令で定めるものは含まれないこととされました。

② 特定事業用資産についての相続税の課税価格の計算の特例との関係

本特例と特定事業用資産についての相続税の課税価格の計算の特例について、一定の要件を満たす場合にはそれぞれの特例の併用が認められることとされました。

(2) 適用時期

平成15年1月1日以後に相続又は遺贈により取得した財産に係る相続税から適用されました（改正所法等附則123③）。ただし、株式の総数又は出資の金額の合計額が、発行済株式総数等に占める割合に係る部分（10分の5を超える法人の判定）については、平成15年4月1日以後に相続又は遺贈により取得した財産に係る相続税から適用されました（改正所法等附則123②）。

10 平成16年度改正

(1) 改正の内容

被相続人である特定贈与者から相続時精算課税の適用を受けるものに係る贈与により財産を取得した個人が、特定事業用資産についての相続税の価税価格の計算の特例の適用を受けている場合には、当該被相続人に係る相続税の申告期限までに特例対象株式等又は特例対象山林の全部又は一部が分割されなかったことにより当該期限までに分割された特例対象宅地等について本特例の選択がされず、本特例の適用を受けていなかった場合であっても、当該分割された特例対象宅地等について更正の請求により本特例の適用は受けられないこととされました。

⑵　適用時期

平成16年４月１日以後に相続又は遺贈により取得する財産に係る相続税から適用されました（改正措令附則１）。

11　平成18年度改正

⑴　改正の内容

平成18年度の税制改正については、特定同族会社事業用宅地等の対象となる法人から相続税の申告期限において清算中の法人が除かれることとなりました。

また、特定同族会社事業用宅地等について本特例の適用を受ける場合の添付書類に当該法人の定款の写しが追加されました。

⑵　適用時期

平成18年５月１日から相続又は遺贈により取得する財産に係る相続税から適用されました（改正措令附則１七、改正措規附則１五）。

12　平成19年度改正

⑴　改正の内容

特定郵便局の事業の用に供されている土地等について、国営事業用宅地等としての本特例の適用は平成19年９月30日で廃止されました。

平成19年10月１日以後に、相続等により取得した郵便窓口業務を行う郵便局の敷地の用に供されている一定の土地等については、特定事業用宅地等に該当する特例対象宅地等とみなして、原則400㎡までの部分について80％の減額を受けることができるようになりました（郵政民営化法180）。

(2)　適用時期

平成19年10月1日以後の相続又は遺贈により取得する財産に係る相続税から適用されました。

13　平成21年度改正

(1)　改正の内容

①　特定事業用資産についての相続税の課税価格の計算の特例の改正

「非上場株式等についての相続税の納税猶予の特例」の創設に伴い、「特定（受贈）同族会社株式等に係る課税価格の計算の特例」は平成21年3月31日をもって廃止されました。すなわち、「特定事業用資産についての相続税の課税価格の計算の特例」における、特定事業用資産から特定（受贈）同族会社株式等が除かれ、この特例は、特定（受贈）森林施業計画対象山林だけの特例に改組され、特例の名称も「特定計画山林（特定森林施業計画対象山林又は特定受贈森林施業計画対象山林）についての相続税の課税価格の計算の特例」に変更されました。

「非上場株式等についての相続税の納税猶予の特例」の創設

↓

廃　止

特定事業用資産についての相続税の課税価格の計算の特例	
特定（受贈）森林施業計画対象山林	特定（受贈）同族会社株式等

変　更

特定計画山林についての相続税の課税価格の計算の特例	
特定森林施業計画対象山林	特定受贈森林施業計画対象山林

② 本特例との併用の改正

これに伴い、本特例との併用について、次のような改正が行われました。

小規模宅地等と特定計画山林については、相続税の課税価格の計算の特例の重複適用が原則としてできず、納税者の選択により、そのうち一つの特例だけを適用することができることとされました。この場合において、納税者が選択した小規模宅地等の面積がその限度に満たない場合には、選択適用の例外として、その満たない面積に相当する部分を限度として特定計画山林の特例の適用を選択できることとされました。

すなわち、本特例を選択した者が特定計画山林の特例を選択する場合には、次に定める算式により計算した資産の価額に達するまでの部分を選択したものとして、この特例を適用することができます。

$$\text{特定(受贈)森林施業計画対象山林である選択特定計画山林の価額} = \frac{400㎡ - \text{小規模宅地等の面積}}{400㎡} \times \text{特定(受贈)森林施業計画対象山林の価額の合計額}$$

（※） 非上場株式等についての相続税の納税猶予等と相続税の課税価格の計算の特例とは、完全併用ができます。

③ 特定（受贈）同族会社株式等に係る経過措置

前記①の特定事業用資産についての相続税の課税価格の計算の特例の改組（「特定（受贈）同族会社株式等に係る課税価格の計算の特例」の廃止）に伴い、次のような経過措置が設けられました。

イ 特定（受贈）同族会社株式等に係る特例の適用

特定事業用資産相続人等が平成21年４月１日前に贈与により取

得した特定受贈同族会社株式等につき一定の書類を納税地の所轄税務署長に提出している場合には、その特定受贈同族会社株式等に係る相続税又は贈与税は従来どおりとされました（特定事業用資産についての相続税の課税価格の計算の特例の適用要件を満たせば、特定受贈同族会社株式等に係る贈与者が死亡した際の相続税の計算上、同特例が適用できます。）（改正法附則64①）。

ロ　非上場株式等についての相続税の納税猶予の適用

特定事業用資産相続人等が平成21年４月１日前に贈与により取得をした特定受贈同族会社株式等につき一定の書類を納税地の所轄税務署長に提出している場合において、その特定受贈同族会社株式等の贈与をした者（以下「特定贈与者」といいます。）が平成20年10月１日以後に死亡したときは、その死亡に係る相続税について、次に掲げる要件のすべてを満たす場合に限り、その特定受贈同族会社株式等（一定の手続により選択したものに限ります。以下「選択特定受贈同族会社株式等」といいます。）をその特定贈与者から相続（その特定事業用資産相続人等がその特定贈与者の相続人以外の者である場合には、遺贈）により取得をした非上場株式等とみなして、「非上場株式等についての相続税の納税猶予の特例」の適用を受けることができることとされました（改正法附則64②、改正措令附則43①②④、改正措規附則21①～④）。

＜非上場株式等についての相続税の納税猶予との適用要件＞

(イ)	特定事業用資産相続人等（※１）が、平成22年３月31日までに納税地の所轄税務署長に、「非上場株式等についての相続税の納税猶予の特例」の適用を受けようとする旨その他の事項を記載した書類を提出していること。
(ロ)	特定事業用資産相続人等が、特定受贈同族会社株式等に係る贈与の時から特定贈与者の死亡により開始した相続に係る相続税の申告期限を経過する時までの間のうち一定期間において、その選択特定受贈同族会社株式等に係る認定承継会社（※２）の役員であること。
(ハ)	特定事業用資産相続人等が、特定贈与者からの贈与により取得をした選択特定受贈同族会社株式等のすべてをその贈与の時からその相続に係る申告期限（※３）まで引き続き保有していること。

（※１）　特定事業用資産相続人等とは、①相続又は遺贈により特定同族会社株式等あるいは特定森林施業計画山林を取得した個人、②贈与により特定受贈同族会社株式等あるいは特定受贈森林施業計画対象山林を取得した個人をいいます。

　なお、贈与により特定受贈同族会社株式等を取得した個人の要件は次のとおりです。

ⅰ　その個人が、贈与を受けた特定受贈同族会社株式等について相続時精算課税の適用を受ける者であること。

ⅱ　その個人が、特定受贈同族会社株式等に係る贈与の時から特定贈与者であった被相続人の死亡により開始した相続に係る相続税の申告期限を経過する時までの間のうち一定の期間において特定受贈同族会社株式等に係る選択特定事業用資産である特定受贈同族会社株式等に係るすべての法人の役員（法人税法第２条第15号に規定する役員に限ります。）であること。

（※２）　租税特別措置法第70条の７の２第２項第１号に規定する認定承継会社をいいます。

（※３）　その特定事業用資産相続人等が申告期限前に死亡した場合には、その死亡の日

ハ　非上場株式等についての相続税の納税猶予の適用関係

上記ロの特定事業用資産相続人等に係る「非上場株式等についての相続税の納税猶予」の適用関係は、次のとおりです。

<非上場株式等についての相続税の納税猶予との適用関係>

区　分	適用関係
特定事業用資産相続人等が「非上場株式等についての相続税の納税猶予の特例」の適用を**受ける**場合	特定受贈同族会社株式等（※１）及びその特定受贈同族会社株式等に係る特定贈与者から相続又は遺贈により取得をする株式又は出資（※２）について、廃止前の「特定事業用資産についての相続税の課税価格の計算の特例」の適用を受けることはできません。
特定事業用資産相続人等が「非上場株式等についての相続税の納税猶予の特例」の適用を**受けない**場合	その特定事業用資産相続人等に係る特定贈与者から相続又は遺贈により取得した株式等（※３）について「非上場株式等についての相続税の納税猶予の特例」の適用を受けることはできません。

（※１）　その特定事業用資産相続人等が取得したものに限ります。

（※２）　その選択特定受贈同族会社株式等に係る会社の株式又は出資に限ります。

（※３）　その選択特定受贈同族会社株式等に係る会社のものに限ります。

⑵　適用時期

平成21年４月１日以後の相続又は遺贈により取得した財産に係る相続税から適用されました（改正法附則64⑪）。

14　平成22年度改正

平成22年度税制改正においては、相続人等による事業又は居住の継続への配慮というこの特例の制度趣旨等を踏まえ、その趣旨に必ずしも合致しない相続人等が事業又は居住を継続しない部分については、適用対象から除外する見直しが行われました。

上記のほか、本特例に関し、被相続人等が居住の用に供していた宅地等が二以上ある場合には、相続人による居住の継続への配慮という制度の趣旨や創設時の経緯から、適用対象となるのは主として居住の用に供されていた一の宅地等に限られるものと解されていましたが、文理上、その点が明確でないとの指摘がなされていました。

以上のような状況を踏まえ、制度の趣旨を徹底し、併せて租税回避的な利用を排除するため、本特例について次のような見直しが行われました。

(1)　改正の内容

本特例について、上記の背景等を踏まえ、次のような改正が行われました。項目としては、次の４項目となります。

<改正点>

①	相続人等が相続税の申告期限まで事業又は居住を継続しない宅地等（改正前：200㎡まで50%減額）を適用対象から除外する。
②	一の宅地等について共同相続があった場合には、取得した者ごとに適用要件を判定する。
③	１棟の建物の敷地の用に供されていた宅地等のうちに特定居住用宅地等の要件に該当する部分とそれ以外の部分がある場合には、部分ごとに按分して軽減割合を計算する。
④	特定居住用宅地等は、主として居住の用に供されていた一の宅地等に限られることを明確化する。

改正の内容の詳細は、次のとおりです。

① 特例対象宅地等の改正

特例の対象となる宅地等は、個人が相続又は遺贈により取得した宅地等のうち、相続の開始の直前において、被相続人等の事業の用又は居住の用に供されていた宅地等で一定の建物又は構築物の敷地の用に供されていたもので、特定事業用宅地等、特定居住用宅地等、特定同族会社事業用宅地等又は貸付事業用宅地等に該当する部分に限ることとされました（措法69の４①）。

＜減額割合＞

宅地等	条件	改正前 上限面積	改正前 減額割合	平成22年度改正後 上限面積	平成22年度改正後 減額割合	
事業用	事業継続	400㎡	▲80%	400㎡	▲80%	改正なし
	非継続	200㎡	▲50%	適用不可		
貸付事業用	事業継続	200㎡	▲50%	200㎡	▲50%	改正なし
	非継続	200㎡	▲50%	適用不可		
居住用	居住継続	240㎡	▲80%	240㎡	▲80%	改正なし
	非継続	200㎡	▲50%	適用不可		
	配偶者取得	240㎡	▲80%	240㎡	▲80%	改正なし
	家なし親族(※)	240㎡	▲80%	240㎡	▲80%	改正なし

（※）　措法69の４③二ロのケース

② 特定事業用宅地等の改正

特定事業用宅地等とは、被相続人等の事業（貸付事業を除きます。）の用に供されていた宅地等で、下記表①又は②のいずれかを満たすその被相続人の親族が相続又は遺贈により取得したもの（その親族が相続又は遺贈により取得した持分の割合に応ずる部分に限ります。）をいうこととされました（措法69の４③一、措令40の２⑤）。

<特定事業用宅地等>

被相続人等の事業の用に供されていた宅地等	①	その親族が、相続開始の時から申告書の提出期限（申告期限）までの間にその宅地等の上で営まれていた被相続人の事業を引き継ぎ、申告期限まで引き続きその宅地等を所有し、かつ、その事業を営んでいること。
	②	その親族が被相続人と生計を一にしていた者であって、相続開始の時から申告期限まで引き続きその宅地等を所有し、かつ、相続開始前から申告期限まで引き続きその宅地等を自己の事業の用に供していること。

（※）　被相続人の親族に係る事業の継続要件（措法69の４③一イ及びロ）については、改正はありません。

したがって、特定事業用宅地等以外の事業用宅地等については、下記④特定同族会社事業用宅地等又は⑤貸付事業用宅地等に該当するものを除き、上記表①又は②に掲げる要件を満たさない限り、本特例の適用がないこととされました（措法69の４①）。

また、改正前は取得した親族のうちに一人でも上記表①又は②の要件を満たす者がいる場合にはその宅地等の全体が特定事業用宅地等に該当するものとされていましたが、改正後は要件を満たす親族の持分に対応する部分のみが減額対象となりました。

③　特定居住用宅地等の改正

〈特定居住用宅地等の範囲の見直し〉

特定居住用宅地等とは、被相続人等の居住の用に供されていた宅地等（その宅地等が二以上ある場合には、下記③に定める宅地等に限ります。）で、その被相続人の配偶者又は下記表イからハまでに掲げる要件のいずれかを満たすその被相続人の親族（被相続人の配偶者を除きます。以下③において同じです。）が相続又は遺贈により取得したもの（被相続人の配偶者が相続又は遺贈により取得した持分の割合に応ずる部分又は下記表イからハまでに掲げる要件に該当する被相続人の親族が相続又は遺贈により取得した持分の割合に応ずる部分に限ります。）をいうこととされました（措法69の4③二、措令40の2⑦）。

＜特定居住用宅地等＞

<table>
<tr><td rowspan="4">被相続人等の居住の用に供されていた宅地等</td><td colspan="3">配偶者が取得</td></tr>
<tr><td rowspan="3">配偶者以外の親族が取得</td><td>イ</td><td>その親族が、相続開始の直前においてその宅地等の上に存する被相続人の居住の用に供されていた家屋に居住していた者であって、相続開始の時から申告期限まで引き続きその宅地等を所有し、かつ、その家屋に居住していること。</td></tr>
<tr><td>ロ</td><td>その親族（※１）が相続開始前３年以内に国内にあるその者又はその者の配偶者の所有する家屋（※２）に居住したことがない者であり、かつ、相続開始の時から申告期限まで引き続きその宅地等を所有していること（※３）。</td></tr>
<tr><td>ハ</td><td>その親族が、被相続人と生計を一にしていた者であって、相続開始の時から申告期限まで引き続きその宅地等を所有し、かつ、相続開始前から申告期限まで引き続きその宅地等を自己の居住の用に供していること。</td></tr>
</table>

（※１）　被相続人の居住の用に供されていた宅地等を取得した者に限られます。

（※２）　相続開始の直前において被相続人の居住の用に供されていた家屋を除きます。

（※３）　被相続人の配偶者又は民法第５編第２章の規定による同居の相続人（相続の放棄があった場合には、その放棄がなかったものとした場合における相続人）がいない場合に限られます。

したがって、特定居住用宅地等以外の居住用宅地等については、上記表イから八までに掲げる要件を満たさない限り、本特例の適用がないこととされました（措法69の４①）。

また、改正前はその宅地等を相続又は遺贈により取得した配偶者がいる場合又は取得した親族のうちに一人でも上記表イから八までに掲げる要件を満たす者がいる場合には、その宅地等の全体が特定居住用宅地等に該当するものとされていましたが、改正後は配偶者の持分に対応する部分又は要件を満たす親族の持分に対応する部分のみが減額対象となりました。

〈１棟の建物の敷地の用に供されていた宅地等の扱いの見直し〉

１棟の建物の敷地の一部が特定居住用宅地等に該当するときは、その１棟の建物の敷地の用に供されていた宅地等のうち、被相続人等の事業の用及び居住の用以外の用に供されていた部分は、この特例の対象となる宅地等に含まれ（旧措令40の２②後段かっこ書）、敷地全体が特定居住用宅地等に該当するものとされていましたが、この規定が削除されました。これにより、１棟の建物に被相続人等の居住部分（特定居住用宅地等の要件を満たす部分）と他の用途に供されている部分がある場合には、その１棟の建物の敷地については用途ごとに床面積の割合で按分してこの特例を適用することとなりました。

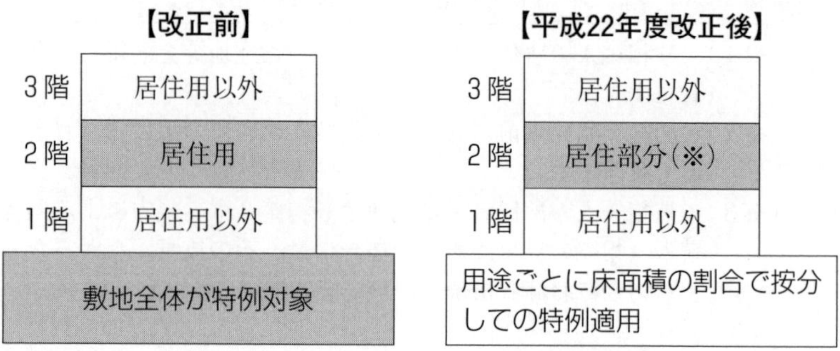

【改正前】

3階	居住用以外
2階	居住用
1階	居住用以外

敷地全体が特例対象

【平成22年度改正後】

3階	居住用以外
2階	居住部分（※）
1階	居住用以外

用途ごとに床面積の割合で按分しての特例適用

（※）　特定居住用宅地等の要件を満たす部分

〈居住の用に供されていた宅地等が二以上ある場合の扱い〉

被相続人等が居住の用に供していた宅地等が二以上ある場合には、相続人の居住の継続という制度の趣旨から主として居住の用に供されていた一の宅地等に限るものと解されていましたが、それを法令の規定上も明確にするため、対象となる宅地等は次の宅地等であることが示されました（措令40の２⑥）。

＜被相続人等が居住の用に供していた宅地等が二以上ある場合＞

<table>
<tr><td>イ</td><td>被相続人の居住の用に供されていた宅地等が二以上ある場合</td><td colspan="2">その被相続人が主としてその居住の用に供していた一の宅地等（※１）</td></tr>
<tr><td>ロ</td><td>被相続人と生計を一にしていたその被相続人の親族の居住の用に供されていた宅地等が二以上ある場合（※１）</td><td colspan="2">その親族が主としてその居住の用に供していた一の宅地等（※２）</td></tr>
<tr><td rowspan="2">ハ</td><td rowspan="2">被相続人及びその被相続人と生計を一にしていたその被相続人の親族の居住の用に供されていた宅地等が二以上ある場合</td><td>(イ)</td><td>その被相続人が主としてその居住の用に供していた一の宅地等とその親族が主としてその居住の用に供していた一の宅地等とが同一である場合　その一の宅地等</td></tr>
<tr><td>(ロ)</td><td>(イ)に掲げる場合以外の場合　その被相続人が主としてその居住の用に供していた一の宅地等及びその親族が主としてその居住の用に供していた一の宅地等</td></tr>
</table>

（※１）　ハの場合を除きます。
（※２）　その親族が二人以上ある場合には、その親族ごとにそれぞれ主としてその居住の用に供していた一の宅地等

なお、上記の改正は一人の者の居住の用に供されていた宅地等は１ヶ所に限られるというものであり、要件を満たす親族が二人以上ある場合などは、限度面積要件の範囲内で合計２ヶ所の宅地等が特定居住用宅地等に該当する場合があります（上記ロ（※２）及びハ(ロ)）。

④　特定同族会社事業用宅地等の改正

特定同族会社事業用宅地等とは、相続開始の直前において被相続人及びその被相続人の親族その他その被相続人と特別の関係がある者が有する株式の数又は出資の額がその株式又は出資に係る法人の発行済株式の総数又は出資の総額の10分の５を超える法人の事業（貸付事業を除きます。）の用に供されていた宅地等で、その宅地等を相続又は遺贈により取得したその被相続人の親族（申告期限においてその法人の役員（清算人を除きます。）である者に限ります。）が、相続開始の時から申告期限（その親族が申告期限前に死亡した場合には、その死亡の日）まで引き続き有し、かつ、申告期限まで引き続きその法人の事業の用に供されているもの（その法人（申告期限において清算中の法人を除きます。）の事業の用に供されていた宅地等のうち、要件を満たす親族が相続又は遺贈により取得した持分の割合に応ずる部分に限ります。）をいうこととされました（措法69の４③三、措令40の２⑪、措規23の２④）。

この改正により、上記②と同様、継続要件を満たさない小規模宅地等については、本特例の適用がないこととされました（措法69の４①）。

被相続人

被相続人の親族

その他被相続人と特別の関係にある者（31ページ参照）

保有する株式の数又は出資の額

法人の発行済み株式の総数又は出資の総数

50％を超える法人の事業（※１）の用に供された宅地等

相続又は遺贈により取得したその被相続人の親族（※２）

相続開始

申告期限（※３）

継続所有かつ継続的に上記法人（※４）の事業の用に供されている宅地（※５）

（※1）　貸付事業を除きます。
（※2）　申告期限においてその法人の役員（清算人を除きます。）である者に限ります。
（※3）　その親族が申告期限前に死亡した場合には、その死亡の日
（※4）　申告期限において清算中の法人を除きます。
（※5）　要件を満たす親族が相続又は遺贈により取得した持分の割合に応ずる部分に限ります。

また、改正前は取得した親族のうちに一人でも要件を満たす者がいる場合にはその宅地等の全体が特定同族会社事業用宅地等に該当するものとされていましたが、改正後は要件を満たす親族の持分に対応する部分のみが減額対象となりました。

⑤　貸付事業用宅地等の改正

平成22年度の改正により、特定事業用宅地等以外の事業用宅地等については事業の継続性がないことに着目して特例の対象から除外することとされましたが、貸付事業の用に供されていた宅地等であっても継続要件を満たすものについては、従来どおり適用対象とすることとされました。

すなわち、被相続人等の貸付事業の用に供されていた宅地等で、次の①又は②に掲げる要件のいずれかを満たすその被相続人の親族が相続又は遺贈により取得したもの（その親族が相続又は遺贈により取得した持分の割合に対応する部分に限ります。）については貸付事業用宅地等に該当し、200㎡を限度に50％の減額が適用されることとなりました（措法69の4③四、措令40の2④⑫）。

<table>
<tr><td rowspan="3">事業用宅地等</td><td colspan="3">特定事業用宅地等</td><td></td></tr>
<tr><td rowspan="2">上記以外</td><td rowspan="2">貸付事業用</td><td>①</td><td>その親族が、相続開始時から申告期限までの間にその宅地等に係る被相続人の貸付事業を引き継ぎ、申告期限まで引き続きその宅地等を有し、かつ、その貸付事業の用に供していること。</td><td rowspan="2">①又は②のいずれかを満たしている場合200㎡を限度に50%の減額適用</td></tr>
<tr><td>②</td><td>その被相続人の親族がその被相続人と生計を一にしていた者であって、相続開始時から申告期限まで引き続きその宅地等を有し、かつ、相続開始前から申告期限（※）まで引き続きその宅地等を自己の貸付事業の用に供していること</td></tr>
</table>

（※）その親族が申告期限前に死亡した場合には、その死亡の日

なお、貸付事業用宅地等の範囲から特定同族会社事業用宅地等が除かれていますが、これは、特定同族会社事業用宅地等は被相続人等が同族会社に「貸し付けている宅地等」であることから、貸付事業用宅地等の規定との重複を排除し、特定同族会社事業用宅地等の規定が優先されることを明らかにしたものです（措法69の４③四かっこ書）。

⑵　適用関係

上記⑴の改正は、平成22年４月１日以後に相続又は遺贈により取得した小規模宅地等に係る相続税について適用され、平成22年３月31日以前に相続又は遺贈により取得した小規模宅地等に係る相続税については従来どおりとされました（改正法附則124①）。

15　平成25年度改正

平成25年度税制改正により、平成27年以降の相続税について基礎控除が引き下げられ最高税率が引き上げられる結果、地価の高い都市部に土地を有する者の負担が増すことが想定され、宅地は生活や事業の基盤であることなどから、一定の配慮が必要であるので本特例の見直し（特定居住用宅地等の適用面積の拡充・限度面積要件の緩和）が行われることとなりました。

(1)　改正の内容

①　特定居住用宅地等の適用対象面積の拡充

特定居住用宅地等の適用対象面積の上限が、330㎡（改正前：240㎡）と拡充されました。

宅地等の区分	改正前	平成25年度改正後	改正の有無
	上限面積	上限面積	
特定居住用宅地等	240㎡	330㎡	改正あり
特定事業用宅地等	400㎡	400㎡	改正なし
特定同族会社事業用宅地等			
貸付事業用宅地等	200㎡	200㎡	改正なし

②　限度面積要件の緩和

特定事業用等宅地等（特定事業用宅地等又は特定同族会社事業用宅地等）及び特定居住用宅地等はそれぞれの限度面積（特定事業用等宅地等400㎡、特定居住用宅地等330㎡）まで適用が可能（完全併用）とされました。

貸付事業用宅地等を選択する場合の貸付事業用宅地等の限度面積は、次の算式で求めた面積までとなります。

$$A \times \frac{200}{400} + B \times \frac{200}{330} + C \leqq 200㎡$$

A：選択特例対象宅地等である特定事業用宅地等又は特定同族会社事業用宅地等の面積の合計
B：選択特例対象宅地等である特定居住用宅地等の面積の合計
C：選択特例対象宅地等である貸付事業用宅地等の面積の合計

③　１棟の建物の敷地に供されていた宅地等の扱い

被相続人等の居住の用に供されていた部分について、当該居住の用に供されていた部分が被相続人の居住の用に供されていた１棟の建物（建物の区分所有等に関する法律第１条の規定する建物は除かれます。）に係るものである場合は、この１棟の建物の敷地の用に供されていた宅地等のうち被相続人の親族の用に供されていた部分を含むものとされ、いわゆる二世帯住宅の敷地の取扱いが明らかにされました。

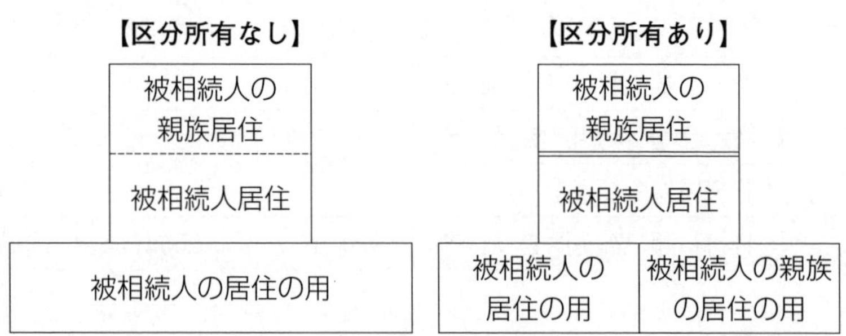

④　二世帯住宅の取扱いの明確化

いわゆる二世帯住宅であれば、内部で行き来ができるか否かにかかわらず、全体として二世帯が同居しているものとしてこの特例の適用が可能とされるよう法令上明確化されました。

ただし、いわゆる分譲マンションのように区分所有され複数の所有権の目的とされるもの（例：102号室に被相続人、802号室に親族が居住している場合）は、二世帯住宅とは同視できないことから、同居の判定は、被相続人の居住の用に供されていた部分のみで行うこととされました。

⑤　老人ホームに入居している場合の適用

介護保険法に規定する要介護認定又は要支援認定等を受けた被相続人が、特別養護老人ホームや有料老人ホーム等に入居あるいは入所していたため、相続開始の直前において被相続人の居住の用に供されていなかった場合でも、居住の用に供されなくなる直前にその被相続人の居住の用に供されていた宅地等を、相続開始の直前において被相続人の居住の用に供されていた宅地等として本特例を適用することとされました。

(2)　適用時期

上記①及び②の改正は、平成27年１月１日以後に相続又は遺贈により取得する財産に係る相続税に適用され（改正法附則１五ハ、85②）、上記③～⑤の改正は、平成26年１月１日以後に相続又は遺贈により取得する財産に係る相続税に適用されます（改正法附則１三イ、85①、改正令附則１二）。

16　平成27年度改正

(1)　改正の内容

個人番号が導入されることに伴い、申告があった場合に税務署長が行政手続における特定の個人を識別するための番号の利用等に関する法律の規定により氏名及び住所等を確認することができることになったことから、住民票の写しや戸籍の附票の写しの添付を要しないこととされました（措規23の２⑧二、三）。

なお、本特例は、国外に居住する者であっても要件を満たせば特例の適用が可能であることから、その者が個人番号を有しない可能性もあり、税務署長が個人番号で居住の事実を確認できない場合があることから、個人番号を有しない者にあっては、その者が特定居住用宅地等である小規模宅地等を自己の居住の用に供していることを明らかにする書類等を提出する必要があります（措規23の２⑧二ロ～ニ、三イ）。

⑵　適用時期

上記の改正は、原則として、行政手続における特定の個人を識別するための番号の利用等に関する法律の施行に伴う関係法律の整備等に関する法律（平成25年法律第28号）附則第３号に掲げる規定の施行の日（平成28年１月１日）以後に相続又は遺贈により取得する財産に係る相続税について適用されます。

17　平成30年度改正

⑴　改正の内容

①　持ち家に居住していない者に係る特定居住用宅地等の特例の対象者の見直し

持ち家に居住していない者に係る特定居住用宅地等の特例の対象者の範囲から、次に掲げる者が除外されました（措法69の４③二ロ）。

イ　相続開始前３年以内に、その者、その者配偶者、その者の３

親等内の親族又はその者と特別の関係のある法人が所有する国内にある家屋に居住したことがある者

ロ　相続開始時において居住の用に供していた家屋を過去に所有していたことがある者

②　貸付事業用宅地等の範囲の見直し

相続開始前３年以内に貸付事業の用に供された宅地等（相続開始前３年を超えて事業的規模で貸付事業を行っている者が当該貸付事業の用に供しているものは除かれます。）が除外されました（措法69の４③四）。

③　被相続人が老人ホーム等に入所していた場合の施設の追加

介護医療院に入所したことにより被相続人の居住の用に供されなくなった家屋の敷地の用に供されていた宅地等について、相続の開始の直前において被相続人の居住の用に供されていたものとして本特例を適用することとされました（措令40の２②一ロ）。

⑵　適用時期

平成30年４月１日以後に相続又は遺贈により取得する財産に係る相続税について適用されます。ただし、上記①の改正は、施行日から令和２年３月31日までの間に相続又は遺贈により取得する財産については、施行日の前日において従前の要件に該当すれば適用することができます。上記②の改正は、同日前から貸付事業の用に供されている宅地等については、適用されません（改正法附則118①～④）。

18 令和元年度改正

(1) 改正の内容

① 特定事業用宅地等の範囲の見直し

特定事業用宅地等の範囲から、相続開始前３年以内に新たに事業の用に供された宅地等（その宅地等の上で事業の用に供されている減価償却資産等で、被相続人等が有していたものの相続開始の時の価額が、その宅地等の相続開始の時の価額の15％以上である場合（特定事業に該当する場合）を除きます。）が除外されました（措法69の４③一、措令40の２⑧）。

② 個人の事業用資産についての納税猶予制度の創設に伴う所要の措置

創設された個人の事業用資産についての納税猶予制度と小規模宅地特例とは、選択制とされています。したがって、個人の事業用資産についての贈与税の納税猶予制度の適用に係る贈与者から相続又は遺贈により取得をした特定事業用宅地等及び個人の事業用資産についての相続税の納税猶予制度の適用に係る被相続人から相続又は遺贈により取得をした特定事業用宅地等については、この小規模宅地特例を適用できない旨が明記されました（措法69の４⑥）。

③ 配偶者居住権の創設に伴う所要の措置

配偶者居住権に付随するその目的となっている建物の敷地を利用する権利（敷地利用権）については、「土地の上に存する権利」に該当するので、小規模宅地特例の対象となります。

そこで、小規模宅地特例を受けるものとしてその全部又は一部の選択をしようとする宅地等が配偶者居住権の目的となっている建物の敷地の用に供される宅地等又は配偶者居住権に基づく敷地利用権の全部又は一部である場合には、その宅地等の面積は、その面積に、それぞれその敷地の用に供される宅地等の価額又はその敷地利用権の価額がこれらの価額の合計額のうちに占める割合を乗じて得た面積であるものとみなして計算をし、限度面積要件を判定することとされました（措令40の2⑥）。

(2)　適用時期

上記①②の改正は、平成31年4月1日以後に相続又は遺贈により取得する財産に係る相続税について適用され、同日前に相続又は遺贈により 取得した財産に係る相続税については、従前どおりです。ただし、上記①の改正について、同日前から事業の用に供されている宅地等については、適用されません（改正法附則79①②）。

上記③の改正は、令和2年4月1日以後に相続又は遺贈により取得する財産に係る相続税について適用されます（改正措令附則1五イ）。

(3)　小規模宅地等の適正化の検討

平成31年度税制改正大綱において、現行の事業用の小規模宅地特例の以下の問題については、同様の問題がある貸付事業用の小規模宅地特例と合わせて、今後、引き続き適正化を検討するとされました。

イ　事業継続要件がない

ロ　債務控除の濫用が可能

ハ　事業を承継しない相続人の税額への波及

現行の事業用小規模宅地特例の問題点①

① 現行の小規模宅地の特例は、事業や資産保有の継続要件がなく、事業継続への配慮という本来の政策目的に沿ったものとなっていない。

制度上、相続後の宅地を短期間で売却することも可能であり、制度の適正性について会計検査院から指摘を受けている。

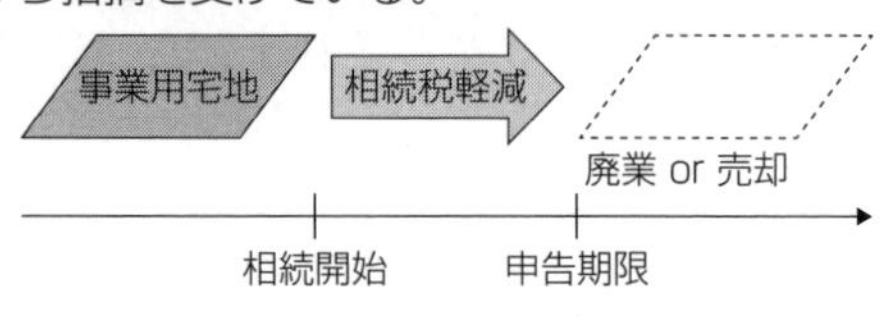

※ 法人の事業承継税制では、事業や株式保有の継続要件が設けられている。

○国会及び内閣に対する報告（随時報告）―会計検査院法第30条の２の規定に基づく報告書―平成29年11月租税特別措置（相続税関係）の適用状況等について（抄）

会計検査院において適用状況をみたところ、小規模宅地等の特例が事業用又は居住用宅地等の相続税の課税価格を軽減することで相続人の事業又は居住の継続等に配慮することを目的として創設された制度であるのに、相続人が、小規模宅地等の特例を適用した土地等を、特に貸付事業用宅地等について短期間しか所有していないものが見受けられ、事業又は居住の継続への配慮という小規模宅地等の特例の政策目的に沿ったものとなっていないと思料される状況となっていた。

現行の事業用小規模宅地特例の問題点②

② 個人事業者の債務には事業用・非事業用の区別がないため、事業用宅地の購入のために行った借入れに係る債務を、非事業用資産と相殺（債務控除）することなどにより、事業と無関係な資産にまで節税効果が及ぶ。

※ 法人の場合は、法人の資産・債務と、経営者個人の資産・債務が、法的・制度的に完全に区別されているため、このような節税策は使えない。

（例）全額借入金で事業用宅地を取得する場合

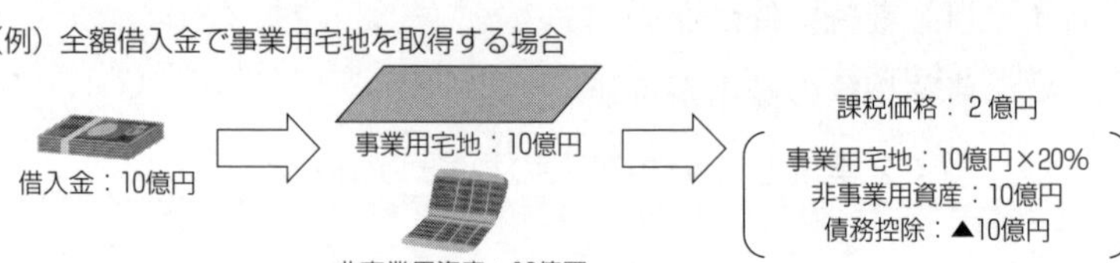

現行の事業用小規模宅地特例の問題点③

③　小規模宅地の特例は、事業を承継しない他の相続人の税負担にまで軽減効果が及ぶため、制度趣旨や課税の公平性の面から問題がある。

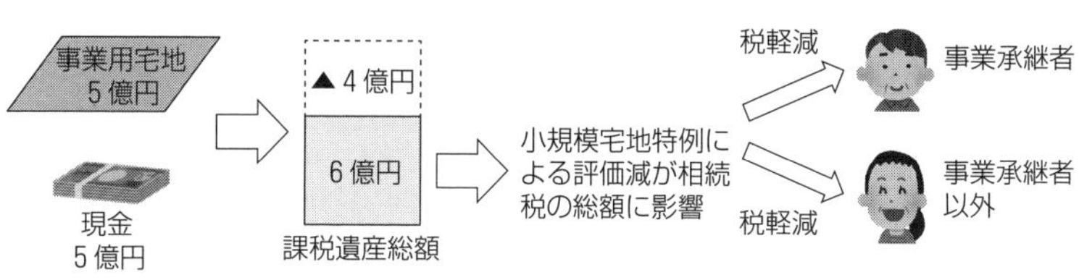

※　法人の事業承継税制では、事業を承継しない他の相続人の相続税額に影響が生じない計算方法を用いている。

○抜本的な税制改革に向けた基本的な考え方（抄）　平成19年11月20日税制調査会

第２　各論

６．資産課税

(1)　相続税

②　課税方式

居住等の継続に配慮した現行の各種特例は、現行課税方式の下では居住等を継続しない他の共同相続人の税負担をも軽減する効果があるため、制度の趣旨や課税の公平性の面からも問題と考えられる。これら特例の拡充はこの問題の増幅につながることにも留意する必要がある。

第2章

小規模宅地等の特例に関するQ&A

【共通事項】

7年内贈与・相続時精算課税により取得した場合

相続開始の前年に被相続人より宅地等の贈与を受けましたが、相続税法第19条の規定により相続財産に加算をして相続税の申告を行うことになります。他に小規模宅地等に該当する宅地等がないので、この贈与により取得した宅地等を本特例の対象とすることができますか。

贈与により取得した宅地等は本特例の対象とすることはできません。

解説

租税特別措置法第69条の４第１項は、「個人が相続又は遺贈により取得した財産」と規定していることから、この特例の適用のある財産は、相続又は遺贈により取得されたものに限られることになります。

したがって、相続開始前７年以内（163ページコラム参照）にその相続に係る被相続人から受けた贈与により取得した財産については、相続税法第19条の規定により相続税の課税価格に加算されることとなっても、本特例の適用はありません。

なお、相続時精算課税の適用を受けた贈与により取得した財産についても本特例の適用を受けることはできません（措通69の４－１）。

裁判例・裁決例 No.22（658ページ）

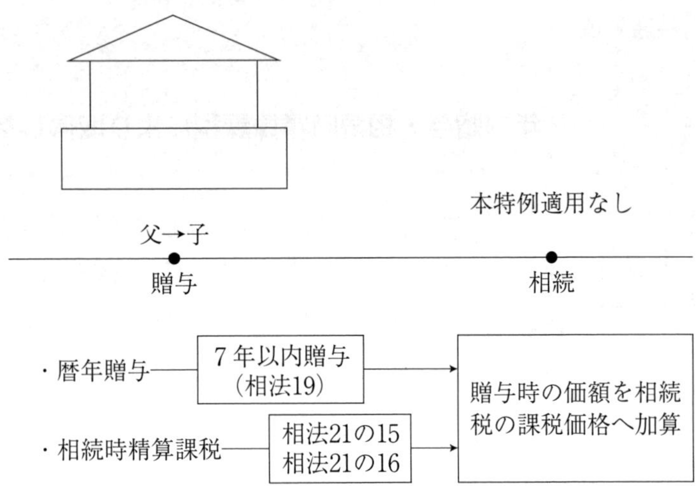
本特例適用なし
父→子
贈与
相続
・暦年贈与
７年以内贈与
（相法19）
・相続時精算課税
相法21の15
相法21の16
贈与時の価額を相続税の課税価格へ加算

コラム 相続前贈与加算制度と相続時精算課税

1　相続前贈与加算制度（相法19）の改正

(1)　加算期間・加算額

	改正前	改正後
加算期間	相続開始前３年以内	相続開始前７年以内
加算額	贈与により取得した財産の価額の合計額	同左 （ただし、相続開始前３年超７年以内に贈与により取得した財産については、総額100万円までを控除）

(2)　適用時期・経過措置

上記改正は、令和６年１月１日以後に贈与により取得する財産に係る相続税について適用し、同日前に贈与により取得した財産に係る相続税については従前どおりとされています（改正法附則19①）。また、令和６年１月１日から令和12年12月31日までの間に相続又は遺贈により財産を取得する者については、この措置の対象となる相続前贈与の加算期間は、それぞれ次のとおりとされています。

①　令和６年１月１日から令和８年12月31日までの間に相続又は遺贈により財産を取得する者については、相続開始前３年以内の贈与が加算対象となります（改正法附則19②）。

②　令和９年１月１日から令和12年12月31日までの間に相続又は遺贈により財産を取得する者については、令和６年１月１日からその相続開始の日までの間の贈与が加算対象となります（改正法附則19③）。

2　相続時精算課税制度（相法21の９）の改正

(1)　基礎控除の創設

【改正前】

（その年中に特定贈与者から贈与を受けた財産の価額 － 特別控除額（累積2,500万円））× 税率（一律20％）

【改正後】

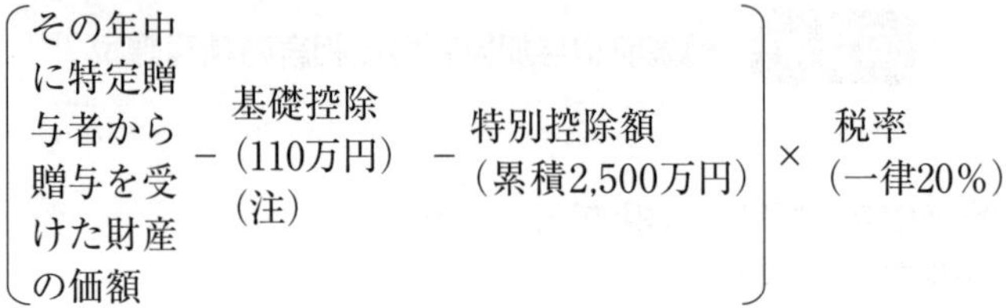

(注)　同一年に２人以上の特定贈与者から贈与を受けた場合には、特定贈与者ごとの贈与税の課税価格で按分

⑵　**加算額の改正**

改正前の相続時精算課税制度では、特定贈与者の相続税の計算上、特定贈与者から贈与を受けた財産の価額が相続税の課税価格に加算されることとされていましたが、贈与時に上記⑴の相続時精算課税に係る贈与税の基礎控除により控除された額については、特定贈与者の相続時に特定贈与者の相続税の課税価格に加算されないこととされました（相法21の15①、21の16③）。

⑶　**適用関係**

上記の改正は、令和６年１月１日以後に贈与により取得する財産に係る贈与税又は相続税について適用されます（改正法附則19①④⑤⑥、51④、改正相令附則２、５）。

（財務省ホームページ「令和５年度　税制改正の解説」加工）

親族以外の者が遺贈により取得した場合

親族以外の者が被相続人から宅地等を遺贈により取得しました。本特例を適用することができますか。

本特例は適用できません。

解説

租税特別措置法第69条の４第１項は、「個人が相続又は遺贈により取得した財産」と規定していることから、遺贈により取得した財産にも適用されることになります。

しかし、特定事業用、特定居住用、特定同族会社事業用及び貸付事業用のいずれもが、取得者が親族であることが要件とされています。したがって、親族以外の者が遺贈により取得した財産については、本特例を適用することができません。

（参考）

民法　（包括遺贈及び特定遺贈）

第964条　遺言者は、包括又は特定の名義で、その財産の全部又は一部を処分することができる。

親族が遺贈により取得した場合

甥が被相続人から宅地等を遺贈により取得しました。この場合、本特例を適用することができますか。

本特例を適用できます。

解説

租税特別措置法第69条の４第１項は、「個人が相続又は遺贈により取得した財産」と規定していることから、遺贈により取得した財産にも適用されることになります。

ところで、特定事業用、特定居住用、特定同族会社事業用及び貸付事業用のいずれもが、取得者が親族であることが要件とされています。したがって、被相続人の甥は、親族に該当しますので、本特例を適用することができます。

（参考） 親族・親等図表

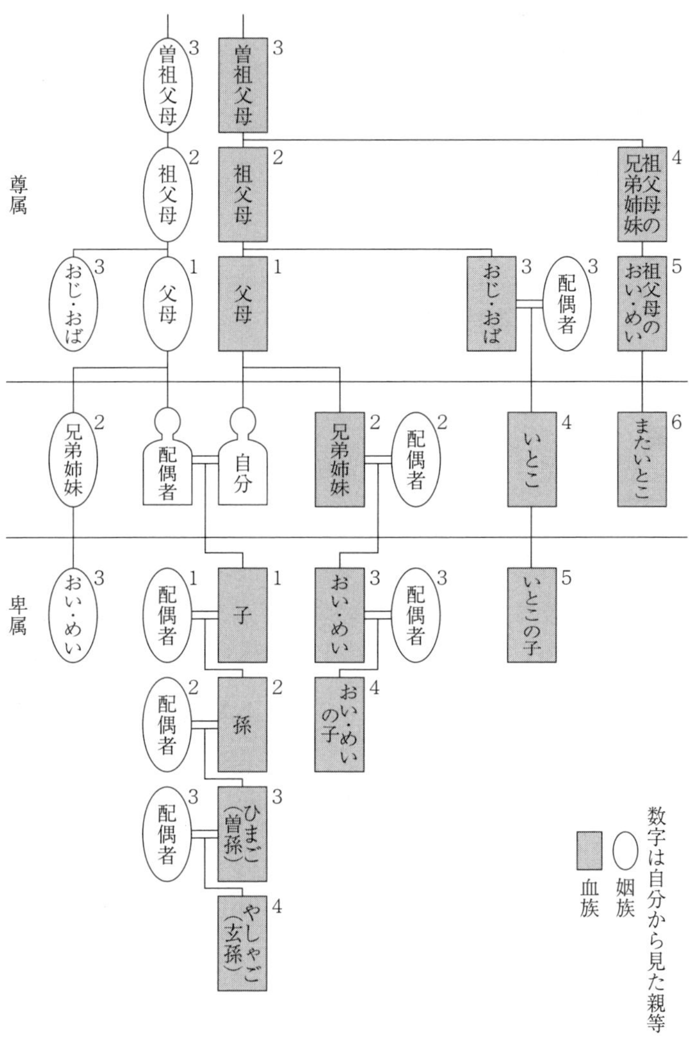

「民法Ⅳ　補訂版　親族・相続」（東京大学出版会）を一部加工

養子が遺贈により取得した場合

養子が被相続人から宅地等を遺贈により取得しました。この場合、本特例を適用することができますか。

本特例を適用できます。

解説

租税特別措置法第69条の４第１項は、「個人が相続又は遺贈により取得した財産」と規定していることから、遺贈により取得した財産にも適用されることになります。

ところで、特定事業用、特定居住用、特定同族会社事業用及び貸付事業用のいずれもが、取得者が親族であることが要件とされています。したがって、被相続人が縁組した養子も親族に該当することから、本特例を適用することができます。

(参考)

民法　(嫡出子の身分の取得)

第809条　養子は、縁組の日から、養親の嫡出子の身分を取得する。

共有の場合の適用面積

被相続人甲と配偶者乙は、居住の用に供している宅地とその敷地に建っている家屋を1/2ずつ所有していました。

この場合、甲の相続に係る相続税の課税価格の計算上、本特例の適用面積はいくらになるのでしょうか。

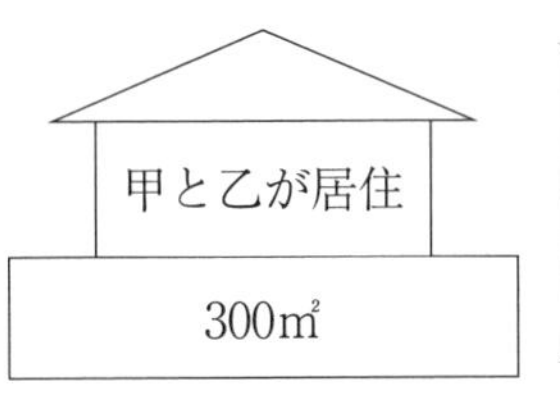

(持分) 甲1/2　乙1/2

本特例の適用面積は、150㎡となります。

解説

その適用面積の判定は敷地全体の面積（300㎡）ではなく、次の算式により計算した甲の持分に応じた面積になります。

(全体面積)(甲の持分)(適用面積)

300㎡　×　1/2　=　150㎡

なお、特定居住用宅地等に該当する場合には、330㎡を限度として選択できることから、甲の持分150㎡が特定居住用宅地等として選択することができる限度面積となります。

特定同族会社事業用宅地等と貸付事業用宅地等が混在する場合

被相続人甲は、自己の所有する土地（300㎡）の上に建物１棟を所有し、甲が発行済株式総数の100%の株式を有する会社A社に対してその建物を相当の対価を得て貸し付けていました。

A社は、甲から借り受けた建物の１階を日用雑貨小売業の店舗として利用し、２階をB社に貸し付けています。

この場合、小規模宅地等の特例の適用対象として選択できる部分はどの部分ですか。

（国税庁資産課税課情報第９号（令和３年４月１日付）を加工）

（２階） A社がB社に貸付け（100㎡）	甲所有の建物
（１階） A社が日用雑貨小売業の店舗として利用（100㎡）	
甲所有（300㎡）	

A

1階部分に対応する敷地面積150㎡は、特定同族会社事業用宅地等か貸付事業用宅地等の対象に、2階部分に対応する敷地面積150㎡は貸付事業用宅地等の対象になります。

解説

特定同族会社事業用宅地等に該当するためには、その宅地等が「法人（A社）の事業の用に供されていた宅地等」であるという要件があります（措法69の4③三）。

この場合の「法人（A社）の事業」からは、不動産貸付業、駐車場業、自転車駐車場業及び準事業が除かれています（措法69の4③一、措令40の2⑦）。

また、特定同族会社事業用宅地等に該当するためには、「当該宅地等を相続又は遺贈により取得した当該被相続人の親族（申告期限において当該法人（A社）の法人税法第2条第15号に規定する役員（清算人を除く。）である者に限る。）が相続開始時から申告期限まで引き続き有し、かつ、申告期限まで引き続き当該法人（A社）の事業の用に供されているもの」という要件があります（措法69の4③三、措規23の2⑤）。この事例の場合、この要件を満たす者が取得した場合には、A社が日用雑貨小売業の店舗として利用している部分（150㎡）は、特定同族会社事業用宅地等として、小規模宅地等の特例の適用を選択することができます。

また、A社が日用雑貨小売業の店舗として利用している部分（150㎡）は、上記要件に該当しない者が取得した場合においてもA社がB社に貸し付けている部分（150㎡）と同様に、貸付事業用宅地等の対象となります。

借地と所有地を一体利用している敷地の場合

被相続人は、自己の所有地であるＡ土地150㎡及び借地であるＢ土地150㎡を一体として貸ビルの敷地としていました。この敷地は、貸付事業用宅地等に該当することから、Ａ土地150㎡及びＢ土地の借地権のうち50㎡を本特例を受けるため選択したいと考えていますが、このような選択はできますか。

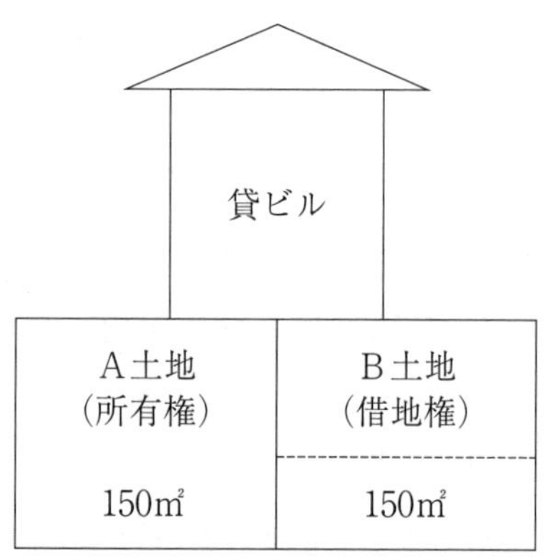

自用地から選択することができます。

解説

被相続人等の事業又は居住の用に供されていた宅地等の所在が複数ある場合に、どの宅地等を小規模宅地等とするかは、相続人等の選択に委ねられています（措法69の４①、措令40の２⑤）。

この事例では、Ａ土地とＢ土地の借地権とが一体として貸ビルの敷地の用に供されていたことから、本特例の適用は、Ａ土地とＢ土地の面積比の割合で選択されるべきであるとする考え方もあると思います。それは、貸付事業用宅地等の限度面積200㎡をＡ土地の所有権から100㎡、Ｂ土地の借地権から100㎡で選択すべきであるとの考え方です。

しかし、小規模宅地等として選択できる宅地等が分散している場合と隣接している場合とで選択の仕方を区分することに合理的な理由があるとは思われませんので、この質問のような場合においてもどの部分を本特例として選択するかについては、相続人の選択に委ねるのが相当であると思われます。

したがって、A土地から150㎡、B土地の借地権から50㎡とする選択をすることができます。

（参考）

（貸家建付地の評価）

評価通達26　貸家の敷地の用に供されている宅地（「貸家建付地」）の価額は、次の算式により計算した価額によって評価する。

その宅地の自用地としての価額×（1－借地権割合×借家権割合×賃貸割合）

（貸家建付借地権等の評価）

評価通達28　貸家の敷地の用に供されている借地権の価額又は定期借地権等の価額は、次の算式により計算した価額によって評価する。

借地権の評価・土地の上に存する権利が競合する場合の借地権等の評価・定期借地権等の評価により求めた価額×（1－借家権割合×賃貸割合）

8 私道に対する特例の適用

被相続人は、次の図のような一画地を所有していました。この場合に私道部分Ａ土地は、本特例の適用がありますか。なお、Ｂ～Ｇの土地は、貸宅地です。

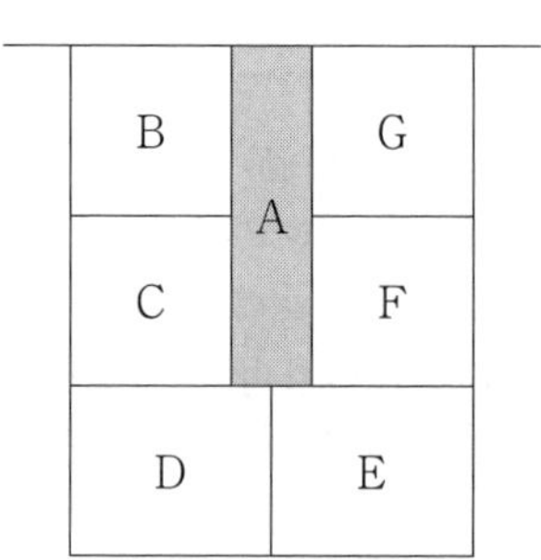

A

本特例の適用があります。

解説

私道Ａは、土地の維持・効用を果たすために必要不可欠な宅地等と認められる場合は、限度面積の範囲内で本特例の適用対象とすることができます。

私道Ａ土地は、Ｃ～Ｆ土地の維持、効用を果たすために必要不可欠なものと認められるので、本特例の適用があります。

相続開始時点で売買契約中であった場合（売主の場合）

被相続人甲が居住用として利用していた土地・建物の売買契約の締結後、この土地・建物の引渡し及び代金決済が行われる前の売買契約中に売主である甲が死亡した場合、本特例の適用を受けることができるのでしょうか。

本特例の適用を受けることができません。

解説

本特例は、個人が相続又は遺贈により取得した財産のうちに、相続の開始の直前において、被相続人等の事業の用又は居住の用に供されていた宅地等がある場合に、この宅地等を取得した場合に適用を受けることができます（措法69の４①）。

土地等又は建物等の売買契約の締結後、当該土地等又は建物等の売主から買主への引渡しの日前に当該売主に相続が開始した場合には、当該相続に係る相続税の課税上、当該売主である被相続人の相続人その他の者が、当該売買契約に関し当該被相続人から相続又は遺贈（贈与者の死亡により効力が生ずる贈与を含みます。）により取得した財産は、当該売買契約に基づく相続開始時における残代金請求権（未収入金）となります（庁Q&A（相続財産）８）。

取得する財産が、宅地等ではなく売買契約に基づく相続開始時における残代金請求権（未収入金）であることから、本特例の適用を受けることができません。

10 相続開始時点で売買契約中であった場合（買主の場合）

被相続人甲が居住用として賃借していた土地・建物を購入するための売買契約の締結をした後、この土地・建物の引渡し及び代金決済が行われる前の売買契約中に買主甲が死亡した場合、本特例の適用を受けることができるのでしょうか。

土地・建物を相続財産とする申告を行う場合には、本特例の適用を受けることができます。

解説

本特例は、個人が相続又は遺贈により取得した財産のうちに、相続の開始の直前において、被相続人等の事業の用又は居住の用に供されていた宅地等がある場合に、この宅地等を取得した場合に適用を受けることができます（措法69の４①）。

土地等又は建物等の売買契約の締結後、当該土地等又は建物等の売主から買主への引渡しの日前に当該買主に相続が開始した場合には、当該相続に係る相続税の課税上、当該買主である被相続人の相続人その他の者が、当該売買契約に関し当該被相続人から相続又は遺贈（贈与者の死亡により効力が生ずる贈与を含みます。）により取得した財産は、原則、当該売買契約に係る土地等又は建物等の引渡請求権等となりますが、買主に相続が開始した場合において、当該土地等又は建物等を相続財産とする申告をしても差し支えないこととされています（庁Q&A（相続財産）８）。

したがって、取得する財産を、土地等・建物等として申告を行う場合は、本特例の適用を受けることができます。

なお、土地・建物の価額は、財産評価基本通達により評価した価額になります。

11 海外に所在する宅地等の場合

Q　海外に所在する宅地等も本特例の適用がありますか。

A　**海外に所在する宅地等も本特例の適用があります。**

解説

租税特別措置法第69条の４第１項は、本特例の適用対象となる財産について、国内に所在する宅地等に限定していません。したがって、海外に所在する宅地等であっても、適用要件を満たしている限りは、本特例の適用を受けることができます。

なお、相続税法第１条の３第３、４号の制限納税義務者が法施行地外に所在する宅地等を取得する場合は、課税財産の範囲外であることから、本特例の適用を受けることはできません。

（参考）　令和３年４月１日以後の相続税の納税義務者の範囲

<table>
<tr><th colspan="2" rowspan="3">相続人／被相続人</th><th rowspan="3">国内に居住</th><th colspan="4">国外に居住</th></tr>
<tr><th rowspan="2">一時居住者（※１）</th><th colspan="2">日本国籍あり</th><th rowspan="2">日本国籍なし</th></tr>
<tr><th>10年以内に国内に住所あり</th><th>左記以外</th></tr>
<tr><td colspan="2">国内に居住</td><td></td><td></td><td></td><td></td><td></td></tr>
<tr><td></td><td>外国人被相続人（※２）</td><td></td><td></td><td></td><td></td><td></td></tr>
<tr><td rowspan="3">国外に居住</td><td>10年以内に国内に住所あり</td><td colspan="5">国内財産・国外財産ともに課税</td></tr>
<tr><td>非居住被相続人１（※２）</td><td></td><td></td><td></td><td colspan="2" rowspan="2">国内財産のみに課税</td></tr>
<tr><td>上記以外（非居住被相続人２）</td><td></td><td></td><td></td></tr>
</table>

（※１）　相続開始時において、出入国管理及び難民認定法別表第１の在留資格の者で、過去15年以内において国内に住所を有していた期間の合計が10年以下のもの

（※２）　相続開始時において、在留資格を有する者

12 土地の所在地と納税義務者と本特例の関係について

本特例は、土地の所在地（国内か国外か）あるいは納税義務者の違い（無制限納税義務者か制限納税義務者か）により異なるのでしょうか。

相続税法第１条の３第１号（居住無制限納税義務者）及び同法同条第２号（非居住無制限納税義務者）は国内外の土地が本特例の対象となり、同法同条第３号（居住制限納税義務者）、同法同条第４号（非居住制限納税義務者）は国内の土地が本特例の対象となります。

解説

租税特別措置法第69条の４第１項は、個人が相続又は遺贈により取得した財産と規定しているのみで、財産の所在地による制限（例えば国内財産に限る等）を設けてはいません。また、本特例を受けることができる納税義務者についても制限（例えば制限納税義務者を除く等）を設けてはいません。

しかし、本特例は相続税の課税価格の計算の特例であることから、相続税の納税義務者のうち、相続税法第１条の３第３号、４号に規定するいわゆる制限納税義務者は、相続又は遺贈により取得した財産でこの法律の施行地にあるものに対し相続税が課されると相続税法第２条第２項に規定していることから、制限納税義務者は国内財産のみが本特例の対象となります。

13 特例要件を満たしていない宅地等からの選択換え

遺産分割協議により、相続人乙が宅地Ａ及び宅地Ｂを取得しました。乙は、宅地Ｂを特定居住用宅地等であるとして本特例を適用して申告書を提出しました。しかし、申告期限後に宅地Ｂは居住の用に供されていると認められませんでした。

この場合、修正申告書を提出することとなりますが、この修正申告書において、改めて貸付事業用宅地等としての要件を満たす宅地Ａを選択することは認められるでしょうか。

選択は認められるものと思われます。

解説

宅地Ｂについては、「居住の用に供されていること」という要件を満たしていないため、そもそも本特例の適用はありません。

そのため、宅地Ｂについて本特例の適用を修正申告により否認し、かつ、宅地Ａが本特例の適用要件を満たしていれば、租税特別措置法第69条の４第８項の「やむを得ない事情」に該当するものとして、本特例の適用を受けることができるものと思われます。

14 特例要件を満たしている宅地等からの選択換え

遺産分割協議により、相続人乙が特定居住用宅地等である宅地Ａ及び貸付事業用宅地等である宅地Ｂを取得しました。乙は宅地Ａを特定居住用宅地等として本特例の適用を受けて申告を行いました。ところが、申告期限後に宅地Ｂを選択したほうが、税額が少なくなることが判明しました。

この場合、更正の請求をすることにより、宅地Ａから宅地Ｂに選択換えをすることは可能でしょうか。

選択換えは認められないものと思われます。

解説

特例対象宅地等のうち、どの土地について本特例の適用を受けるかは、納税者の自由な選択に委ねられています（措法69の４①、措令40の２⑤）が、特定の宅地等を選択して申告をした後に、その選択が誤っていたとして国税通則法第23条第１項第１号の更正の請求ができるかどうかが問題になります。

この事例の場合、乙が特例対象宅地等のうち宅地Ａを本特例の適用を受けるものとして行った申告は、法律の規定に従った適法なものであるので、選択換えはできないものと思われます。

裁判例・裁決例 No.16（656ページ）では、裁判所は選択換えを認めていません。他に、No.35（663ページ）がありますので、参照してください。

遺留分侵害額の請求に伴う特例対象宅地等の選択換え（令和元年７月１日以後に開始した相続）

被相続人の相続人は、長男甲と長女乙の２名です。甲は遺産のうちＡ宅地（特定居住用宅地等）及びＢ宅地（貸付事業用宅地等）を遺贈により取得し、相続税の申告に当たってＢ宅地について本特例を適用して期限内に申告しました。なお、遺産のうち本特例の対象となる宅地等は、Ａ宅地及びＢ宅地のみです。

その後、乙から遺留分侵害額の請求がなされ、家庭裁判所の調停の結果Ｂ宅地は乙が取得することになりました。

そこで、本特例の対象地を、甲は更正の請求においてＡ宅地と、乙は修正申告においてＢ宅地とすることができますか（限度面積要件を満たすように選択します。）。

（庁Ｑ＆Ａ（小規模）７を加工）

甲のＡ宅地とする変更、乙のＢ宅地とする選択については認められません。

解説

乙からの遺留分侵害額の請求により、甲は遺留分侵害額に相当する金銭を支払う必要があります。甲は、この遺留分侵害額に相当する金銭を支払うために遺贈により取得したＢ宅地を譲渡（代物弁済）したものと考えることができます。したがって、乙はＢ宅地を相続又は遺贈により取得したことにならないことから、本特例の適用を受けることはできません。

なお、甲が本特例を当初適用したＢ宅地について、申告期限後に乙へ移転をした場合は保有継続要件を満たしていることから他の要件を満たす限り本特例の適用を受けることができます。

被相続人と生計を一にする親族

被相続人と生計を一にしていた親族が居住の用に供していた宅地についても、特定居住用宅地等に該当する場合がありますが、この場合の「生計を一にしていた」とはどのような場合をいうのでしょうか。

同一の生活単位に属し、相助けて共同の生活を営み、ないしは日常生活の資を共通にしている場合をいいます。

解説

租税特別措置法第69条の4第1項は、個人が相続又は遺贈により取得した財産のうちに、相続の開始の直前において、被相続人又は当該被相続人と生計を一にしていた当該被相続人の親族の居住の用に供されていた宅地等について適用される旨規定しています。

しかし、「生計を一にしていた」ことについて、租税特別措置法第69条の4では具体的に規定していません。

この租税特別措置法第69条の4第1項にいう「生計を一にしていた」とは、「同一の生活単位に属し、相助けて共同の生活を営み、ないしは日常生活の糧（資）を共通にしている場合をいう」（平成19年6月14日裁決（No. 58)、平成20年6月26日裁決（No. 60)）ものと解されています。

また、生計については、「暮らしを立てるための手立てであって、通常、日常生活の経済的側面を指すもの」（平成20年6月26日裁決）と、さらに、親族が被相続人と別居していた場合は、「その親族が被相続人と日常生活の資を共通にしていたことを要し、その判断は社会通念に照らして個々になされるところ、少なくとも居住費、食費、光熱費その他日常の生活に係る費用の全部又は主要な部分を共通にしていた関係にあったことを要する」（平成20年６月26日裁決）と解されています。

なお、所得税法に規定する「生計を一にする」については、次のように取り扱われています（所基通２－47「生計を一にするの意義」）。

必ずしも同一の家屋に起居していることをいうものではないから、次のような場合には、それぞれ次による。

(1)　勤務、修学、療養等の都合上他の親族と日常の起居を共にしていない親族がいる場合であっても、次に掲げる場合に該当するときは、これらの親族は生計を一にするものとする。

イ　当該他の親族と日常の起居を共にしていない親族が、勤務、修学等の余暇には当該他の親族のもとで起居を共にすることを常例としている場合

ロ　これらの親族間において、常に生活費、学資金、療養費等の送金が行われている場合

(2)　親族が同一の家屋に起居している場合には、明らかに互いに独立した生活を営んでいると認められる場合を除き、これらの親族は生計を一にするものとする。

裁判例・裁決例 No.44（669ページ）・No.58（677ページ）・No.63（680ページ）・No.95（699ページ）・No.97（700ページ）・No.98（701ページ）・No.103（706ページ）

災害があった場合

被相続人等の事業の用に供されていた施設が災害により損害を受けたため、申告期限において事業が休業中である場合には、本特例は適用されないのでしょうか。

親族により事業の再開のための準備が進められていると認められるときに限り、当該施設の敷地は、申告期限においても親族の事業の用に供されているものとして本特例の適用が受けられます。

解説

特定事業用宅地等に該当するためには、申告書の提出期限までの間にその宅地の上で営まれていた被相続人の事業を引き継ぎ、申告期限までその事業を営んでいること（措法69の4③一イ）、あるいは、相続開始前から申告期限まで引き続きその宅地を自己の事業の用に供していること（措法69の4③一ロ）が要件の一つとされています。

したがって、相続開始の時から相続税の申告期限までの間において、被相続人等の事業の用に供されていた宅地等に係る施設等が災害により損害を受けたため、相続税の申告期限において事業を休業しているときは、当該宅地等は特定事業用宅地等に該当しないこととなります。

しかし、事業休止の理由が災害による場合、特定事業用宅地等に該当しないとすることは適当でないと考えられます。

そこで、相続税の申告期限において災害のため事業が休止されていたときであっても、事業承継親族により当該事業の再開のための準備が進められていると認められる場合には、当該施設の敷地は、相続税の申告期限においても当該親族の事業の用に供されていたものとして取り扱うこととされています（措通69の４－17）。

また、租税特別措置法第69条の４第３項第２号（特定居住用宅地等）イ及びハ、同項第３号（特定同族会社事業用宅地等）、同項第４号（貸付事業用宅地等）イ及びロの要件の判定についても同様に準じて行います。

なお、災害には、震災、風水害、火災のほか、雪害、落雷、噴火その他の自然現象の異変による災害及び火薬類の爆発その他の人為による異常な災害並びに害虫その他の生物による異常な災害も含まれています。

18 複数の利用区分が存する場合の対象面積の計算方法

被相続人甲は、自己の所有する土地（540㎡）の上に建物1棟を所有し、その建物について下図のように利用していました。配偶者乙と子丙は、土地及び建物の共有持分1/2をそれぞれ相続により取得しました。

乙は、上記建物に申告期限まで引き続き居住しているほか、甲の貸付事業を丙とともに引き継ぎ、乙・丙ともに申告期限まで引き続き貸付事業の用に供し、また、甲がこの建物で営んでいた書籍小売業については丙が事業を承継し、申告期限まで引き続き営んでいます。

この場合に本特例の対象として選択できるのはどの部分でしょうか。

（令和3年4月1日付国税庁資産課税課情報第9号を加工）

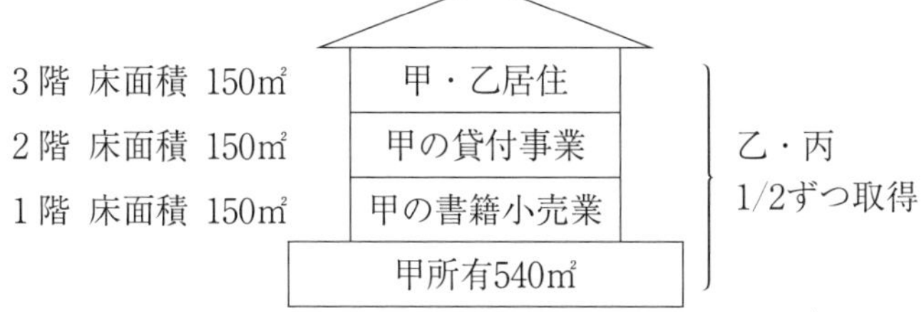

限度面積の範囲内で、以下のとおり選択できます。

解説

以下のように、取得した持分と利用区分を乗じてそれぞれ要件を当てはめます。

（乙が取得した宅地）

３階部分　540㎡×150㎡/450㎡×1/2＝90㎡　……特定居住用宅地等

２階部分　540㎡×150㎡/450㎡×1/2＝90㎡　……貸付事業用宅地等

１階部分　540㎡×150㎡/450㎡×1/2＝90㎡　……適用なし（乙は書籍小売業を承継していないため）

（丙が取得した宅地）

３階部分　540㎡×150㎡/450㎡×1/2＝90㎡　……適用なし（特定居住用宅地等の要件を満たしていないため）

２階部分　540㎡×150㎡/450㎡×1/2＝90㎡　……貸付事業用宅地等

１階部分　540㎡×150㎡/450㎡×1/2＝90㎡　……特定事業用宅地等

（注）49～53ページに申告書への記載方法を掲載しています。

19 区分所有した場合の対象面積の計算方法

前問のケースで、土地・建物を区分所有登記として、土地を敷地権としていた場合の対象面積の計算はどうなりますか。

対象面積が前問より増えることになります。

解説

前問の土地・建物を区分所有登記として土地を敷地権に変換すれば、それぞれの利用区分に応じて本特例を適用することが可能となります。区分所有したのちに、相続が発生し、1階部分の建物とその敷地権（180㎡）を丙が取得し、3階部分の建物とその敷地権（180㎡）を乙が取得し、2階部分の建物とその敷地権（180㎡）を乙・丙が1/2ずつ取得した場合には、限度面積の範囲内で以下のような特例関係になります。

区分所有登記		
3階 床面積 150㎡	甲・乙居住	← 乙取得
2階 床面積 150㎡	甲の貸付事業	← 乙・丙1/2ずつ取得
1階 床面積 150㎡	甲の書籍小売業	← 丙取得
	甲所有540㎡	

（乙が取得した宅地）

3階部分　180㎡　……特定居住用宅地等

2階部分　180㎡×1/2＝90㎡　……貸付事業用宅地等

（丙が取得した宅地）

2階部分　180㎡×1/2＝90㎡　……貸付事業用宅地等

1階部分　180㎡　…特定事業用宅地等

20 共有の土地の上に区分所有されている店舗と住宅がある場合

被相続人甲は子丙と土地を共有で保有しています。その上の建物は区分所有登記がなされており、１Fは甲の事業用の店舗があり甲が所有しています。２Fは丙の住宅があり、丙が所有しています。

この場合、本特例の対象はどうなりますか。

なお、丙と甲は生計別であり、この店舗の事業は３年以上行われています。

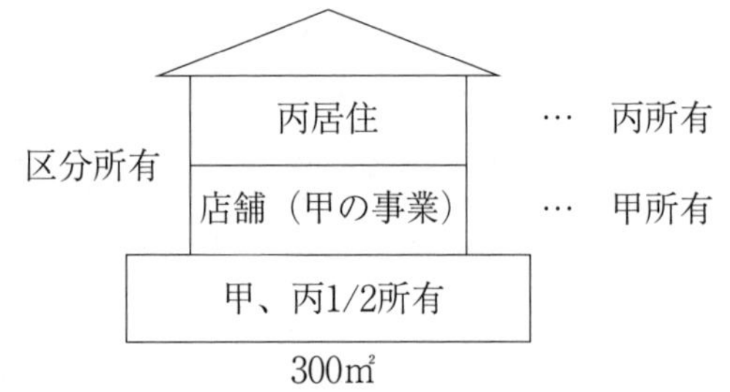

A

相続財産である土地（甲の持分１/２）の１/２（土地全体の１/４）が他の要件を満たせば特定事業用宅地等の対象となります。

解説

甲及び丙は、それぞれ自己の所有する土地に自己の所有部分の建物を建築しているものと認識することも考えられますが、本事例は区分所有登記であり甲丙共有の土地に１F部分の建物と２F部分の建物が並んで建っていると考えるべきです。したがって、甲の持分の１/２×１/２は１F部分の敷地であり、他の要件を満たす限り特定事業用宅地等の対象となります。残りの1/2×1/2は2F部分の敷地であり、生計別の親族が居住の用に供しているものであるため、本特例の適用はありません。

なお、生前に土地を区分所有建物の敷地権登記をすれば、甲の土地150㎡はすべて1Fの敷地権となり、すべてが特定事業用宅地等となります。

21 共有の場合の対象面積の計算方法

被相続人甲と甲と生計を別にする相続人乙は、共有のＡ土地（甲２/３、乙１/３）に、共有で賃貸建物（甲１/２、乙１/２）を建築しましたが、それぞれの持分が相違しています。甲乙間で、地代のやりとりはありません。

この場合、本特例の適用に当たり、Ａ土地の甲の共有持分についてどのように考えて本特例の適用を判断すればよいのでしょうか。

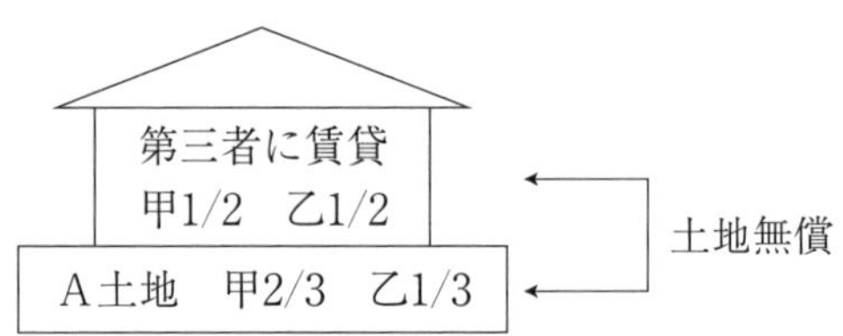

A

Ａ土地の甲の持分２/３のうち、１/２までは貸家建付地となるので貸付事業用宅地等となり、残り（１/６）は乙に使用貸借で貸し付けられたものとなるので本特例の対象となりません。

解説

甲及び乙は、Ａ土地に係るそれぞれ自己の所有部分の上に、それぞれ自己の所有部分の建物を建築しているものと認識するのが一般的ですから、自己の建物の所有部分の敷地は、まずＡ土地の自己の所有部分からなるものとして取り扱うことが相当です。

甲の建物の所有割合（1/2）は、A土地の甲の所有割合（2/3）以下であるため、A土地の甲の持分のうち建物の所有割合に対応する部分（A土地全体の1/2）については貸家建付地と判定されることから、貸付事業用宅地等となります。

また、残りの甲の所有割合（A土地全体の1/6）については、乙の建物のために乙に使用貸借で貸し付けられたものと判定されることから、貸付事業用宅地等とはならず、本特例の対象となりません。

 貸付事業用宅地等がある場合の限度面積

本特例の対象となる選択特例宅地等には、特定事業用宅地等が300㎡、特定居住用宅地等が250㎡、貸付事業用宅地等が200㎡あり、それぞれ本特例の適用を受けます。この場合、貸付事業用宅地等として選択できる限度面積はどれだけになるのでしょうか。

A

貸付事業宅地等を選択できる面積はありません。

本特例の限度面積要件は、相続又は遺贈により特例対象宅地等を取得した者の次に掲げる選択特例対象宅地等の区分に応じた面積になります（措法69の４②）。

① 特定事業用宅地等又は特定同族会社事業用宅地等（③のイにおいて「特定事業用等宅地等」といいます。）である選択特例対象宅地等

選択特例対象宅地等の面積の合計が400㎡以下であること。

② 特定居住用宅地等である選択特例対象宅地等

選択特例対象宅地等の面積の合計が330㎡以下であること。

③ 貸付事業用宅地等である選択特例対象宅地等

次のイ、ロ及びハの規定により計算した面積の合計が200㎡以下であること。

イ 特定事業用等宅地等である選択特例対象宅地等がある場合の当該選択特例対象宅地等の面積を合計した面積に

400分の200を乗じて得た面積

ロ　特定居住用宅地等である選択特例対象宅地等がある場合の当該選択特例対象宅地等の面積を合計した面積に330分の200を乗じて得た面積

ハ　貸付事業用宅地等である選択特例対象宅地等の面積を合計した面積

計算式にすると次のとおりです（措通64の4－10）。

$$A \times \frac{200}{400} + B \times \frac{200}{330} + C \leqq 200㎡$$

A：特定事業用等宅地等の面積の合計

B：特定居住用宅地等の面積の合計

C：貸付事業用宅地等の面積の合計

この事例の場合を計算式に当てはめると次のとおりであることから、本特例として特定事業用等宅地等として300㎡、特定居住用宅地等として250㎡を選択することはできますが、この場合は、貸付事業用宅地等の選択をすることはできません。

$$300㎡ \times \frac{200}{400} + 250㎡ \times \frac{200}{330} \fallingdotseq 301.51㎡ > 200㎡$$

被相続人の共有する土地が被相続人等の居住の用と貸付事業の用に供されていた場合

被相続人甲は、共有で所有する300㎡（甲共有持分５分の３、乙共有持分５分の２の一筆の土地の上にＡ家屋（その敷地（Ａ敷地）は200㎡とします。）を所有し、そこに配偶者乙と居住していました。甲は、この300㎡の土地のＡ家屋に隣接するところに自己所有のＢ家屋（その敷地（Ｂ敷地）は100㎡とします。）を甲の貸付事業の用に供していました。

この場合に特定居住用宅地等の対象と貸付事業用宅地等の対象に該当する部分はどの部分となりますか。

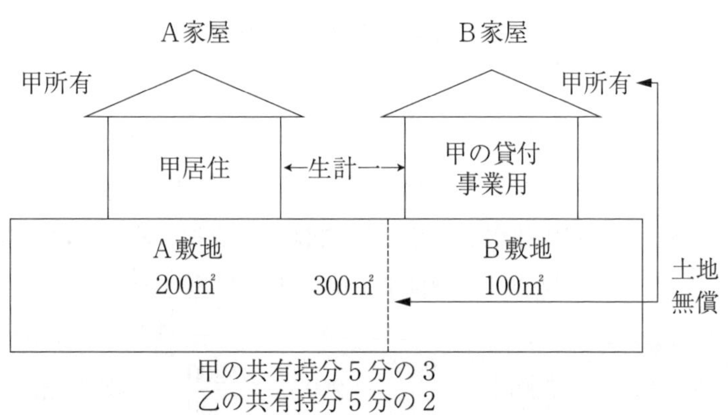

A

> **特定居住用宅地等の対象部分　Ａ敷地120㎡**
> **貸付事業宅地等の対象部分　Ｂ敷地60㎡**

解説

一般的に、土地の共有部分権者がその土地に有する権利は、その土地の全てに均等に及ぶと解されています。本問の場合は、土地に係る甲の共有部分は、A家屋の敷地とB家屋の敷地に均等に及んでいます。

しがたって、乙が取得した甲の共有部分5分の3のうち、A家屋の敷地部分に相当する（120㎡）が特定居住用宅地等の対象として、B家屋の敷地部分に相当する部分（60㎡）が貸付事業用宅地等の対象として、小規模宅地等の特例の適用を選択することができます。

＜甲の共有持分の利用状況＞

A家屋（居住用）の敷地部分：$200\text{m}^2 \times \frac{3}{5} = 120\text{m}^2$

B家屋（貸付事業用）の敷地部分：$100\text{m}^2 \times \frac{3}{5} = 60\text{m}^2$

特定居住用宅地等と特定事業用等宅地等を選択する場合の限度面積

本特例の対象となる選択特例宅地等には、特定事業用宅地等が400㎡、特定居住用宅地等が330㎡ありそれぞれ本特例の適用を受けたいと考えています。この場合、選択できる限度面積はそれぞれどれだけになるのでしょうか。

特定事業用宅地等を400㎡、特定居住用宅地等330㎡をそれぞれ選択できます。

解説

本特例の限度面積要件は、相続又は遺贈により特例対象宅地等を取得した者の次に掲げる選択特例対象宅地等の区分に応じた面積になります（措法69の４②）。

①　特定事業用宅地等又は特定同族会社事業用宅地等（③のイにおいて「特定事業用等宅地等」といいます。）である選択特例対象宅地等

選択特例対象宅地等の面積の合計が400㎡以下であること。

②　特定居住用宅地等である選択特例対象宅地等

選択特例対象宅地等の面積の合計が330㎡以下であること。

③　貸付事業用宅地等である選択特例対象宅地等

次のイ、ロ及びハの規定により計算した面積の合計が200㎡以下であること。

イ　特定事業用等宅地等である選択特例対象宅地等がある場合の当該選択特例対象宅地等の面積を合計した面積に

400分の200を乗じて得た面積

ロ　特定居住用宅地等である選択特例対象宅地等がある場合の当該選択特例対象宅地等の面積を合計した面積に330分の200を乗じて得た面積

ハ　貸付事業用宅地等である選択特例対象宅地等の面積を合計した面積

計算式にすると次のとおりです（措通64の4－10）。

$$A \times \frac{200}{400} + B \times \frac{200}{330} + C \leqq 200㎡$$

A：特定事業用等宅地等の面積の合計

B：特定居住用宅地等の面積の合計

C：貸付事業用宅地等の面積の合計

質問の場合、本特例として特定事業用等宅地等として400㎡、特定居住用宅地等として330㎡をそれぞれ限度として選択することができます。

25 特例対象宅地等が申告期限までに分割ができない場合

遺産には、本特例の適用を受けることができる特例対象宅地等があります。遺産分割については相続人間で特に争いはありませんが、遺産の一部について分割協議を調整中です。もし、相続税の申告期限までに分割ができない場合は、本特例の適用は受けられないのでしょうか。

当初の相続税の申告書に「申告期限後３年以内の分割見込書」を添付することで、その分割されていない特例対象宅地等が申告期限から３年以内に分割された場合には、その分割されたその特例対象宅地等については、本特例の適用が受けることができます。

解説

本特例は、申告期限までに共同相続人又は包括受遺者によって分割されていない特例対象宅地等については、適用することはできません。ただし、その分割されていない特例対象宅地等が申告期限から３年以内に分割された場合には、その分割されたその特例対象宅地等については、本特例の適用が受けられる旨規定されています（措法69の４④）。

なお、申告期限までに特例対象宅地等の全部又は一部が共同相続人又は包括受遺者によって分割されていないその特例対象宅地等について申告期限後にその特例対象宅地等の全部又は一部が分割されることにより本特例の適用を受けようとする場合は、その旨並びに分割されていない事情及び分割の見込みの詳細を明らかにした書類（「申告期限後３年以内の分割見込書」様式については37ページ参照）を相続税の申告書に添付する必要があるので注意を要します（措規23の2⑧六)。

また、当該期間が経過するまでの間にその特例対象宅地等が分割されなかったことにつき、相続又は遺贈に関し訴えの提起がされたことその他のやむを得ない事情がある場合に、納税地の所轄税務署長の承認を受けたときも本特例の適用を受けることができます（41ページ参照)。

26 特例対象宅地等が申告期限から３年以内に分割ができた場合

遺産には、本特例の適用を受けることができる特例対象宅地等があります。遺産分割については相続人間で特に争いはありませんが、遺産の一部について分割協議を調整中であったことから「申告期限後３年以内の分割見込書」を申告書に添付して法定相続分に従って期限内申告を行っています。この度、一周忌に遺産の分割協議が調いました。本特例を適用すると相続税が還付になります。本特例の適用を受けるための手続はどのようにしたらよいのでしょうか。

分割されていない特例対象宅地等が申告期限から３年以内に分割された場合には、更正の請求により本特例の適用を受ける場合には、分割協議が調った日の翌日から４か月以内に更正の請求を行うことにより、本特例の適用を受けることができます。

解説

本特例は、申告期限までに共同相続人又は包括受遺者によって分割されていない特例対象宅地等については、適用することはできません。ただし、その分割されていない特例対象宅地等が申告期限から３年以内に分割された場合には、その分割されたその特例対象宅地等については、本特例の適用が受けられる旨規定されています（措法69の４④）。

なお、申告期限までに特例対象宅地等の全部又は一部が共同相続人又は包括受遺者によって分割されていないその特例対象宅地等について申告期限後にその特例対象宅地等の全部又は一部が分割されることにより本特例の適用を受けようとする場合は、その旨並びに分割されていない事情及び分割の見込みの詳細を明らかにした書類（「申告期限後３年以内の分割見込書」の様式については37ページ参照）を相続税の申告書に添付する必要があるので注意を要します（措規23の２⑧六）。

分割されていない特例対象宅地等が申告期限から３年以内に分割された場合に、分割が行われた時以後において本特例の規定を適用して計算した相続税額が申告をした相続税額と異なることとなったことによって申告による課税価格又は相続税額が過大となったときは、この事由が生じたことを知った日の翌日から４ヶ月以内に限り、納税地の所轄税務署長に対し、その課税価格又は相続税額につき更正の請求をすることができます（措法69の４⑤）。

27 期限内に遺産分割協議を行ったが、申告が期限後となった場合

遺産には、本特例の適用を受けることができる特例対象宅地等がありました。遺産分割については相続人間で特に争いはなく相続税の申告期限までに分割ができていましたが、本特例の適用を前提にすると相続税の課税価格は基礎控除額以下であったので期限内に相続税の申告書を提出していませんでした。相続税の申告書の提出期限が過ぎていますが、本特例の適用を受けるためにはどのような手続を行えばよいのでしょうか。

本特例の適用を受けるためには、相続税の申告書に所定の記載及び所定の書類の添付をして提出する必要があります。

解説

本特例は、相続税の申告書の提出期限までに共同相続人又は包括受遺者によって分割された特例対象宅地等について適用することができることとされています（措法69の４④）。

ところで本特例は、相続税の申告書（期限後申告書を含みます。）に本特例の適用を受けようとする旨を記載し、計算に関する明細書その他の一定の書類の添付がある場合に限り適用されます（措法69の４⑦）。

したがって、相続税の申告書の提出期限が過ぎているとのことですが、本特例の適用を受けるためには、相続税の申告書に所定の記載及び所定の書類の添付をして提出する必要があります。

なお、本特例には、「税務署長は、相続税の申告書の提出がなかった場合においても、その提出がなかったことについてやむを得ない事情があると認めるときは本特例の適用をする」（措法69の4⑧）旨の宥恕規定があります。

遺産分割協議と申告が期限後となった場合

遺産には、本特例の適用を受けることができる特例対象宅地等がありました。本特例の適用を前提にすると相続税の課税価格は基礎控除額以下であったので相続税の申告も必要ないと思い、したがって、遺産分割協議も特に急ぐ必要もないと思い行っていません。既に、相続税の申告期限が過ぎていますが、これから遺産分割を行う場合、本特例の適用を受けるためにはまずどのような手続を行えばよいのでしょうか。

本特例の適用を受けるためには、「申告期限後３年以内の分割見込書」を添付した相続税の申告書を提出しておく必要があります。

解説

本特例は、申告期限までに共同相続人又は包括受遺者によって分割されていない特例対象宅地等については、適用することはできません。ただし、その分割されていない特例対象宅地等が申告期限から３年以内に分割された場合には、その分割されたその特例対象宅地等については、本特例の適用が受けられる旨規定されています（措法69の４④）。

また、申告期限までに特例対象宅地等の全部又は一部が共同相続人又は包括受遺者によって分割されていないその特例対象宅地等について申告期限後にその特例対象宅地等の全部又は一部が分割されることにより本特例の適用を受けようとする場合は、その旨並びに分割されていない事情及び分割の見込みの詳細を明らかにした書類（「申告期限後３年以内の分割見込書」様式については37ページ参照）を相続税の申告書に添付して提出する必要があります（措規23の２⑧六）。

したがって、相続税の申告書の提出期限が過ぎているとのことですが、本特例の適用を受けるためには、上記「申告期限後３年以内の分割見込書」を添付した相続税の申告書を提出しておく必要があります。

なお、本特例には、「税務署長は、相続税の申告書の提出がなかった場合においても、その提出がなかったことについてやむを得ない事情があると認めるときは本特例の適用をする」（措法69の４⑧）旨の宥恕規定があります。

29　特例対象宅地等が代償分割の対象となった場合

Ａ土地（特定居住用宅地等に該当）については、被相続人甲の配偶者乙が取得することとなりました。乙は、Ａ土地を取得する代わりに長男丙に代償財産としてＡ土地の時価相当額の２分の１の額の現金を渡すこととなりました。Ａ土地については、本特例の適用を受け、相続税法基本通達11の２－９《代償分割が行われた場合の課税価格の計算》、11の２－10《代償財産の価額》により課税価格を計算したいと考えています。次のような事例の場合、代償財産の価額はいくらになるのでしょうか。

〈Ａ土地〉	代償分割時の時価	100,000,000円
	評価基本通達による価額	80,000,000円
	本特例適用後	16,000,000円
	代償財産（現金）	50,000,000円

代償財産の価額は40,000,000円となります。

解説

代償分割が行われた場合の課税価格の計算は、次のように計算を行うように取り扱われています（相基通11の２－９）。

(1)　代償財産の交付を受けた者

相続又は遺贈により取得した現物の財産の価額と交付を受けた代償財産の価額との合計額

(2)　代償財産の交付をした者

相続又は遺贈により取得した現物の財産の価額から交付をした代償財産の価額を控除した金額

上記(1)、(2)の代償財産の価額は、代償分割の対象となった財産を現物で取得した者が他の共同相続人又は包括受遺者に対して負担した代償債務の額の相続開始の時における金額によるものとされています。

ただし、次に掲げる場合に該当するときは、当該代償財産の価額はそれぞれ次に掲げるところによります。

(3) 共同相続人及び包括受遺者の全員の協議に基づいて代償財産の額を次の(4)に掲げる算式に準じて又は合理的と認められる方法によって計算して申告があった場合……

当該申告があった金額

(4) (3)以外の場合で、代償債務の額が、代償分割の対象となった財産が特定され、かつ、当該財産の代償分割の時における通常の取引価額を基として決定されているとき……

次の算式により計算した金額

$$A \times \frac{C}{B}$$

A：代償債務の額

B：代償債務の額の決定の基となった代償分割の対象となった財産の代償分割の時における価額

C：代償分割の対象となった財産の相続開始の時における価額（財産評価基本通達の定めにより評価した価額をいいます。）

事例の場合は、代償債務の額が、代償分割の対象となった財産が特定され、かつ、当該財産の代償分割の時における通常の取引価額を基として決定されていることから、(4)の算式により代償財産の価額を計算することとなりますが、代償分割の対象となった財産のＡ土地について、本特例の適用を受けることから算式中のＣの金額は本特例適用前の80,000,000円によるのか、本特例適用後の16,000,000円によるのかが問題となります。この点については、本特例は、相続税の課税価格の計算の特例で財産評価基本通達の定めにより評価した価額に適用されるものであり、Ｃは財産評価基本通達の定めにより評価した価額とあることから本特例が適用される前の金額によることとなります。したがって、代償財産の価額は次のように計算します。

$$50,000,000\text{円} \times \frac{80,000,000\text{円}}{100,000,000\text{円}} = 40,000,000\text{円}$$

30 遺産分割が確定したが特例対象宅地等の選択同意ができない場合

相続税の申告期限までに遺産分割ができませんでしたが、その後、遺産分割が確定しました。しかし、相続人間で小規模宅地の特例の対象宅地等の選択について調整がつかず、いまだ同意ができていません。

とりあえず、本特例の適用をせずに相続税の修正申告及び更正の請求を行い、その後選択についての同意が調ってから、本特例を適用して更正の請求をすることはできますか。

遺産分割に伴って本特例を適用して更正の請求をすることはできますが、選択の同意のみによる更正の請求をすることはできません。

解説

本特例は、原則として相続税の申告期限までに分割されていない特例対象宅地等については適用がありませんが、一定の書類を提出すること等によって、申告期限から３年以内又はその後であっても適用を受けることができます（措法69の４④）。

その手続として、遺産分割等による取得財産の増減とともに本特例を適用して計算した相続税額が、当初に申告した相続税額よりも減少することとなったときは４ヶ月以内に更正の請求をすることができます（措法69の４⑤、相法32①）。

この「４ヶ月以内」とは、遺産分割等が行われた日の翌日から（相法32①）であって、特例対象宅地等の選択の同意の日からではありません。

また、遺産分割に伴う相続税の修正申告及び更正の請求の際に本特例の適用を受けなかったとしても、それは特例対象宅地等の選択の同意がなかったからであって、法律の規定に従った適法なものですから、国税通則法第23条第１項第１号による更正の請求にも該当しません。

したがって、相続税の申告期限後に遺産分割が行われた場合には、その分割等の日の翌日から遅くとも４ヶ月以内に特例対象宅地等の選択の同意が行われないと、分割確定に伴う修正申告及び更正の請求の際に本特例の適用を受けることはできず、その後に特例対象宅地等の選択の同意が行われても、もはや本特例の適用を受けることはできませんので、更正の請求をすることはできません。

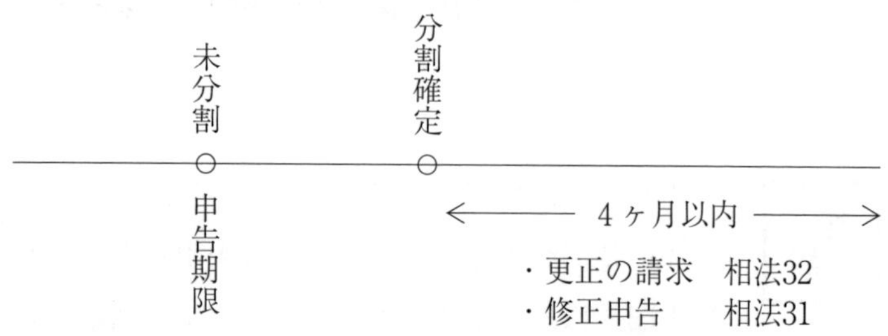

31 特例対象宅地等の一部について分割ができず選択同意書が添付できない場合

Q

相続税の申告期限までにA土地については長男が取得することで遺産分割ができましたが、B土地については、相続税の申告期限までには分割が困難であると思われます。A土地、B土地については、特例対象宅地等には該当しています。しかし、相続人3人の間で遺産分割について争いがあり、本特例の適用にあたっての同意が得られないかもしれません。このような事情がある場合は、A土地について同意がなくても本特例の適用は受けられるのでしょうか。

A

A土地について本特例を適用することに同意したことを証する書類（選択同意書）を添付できない場合は本特例の適用を受けることはできません。

解説

本特例は、相続又は遺贈により取得した財産のうちに、相続の開始の直前において、被相続人等の事業の用又は居住の用に供されていた宅地等で建物等の敷地の用に供されているもので特例対象宅地等に該当する場合は、相続等により財産を取得した者に係る全ての特例対象宅地等のうち、当該個人が取得をした特例対象宅地等又はその一部で本特例の適用を受けるものとして政令で定めるところにより選択をした選択特例対象宅地等について適用されるものです（措法69の4①）。

そして租税特別措置法施行令第40条の2第5項で、特例対象宅地等の全てを取得した個人が1人である場合以外（複数人いる場合）には、特例対象宅地等を取得した全ての個人の選択についての同意を証する書類を相続税の申告書に添付することを求めています（措令40の２⑤三)。

事例の場合、Ａ土地を取得するのは長男１人ですが、Ｂ土地は未分割であり相続人３人の共有に属していることになるので、特例対象宅地等を取得した者が複数人いることから、申告期限内に分割されたＡ土地について本特例の適用を受けるためには、Ａ土地について相続人３人が同意をしたことを証する書類の添付が必要となります。

なお、仮にＡ土地について本特例が受けられない場合でも、Ｂ土地については分割ができた場合には、本特例の適用ができるように「申告期限後３年以内の分割見込書」の添付を忘れないように注意が必要です（措法69の４④)。

裁判例・裁決例 No. 83（690ページ）・No. 91（695ページ）

遺産が未分割であることについてやむを得ない事由がある旨の承認申請書の提出期限

相続人乙は、相続税の申告期限までに遺産分割ができなかったので、「申告期限後3年以内の分割見込書」を提出しましたが、遺産分割協議はなかなか進展しましせんでした。そして、申告期限後3年となる直前にもう一人の相続人丙から遺産分割について提訴されましたが、担当弁護士が急死したため新たな弁護士を探したり、その頃乙が入院するなどあって、「遺産が未分割であることについてやむを得ない事由がある旨の承認申請書」の提出は、申告期限後3年と3ヶ月を経過してしまいました。

この申請書の提出はその期限に間に合いませんでしたが、提出が遅れたことについては、上記のようなやむを得ない事情があります。

この場合、遺産分割が確定すれば、本特例の適用を受けられますか。

A

「遺産が未分割であることについてやむを得ない事由がある旨の承認申請書」の提出に際し、やむを得ない事情があったとしても、その提出が期限を過ぎているので、本特例の適用を受けられません。

解説

本特例は、原則として相続税の申告期限までに分割されていない特例対象宅地等については適用がありませんが、「申告期限後3年以内の分割見込書」を提出することによって、申告期限から3年以内であっても本特例の適用を受けることができます。また、訴えの提起など、申告期限から３年以内に遺産分割ができなかったことについてやむを得ない事情がある場合、納税地の所轄税務署長の承認を受けたときは申告期限から３年を経過した場合でも、本特例の適用を受けることができます（措法69の４④）。

そして、この承認を受けるためには、「遺産が未分割であることについてやむを得ない事由がある旨の承認申請書」等を申告期限から３年を経過する日の翌日から２ヶ月を経過する日までに提出しなければなりません（措令40の２㉓、相令４の２①）。

混同されがちですが、この「やむを得ない事情」とは、分割ができないことに対する事情のことであって、提出が遅れたことに対する事情ではありません。

したがって、この承認申請書の提出について、仮にやむを得ない事情があったとしても、その期限までに提出がない以上、所轄税務署長の承認が受けられませんので、本特例の適用はありません。

33 数次相続が発生し相続人が一人になった場合

被相続人甲の相続人は、甲の配偶者乙、長男の２名です。甲の遺産について相続人（配偶者、長男）によって遺産分割の内容については合意ができていましたが、遺産分割協議書を作成する前に配偶者乙が死亡しました。この場合に、甲死亡により取得する特例対象宅地等を長男一人で取得した特例対象宅地等として確定させた場合、被相続人甲の相続税の申告において本特例の適用をすることはできるのでしょうか。

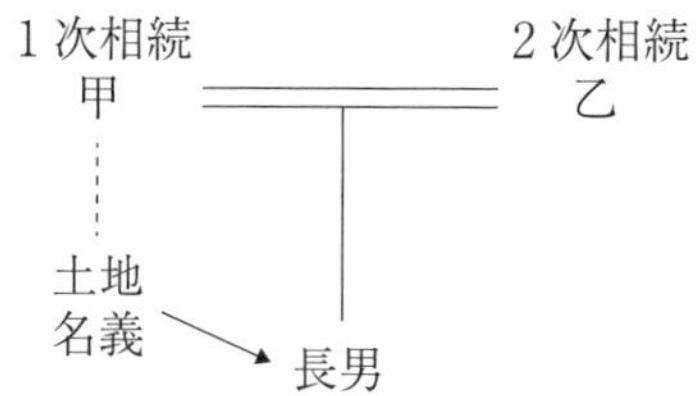

特例対象宅地等の名義を被相続人甲から長男へ、直接相続による所有権移転登記をすることができる場合は、被相続人甲の相続税の申告において本特例の適用を受けることができるものと思われます。

解説

本特例を受けるためには、分割取得することが要件とされています（措法69の４④）。

本事例のように、被相続人甲が死亡し、甲の法定相続人が配偶者乙と長男のみである場合に、甲の遺産分割がされないまま乙が死亡し、乙の法定相続人が長男のみであるときは、長男は甲の遺産の分割をする余地はないことから、相続に関する登記においても、長男が甲及び乙の死亡後に甲の遺産である不動産の共有持分を直接全て相続し、取得したことを内容とする書面を仮に長男が作成した場合、その書面は登記原因証明情報としての適格性を欠くものとされます（東京高等裁判所平成26年９月30日、東京地方裁判所平成26年３月13日）。このような場合には、特例対象宅地等の名義を被相続人甲から長男へ、直接全て相続による所有権移転登記をすることができないことから、上記分割要件を満たすことはできないと考えられ、被相続人甲に係る相続税の申告において、本特例の適用はないものと思われます。

ところで、遺産分割協議は要式行為ではないことから、配偶者乙の死亡前に甲の遺産について長男と乙との間で遺産分割協議書が作成されていなくとも、質問のように、乙の死亡前に甲の遺産についてされた乙と長男の間で行われた遺産分割の内容の合意は、有効な協議になります。長男は、この遺産分割協議の内容を証明することができる唯一の相続人であることから、乙の死亡後に長男が作成した「遺産分割協議証明書」（上記協議内容を明記した書面）は登記原因証明情報の適格性を有しているものとされ（次ページの平成28年３月２日民二第154号第二課長通知参照）、本件書面と長男の印鑑証明書を添付して登記申請することにより、特例対象宅地等の名義を被相続人甲から長男へ、直接全て相続による所有権移転登記をすることができれば、本特例を受けるための上記分割要件を満たしているものと考えられます。

参考までに、このような遺産分割の方法が認められている先例として、「相続人一人からの遺産分割協議証明書」（平成28年３月２日民二第154号第二課長通知）があります。

（参考）

平成28年3月2日民二第154号第二課長通知

法務省民二第154号
平成28年3月2日

法務局民事行政部長　殿
（大阪を除く。）
地方法務局長　殿

法務省民事局民事第二課長
（公印省略）

遺産分割の協議後に他の相続人が死亡して当該協議の証明者が一人となった場合の相続による所有権の移転の登記の可否について（通知）

標記について、別紙甲号のとおり大阪法務局民事行政部長から当職宛てに照会があり、別紙乙号のとおり回答しましたので、この旨貴管下登記官に周知方お取り計らい願います。

〈別紙甲号〉

不登第21号
平成28年2月8日

法務省民事局民事第二課長　殿

大阪法務局民事行政部長　醍醐　邦治

遺産分割の協議後に他の相続人が死亡して当該協議の証明者が一人となった場合の相続による所有権の移転の登記の可否について（照会）

所有権の登記名義人Ａが死亡し、Ａの法定相続人がＢ及びＣのみである場合において、Ａの遺産の分割の協議がされないままＢが死亡し、Ｂの法定相続人がＣのみであるときは、ＣはＡの遺産の分割（民法（明治29年法律第89号）第907条第１項）をする余地はないことから、ＣがＡ及びＢの死後にＡの遺産である不動産の共有持分を直接全て相続し、取得したことを内容とするＣが作成した書面は、登記原因証明情報としての適格性を欠くものとされています（東京高等裁判所平成26年９月30日判決（平成26年（行コ）第116号処分取消等請求控訴事件）及び東京地方裁判所平成26年３月13日判決（平成25年（行ウ）第372号処分取消等請求事件）参照）。

これに対して、上記の場合において、ＢとＣの間でＣが単独でＡの遺産を取得する旨のＡの遺産の分割の協議が行われた後にＢが死亡したときは、遺産の分割の協議は要式行為ではないことから、Ｂの生前にＢとＣの間で遺産分割協議書が作成されていなくとも当該協議は有効であり、また、Ｃは当該協議の内容を証明することができる唯一の相続人であるから、当該協議の内容を明記してＣがＢの死後に作成した遺産分割協議証明書（別紙）は、登記原因証明情報としての適格性を有し、これがＣの印鑑証明書とともに提供されたときは、相続による所有権の移転の登記の申請に係る登記をすることができると考えますが、当該遺産分割協議証明書については、登記権利者であるＣ一人による証明であるから、相続を証する情報（不動産登記令（平成16年政令第379号）別表の22の項添付情報欄）としての適格性を欠いているとの意見もあり、当該申請に係る登記の可否について、いささか疑義がありますので照会します。

遺産分割協議証明書

平成20年11月12日〇〇県〇〇市〇〇区〇〇町〇丁目〇番〇号Ａの死亡によって開始した相続における共同相続人Ｂ及びＣが平成23年５月10日に行った遺産分割協議の結果、〇〇県〇〇市〇〇区〇〇町〇丁目〇番〇号Cが被相続人の遺産に属する後記物件を単独取得したことを証明する。

平成27年1月1日

○○県○○市○○区○○町○丁目○番○号
（Aの相続人兼Aの相続人Bの相続人）
C ㊞

不動産の表示
（略）

〈別紙乙号〉

法務省民二第153号
平成28年3月2日

大阪法務局民事行政部長殿

法務省民事局民事第二課長
（ 公 印 省 略 ）

遺産分割の協議後に他の相続人が死亡して当該協議の証明者が一人となった場合の相続による所有権の移転の登記の可否について（回答）

本年2月8日付け不登第21号をもって照会のありました標記の件については、貴見のとおり取り扱われて差し支えありません。

「コラム　相続人が一人になった場合の遺産の分割」（43ページ）も参照ください。

34 共同相続人等が特例対象宅地等の分割前に死亡している場合

被相続人甲の相続人は、配偶者、長男、長女の３名です。相続により取得した特例対象宅地等がこの相続人（配偶者、長男、長女）によって分割される前に、甲の相続人の配偶者が死亡しました。この場合に、甲の相続により取得した特例対象宅地等を、死亡した甲の相続人である長男、長女によって分割し、その分割により死亡した配偶者が取得する特例対象宅地等として確定させた場合は、配偶者が取得したものとして被相続人甲の相続税の申告において本件特例の適用をすることができるのでしょうか。

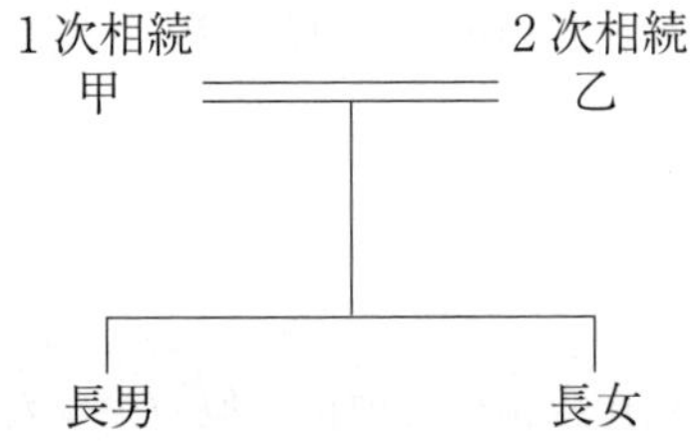

死亡した配偶者が取得したものとして、被相続人甲の相続税の申告において本件特例の適用をすることができます。

解説

本特例を受けるためには、分割取得をすることが要件とされています（措法69の４④）。

第一次相続（被相続人甲死亡による相続）の遺産分割協議が行われる前に、第一次相続の相続人が死亡した場合には、この死亡した相続人は遺産分割によって財産を取得することができなくなり、本特例を受けるための要件である、分割取得をすることができないことになります。このように取り扱われた場合には、本特例の適用が受けられなくなり著しく不利益な取り扱いとなります。

そこで、共同相続人等が特例対象宅地等の分割前に死亡している場合には、相続又は遺贈により取得した特例対象宅地等の全部又は一部が共同相続人又は包括受遺者（以下「共同相続人等」といいます。）によって分割される前に、当該相続（以下「第一次相続」といいます。）に係る共同相続人等のうちいずれかが死亡した場合において、第一次相続により取得した特例対象宅地等の全部又は一部が、当該死亡した者の共同相続人等及び第一次相続に係る当該死亡した者以外の共同相続人等によって分割され、その分割により当該死亡した者の取得した特例対象宅地等として確定させたものがあるときは、租税特別措置法第69条の４第１項の規定の適用に当たっては、その特例対象宅地等は分割により当該死亡した者が取得したものとして取り扱うことができることとされています（措通69の４－25）。

上記のように数次相続（甲死亡の第一次相続、甲の配偶者死亡の第二次相続）が発生した場合、第一次相続の共同相続人間で遺産分割を行い、この遺産分割に基づき甲の配偶者が取得する甲の相続財産を、更に甲の配偶者の相続人である長男、長女により遺産分割を行う、２回遺産分割を行う方法もありますが、被相続人甲の相続財産について、第一次相続、第二次相続について同時に遺産分割を行うことも認められています。

参考までに、このような遺産分割の方法が認められている先例として、次の「数次相続が生じている場合において最終的な遺産分割協議の結果のみが記載された遺産分割協議書を添付してされた相続による所有権の移転登記の可否について」（平成29年３月30日民二第237号第二課長通知）があります。

（参考）

平成29年３月30日民二第237号第二課長通知

法務省民二第237号
平成29年３月30日

法務局民事行政部長　殿
（福岡を除く。）
地 方 法 務 局 長　殿

法務省民事局民事第二課長
（　公　印　省　略　）

数次相続が生じている場合において最終的な遺産分割協議の結果のみが記載された遺産分割協議書を添付してされた相続による所有権の移転の登記の可否について（通知）

標記について、別紙甲号のとおり福岡法務局民事行政部長から当職宛てに照会があり、別紙乙号のとおり回答しましたので、この旨貴管下登記官に周知方お取り計らい願います。

〈別紙甲号〉

不 登 第 6 4 号
平成29年３月28日

法務省民事局民事第二課長　殿

福岡法務局民事行政部長　石山　順一

数次相続が生じている場合において最終的な遺産分割協誰の結果のみが記載された遺産分割協議書を添付してされた相続による所有権の移転の登記の可否について（照会）

Aを所有権の登記名義人とする甲不動産について、別添の相続関係説明図記載のとおり遺産分割が未了のまま数次相続が発生したことを前提に、今般、Eの相続人の一人であるGから、Gが甲不動産を相続したことを内容とする遺産分割協議書を登記原因証明情報の一つとして添付した上で、「年月日B相続、年月日E相続、年月日相続」を登記原因とするGへの所有権の移転の登記の申
請（以下「本件登記申請」という。）が1件の申請でされました。

単独相続が中間において数次行われた場合には、相続を原因とする所有権の移転登記を1件の申請で行うことができ、この単独相続には遺産分割により単独相続になった場合も含まれることについては先例（昭和30年12月16日付け民事甲第2670号民事局長通達。以下「昭和30年通達」という。）において示されているところですが、本件においては、第一次相続の相続人による遺産分割が未了のまま第二次相続及び第三次相続が発生し、その後の遺産分割協議が第一次相続及び第二次相続の各相続人の地位を承継した者並びに第三次相続の相続人によって行われたものであり、本遺産分割協議書には、A名義の不動産をGが単独で相続した旨の記載があるのみであることから、昭和30年通達の取扱いの対象となるかどうかが明らかではありません。

本遺産分割協議書の当該記載の趣旨は、第一次相続から第三次相続までの相続関係から合理的に推認すれば、まず、①第一次相続の相続人の地位を承継した者（FからSまで）

により亡Ｂに甲不動産を承継させる合意、次に②亡Ｂを被相続人とする第二次相続の相続人（J、K及びＬ）及び相続人の地位を承継した者（F、G、H及びＩ）により亡Ｅに甲不動産を承継させる合意、そして、③亡Ｅを被相続人とする第三次相続の相続人（F、G、H及びＩ）によりＧに甲不動産を承継させる合意の各合意をいずれも包含するものと解されますので、登記原因欄の上記記載は相当であると考えられます。また、上記各相続における相続人又は相続人の地位を承継した者であるＦからＳまでの全員の署名押印があり、第一次相続から第三次相続までの遺産分割協議をするためにそれぞれ必要な者によって遺産分割が行われたと考えられます。そうすると、昭和30年通達に従って、本件登記申請に係る登記をすることができると考えますが、いささか疑義がありますので照会します。

被相続人A　　相続関係説明図

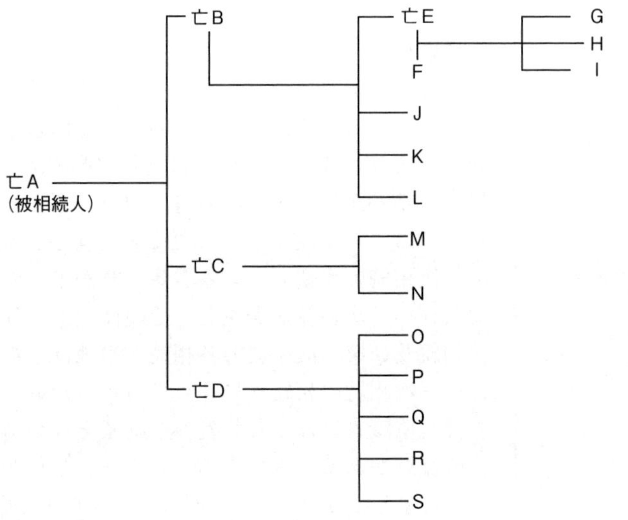

〈別紙乙号〉

法務省民二第236号
平成29年３月30日

福岡法務局民事行政部長　殿

法務省民事局民事第二課長
（　公　印　省　略　）

数次相続が生じている場合において最終的な遺産分割協議の結果のみが記載された遺産分割協議書を添付してされた相続による所有権の移転の登記の可否について（回答）

本月28日付け不登第64号をもって照会のありました標記の件については、貴見のとおり取り扱われて差し支えありません。

35 特例対象宅地等を物納する場合の収納価額

被相続人甲の財産には宅地が相当数あり、相続税の納税の方法として宅地の物納を考える必要があります。仮に本特例の適用を受けた宅地を物納財産とした場合の収納価額は、本特例の適用を受ける前の価額でしょうか、それとも本特例の適用を受けた後の価額になるのでしょうか。

A

本特例を受けた宅地の収納価額は、本特例の適用を受けた後（減額後）の価額になります。

物納財産の収納価額は、課税価格計算の基礎となった当該財産の価額によると規定されており、これは、相続税の課税価格に算入された価額を意味することから宅地が物納財産である場合は、路線価方式か倍率方式により評価した価額になります（相法43①)。ところが、本特例を受けた場合は、相続税法第11条の２に規定する相続税の課税価格に算入すべき価額は、20％あるいは50％を乗じて計算した金額と規定していることから、本特例を受けた宅地の収納価額は、本特例の適用を受けた後（減額後）の価額になります。

36 太陽光発電設備の敷地

郊外に遊休土地があることから太陽光発電設備を設置し、いわゆる太陽光発電による電力を電力会社に売却しています。この土地について本特例が適用できるのでしょうか。

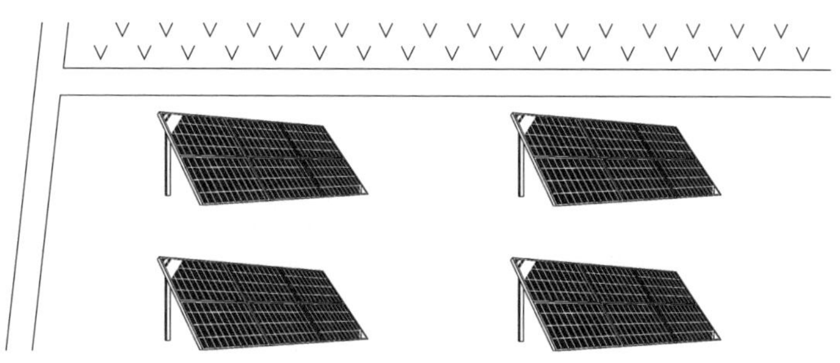

本特例の適用はないものと考えられます。

解説

本特例は、相続の開始の直前において被相続人等の事業の用に供されていた宅地等で建物又は構築物の敷地の用に供されているものに適用されます（措法69の4①）。

ところで、太陽光発電設備は、減価償却費の計算上、発電・送電等を行う自家発電設備であることから、一般に「機械装置」に分類されると考えられます（耐用年数省令別表第二）。

したがって、太陽光発電設備を設置した土地は、建物又は構築物の敷地の用に供されているものに該当しないことから本特例の適用はないものと考えられます。

（参考）

一般家庭で行われる太陽光発電も、平成24年７月以降、一定規模以上の太陽光発電設備により発電が行われる場合には、その送電された電気の全量について電力会社に売却する全量売電が可能とされています。

例えば、給与所得者がこの全量売電を行っている場合の売電収入も、それが事業として行われている場合を除き、雑所得に該当すると考えられます。

（庁Q&A（各種所得）45）

37 太陽光発電設備用地の貸付け

私は、同族会社Ａ社（コンビニエンスストア経営）のオーナーです。Ａ社で太陽光発電設備を設置し、いわゆる太陽光発電による電力を電力会社に売却することを考えています。そこで、この事業のために私の所有する土地の貸付けを行いたいと考えています。この土地について本特例が適用できるのでしょうか。

Ａ社が太陽光発電設備設置に際し、当該土地が建物又は構築物の敷地の用に供される場合には本特例の適用があるものと考えられます。

解説

本特例は、相続の開始の直前において被相続人等の事業の用に供されていた宅地等で建物又は構築物の敷地の用に供されているものに適用されます（措法69の４①）。

ところで、太陽光発電設備は、減価償却費の計算上、発電・送電等を行う自家発電設備であることから、一般に「機械装置」に分類されると考えられます（耐用年数省令別表第二）。

したがって、太陽光発電設備のみを設置した土地は、建物又は構築物の敷地の用に供されているものに該当しないことから本特例の適用はないものと考えられます。

そこで、太陽光発電設備を設置するに当たり、例えば、当該土地が構築物の敷地（例：アスファルト敷）の用に供される場合には本特例の適用があるものと考えられます。

個人の事業用資産についての納税猶予及び免除の適用がある場合

被相続人は、個人の事業用資産についての贈与税の納税猶予制度（措置法第70条の６の８）を適用した贈与を行っています。その贈与後に、新規に立ち上げた事業を行っている宅地があります。この宅地について特定事業用宅地等として小規模宅地等の特例の適用ができますか。

A

小規模宅地等の特例の適用はできません。

個人の事業用資産についての納税猶予制度（措置法第70条の６の８～10）が創設され、この納税猶予制度と小規模宅地等の特例とは、選択制とされ、個人の事業用資産についての贈与税の納税猶予制度の適用に係る贈与者から相続又は遺贈により取得をした特定事業用宅地等についてはこの小規模宅地等の特例を適用できない旨規定されています（措法69の４⑥）。

また、被相続人が措置法第70条の６の10第１項の規定の適用を受ける同条第２項第２号に規定する特例事業相続人等に係る同条第１項に規定する被相続人に該当する場合には、措置法第69条の４第６項の規定により、当該被相続人から相続又は遺贈により取得をした全ての同条第３項第１号に規定する特定事業用宅地等について、同条第１項の規定の適用ができません（措通69の４－26の２）。

「取得」には、措置法第70条の６の９第１項（同条第２項の規定により読み替えて適用する場合を含みます。）の規定により相続又は遺贈により取得をしたものとみなされる場合における当該取得が含まれます。

なお、被相続人から相続又は遺贈により取得をした措置法第69条の４第３項第２号に規定する特定居住用宅地等、同項第３号に規定する特定同族会社事業用宅地等及び同項第４号に規定する貸付事業用宅地等については、同条第６項の規定の適用はありません。

（参考）

個人版事業承継税制の概要

個人版事業承継税制については、小規模宅地等の特例の対象である事業用の宅地に加え、事業用の建物及び一定の減価償却資産を対象とし、税額の猶予割合は100%となっているほか、相続のみならず生前贈与にも適用可能とするなど、思い切った措置となっています。

この制度は、平成31年１月１日から令和10年12月31日までの10年間の時限措置とされ、小規模宅地等の特例との選択適用とされています。

1　対象資産

個人版事業承継税制の対象資産は、特定事業用資産となります。

「特定事業用資産」とは、以下のものをいいます（措法70の６の10②一）。

贈与者（当該贈与者と生計を一にする配偶者その他の親族等を含みます。）の事業（不動産貸付事業、駐車場業及び自転車駐車場業を除きます（措令40の７の10⑤）。）の用に供されていた次の資産で、贈与した日の前年分の贈与者の事業所得に係る青色申告書に添付される貸借対照表に計上されているものをいいます。

イ　宅地等（土地又は土地の上に存する権利をいい、一定の建物又は構築物の敷地㊟の用に供されていたもののうち、贈与者の棚卸資産に該当しないもので、当該事業の用に供されていた部分に限ります（措令40の７の８⑥）。）**➡ 面積400㎡以下の部分**

ただし、宅地等の面積400㎡以下の部分については、被相続人から相続又は遺贈により取得した宅地等について小規模宅地等の特例の適用を受けている場合には、以下の面積が控除されます（措令40の７の10⑦）。

・特定同族会社事業用宅地等の面積

・貸付事業用宅地等の面積×２

㊟　この「一定の建物又は構築物の敷地」とは、次の建物又は構築物以外の建物又は構築物の敷地をいいます（措規23の８の８①）。

①　温室その他の建物で、その敷地が耕作の用に供されるもの

②　暗きょその他の構築物で、その敷地が耕作の用又は耕作若しくは養畜のための採草若しくは家畜の放牧の用に供されるもの

ロ　建物（贈与者の棚卸資産に該当しないもので、当該事業の用に供されていた部分に限ります（措令40の７の８⑦）。

➡ 床面積800㎡以下の部分

ハ　建物以外の減価償却資産　➡ 次のもの

①固定資産税の償却資産税の対象となるもの

②自動車

・営業用として自動車税若しくは軽自動車税の課税対象となっているもの

・その他一定の自動車

③特許権などの無形固定資産、牛・果樹などの生物

２　個人事業承継計画の提出・確認

個人版事業承継税制の適用を受けるためには、「個人事業承継計画」を提出し、都道府県知事の確認を受ける必要があります。

平成31年４月１日から令和６年３月31日までの間に都道府県知事に提出する必要があります。

3　被相続人の要件（措法70の６の10①、措令40の７の10①）

【原則】（最初の相続に係る事業を行っていた被相続人）

特定事業用資産について最初に個人版事業承継税制の適用を受ける場合の被相続人は、次のいずれにも該当する者となります。

⑴　事業者要件

特定事業用資産に係る事業を行っていた者であり、当該事業に係る当該特定事業用資産の全て（数人の共有に属する場合には当該被相続人以外の者が有していた共有持分を除きます。以下**【例外】**に同じです。）を相続させること。

⑵　青色申告者要件

相続年分、その前年、前々年が青色申告（55万円（e-Tax利用等の場合65万円となります。）の青色申告特別控除に限ります。）であること。

4　後継者の要件（措法70の６の10②二）

個人版事業承継税制の適用対象となる後継者は、前記被相続人から相続により特定事業用資産を取得した個人で、次の全てを満たす者（一事業につき一人に限ります（措法70の６の10⑧）。）をいいます。親族要件は課されていませんので、親族外承継も可能です。

小規模宅地等の特例との併用禁止	当該被相続人からの相続等により取得した宅地等について、小規模宅地等の特例のうち特定事業用宅地等の適用を受けていないこと（当該後継者に限りません。）。
特例円滑化法認定要件	特例円滑化法認定を受けている中小企業者であること。
事業従事要件	後継者が当該相続の開始の直前において当

	該特定事業用資産に係る事業（当該事業と同種又は類似のものを含みます（措規23の８の９①)。(注)）に従事していたこと。当該被相続人が60歳未満で死亡した場合には、この要件は不要です。
資産保有要件	贈与の日から贈与税の申告書の提出期限まで引き続き、当該資産の全部を有し、自己の事業の用に供していること。
青色申告要件	当該贈与税の申告書の提出期限において開業届出書を提出し、青色申告の承認を受けていること。
資産管理型事業非該当要件	資産管理型事業に該当しないこと。
風俗営業会社非該当要件	当該事業が、性風俗関連特殊営業に該当しないこと。
円滑化法の後継者要件（措規23の８の８⑥)	円滑化法施行規則17条１項の確認（同規則18条７項の変更を受けたときは変更後）を受けた者であること。

5　分割要件（措法70の６の10⑦)

個人版事業承継税制の適用を受けることができるものは、相続税の申告書の提出期限までに、共同相続人又は包括受遺者によって分割されているものに限ります。

6　期限内申告要件

相続税の特例措置の適用を受けるためには、相続税の申告書に、特定事業用資産の全部若しくは一部について相続税の特例措置の適用を受ける旨の記載をし、特定事業用資産の明細、納税猶予分の相続税額の計算に関する明細書など一定の事項を記載した書類を添付してこれらを期限内に提出する必要があります（措法70の６の10⑨、措規23の８の９⑭)。

7　税務署長への報告

特例事業相続人等は、相続税の申告期限の翌日から３年を経過する日ごとの日の翌日から３か月を経過する日までに、個人版事業承継税制の継続適用に係る継続届出書及び当該事業に関する明細書を納税地の所轄税務署長に提出しなければなりません（措法70の6の10⑩、措令40の7の10㉖）。

8　猶予税額の納付─猶予期限の確定─

特例事業相続人等が当該事業を廃止した場合など、一定の事実が生じた場合には、その生じた日から2か月を経過する日をもって猶予税額の全額を納付しなければなりません。（措法70の6の10③④）。

9　猶予税額の免除

以下のような場合に、猶予されていた税額が免除されます。

⑴　特例事業受贈者等の死亡による免除（措法70の6の10⑮、措令40の7の10㉗㉘）

⑵　法的な倒産等による免除（措法70の6の10⑰、措令40の7の10㉙㉚→措令40の7の8㉝㉞、措規23の8の9㉒㉓）

⑶　事業継続が困難な場合による免除
（措法70の6の10⑱、措令40の7の10㉛→措令40の7の8㉟）

⑷　再生計画による免除（措法70の6の10⑲～㉑、措令40の7の10㉚㉜→措令40の7の8㉞㊱）

10　利子税の納付（措法70の6の10㉖㉗）

上記7の継続届出書を提出期限までに提出しない場合、上記8により猶予税額の全部又は一部を納付する場合には、相続税の法定申告期限からの利子税を併せて納付しなければなりません。（措法93②⑤）。

11　担保の提供（措法70の6の10①）

個人版事業承継税制の適用を受けるためには、相続税の申告期限までに猶予税額相当額の担保を提供する必要があり、担保の提供については、国税通則法第50条及び国税通則法施行令第16条に定める手続が原則となります。

【特定居住用宅地等】

―基本編―

(1)　被相続人所有の建物の場合

被相続人と配偶者が居住し、家なし親族が取得した場合

　被相続人甲は、自己が所有する200㎡の東京の土地（Ａ敷地）の上のＡ家屋に配偶者乙とともに居住していました。被相続人の長男丙は、会社員であり、ここ10年間は自分の家族とともに社宅に居住していました。

　今回の相続でこの東京の土地、建物を丙が取得しました。この場合、特定居住用宅地等に該当しますか。

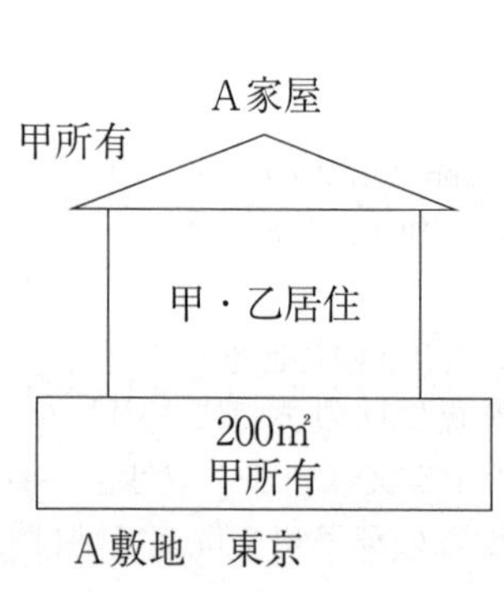

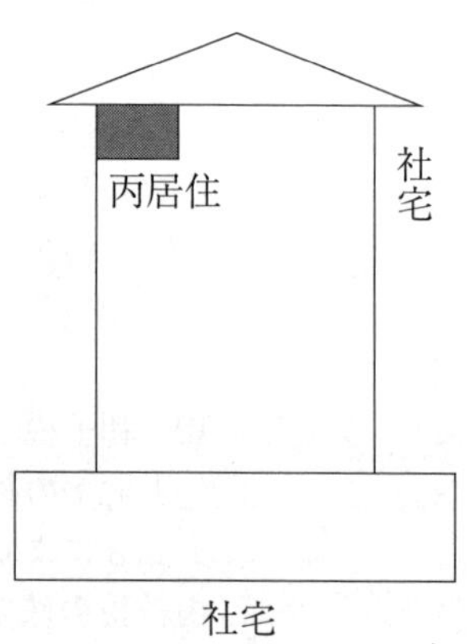

A

Ａ敷地は特定居住用宅地等に該当しません。

解説

本特例において、特定居住用宅地等に該当するためには、被相続人の居住の用に供されていた宅地等で、下記の要件を満たす当該被相続人の親族が相続又は遺贈により取得したものであることが要件の一つになっています(措法69の4③二ロ)。

次の①から⑥の要件を全て満たす者

① 被相続人の配偶者がいないこと。

② 相続開始の直前において被相続人と同居していた法定相続人がいないこと。

③ 居住無制限納税義務者又は非居住制限納税義務者のうち日本国籍を有しない者ではない(注1)こと。

(注1) 下記図表の黒ぬりの無制限納税義務者と白ぬりの制限納税義務者のうちイ・ロ・ハの者をいいます(措規23の2④)。

【令和3年4月1日以後の相続税の納税義務者の範囲】

<table>
<tr><td colspan="2" rowspan="3">相続人
被相続人</td><td rowspan="3">国内に居住</td><td colspan="4">国外に居住</td></tr>
<tr><td rowspan="2">一時居住者(※1)</td><td colspan="2">日本国籍あり</td><td rowspan="2">日本国籍なし</td></tr>
<tr><td>10年以内に国内に住所あり</td><td>左記以外</td></tr>
<tr><td colspan="2">国内に居住</td><td></td><td></td><td></td><td></td><td></td></tr>
<tr><td colspan="2">外国人被相続人(※2)</td><td></td><td></td><td></td><td>イ</td><td></td></tr>
<tr><td rowspan="3">国外に居住</td><td>10年以内に国内に住所あり</td><td colspan="5">国内財産・国外財産ともに課税</td></tr>
<tr><td>非居住被相続人1(※2)</td><td></td><td></td><td></td><td>ロ</td><td rowspan="2">国内財産のみに課税</td></tr>
<tr><td>上記以外(非居住被相続人2)</td><td></td><td></td><td></td><td>ハ</td></tr>
</table>

(※1) 相続開始時において、出入国管理及び難民認定法別表第1の在留資格の者で、過去15年以内において国内に住所を有していた期間の合計が10年以下のもの

(※2) 相続開始時において、在留資格を有する者

④　相続開始前３年以内に日本国内にある自己、自己の配偶者、自己の３親等内の親族又は自己と特別の関係がある法人（注２）の所有に係る家屋（相続開始の直前において被相続人の居住の用に供されていた家屋を除きます。）に居住したことがないこと。

（注２）　特別の関係がある法人とは、７ページの（※４）に掲げる法人をいいます（措令40の２⑮）。

⑤　相続開始時に、取得者が居住している家屋を一度も所有したことがないこと。

⑥　相続開始時から相続税の申告期限までその宅地等を有していること。

この事例の場合は、上記要件の①を満たしませんので、特定居住用宅地等には該当しません。

40 家なし親族が取得し、申告期限までに賃貸した場合

被相続人甲は、甲が所有する土地・建物に一人で暮らしていました。配偶者乙は既に死亡しています。

この居住用の建物とその敷地を相続したのは長男丙で、丙はこの10年間は第三者が所有する家屋に居住しています。その後、丙は、相続税の申告期限までに、甲が居住していた家屋を賃貸しました。

この場合、丙が相続した甲の居住用家屋の敷地は、特定居住用宅地等に該当しますか。

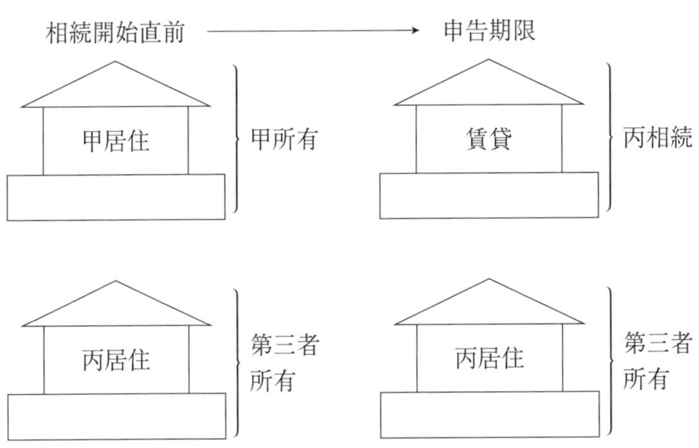

特定居住用宅地等に該当します。

解説

本特例において、特定居住用宅地等に該当するためには、問39の①から⑥の要件を満たす当該被相続人の親族が相続又は遺贈により取得したものであることが要件となっています（措法69の４③二ロ）。

この①から⑥の要件をみますと、被相続人が居住していた家屋について、申告期限までの利用状況について特に制限はありませんので、この事例の場合は、特定居住用宅地等に該当します。

41 家なし親族が取得し、申告期限までに売却した場合

前問のケースで、賃貸ではなく、申告期限までに売却した場合は、特定居住用宅地等に該当しますか。

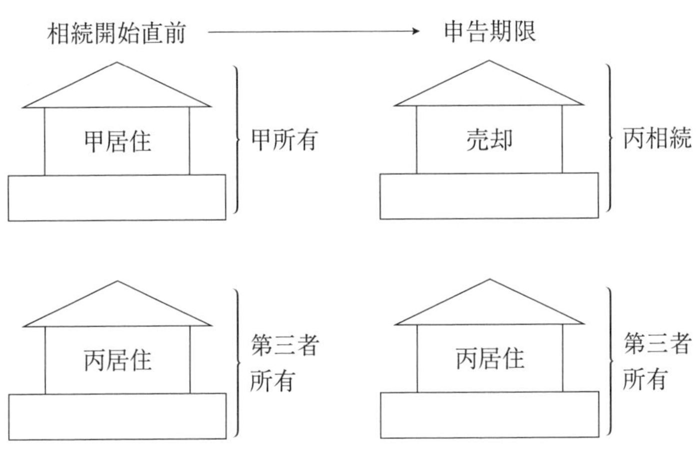

特定居住用宅地等に該当しません。

解説

本特例において、特定居住用宅地等に該当するためには、問39の①から⑥の要件を満たす当該被相続人の親族が相続又は遺贈により取得したものであることが要件となっています(措法69の4③二ロ)。

この事例の場合は、⑥の要件を満たしませんので、特定居住用宅地等に該当しません。

家なし親族が取得し、申告期限後に売却した場合

被相続人甲は、甲が所有する土地・建物に一人で暮らしていました。配偶者乙は既に死亡しています。

この居住用の建物とその敷地を相続したのは長男丙で、丙はこの10年間は第三者が所有する家屋に居住しています。丙は、相続した家屋を空家のままにしていましたが、相続税の申告期限後に、この家屋を売却しました。

この場合、丙が相続した甲の居住用家屋の敷地は、特定居住用宅地等に該当しますか。

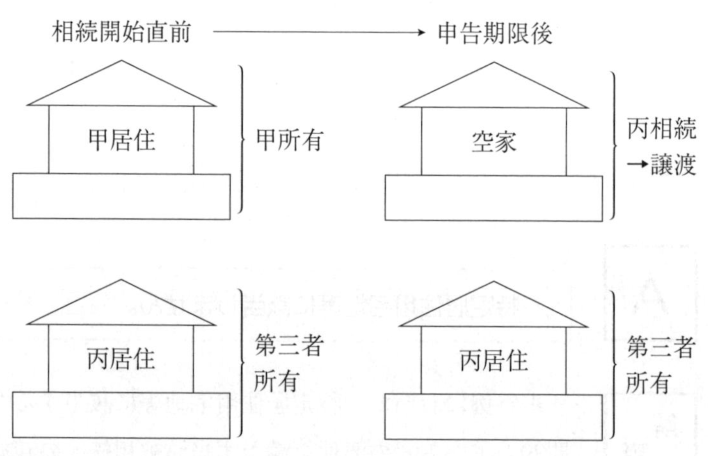

A

特定居住用宅地等に該当します。

解説

本特例において、特定居住用宅地等に該当するためには、問39の①から⑥の要件を満たす当該被相続人の親族が相続又は遺贈により取得したものであることが要件となっています(措法69の4③二ロ)。

この①から⑥の要件のうち⑥では、申告期限までの保有を要件としていますが、申告期限後の売却について特に制限はありませんので、この事例の場合は、特定居住用宅地等に該当します。

なお、この譲渡所得について、家屋が耐震基準リフォーム済の昭和56年5月31日以前建築のものである、土地・家屋の譲渡代金が1億円以下である、などの要件を満たす場合には、空き家譲渡の特別控除3,000万円の控除が適用できます(措法35③)。

43 家なし親族が取得し、申告期限までに取り壊した場合

問40のケースで、賃貸ではなく、申告期限までに取り壊した場合は、特定居住用宅地等に該当しますか。

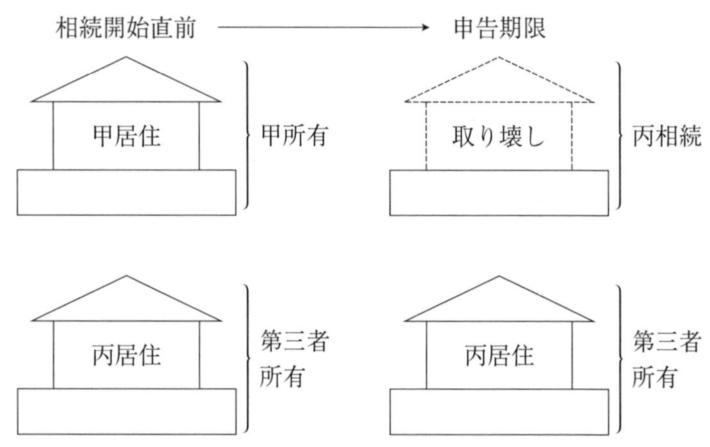

特定居住用宅地等に該当します。

解説

本特例において、特定居住用宅地等に該当するためには、問39の①から⑥の要件を満たす当該被相続人の親族が相続又は遺贈により取得したものであることが要件となっています(措法69の4③二ロ)。

この⑥の要件は、土地等について相続税の申告期限まで有していることであって、家屋については何も要件はありませんので、この事例の場合は、特定居住用宅地等に該当します。

44 家なし親族が取得し、申告期限までに取り壊し、駐車場にした場合

問40のケースで、賃貸ではなく、申告期限までに取り壊した後、駐車場として使用した場合は、特定居住用宅地等に該当しますか。さらに相続税の申告期限後に売却した場合の譲渡所得はどうなりますか。

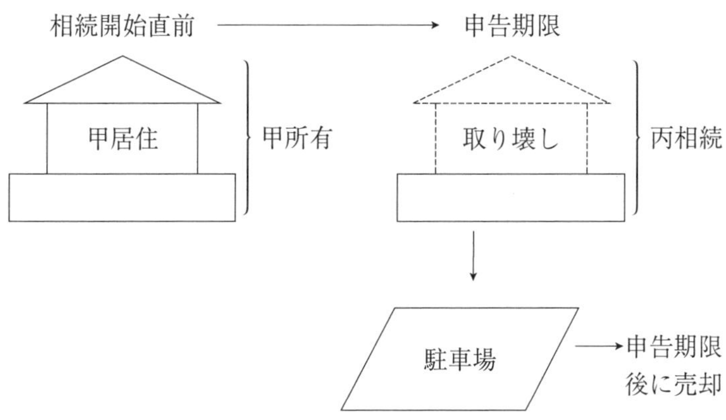

特定居住用宅地等に該当します。

解説

本特例において、特定居住用宅地等に該当するためには、問39の①から⑥の要件を満たす当該被相続人の親族が相続又は遺贈により取得したものであることが要件となっています(措法69の4③二ロ)。

この⑥の要件は、土地等について相続税の申告期限まで有していることであって、家屋の利用状況等については何も要件はありませんので、この家屋を取り壊しても駐車場として利用しても構いません。したがって、この事例の場合は、特定居住用宅地等に該当します。

なお、相続税の申告期限後にこの土地を譲渡した場合の譲渡所得について、空き家譲渡の特別控除3,000万円の適用を検討する必要があります。空き家譲渡の特例は、昭和56年５月31日以前建築の建物を耐震リフォームするか、取り壊すことが要件となっています。本件は、建物を取り壊しているので、要件を満たしそうですが、家屋取り壊し後に事業の用又は貸付の用に供しないことが要件とされております。

したがって、本事例は駐車場に使用されていますので、空き家譲渡の特例の要件を満たしません。

45 被相続人が居住し、配偶者が取得した場合

被相続人甲が土地・建物を所有しており、配偶者乙とともにそこに居住していました。今回の相続によりこの土地・建物を乙が取得しました。乙は、相続後5ヶ月目に長男丙の住む建物に移り住みました。この場合、特定居住用宅地等に該当しますか。

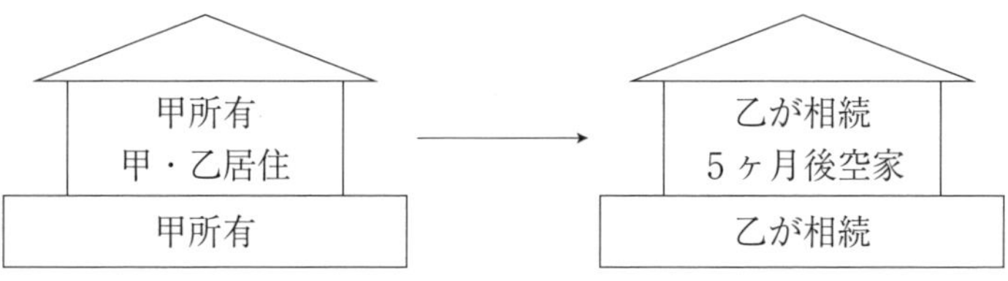

特定居住用宅地等に該当します。

解説

本特例において、特定居住用宅地等に該当するためには、被相続人の居住の用に供されていた宅地等で、当該被相続人の配偶者が相続又は遺贈により取得したものであることが要件の一つになっています（措法69の4③二）。そして、配偶者が取得する場合には他の要件が課されていませんので、申告期限までの居住継続や保有継続の要件は求められません。

したがって、この事例の場合には、特定居住用宅地等に該当します。

46 被相続人が居住し、同居親族が取得した場合

被相続人甲が土地・建物を所有しており、配偶者乙と長男丙家族とともにそこに居住していました。今回の相続によりこの土地・建物を丙が取得しました。丙は、相続後申告期限までこの土地・建物を保有しており、居住も継続しています。この場合、特定居住用宅地等に該当しますか。

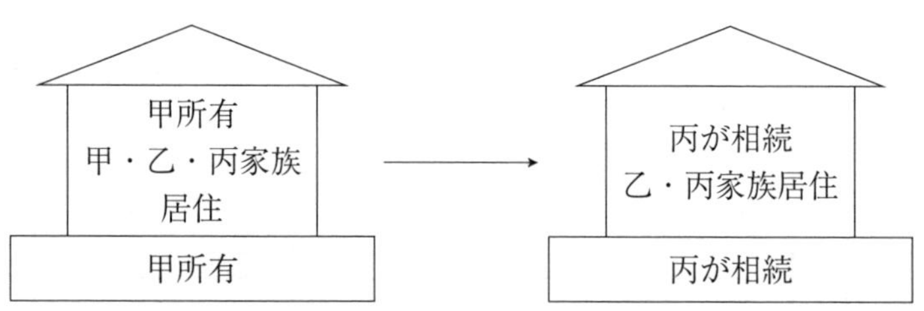

特定居住用宅地等に該当します。

解説

本特例において、特定居住用宅地等に該当するためには、被相続人の居住の用に供されていた宅地等で、当該被相続人の同居親族が相続又は遺贈により取得したもので、相続開始時から申告期限まで引き続き当該宅地等を保有し、かつ当該建物に居住していることが要件の一つになっています（措法69の４③二イ）。この事例の場合は、申告期限までの居住継続や保有継続の要件を満たすことから、特定居住用宅地等に該当します。

47 被相続人が居住し、生計一親族が取得した場合

被相続人甲は、自己が所有する東京の土地（A敷地）の上のA家屋に配偶者乙とともに居住していました。被相続人の長男丙は、京都にある大学の学生であり、京都のマンションを賃借し、居住していました。丙は、甲からの仕送りにより生活していました。

今回の相続でこの東京の土地、建物を丙が取得しました。この場合、特定居住用宅地等に該当しますか。

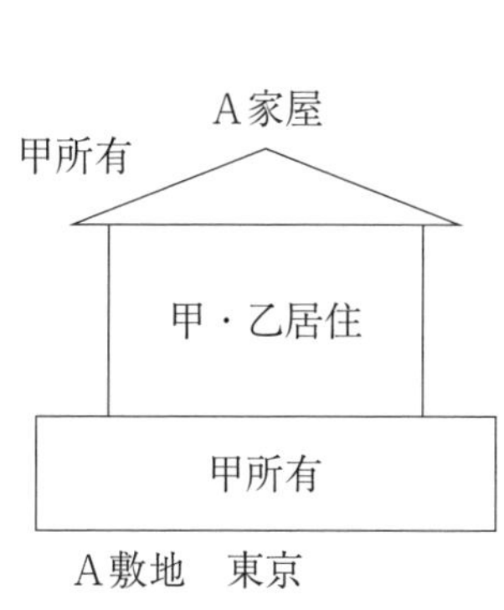

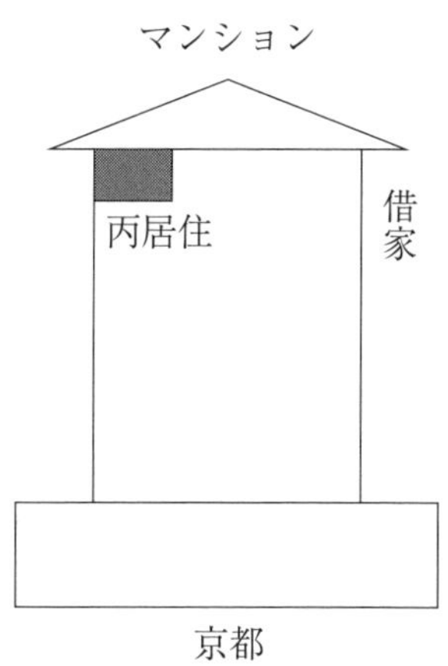

A

A敷地は特定居住用宅地等に該当しません。

本特例において、特定居住用宅地等に該当するためには、被相続人と生計を一にしていた親族の居住の用に供されていた宅地等で、当該親族が相続又は遺贈により取得したもので、

相続開始時から申告期限まで引き続き当該宅地等を保有し、かつ、相続開始前から申告期限まで引き続き当該宅地等を自己の居住の用に供していることが要件の一つになっています(措法69の４③二ハ)。

この事例の場合は、丙は甲からの仕送りで生活していることから生計を一にしていることになると思われます。しかし、当該宅地等（Ａ敷地）を相続開始前から申告期限まで引き続き自己の居住の用に供していないことから、特定居住用宅地等には該当しません。

48 被相続人の居住用と生計一親族の居住用の選択

被相続人甲は、自己が所有する200㎡の札幌の土地（A敷地）の上のA家屋に配偶者乙とともに居住していました。被相続人の長男丙は、東京の大学の大学院生であり、被相続人所有の東京のBマンション（その敷地は40㎡とします。）に居住していました。丙は、甲からの仕送りにより生活していました。

札幌の土地、建物は乙が取得して、東京のマンションは丙が取得しました。この場合の特例の適用関係はどうなりますか。

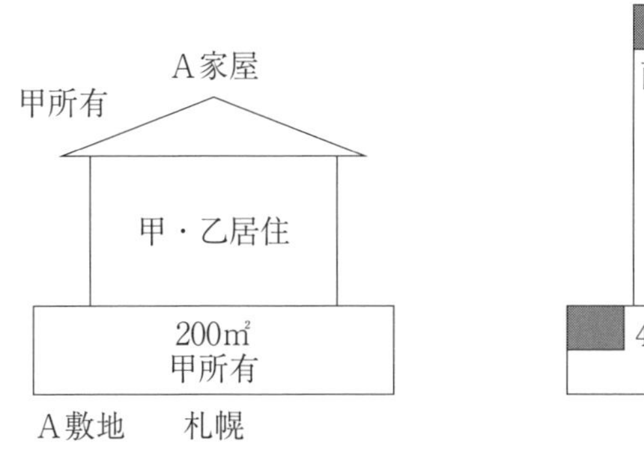

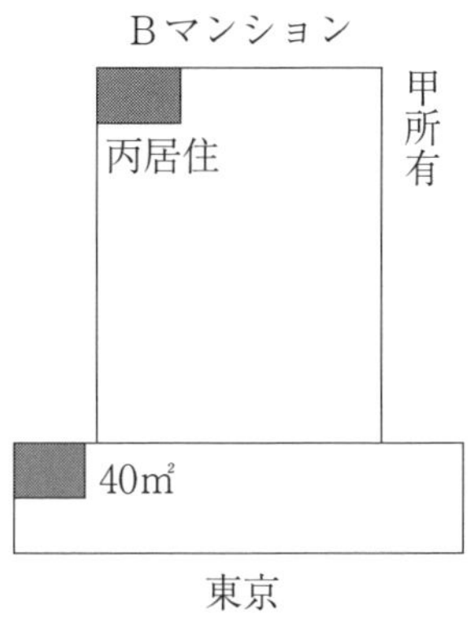

A敷地及びBマンションの敷地ともに特定居住用宅地等に該当します。

解説

札幌の土地（Ａ敷地）は、被相続人が居住の用に供していた宅地等であり、配偶者である乙が取得するため特定居住用宅地等に該当します。

東京のマンションの敷地も、生計を一にする親族が自己の居住の用に供する宅地等を取得したことになりますので、居住・保有継続の要件を満たせば、特定居住用宅地等に該当します。

被相続人等が居住の用に供していた宅地等が二以上ある場合には、特例の対象となる宅地等は主としてその居住の用に供していた一の宅地等であることとされる（措令40の２⑪）という規定は、被相続人の居住用が二以上ある場合や生計一親族の居住用が二以上ある場合のものであり、この事例のケースでは関係がありません。

被相続人と弟が居住し、家なし親族が取得した場合

被相続人甲は、自己が所有する東京の土地（A敷地）の上のA家屋に弟とともに居住していました。被相続人の長男丙は、会社員であり、ここ10年間は自分の家族とともに社宅に居住していました。

今回の相続でこの東京の土地、建物を丙が取得しました。丙は申告期限までにA家屋には住めませんが、この場合、特定居住用宅地等に該当しますか。

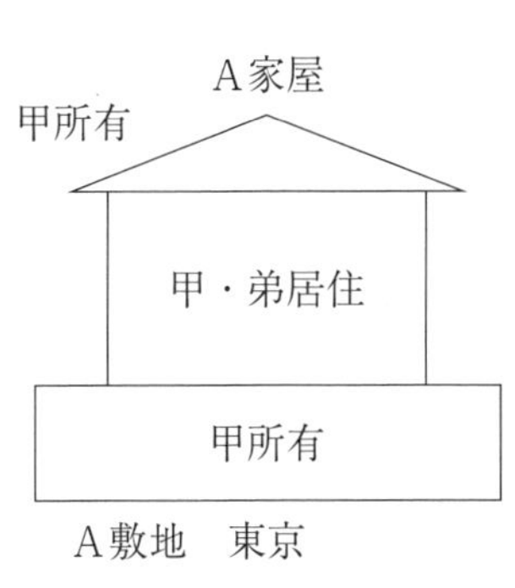

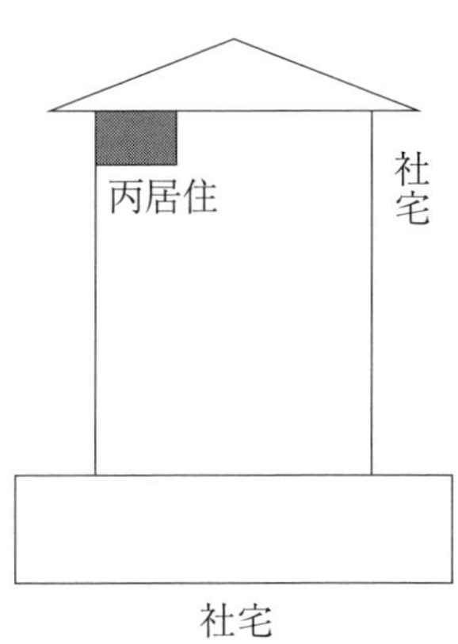

A敷地は特定居住用宅地等に該当します。

解説

本特例において、特定居住用宅地等に該当するためには、被相続人の居住の用に供されていた宅地等で、問39の①から⑥の要件を満たす当該被相続人の親族が相続又は遺贈により取得したものであることが要件となっています（措法69の4

③二ロ)。

この事例の場合は、被相続人は、弟と同居していますが、弟は被相続人の相続人ではありませんので、同居相続人はいないことになります（措令40の２⑭)。また、問39の①から⑥の要件をみますと、申告期限までの居住要件は課されていません（措法69の４③二ロ）ので、特定居住用宅地等に該当します。

50 家なし親族のいとこに遺贈した場合

被相続人甲は、自己が所有する土地の上にある家屋に居住していました。

甲には相続人がいないので、この土地・建物は、いとこに遺贈するように遺言を作成しています。

いとこは、3年以上賃借物件に居住していますので、家なし親族になります。

この場合、特定居住用宅地等に該当しますか。

A

特定居住用宅地等に該当します。

本特例において、特定居住用宅地等に該当するためには、被相続人の居住の用に供されていた宅地等で、問39の①から⑥の要件を満たす当該被相続人の親族が相続又は遺贈により取得したものであることが要件となっています(措法69の4③二ロ)。

この事例の場合、取得した者はいとこですから甲の親族となり、問39の①から⑥の要件を満たせば、特定居住用宅地等に該当します。

51 被相続人が居住し、生計別親族が取得した場合

被相続人甲と配偶者乙が居住の用に供していたＡ敷地を、生計を別にする長男丙が相続により取得しました。乙は、甲が亡くなってすぐに丙が所有する家屋に転居し、丙と同居していました。現在、相続した家屋は空家となっています。この場合、特定居住用宅地等に該当しますか。

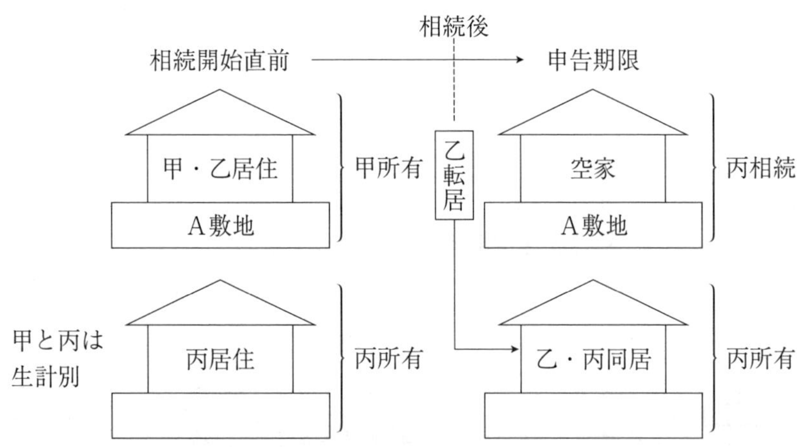

特定居住用宅地等に該当しません。

解説

本特例において、特定居住用宅地等に該当するためには、被相続人の居住の用に供されていた宅地等で、問39の①から⑥の要件を満たす当該被相続人の親族が相続又は遺贈により取得したものであることが要件となっています（措法69の4③二ロ、措令40の２⑭）。

この事例の場合、丙は自己が所有する家屋に居住していますし、被相続人に配偶者がいますので、丙が取得した宅地等については、本特例の適用を受けることはできません。

52 配偶者が取得して転居した場合

前問のケースで配偶者の乙が取得した場合、特定居住用宅地等に該当しますか。

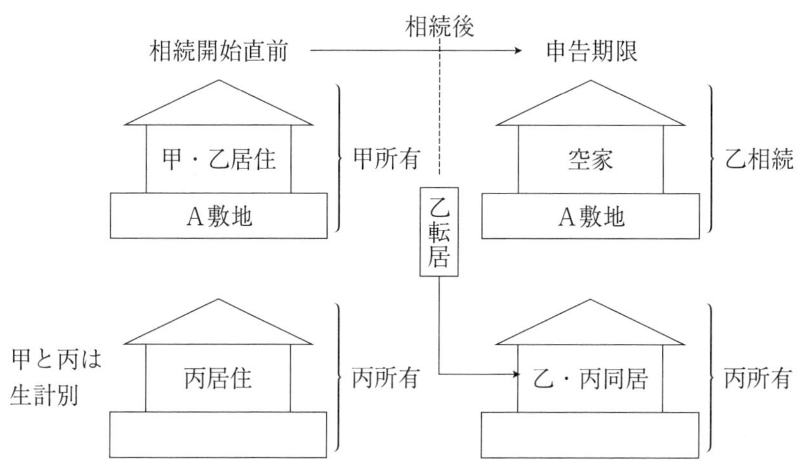

特定居住用宅地等に該当します。

解説

被相続人の配偶者が、被相続人の居住の用に供されていた宅地等を取得した場合には、申告期限までの保有継続や居住継続の要件はありませんので、相続後すぐに当該家屋から転居しても特定居住用宅地等に該当します（措法69の4③二）。

53 生計一親族が居住し、配偶者が取得した場合

被相続人甲が土地・建物を所有しており、そこには長男の丙家族が居住していました。甲とその配偶者乙は、別のところに住んでいますが、甲と丙は生計を一にしています。今回の相続によりこの土地・建物を乙が取得しました。この場合、特定居住用宅地等に該当しますか。

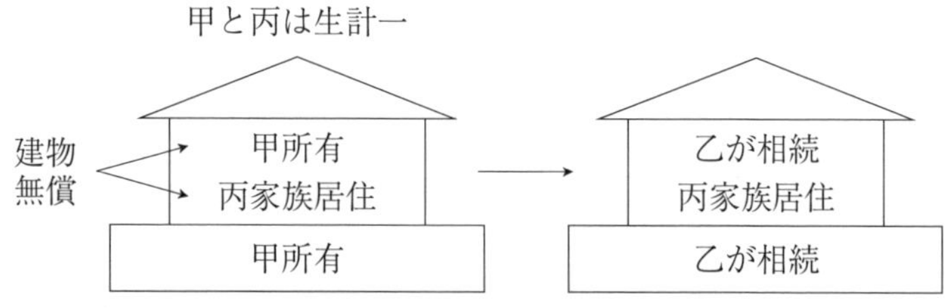

特定居住用宅地等に該当します。

解説

本特例において、特定居住用宅地等に該当するためには、被相続人と生計を一にする親族の居住の用に供されていた宅地等で、当該被相続人の配偶者が相続又は遺贈により取得したものであることが要件の一つになっています（措法69の4③二）。

この場合、丙が甲から無償で建物を借り受けているときに限り、特定居住用宅地等に該当します（措通69の4－7(1)）。甲が有償で丙に貸していた場合には、甲にとっては、貸付事業用宅地等に該当することになるからです。

なお、配偶者が取得する場合には他の要件が課されていませんので、申告期限までの居住継続や保有継続の要件は求められません。

54 生計一親族が居住し、その者が取得した場合

被相続人甲が土地・建物を所有しており、そこには長男の丙家族が居住していました。甲とその配偶者乙は、別のところに住んでいますが、甲と丙は生計を一にしています。今回の相続によりこの土地・建物を丙が取得しました。この場合、特定居住用宅地等に該当しますか。

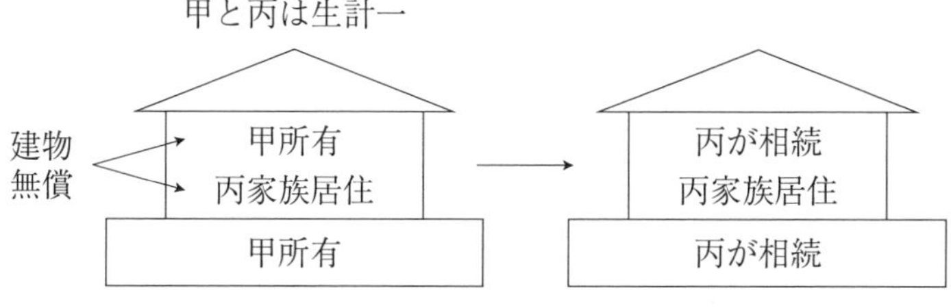

特定居住用宅地等に該当します。

解説

本特例において、特定居住用宅地等に該当するためには、被相続人と生計を一にする親族の居住の用に供されていた宅地等で、その親族が相続又は遺贈により取得したもので、相続開始時から申告期限まで引き続き当該宅地等を保有し、かつ相続開始前から申告期限まで引き続き当該宅地等を自己の居住の用に供していることが要件の一つになっています（措法69の４③二ハ）。

この場合、丙が甲から無償で建物を借り受けているときに限り、特定居住用宅地等に該当します（措通69の４－７(1)）。

この事例の場合は、丙は当該宅地等を相続開始時から申告期限まで引き続き当該宅地等を保有し、かつ相続開始前から申告期限まで引き続き自己の居住の用に供していることから、特定居住用宅地等に該当します。

生計一親族が居住し、家なし親族が取得した場合

被相続人甲が土地・建物を所有しており、そこには長男の丙家族が居住していました。甲の配偶者乙は既に死亡しており甲は、別のところに住んでいますが、甲と丙は生計を一にしています。今回の相続によりこの土地・建物を家なし親族の要件を満たす相続人丁が取得しました。この場合、特定居住用宅地等に該当しますか。

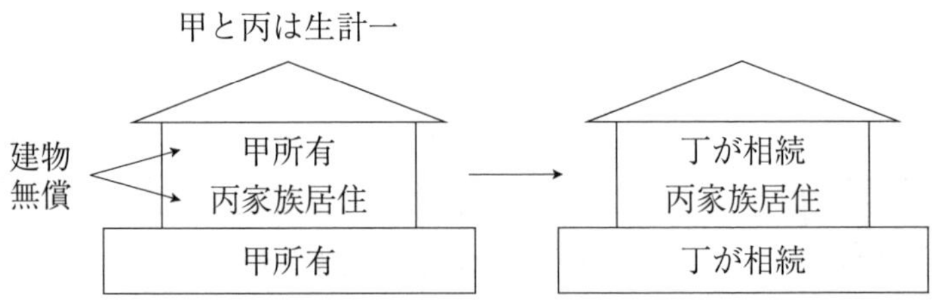

特定居住用宅地等に該当しません。

解説

本特例において、特定居住用宅地等に該当するためには、被相続人と生計を一にする親族の居住の用に供されていた宅地等で、配偶者が取得する（措法69の４③二）か、当該生計を一にする親族が取得する（措法69の４③二ハ）ことが要件の一つとされています。

この事例の場合は、丁はどちらの要件も満たしませんので、特定居住用宅地等に該当しません。

56 生計別親族が居住し、配偶者が取得した場合

被相続人甲が土地・建物を所有しており、そこには長男の丙家族が居住していました。甲とその配偶者乙は、別のところに居住しており、甲と丙の生計は別となっています。今回の相続によりこの土地・建物を配偶者の乙が取得しました。この場合、特定居住用宅地等に該当しますか。

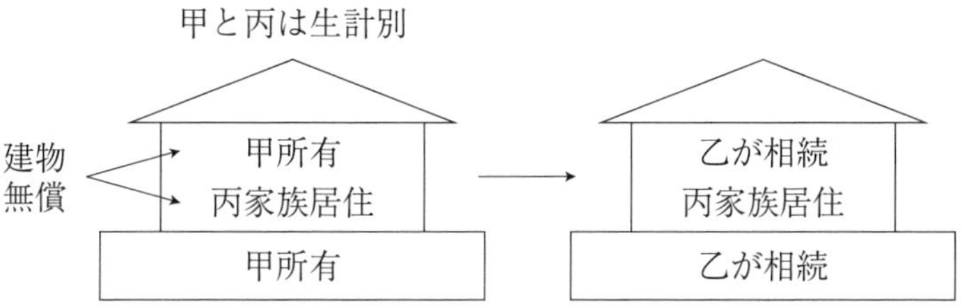

特定居住用宅地等に該当しません。

解説

本特例において、特定居住用宅地等に該当するためには、被相続人の居住の用に供されていた宅地等であるか、被相続人と生計を一にする親族の居住の用に供されていた宅地等であることが前提条件となっています（措法69の４③二）。

この事例の場合には、被相続人と生計が別の親族が居住していた宅地等ですから、配偶者が取得しても特定居住用宅地等に該当しません。

ただし、甲が有償で丙に貸していた場合に、相当の対価を得て継続的に貸し付けているときには貸付事業用宅地等に該当することになります（事業的規模のときに限ります。）。

生計別親族が居住し、その者が取得した場合

被相続人甲が土地・建物を所有しており、そこには長男の丙家族が居住していました。甲は、別のところに居住しており、甲と丙の生計は別となっています。甲の配偶者乙は既に死亡しており、丙は家なし親族の要件を満たすと思います。今回の相続によりこの土地・建物を丙が取得しましたが、この場合、特定居住用宅地等に該当しますか。

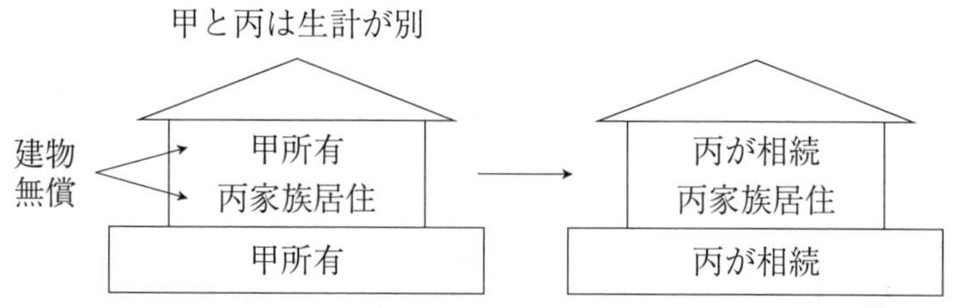

特定居住用宅地等に該当しません。

解説

本特例において、特定居住用宅地等に該当するためには、被相続人の居住の用に供されていた宅地等であるか、被相続人と生計を一にする親族の居住の用に供されていた宅地等であることが前提条件となっています（措法69の４③二）。

この事例の場合には、丙が家なし親族に該当するとしても、被相続人と生計が別の親族が居住していた宅地等ですから、その居住している親族が取得しても特定居住用宅地等に該当しません。

58 居住用宅地が2ヶ所ある場合

被相続人甲は、東京と軽井沢に土地・建物を所有していました。仕事の都合上、平日は主に東京の建物に居住していましたが、週末は家族のいる軽井沢に帰っていました。

どちらも配偶者乙が取得しましたが、両方とも特定居住用宅地等に該当しますか。

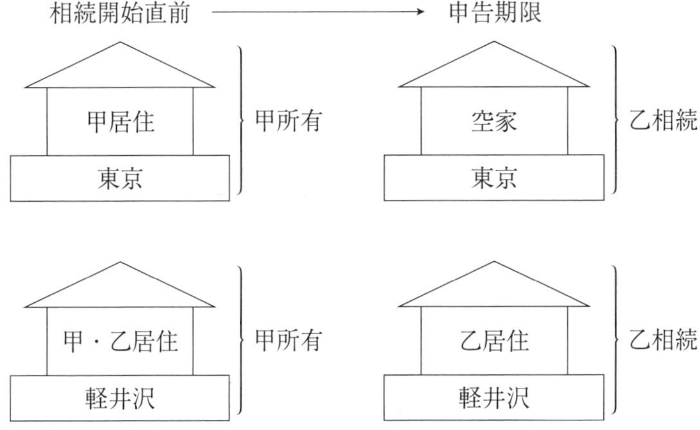

主として居住していた土地のみが特定居住用宅地等に該当します。

解説

被相続人の居住の用に供されていた宅地等が二以上ある場合には、主として被相続人が居住の用に供していた一の宅地等のみが特定居住用宅地等となります(措令40の2⑪一)。

したがって、この事例の場合には、東京と軽井沢の土地のうち、甲が主として居住していた方が特定居住用宅地等に該当します。住民票の有無だけでの判定とはなりません。

裁判例・裁決例 No. 53(674ページ)・No. 62(679ページ)

⑵ 生計一親族所有の建物の場合

59 被相続人が居住し、配偶者が取得した場合

被相続人甲が土地を所有しており、その土地の上の建物は甲と生計を一にしている長男の丙が所有していました。この建物には、甲とその配偶者乙が居住していました。今回の相続によりこの土地を乙が取得しました。この場合、特定居住用宅地等に該当しますか。

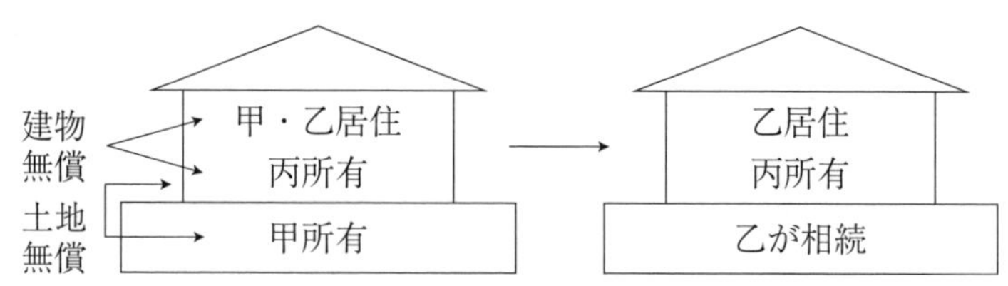

特定居住用宅地等に該当します。

本特例において、特定居住用宅地等に該当するためには、被相続人の居住の用に供されていた宅地等で、当該被相続人の配偶者が相続又は遺贈により取得したものであることが要件の一つになっています（措法69の４③二）。

この場合、丙が甲から無償で土地を借り受けており、甲が丙から建物を無償で借り受けているときに限り、特定居住用宅地等に該当します（措通69の４－７⑴）。申告期限までの居住継続や保有継続の要件は求められません。

60 被相続人が居住し、生計一親族が取得した場合

被相続人甲が土地を所有しており、その土地の上の建物は甲と生計を一にしている長男の丙が所有していました。この建物には、甲とその配偶者乙が居住していました。今回の相続によりこの土地を丙が取得しました。この場合、特定居住用宅地等に該当しますか。

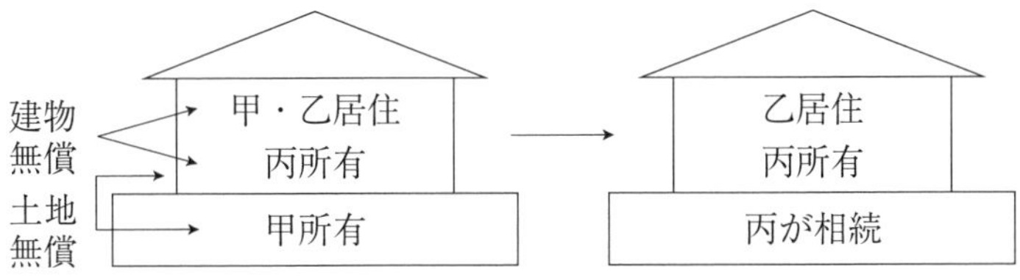

特定居住用宅地等に該当しません。

解説

本特例において、特定居住用宅地等に該当するためには、被相続人と生計を一にしていた親族の居住の用に供されていた宅地等で、当該親族が相続又は遺贈により取得したもので、相続開始時から申告期限まで引き続き当該宅地等を保有し、かつ相続開始前から申告期限まで引き続き当該宅地等を自己の居住の用に供していることが要件の一つになっています(措法69の4③二ハ)。

この事例の場合は、丙は当該宅地等を相続開始前から申告期限まで引き続き自己の居住の用に供していないことから、特定居住用宅地等には該当しません。

61 生計一親族が居住し、配偶者が取得した場合

Q

被相続人甲が土地を所有しており、その土地の上の建物は甲と生計を一にしている長男の丙が所有していました。この建物には、丙家族が居住していました。今回の相続によりこの土地を甲の配偶者乙が取得しました。この場合、特定居住用宅地等に該当しますか。

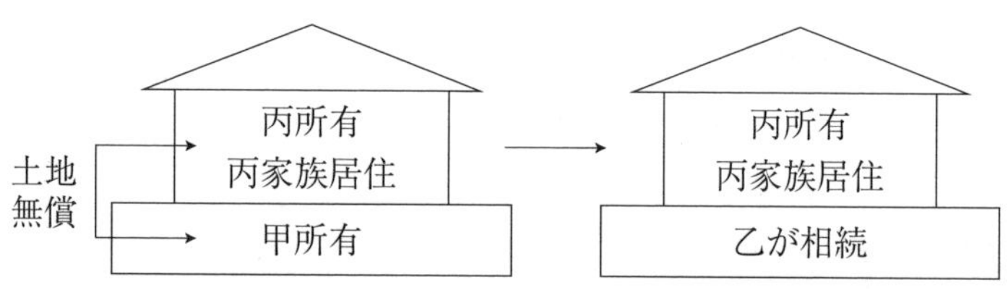

A

特定居住用宅地等に該当します。

解説

本特例において、特定居住用宅地等に該当するためには、被相続人と生計を一にする親族の居住の用に供されていた宅地等で、当該被相続人の配偶者が相続又は遺贈により取得したものであることが要件の一つになっています（措法69の４③二）。

そして、丙が甲から無償で土地を借り受けている場合に限り、特定居住用宅地等に該当します（措通69の４－７(1)）。申告期限までの居住継続や保有継続は求められません。

62 生計一親族が居住し、その者が取得した場合

被相続人甲が土地を所有しており、その土地の上の建物は甲と生計を一にしている長男の丙が所有していました。この建物には、丙家族が居住していました。今回の相続によりこの土地を丙が取得しました。この場合、特定居住用宅地等に該当しますか。

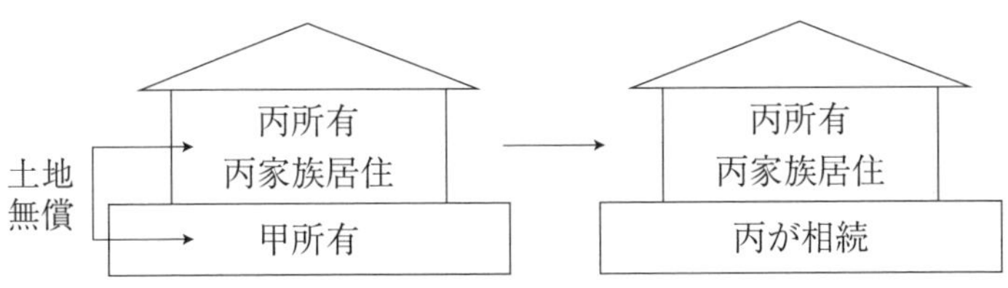

特定居住用宅地等に該当します。

解説

本特例において、特定居住用宅地等に該当するためには、被相続人と生計を一にする親族の居住の用に供されていた宅地等で、その親族が相続又は遺贈により取得したもので、相続開始時から申告期限まで引き続き当該宅地等を保有し、かつ相続開始前から申告期限まで引き続き当該宅地等を自己の居住の用に供していることが要件の一つになっています（措法69の４③二ハ）。

そして、丙が甲から無償で土地を借り受けている場合に限り、特定居住用宅地等に該当します（措通69の４－７(1)）。

⑶　生計別親族所有の建物の場合

被相続人が居住し、配偶者が取得した場合

被相続人甲が土地を所有しており、その土地の上の建物は甲と生計を別にしている長男の丙が所有していました。この建物には、甲とその配偶者乙が居住していました。今回の相続によりこの土地を乙が取得しました。この場合、特定居住用宅地等に該当しますか。

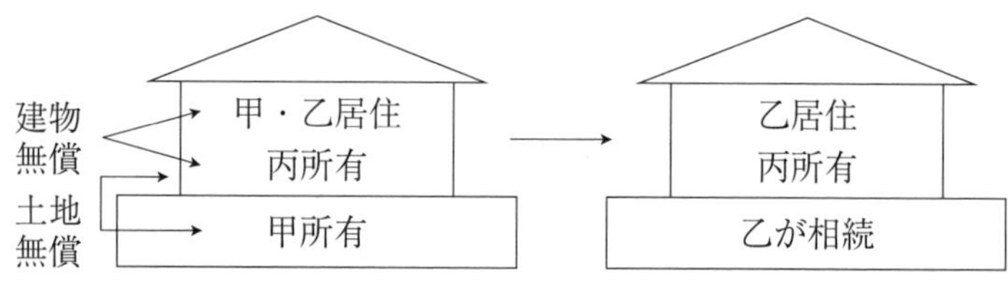

特定居住用宅地等に該当します。

解説

本特例において、特定居住用宅地等に該当するためには、被相続人の居住の用に供されていた宅地等で、当該被相続人の配偶者が相続又は遺贈により取得したものであることが要件の一つになっています（措法69の４③二）。

そして、丙が甲から無償で土地を借り受けており、甲が丙から建物を無償で借り受けている場合に限り、特定居住用宅地等に該当します（措通69の４－７⑴）。

この事例の場合、配偶者が取得する場合ですので、申告期限までの居住継続や保有継続の要件は求められません。

64 被相続人が居住し、生計別親族が取得した場合

被相続人甲が土地を所有しており、その土地の上の建物は甲と生計を別にしている長男の丙（家なし親族には該当しないものとします。）が所有していました。この建物には、甲とその配偶者乙が居住していました。今回の相続によりこの土地を丙が取得しました。この場合、特定居住用宅地等に該当しますか。

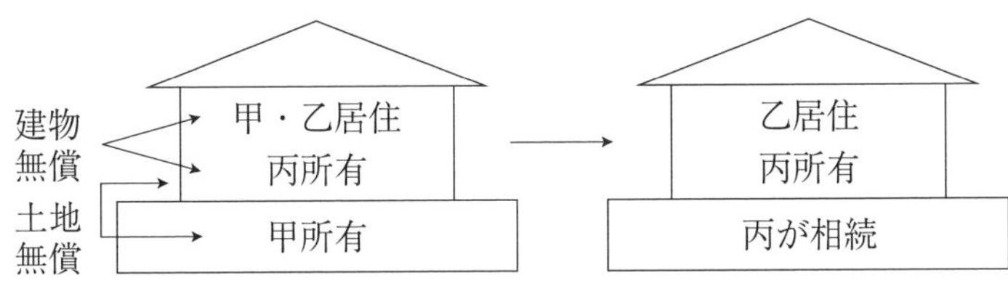

特定居住用宅地等に該当しません。

解説

本特例において、特定居住用宅地等に該当するためには、被相続人の居住の用に供されていた宅地等を配偶者、同居親族又は家なし親族が相続又は遺贈により取得したことが要件になっています（措法69の４③二）。

この事例の場合は、丙はいずれにも該当しませんので、特定居住用宅地等にはなりません。

生計別親族が居住し、その者が取得した場合

被相続人甲が土地を所有しており、その土地の上の建物は甲と生計を別にしている長男の丙が所有していました。この建物には、丙家族が居住していました。今回の相続によりこの土地を丙が取得しました。この場合、特定居住用宅地等に該当しますか。

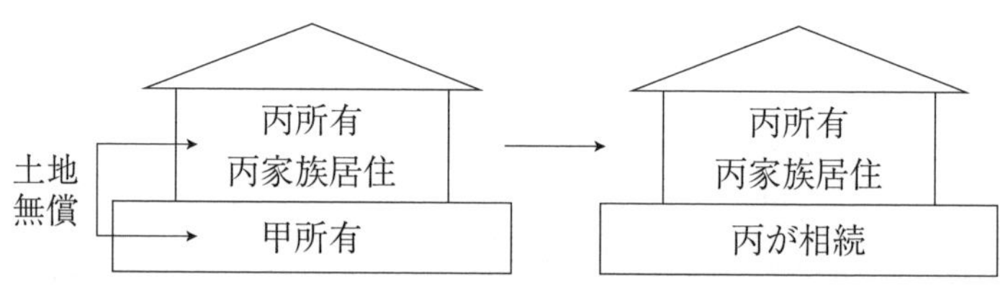

A

特定居住用宅地等に該当しません。

本特例において、特定居住用宅地等に該当するためには、被相続人又は当該被相続人と生計を一にしていた親族の居住の用に供されていた宅地等であることが要件となっています(措法69の４①)。

この事例の場合は、丙は被相続人と生計を別にしていた親族ですので、特定居住用宅地等には該当しません。

したがって、この宅地は、配偶者が取得しても、家なし親族が取得しても、本特例の適用はありません。

―応用編―

(1) 隣地に親族が居住していた場合

66 生計別親族で持家の場合

被相続人甲は、自己が所有する400㎡の一筆の土地の上にＡ家屋（その敷地（Ａ敷地）は250㎡とします。）を所有しそこに居住していました。被相続人の長男丙は、この400㎡の土地のＡ家屋に隣接するところに自己所有のＢ家屋（その敷地（Ｂ敷地）は150㎡とします。）に居住していました。

甲と丙は生計を一にしていませんでしたが、甲は高齢であり、また配偶者乙は既に死亡していることから、丙の妻が被相続人の日常生活の世話をしていました。

丙がＡ家屋とその敷地（400㎡）を相続する場合、Ａ敷地（250㎡）及びＢ敷地（150㎡）は特定居住用宅地等に該当しますか。

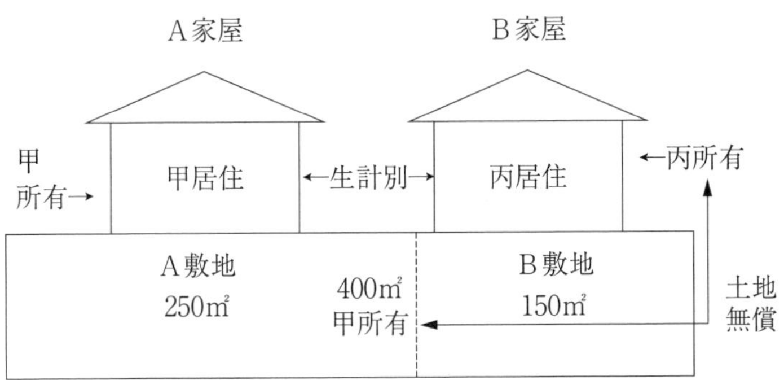

Ａ敷地、Ｂ敷地とも特定居住用宅地等に該当しません。

解説

居住用宅地等が特定居住用宅地等に該当するためには、相続開始の直前において被相続人の居住の用に供されていた一棟の建物に居住していた親族が相続開始から相続税の申告期限まで引き続き当該宅地等を有し、かつ当該建物に居住していることが要件とされています（措法69の４③二イ）。

したがって、丙の妻が甲の日常生活の世話をしていたとしても、丙自身がＡ家屋で甲と起居を共にしていたと認められないことから一棟の建物に居住していた親族（措令40の２④）とはいえず、特定居住用宅地等には該当しないこととなります。

Ｂ敷地についても、生計別の親族が居住していた土地ですので、特定居住用宅地等には該当しません。

裁判例・裁決例 No. 44（669ページ）・No. 58（677ページ）・No. 63（680ページ）・No. 95（699ページ）・No. 97（700ページ）・No. 98（701ページ）・No. 103（706ページ）

67 生計別親族で家なし親族の場合

Q　前問のケースで、Ｂ家屋の所有が被相続人甲であった場合は、特定居住用宅地等に該当しますか。

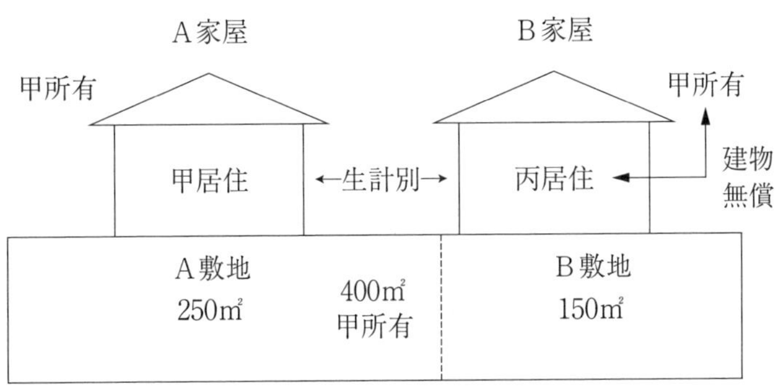

A　**特定居住用宅地等に該当しません。**

解説

Ｂ敷地は、生計別の親族が居住していた宅地ですから特定居住用宅地等には該当しません。

Ａ敷地については以下のように、特定居住用宅地等には該当しません。

問39の要件④「相続開始前３年以内に日本国内にある自己、自己の配偶者、自己の３親等内の親族又は自己と特別の関係がある法人の所有に係る家屋に居住したことがない。」に抵触しますので、Ａ敷地は特定居住用宅地等に該当しません（措法69の４③二ロ）。

生計一親族で持家の場合

被相続人甲は、自己が所有する400㎡の一筆の土地の上にＡ家屋（その敷地（Ａ敷地）は250㎡とします。）を所有し、そこに居住していました。配偶者乙は既に死亡しています。被相続人の長男丙は、この400㎡の土地のＡ家屋に隣接するところに自己所有のＢ家屋（その敷地（Ｂ敷地）は150㎡とします。）に居住していました。

甲と丙が生計を一にしていた場合に、丙がＡ家屋とその敷地（400㎡）を相続するときは、Ａ敷地（250㎡）及びＢ敷地（150㎡）は特定居住用宅地等に該当しますか。

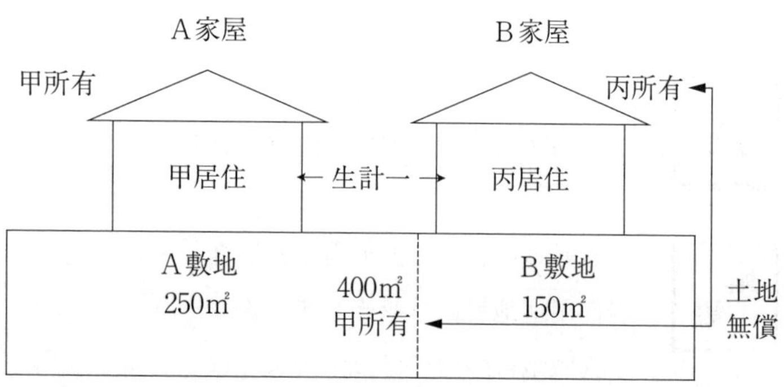

A

Ａ敷地は特定居住用宅地等に該当しません。Ｂ敷地は特定居住用宅地等に該当します。

解説

本特例において、特定居住用宅地等に該当するためには、被相続人と生計を一にしていた親族が居住の用に供していた宅地等で、当該親族が相続又は遺贈により取得したもので、相続開始時から申告期限まで引き続き当該宅地等を保有し、かつ相続開始前から申告期限まで引き続き当該宅地等を自己の居住の用に供していることが要件の一つになっています(措法69の4③二ハ)。Ｂ敷地はこの要件を満たしますが、Ａ敷地はこの要件を満たさず、家なし親族にも該当しませんので、特定居住用宅地等には該当しません。

Ｂ敷地は、生計を一にする親族が自己の居住の用に供する宅地等を取得したことになりますので、丙が甲から無償で土地を借り受け(措通69の4－7(1))、居住・保有継続の要件を満たせば、特定居住用宅地等に該当します。

69 生計一親族で家なし親族の場合

前問のケースで、Ｂ家屋の所有が被相続人甲であった場合は、特定居住用宅地等に該当しますか。

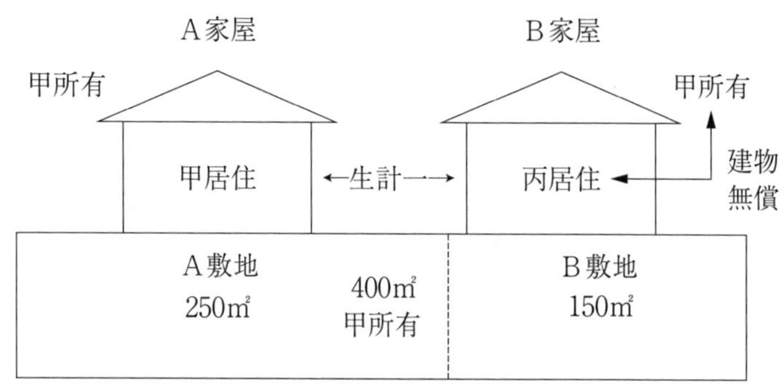

Ｂ敷地について特定居住用宅地等に該当します。

解説

本特例において、特定居住用宅地等に該当するためには、被相続人と生計を一にしていた親族の居住の用に供されていた宅地等で、当該親族が相続又は遺贈により取得したもので、相続開始時から申告期限まで引き続き当該宅地等を保有し、かつ相続開始前から申告期限まで引き続き当該宅地等を自己の居住の用に供していることが要件の一つになっています（措法69の４③二ハ）。Ｂ敷地は、生計を一にする親族が自己の居住の用に供する宅地等を取得したことになりますので、丙が甲から建物を無償で借り受け（措通69の４－７(1)）、居住・保有継続の要件を満たせば、特定居住用宅地等に該当します。

A敷地については以下のように、特定居住用宅地等に該当しません。

問39の要件④「相続開始前3年以内に日本国内にある自己、自己の配偶者、自己の3親等内の親族又は自己と特別の関係がある法人の所有に係る家屋に居住したことがない。」に抵触しますので、A敷地は特定居住用宅地等に該当しません(措法69の4③二ロ)。

生計一親族と家なし親族が１/２ずつ相続した場合

問68のケースで、土地について丙が１/２、家なし親族である丁が１/２相続した場合は、特定居住用宅地等に該当しますか。

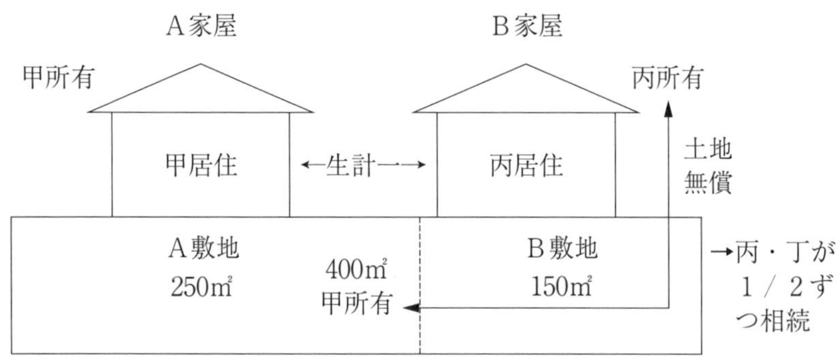

丙が相続した１/２のうちＡ敷地部分（１/２×250/400）は該当せず、Ｂ敷地部分（１/２×150/400）は該当します。

丁が相続した１/２のうちＡ敷地部分（１/２×250/400）は該当し、Ｂ敷地部分（１/２×150/400）は該当しません。

解説

本特例において、特定居住用宅地等に該当するためには、被相続人と生計を一にしていた親族の居住の用に供されていた宅地等で、当該親族が相続又は遺贈により取得したもので、相続開始時から申告期限まで引き続き当該宅地等を保有し、かつ相続開始前から申告期限まで引き続き当該宅地等を自己の居住の用に供していることが要件の一つになっています(措法69の4③二ハ)。B敷地部分は、生計を一にする親族が自己の居住の用に供する宅地等を取得したことになりますので、丙が甲から建物を無償で借り受け(措通69の4－7(1))、居住・保有継続の要件を満たせば、特定居住用宅地等に該当します。しかし、A敷地部分は家なし親族に該当せず、同居親族でもないので、特定居住用宅地等には該当しません。

丁が取得をしたA敷地部分について検討してみると、特定居住用宅地等に該当するためには、被相続人の居住の用に供されていた宅地等で、問39の①から⑥の要件を満たす当該被相続人の親族(家なし親族)が相続又は遺贈により取得したものであることが要件となっています(措法69の4③二ロ)。丁は、家なし親族の要件を満たしますので、A敷地部分は、特定居住用宅地等に該当します。しかし、B敷地部分は被相続人が居住していた部分ではありませんので、家なし親族の要件には該当しません。また、同居親族や生計一親族ではありませんので、特定居住用宅地等には該当しません。

71 生計一親族と家なし親族が分筆して相続した場合

問68のケースで、Ａ敷地とＢ敷地が分筆されており、Ａ敷地は丁（家なし親族）が相続し、Ｂ敷地は丙が相続した場合は、特定居住用宅地等に該当しますか。

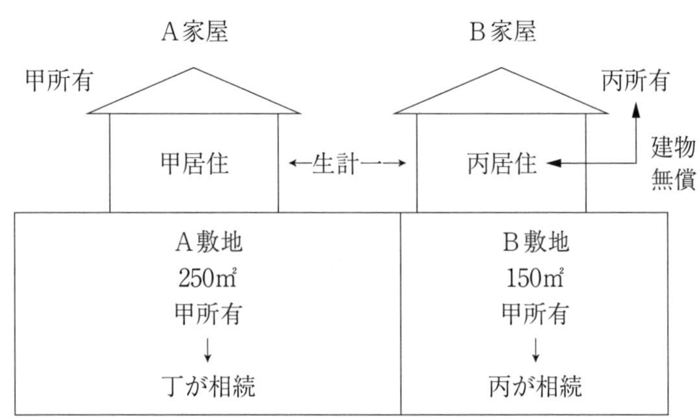

A

丁が取得をしたＡ敷地、丙が取得をしたＢ敷地とも特定居住用宅地等に該当します。

解説

本特例において、特定居住用宅地等に該当するためには、被相続人と生計を一にしていた親族の居住の用に供されていた宅地等で、当該親族が相続又は遺贈により取得したもので、相続開始時から申告期限まで引き続き当該宅地等を保有し、かつ相続開始前から申告期限まで引き続き当該宅地等を自己の居住の用に供していることが要件の一つになっています

(措法69の４③二ハ)。丙が取得をしたＢ敷地は、生計を一にする親族が自己の居住の用に供する宅地等を取得したことになりますので、丙が甲から建物を無償で借り受け（措通69の４－７⑴)、居住・保有継続の要件を満たせば、特定居住用宅地等に該当します。

丁が取得をしたＡ敷地について検討してみると、特定居住用宅地等に該当するためには、被相続人の居住の用に供されていた宅地等で、問39の①から⑥の要件を満たす当該被相続人の親族（家なし親族）が相続又は遺贈により取得したものであることが要件となっています（措法69の４③二ロ)。丁は、家なし親族の要件を満たしますので、丁が取得をしたＡ敷地は、特定居住用宅地等に該当します。

もちろん、特定居住用宅地等の限度面積は330㎡ですので、そこまでの面積で丙と丁が合意した面積が対象となります。

⑵　二世帯住宅の場合

72　住宅内部で行き来ができる場合

被相続人甲の所有する宅地の上に、甲が所有する建物が建っています。１階には甲とその配偶者乙が居住し、２階には長男丙家族が居住していますが、この建物の構造は住宅内部で互いに行き来ができるものになっています。今回の相続で、丙が敷地全部を相続しますが、この場合、特定居住用宅地等に該当しますか。

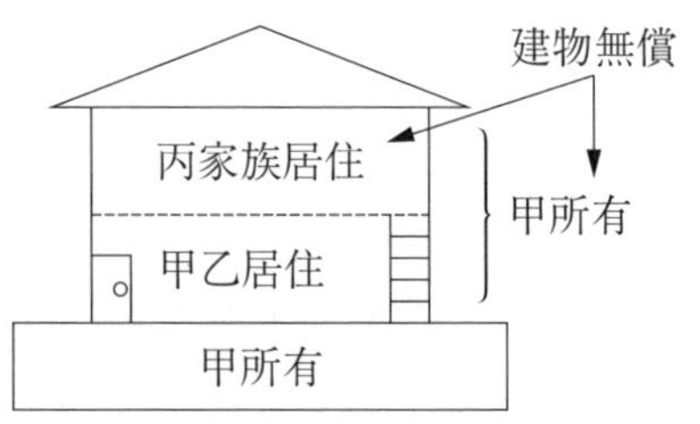

敷地全体が特定居住用宅地等に該当します。

本特例において、特定居住用宅地等に該当するためには、被相続人の居住の用に供されていた宅地等で、当該被相続人の同居親族が相続又は遺贈により取得したもので、相続開始時から申告期限まで引き続き当該宅地等を保有し、かつ当該建物に居住していることが要件の一つになっています（措法69の４③二イ）。

この事例の場合、二世帯住宅とはいえ、１階と２階が住宅内部で行き来ができるような構造となっており、構造上独立部分に区分されていないので、共同住宅全体が甲・乙・丙の居住の用に供しているものと認められます。そうしますと、丙は、甲と同居していた親族となりますから、丙が取得したその敷地は特定居住用宅地等に該当します。

73 配偶者が取得する場合（区分所有・生計別）

被相続人甲の所有する宅地の上に、甲と長男丙それぞれが区分所有し、１階には甲とその配偶者乙が居住し、２階には丙家族が居住している建物（区分所有の二世帯住宅で住宅内部で行き来ができないもの）が建っていて、甲と丙とは生計は別です。乙が敷地全部と甲所有の建物部分全部を相続しますが、この場合、特定居住用宅地等に該当しますか。

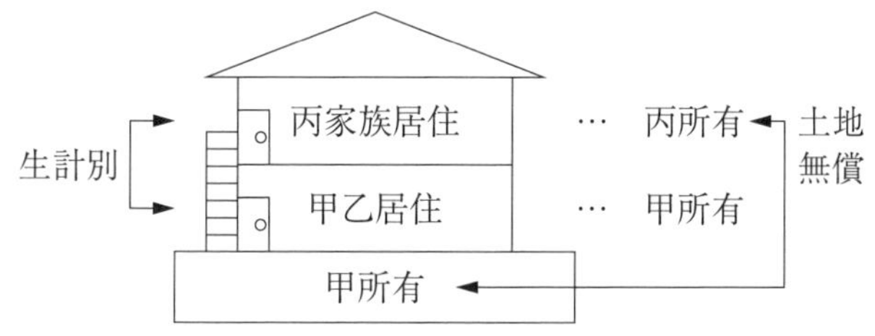

A

敷地のうち、１階部分に対応する敷地が特定居住用宅地等に該当します。

解説

本特例において、特定居住用宅地等に該当するためには、被相続人の居住の用に供されていた宅地等で、当該被相続人の配偶者が相続又は遺贈により取得したものであることが要件の一つになっています（措法69の４③二）。この場合、丙が居住している２階部分も含められるかどうかについては、構造上区分された数個の部分の各部分（以下「独立部分」といいます。）を独立して居住その他の用途に供することができるものの独立部分ごとに判断します（措通69の４－21の準用）。したがって、甲乙と丙とは、同居していたということはできません。

この事例の場合には、区分所有建物であるので、被相続人の居住の用に供されていた部分は被相続人が居住の用に供されていた部分に限られ（措令40の２④）、敷地のうち１階部分に対応する敷地が特定居住用宅地等に該当します。

そして、配偶者が取得する場合には他の要件が課されていませんので、申告期限までの居住継続や保有継続の要件は求められません。

74 配偶者が取得する場合（区分所有・生計一親族あり）

被相続人甲の所有する宅地の上に、甲と長男丙それぞれが区分所有し、１階には甲とその配偶者乙が居住し、２階には丙家族が居住している建物（区分所有の二世帯住宅で住宅内部で行き来ができないもの）が建っていて、甲と丙とは生計は一です。乙が敷地全部と甲所有の建物部分全部を相続しますが、この場合、特定居住用宅地等に該当しますか。

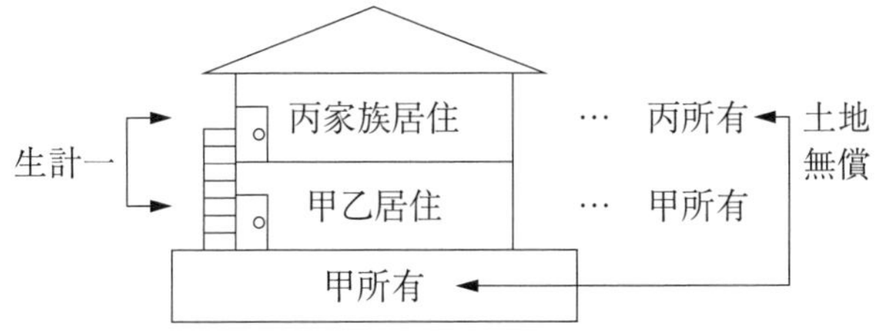

敷地全体が特定居住用宅地等に該当します。

解説

本特例において、特定居住用宅地等に該当するためには、被相続人の居住の用に供されていた宅地等で、当該被相続人の配偶者が相続又は遺贈により取得したものであることが要件の一つになっています（措法69の４③二）。したがって、敷地のうち１階部分に対応する敷地が特定居住用宅地等に該当します（措令40の２④）。

また、２階部分に対応する敷地は、被相続人と生計を一にする親族が居住していた部分となりますので、配偶者が取得した場合には本特例の対象となります（措法69の４③二）。

そして、配偶者が取得する場合には他の要件が課されていませんので、申告期限までの居住継続や保有継続の要件は求められません。

配偶者がいるケースで子が取得する場合（区分所有・生計別）

被相続人甲の所有する宅地の上に、甲と長男丙それぞれが区分所有し、1階には甲とその配偶者乙が居住し、2階には丙家族が居住している建物（区分所有の二世帯住宅で住宅内部で行き来ができないもの）が建っていて、甲と丙とは生計は別です。丙が敷地全部と甲所有の建物部分全部を相続しますが、この場合、特定居住用宅地等に該当しますか。

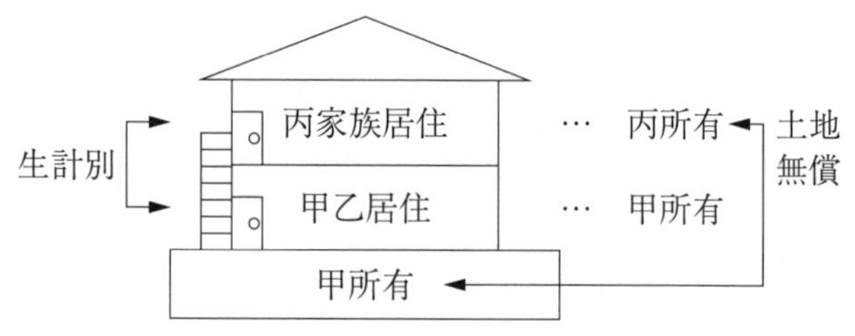

敷地全体について特定居住用宅地等に該当しません。

解説

配偶者以外の親族が相続開始の直前において、宅地等の上に存する被相続人の居住の用に供されていた一棟の建物（当該被相続人、当該被相続人の配偶者又は当該親族の居住の用に供されていた部分として政令で定める部分に限ります。）に居住していた者であって、相続開始時から申告期限まで引き続きその宅地等を有し、かつ、その建物に居住している場合には、その親族が取得したその宅地等のうち該当部分は、特定居住用宅地等に該当します。

政令では、被相続人の居住の用に供されていた一棟の建物が区分所有建物である場合には、被相続人の居住の用に供されていた部分に居住していた者に限られます（措令40の２⑬一）ので、同居親族になりません。また、自らの所有する家屋に居住し、かつ、生計も別なので、租税特別措置法第69条の４第３項第２号ロ及びハによる適用もありません。

配偶者がいるケースで子が取得する場合（区分所有・生計一）

被相続人甲の所有する宅地の上に、甲と長男丙それぞれが区分所有し、１階には甲とその配偶者乙が居住し、２階には丙家族が居住している建物（区分所有の二世帯住宅で住宅内部で行き来ができないもの）が建っていて、甲と丙とは生計は一です。丙が敷地全部と甲所有の建物部分全部を相続しますが、この場合、特定居住用宅地等に該当しますか。

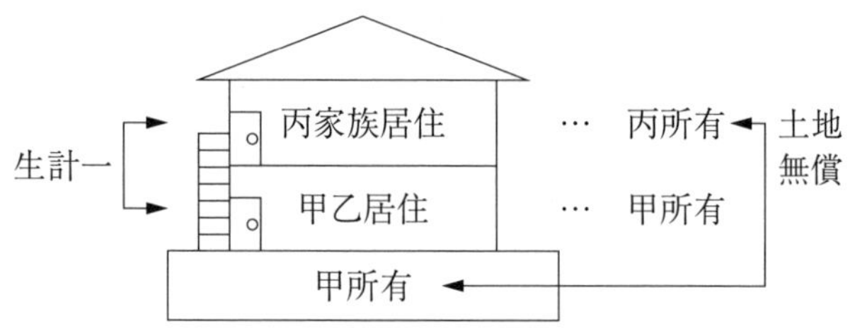

A

２階部分の敷地について特定居住用宅地等に該当します。

解説

甲と丙とは生計を一にしていますので、２階部分に対応する敷地は、被相続人と生計を一にする親族が居住していた部分となります。したがって、丙が取得した敷地全体のうち２階部分に対応する部分は特定居住用宅地等の対象となります（措法69の４③二ハ）。

１階部分については、次のとおりとなります。

配偶者以外の親族が相続開始の直前において、宅地等の上に存する被相続人の居住の用に供されていた一棟の建物（当該被相続人、当該被相続人の配偶者又は当該親族の居住の用に供されていた部分として政令で定める部分に限ります。）に居住していた者であって、相続開始時から申告期限まで引き続きその宅地等を有し、かつ、その建物に居住している場合には、その親族が取得したその宅地等のうち該当部分は、特定居住用宅地等に該当します。

政令では、被相続人の居住の用に供されていた一棟の建物が区分所有建物である場合には、被相続人の居住の用に供されていた部分に居住していた者に限られます（措令40の２⑬一）ので、丙は該当しません。

したがって、１階部分は特定居住用宅地等に該当しません。

77 生計別の子がいるケースで配偶者が取得する場合（区分所有なし・生計別）

被相続人甲の所有する宅地の上に、長男丙が所有し、１階には甲とその配偶者乙が居住し、２階には丙家族が居住している建物（住宅内部で行き来ができないもの）が建っていて、甲と丙とは生計は別です。乙が敷地全部を相続しますが、この場合、特定居住用宅地等に該当しますか。

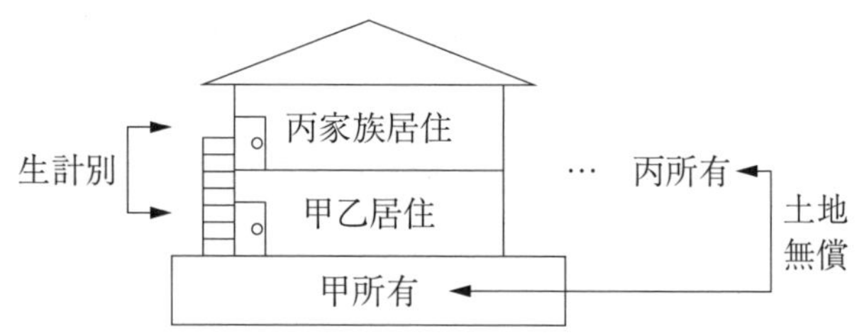

敷地全体について特定居住用宅地等に該当します。

解説

区分所有建物ではない一棟の建物に被相続人が居住していた場合には、被相続人の居住の用に供していた宅地等の範囲には、その敷地のうち被相続人の居住していた部分に加え、被相続人の親族（配偶者、生計別の親族も含みます。）の居住の用に供されていた部分も含まれます（措令40の２④）。

したがって、配偶者が取得した場合には、敷地全体について特定居住用宅地等に該当します（措法69の４③二）。

78 配偶者がいるケースで子が取得する場合（区分所有なし・生計別）

被相続人甲の所有する宅地の上に、長男丙が所有し、１階には甲とその配偶者の乙が居住し、２階には丙家族が居住している建物（住宅内部で行き来ができないもの）が建っていて、甲と丙とは生計は別です。丙が敷地全部を相続しますが、この場合、特定居住用宅地等に該当しますか。

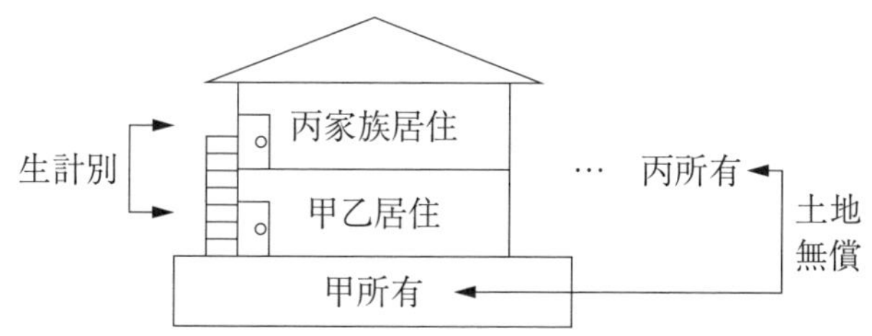

敷地全体について特定居住用宅地等に該当します。

解説

区分所有建物ではない一棟の建物に被相続人が居住していた場合には、被相続人の居住の用に供していた宅地等の範囲には、その敷地のうち被相続人の居住していた部分に加え、被相続人の親族（配偶者、生計別の親族も含みます。）の居住の用に供されていた部分も含まれます（措令40の２④）。

配偶者以外の親族が相続開始の直前において、宅地等の上に存する被相続人の居住の用に供されていた一棟の建物（当該被相続人、当該被相続人の配偶者又は当該親族の居住の用に供されていた部分として政令で定める部分に限ります。）

に居住していた者であって、相続開始時から申告期限まで引き続きその宅地等を有し、かつ、その建物に居住している場合には、その親族が取得したその宅地等のうち該当部分は、特定居住用宅地等に該当します。

政令では、被相続人の居住の用に供されていた一棟の建物が区分所有建物でない場合、被相続人又は被相続人の親族の居住の用に供されていた部分に居住していた者が該当するため（措令40の２⑬二）、甲及び丙が居住していた部分が適用対象となり、敷地全体について特定居住用宅地等に該当します。

79 配偶者がいるケースで子が取得する場合（区分所有なし・生計一）

被相続人甲の所有する宅地の上に、長男丙が所有し、１階には甲とその配偶者乙が居住し、２階には丙家族が居住している建物（住宅内部で行き来ができないもの）が建っていて、甲と丙とは生計一です。丙が敷地全部を相続しますが、この場合、特定居住用宅地等に該当しますか。

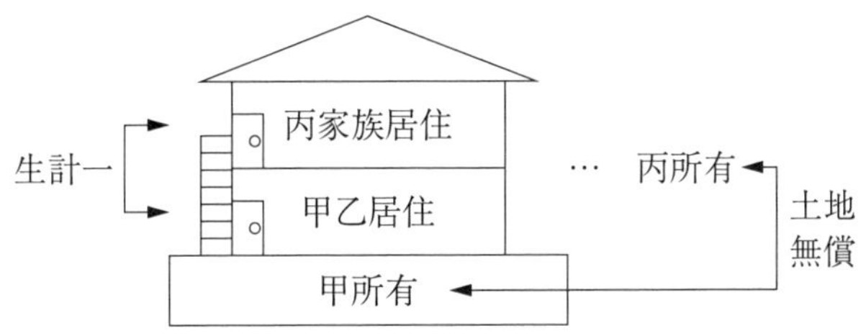

敷地全体について特定居住用宅地等に該当します。

解説

区分所有建物ではない一棟の建物に被相続人が居住していた場合には、被相続人の居住の用に供していた宅地等の範囲には、その敷地のうち被相続人の居住していた部分に加え、被相続人の親族（配偶者、生計別の親族も含みます。）の居住の用に供されていた部分も含まれます（措令40の２④）。

配偶者以外の親族が相続開始の直前において、宅地等の上に存する被相続人の居住の用に供されていた一棟の建物（当該被相続人、当該被相続人の配偶者又は当該親族の居住の用に供されていた部分として政令で定める部分に限ります。）

に居住していた者であって、相続開始時から申告期限まで引き続きその宅地等を有し、かつ、その建物に居住している場合には、その親族が取得したその宅地等のうち該当部分は、特定居住用宅地等に該当します。

政令では、被相続人の居住の用に供されていた一棟の建物が区分所有建物でない場合、被相続人又は被相続人の親族の居住の用に供されていた部分に居住していた者が該当するため（措令40の２⑬二）、甲及び丙が居住していた部分が適用対象となり、敷地全体について特定居住用宅地等に該当します。

配偶者がいるケースで配偶者と子が取得する場合（区分所有なし・生計別）

被相続人甲の所有する宅地の上に、甲が所有し、１階には甲とその配偶者の乙が居住し、２階には長男丙家族が居住している建物（住宅内部で行き来ができないもの）が建っていて、甲と丙とは生計は別です。乙と丙が敷地を1/2ずつ相続しますが、この場合、特定居住用宅地等に該当しますか。

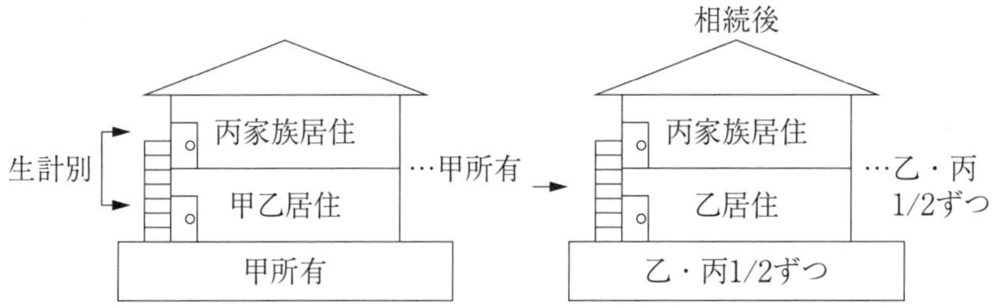

乙・丙とも特定居住用宅地等に該当します。

解説

区分所有建物ではない一棟の建物に被相続人が居住していた場合には、被相続人の居住の用に供していた宅地等の範囲には、その敷地のうち被相続人の居住していた部分に加え、被相続人の親族（配偶者、生計別の親族も含みます。）の居住の用に供されていた部分も含まれます（措令40の２④）。

その敷地の1/2を配偶者が取得した場合には、特定居住用宅地等に該当します（措法69の４③二）。

配偶者以外の親族が相続開始の直前において、宅地等の上に存する被相続人の居住の用に供されていた一棟の建物（当該被相続人、当該被相続人の配偶者又は当該親族の居住の用に供されていた部分として政令で定める部分に限ります。）に居住していた者であって、相続開始時から申告期限まで引き続きその宅地等を有し、かつ、その建物に居住している場合には、その親族が取得したその宅地等のうち該当部分は、特定居住用宅地等に該当します。

政令では、被相続人の居住の用に供されていた一棟の建物が区分所有建物でない場合、被相続人又は被相続人の親族の居住の用に供されていた部分に居住していた者が該当するため（措令40の２⑬二）、甲及び丙が居住していた部分が適用対象となり、丙が取得した敷地の1/2について特定居住用宅地等に該当します。

81 配偶者がいるケースで配偶者と子が取得し、申告期限までに区分所有した場合

被相続人甲の所有する宅地の上に、甲が所有し、1階には甲とその配偶者の乙が居住し、2階には長男丙家族が居住している建物（住宅内部で行き来ができないもの）が建っていて、甲と丙とは生計は別です。乙と丙が敷地と建物を1/2ずつ相続したあと、下図のとおり区分所有登記を申告期限までに行いました。この場合、特定居住用宅地等に該当しますか。

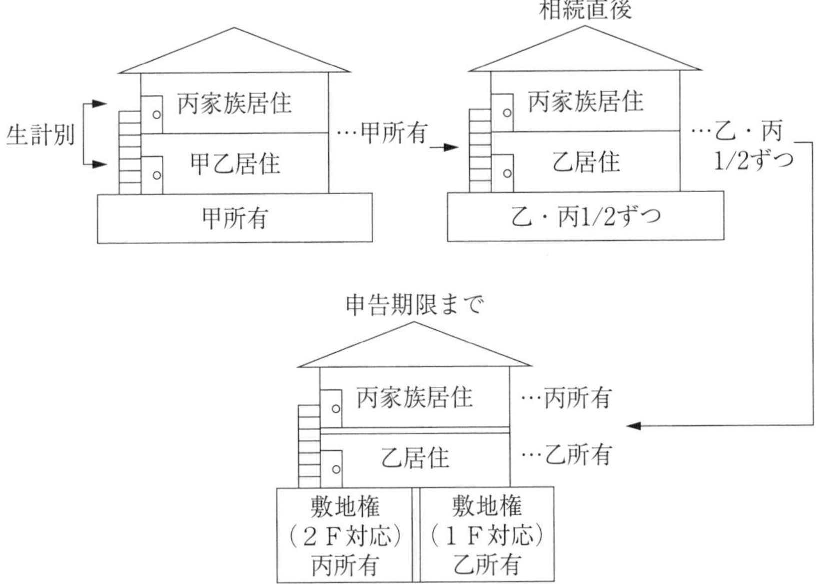

A

乙・丙とも特定居住用宅地等に該当します。

区分所有建物ではない一棟の建物に被相続人が居住していた場合には、被相続人の居住の用に供していた宅地等の範囲

には、その敷地のうち被相続人の居住していた部分に加え、被相続人の親族（配偶者、生計別の親族も含みます。）の居住の用に供されていた部分も含まれます（措令40の２④）。

その敷地の1/2を配偶者が取得した場合には、特定居住用宅地等に該当します（措法69の４③二）。

配偶者以外の親族が相続開始の直前において、宅地等の上に存する被相続人の居住の用に供されていた一棟の建物（当該被相続人、当該被相続人の配偶者又は当該親族の居住の用に供されていた部分として政令で定める部分に限ります。）に居住していた者であって、相続開始時から申告期限まで引き続きその宅地等を有し、かつ、その建物に居住している場合には、その親族が取得したその宅地等のうち該当部分は、特定居住用宅地等に該当します。

政令では、被相続人の居住の用に供されていた一棟の建物が区分所有建物でない場合、被相続人又は被相続人の親族の居住の用に供されていた部分に居住していた者が該当するため（措令40の２⑬二）、甲及び丙が居住していた部分が適用対象となり、丙が取得した敷地の1/2について特定居住用宅地等に該当します。

なお、相続後、申告期限までに区分所有登記をしている点ですが、配偶者には相続後保有期間などの要件はありませんから問題は生じません。丙については申告期限まで居住を継続し、宅地を保有し続けないといけない要件が課されています。相続により敷地を乙と丙が２分の１ずつ取得し、持分の異動がなく区分所有登記の敷地権登記がなされたのであれば、保有を継続しているものと考えられますので、丙も特定居住用宅地等に該当します。

生計一親族がいるケースで配偶者が取得する場合（区分所有なし・生計一）

被相続人甲の所有する宅地の上に、長男丙が所有し、１階には甲とその配偶者乙が居住し、２階には丙家族が居住している建物（住宅内部で行き来ができないもの）が建っていて、甲と丙とは生計一です。乙が敷地全部を相続しますが、この場合、特定居住用宅地等に該当しますか。

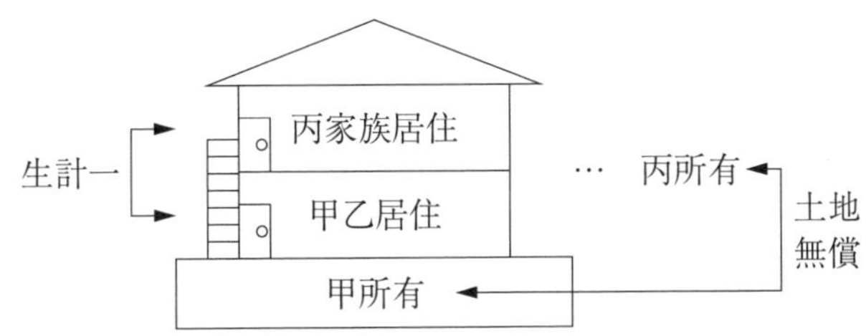

敷地全体について特定居住用宅地等に該当します。

解説

区分所有建物ではない一棟の建物に被相続人が居住していた場合には、被相続人の居住の用に供していた宅地等の範囲には、その敷地のうち被相続人の居住していた部分に加え、被相続人の親族（配偶者、生計別の親族も含みます。）の居住の用に供されていた部分も含まれます（措令40の２④）。

したがって、配偶者が取得した場合には、敷地全体について特定居住用宅地等に該当します（措法69の４③二）。

配偶者がいるケースで子が取得する場合（共有・生計一）

被相続人甲の所有する宅地の上に、甲と丙が１/２ずつ共有で所有し、１階には甲とその配偶者の乙が居住し、２階には丙家族が居住している建物（住宅内部で行き来ができないもの）が建っていて甲と丙とは生計一です。丙が敷地全部を相続しますが、この場合、特定居住用宅地等に該当しますか。

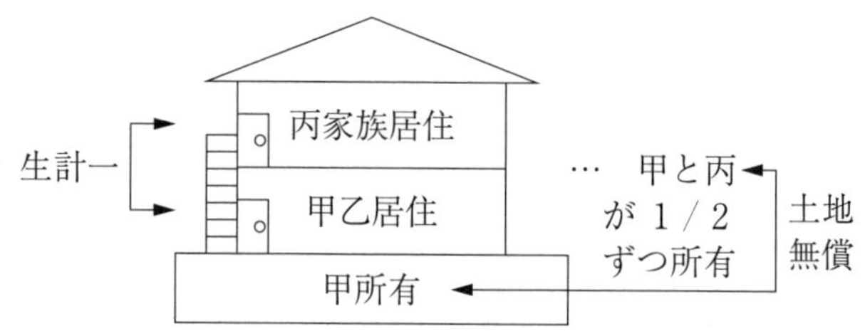

敷地全体について特定居住用宅地等に該当します。

解説

区分所有建物ではない一棟の建物に被相続人が居住していた場合には、被相続人の居住の用に供していた宅地等の範囲には、その敷地のうち被相続人の居住していた部分に加え、被相続人の親族（配偶者、生計別の親族も含みます。）の居住の用に供されていた部分も含まれます（措令40の２④）。

配偶者以外の親族が相続開始の直前において、宅地等の上に存する被相続人の居住の用に供されていた一棟の建物に居住していた者であって、被相続人の居住の用に供されていた一棟の建物が区分所有建物でない場合、被相続人又は被相続人の親族の居住の用に供されていた部分に居住していた者は同居親族に該当するため（措令40の２⑬二)、相続開始時から申告期限まで引き続きその宅地等を有し、かつ、その建物に居住している場合には、特定居住用宅地等に該当します。

また、この場合には、甲及び丙が居住していた部分が適用対象となり、敷地全体について特定居住用宅地等に該当します（措通69の４－７（注))。

84 配偶者がいない場合（区分所有・生計別）

Q

被相続人甲の所有する宅地の上に、甲と長男丙それぞれが区分所有し、居住している建物（区分所有の二世帯住宅で住宅内部で行き来ができないもの）が建っていて、甲と丙は生計が別です。配偶者乙は既に死亡しています。丙は敷地全部と甲所有の建物部分全部を相続し居住の用に供していますが、この場合、特定居住用宅地等に該当しますか。

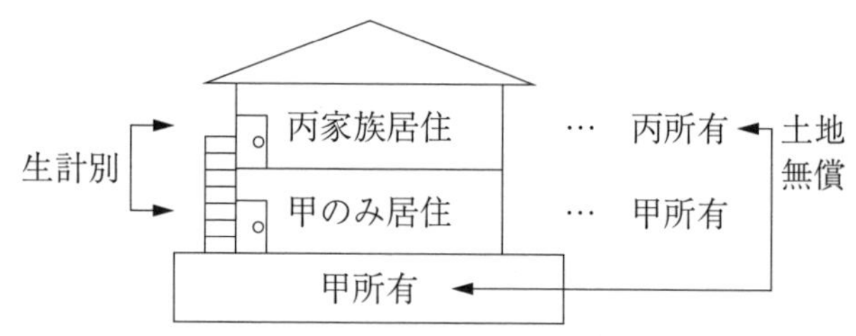

A

特定居住用宅地等に該当しません。

解説

配偶者以外の親族が相続開始の直前において、宅地等の上に存する被相続人の居住の用に供されていた一棟の建物（当該被相続人、当該被相続人の配偶者又は当該親族の居住の用に供されていた部分として政令で定める部分に限ります。）に居住していた者であって、相続開始時から申告期限まで引き続きその宅地等を有し、かつ、その建物に居住している場合には、その親族が取得したその宅地等のうち該当部分は、特定居住用宅地等に該当します。

政令では、被相続人の居住の用に供されていた一棟の建物が区分所有建物である場合には、被相続人の居住の用に供されていた部分に居住していた者に限られます（措令40の２⑬一）ので、丙は同居親族になりません。また、丙は自らの所有する家屋に居住し、かつ、生計も別なので、租税特別措置法第69条の４第３項第２号ロ及びハによる適用もありません。

85 配偶者がいない場合（区分所有・生計別・家なし親族）

前問のケースで、建物の所有が被相続人甲であった場合（３年以上）は、特定居住用宅地等に該当しますか。

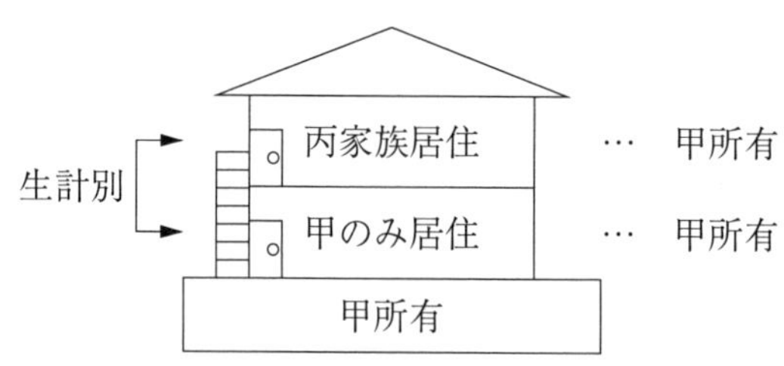

特定居住用宅地等に該当しません。

解説

以下のように、特定居住用宅地等に該当しません。

問39の要件④「相続開始前３年以内に日本国内にある自己、自己の配偶者、自己の３親等内の親族又は自己と特別の関係がある法人の所有に係る家屋に居住したことがない。」に抵触しますので、特定居住用宅地等に該当しません。

しかし、ここで相続又は遺贈により取得した者が相続開始前３年以内に居住したことがある家屋が相続開始直前において被相続人の居住用であった場合は、上記要件にいう家屋から除くこととされていること（措法69の４③二ロかっこ書）をどう考えるか検討する必要があります。この際に「家屋（当該相続開始の直前において当該被相続人の居住の用に供されていた家屋を除く。」をどう解するかが問題となります。

被相続人に配偶者がいない場合及び相続開始の直前においてこの被相続人の居住の用に供されていた家屋に居住していた親族（法定相続人）がいない場合の判定をするときに（措法69の４③二ロ）、構造上区分された数個の部分の各部分（以下「独立部分」といいます。）を独立して居住その他の用途に供することができるものの独立部分ごとに判断するという通達（措通69の４－21）がありますので、同様に考えるものと思われます。そうしますと、丙は被相続人の居住の用に供されていた家屋（１階部分）に居住していたわけではなく、１親等の親族の所有する家屋（２階部分）に居住していたことになり、当該被相続人の居住の用に供されていた家屋に居住していた者ではないと判断されますので、特定居住用宅地等に該当しないものと考えられます。

86 配偶者がいない場合（区分所有・生計一）

被相続人甲の所有する宅地の上に、甲と長男丙それぞれが区分所有し、居住している建物（区分所有の二世帯住宅で住宅内部で行き来ができないもの）が建っていて、甲と丙は生計が一です。配偶者乙は既に死亡しています。丙は敷地全部と甲所有の建物部分全部を相続し居住の用に供していますが、この場合、特定居住用宅地等に該当しますか。

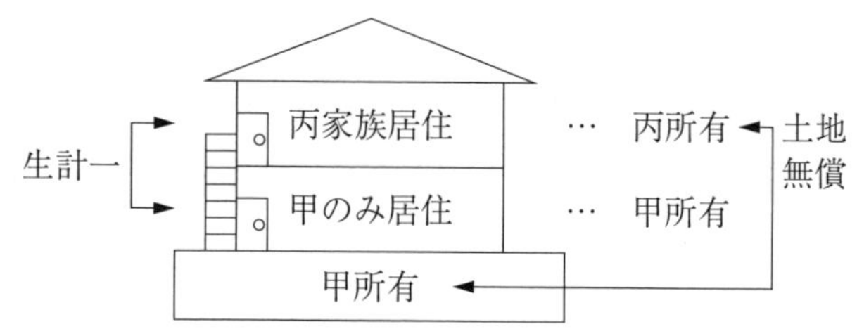

２階部分の敷地について特定居住用宅地等に該当します。

解説

甲と丙とは生計を一にしていますので、２階部分に対応する敷地は、被相続人と生計を一にする親族が居住していた部分となります。したがって、丙が取得した敷地全体のうち２階部分に対応する部分は特定居住用宅地等の対象となります（措法69の４③二ハ）。

１階部分については、次のとおりとなります。

配偶者以外の親族が相続開始の直前において、宅地等の上に存する被相続人の居住の用に供されていた一棟の建物（当該被相続人、当該被相続人の配偶者又は当該親族の居住の用に供されていた部分として政令で定める部分に限ります。）に居住していた者であって、相続開始時から申告期限まで引き続きその宅地等を有し、かつ、その建物に居住している場合には、その親族が取得したその宅地等のうち該当部分は、特定居住用宅地等に該当します。

政令では、被相続人の居住の用に供されていた一棟の建物が区分所有建物である場合には、被相続人の居住の用に供されていた部分に居住していた者に限られます（措令40の２⑬一）ので、丙は該当しません。

したがって、１階部分は特定居住用宅地等に該当しません。

87 配偶者がいない場合（区分所有・生計一・家なし親族）

前問のケースで、建物の所有が被相続人甲であった場合（３年以上）は、特定居住用宅地等に該当しますか。

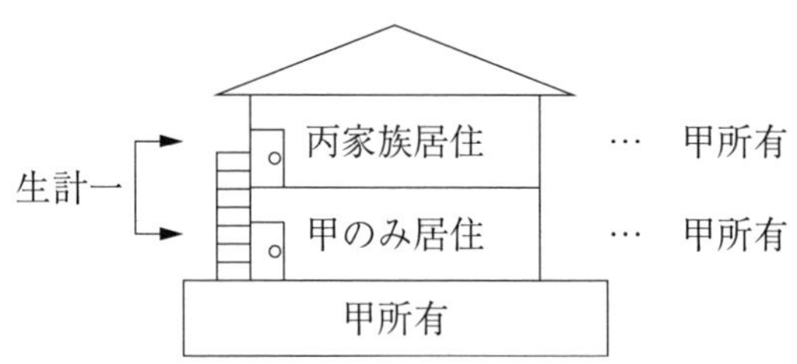

A

２階部分について特定居住用宅地等に該当します。

甲と丙とは生計を一にしていますので、２階部分に対応する敷地は、被相続人と生計を一にする親族が居住していた部分となります。したがって、丙が取得した敷地全体のうち２階部分に対応する部分は特定居住用宅地等の対象となります（措法69の４③二ハ）。

１階部分については、特定居住用宅地等に該当しません。

問39の要件④「相続開始前３年以内に日本国内にある自己、自己の配偶者、自己の３親等内の親族又は自己と特別の関係がある法人の所有に係る家屋に居住したことがない。」に抵触しますので、１階部分の敷地については特定居住用宅地等に該当しません。

しかし、ここで相続又は遺贈により取得した者が相続開始前3年以内に居住したことがある家屋が相続開始直前において被相続人の居住用であった場合は、上記要件にいう家屋から除くこととされていること（措法69の4③二ロかっこ書）をどう考えるか検討する必要があります。この際に「家屋（当該相続開始の直前において当該被相続人の居住の用に供されていた家屋を除く。」をどう解するかが問題となります。

被相続人に配偶者がいない場合及び相続開始の直前においてこの被相続人の居住の用に供されていた家屋に居住していた親族（法定相続人）がいない場合の判定をするときに（措法69の4③二ロ）、構造上区分された数個の部分の各部分（以下「独立部分」といいます。）を独立して居住その他の用途に供することができるものの独立部分ごとに判断するという通達（措通69の4－21）がありますので、同様に考えるものと思われます。そうしますと、丙は被相続人の居住の用に供されていた家屋（1階部分）に居住していたわけではなく、1親等の親族の所有する家屋（2階部分）に居住していたことになり、当該被相続人の居住の用に供されていた家屋に居住していた者ではないと判断されますので、特定居住用宅地等に該当しないものと考えられます。

88 配偶者がいない場合（区分所有なし）

被相続人甲の所有する宅地の上に、長男丙が所有し、１階には甲のみが居住し、２階には丙家族が居住している建物（住宅内部で行き来ができないもの）が建っていました。配偶者乙は既に死亡しており、丙は敷地全部を相続し居住の用に供していますが、この場合、特定居住用宅地等に該当しますか。

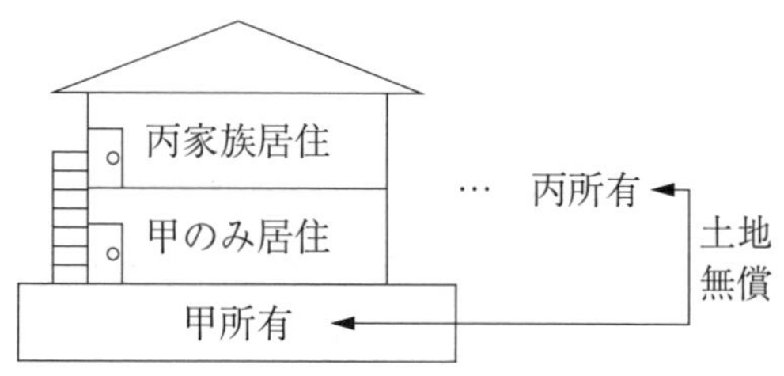

敷地全体について特定居住用宅地等に該当します。

区分所有建物ではない一棟の建物に被相続人が居住していた場合には、被相続人の居住の用に供していた宅地等の範囲には、その敷地のうち被相続人の居住していた部分に加え、被相続人の親族（配偶者、生計別の親族も含みます。）の居住の用に供されていた部分も含まれます（措令40の２④）。

配偶者以外の親族が相続開始の直前において、宅地等の上に存する被相続人の居住の用に供されていた一棟の建物（当該被相続人、当該被相続人の配偶者又は当該親族の居住の用に供されていた部分として政令で定める部分に限ります。）

に居住していた者であって、相続開始時から申告期限まで引き続きその宅地等を有し、かつ、その建物に居住している場合には、その親族が取得したその宅地等のうち該当部分は、特定居住用宅地等に該当します。

政令では、被相続人の居住の用に供されていた一棟の建物が区分所有建物以外の場合には、被相続人又は被相続人の親族の居住の用に供されていた部分に居住していた者が該当するため（措令40の2⑬二）、甲及び丙が居住していた部分が対象となり、敷地全体について特定居住用宅地等に該当します。

この取扱いは、甲と丙が生計一かどうかは関係ありません。

89　３年以内に自己所有の二世帯家屋（区分所有なし）に被相続人と居住した場合

被相続人甲は、甲所有の宅地上にある長男丙が所有する二世帯家屋に相続開始のときまで一人で居住していました。丙は、この家屋の２階に２年前まで居住していましたが、転勤により相続開始のときには九州にある社宅に居住していました。甲の配偶者乙は既に死亡しています。

今回、丙はこの家屋の敷地を相続しましたが、相続開始前３年以内に自己の所有する当該家屋に居住していましたので、相続した敷地は、特定居住用宅地等に該当しないのでしょうか。

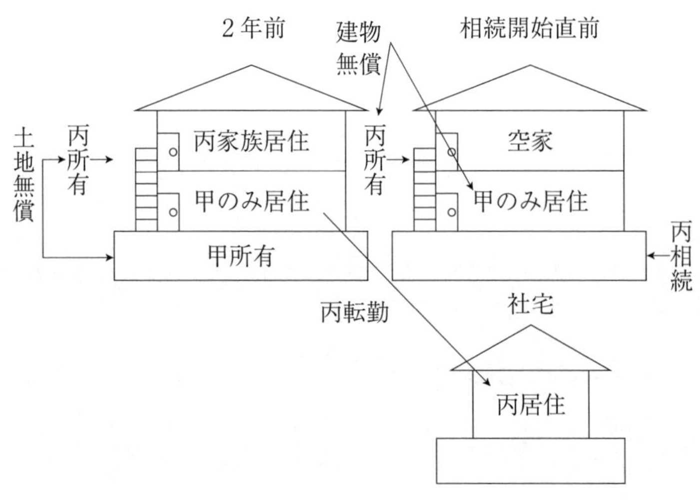

A

特定居住用宅地等に該当しないものと考えられます。

解説

被相続人の居住用家屋に同居の親族がいない場合において、その建物の敷地が特定居住用宅地等に該当するためには、相続開始前３年以内に自己、自己の配偶者、自己の３親等内の親族又は自己と特別の関係がある法人の所有する家屋に居住したことがない親族が相続又は遺贈により取得することが要件とされています。

しかし、ここで相続又は遺贈により取得した者が相続開始前３年以内に居住したことがある家屋が相続開始直前において被相続人の居住用であった場合は、上記要件にいう家屋から除くこととされていること（措法69の４③二ロかっこ書）をどう考えるか検討する必要があります。この際に「家屋（当該相続開始の直前において当該被相続人の居住の用に供されていた家屋を除く。」をどう解するかが問題となります。

被相続人に配偶者がいない場合及び相続開始の直前においてこの被相続人の居住の用に供されていた家屋に居住していた親族（法定相続人）がいない場合の判定をするときに（措法69の４③二ロ）、構造上区分された数個の部分の各部分（以下「独立部分」といいます。）を独立して居住その他の用途に供することができるものの独立部分ごとに判断するという通達（措通69の４－21）がありますので、同様に考えるものと思われます。そうしますと、丙は被相続人の居住の用に供されていた家屋に居住していたわけではなく、まさに自己の所有する家屋に居住していたことになり、当該被相続人の居住の用に供されていた家屋に居住していた者ではないと判断されますので、特定居住用宅地等に該当しないものと考えられます。この家屋が区分所有登記のものであっても同様と考えられます。

90 配偶者がいないケースで家なし親族が取得する場合（区分所有なし）

被相続人甲の所有する宅地の上に、甲が所有し、１階には甲のみが居住し、２階には長男丙家族が居住している建物（住宅内部で行き来ができないもの）が建っていました。配偶者乙は既に死亡しており、この敷地及び建物を家なし親族である丁が相続することになりましたが、この場合、特定居住用宅地等に該当しますか。

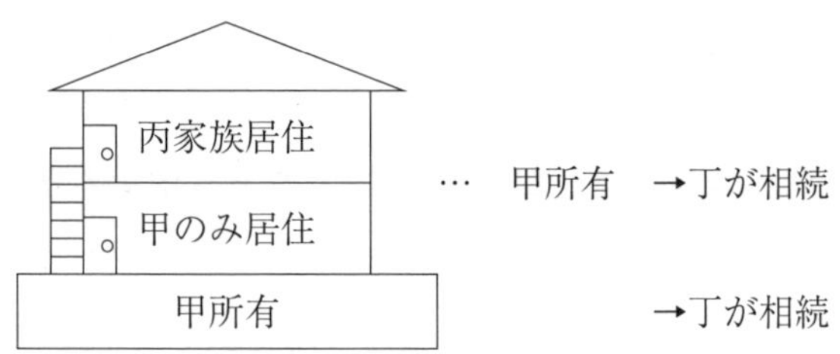

敷地全体について特定居住用宅地等に該当します。

解説

区分所有建物ではない一棟の建物に被相続人が居住していた場合には、被相続人の居住の用に供していた宅地等の範囲には、その敷地のうち被相続人の居住していた部分に加え、被相続人の親族（配偶者、生計別の親族も含みます。）の居住の用に供されていた部分も含まれます（措令40の２④）。

したがって、家なし親族が取得した敷地全体について、特定居住用宅地等に該当します。

なお、被相続人に配偶者がいない場合及び相続開始の直前においてこの被相続人の居住の用に供されていた家屋に居住していた親族（法定相続人）がいない場合に限られています（措法69の４③二ロ）が、甲と丙が同居していたかどうかについては、構造上区分された数個の部分の各部分（以下「独立部分」といいます。）を独立して居住その他の用途に供することができるものの独立部分ごとに判断します（措通69の４－21）。したがって、甲と丙とは、同居に該当しません。

結果として、丁は家なし親族として敷地全体について特定居住用宅地等の適用が受けられます。

この取扱いは、甲と丙が生計一かどうかは関係ありません。

91 区分所有のマンションの場合（生計別）

被相続人甲は分譲マンションの105号室と901号室を所有し、甲が901号室に居住し、長男丙が105号室に居住していました。配偶者乙は死亡していて、甲と丙とは生計は別です。丙は２年前まで自己所有のマンションに居住していました。丙が105号室と901号室の敷地と建物を相続しますが、この場合、特定居住用宅地等に該当しますか。

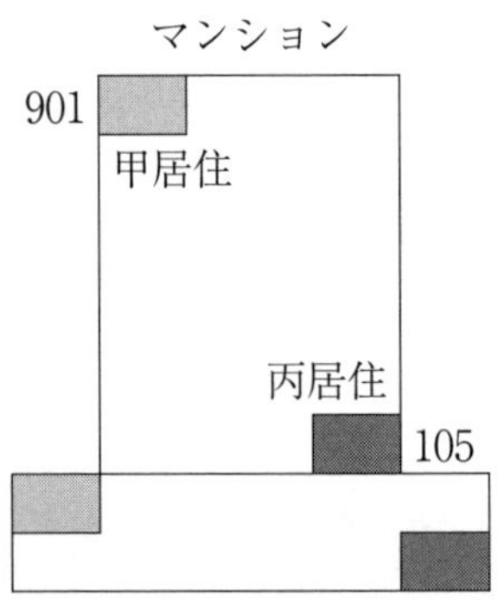

特定居住用宅地等に該当しません。

解説

配偶者以外の親族が相続開始の直前において、宅地等の上に存する被相続人の居住の用に供されていた一棟の建物（当該被相続人、当該被相続人の配偶者又は当該親族の居住の用に供されていた部分として政令で定める部分に限ります。）に居住していた者であって、相続開始時から申告期限まで引き続きその宅地等を有し、かつ、その建物に居住している場合には、その親族が取得したその宅地等のうち該当部分は、特定居住用宅地等に該当します。

政令では、被相続人の居住の用に供されていた一棟の建物が区分所有建物である場合には、被相続人の居住の用に供されていた部分に居住していた者に限られます（措令40の2⑬一）ので、丙は同居親族にはなりません。また、丙は家なし親族ではなく、生計も別なので、租税特別措置法第69条の4第3項第2号ロ及びハによる適用もありません。

コラム　マンションの相続税評価見直し

令和６年１月１日以降のマンションの相続税評価が変わっています。

区分所有者がいる家屋で、居住の用に供する専有部分のあるものが対象となりますが、次のものは対象外です。

①　地階を除く階数が２以下のもの

②　居住の用に供する専有部分一室の数が３以下であってその全てを所有者又はその親族の居住の用に供するもの

1　評価方法

(「従来の路線価評価による敷地利用権の価額」＋「従来の建物部分の価額」) ×区分所有補正率

2　区分所有補正率

区分所有補正率は、評価乖離率に応じて、以下のようになります。

①　1.666≦評価乖離率
　　区分所有補正率＝評価乖離率×0.6

②　１＜評価乖離率＜1.666
　　区分所有補正率＝1.0

③　評価乖離率≦１
　　区分所有補正率＝評価乖離率

④　評価乖離率≦０
　　区分所有補正率＝０（評価は、ゼロになります。)

3　評価乖離率

次の算式により求めた値をいいます。

(算式)

評価乖離率＝3.220－Ａ＋Ｂ＋Ｃ－Ｄ

上記算式中の「Ａ」、「Ｂ」、「Ｃ」及び「Ｄ」は、それぞれ次による。

「Ａ」＝当該一棟の区分所有建物の築年数×0.033

「Ｂ」＝当該一棟の区分所有建物の総階数指数×0.239（小数点以下第４位を切り捨てる。)

「Ｃ」＝当該一室の区分所有権等に係る専有部分の所在階×0.018

「D」＝当該一室の区分所有権等に係る敷地持分狭小度×1.195（小数点以下第4位を切り上げる。）

（注）1 「築年数」は、当該一棟の区分所有建物の建築の時から課税時期までの期間とし、当該期間に1年未満の端数があるときは、その端数は1年とする。

2 「総階数指数」は、当該一棟の区分所有建物の総階数を33で除した値（小数点以下第4位を切り捨て、1を超える場合は1とする。）とする。この場合において、総階数には地階を含まない。

3 当該一室の区分所有権等に係る専有部分が当該一棟の区分所有建物の複数階にまたがる場合には、階数が低い方の階を「当該一室の区分所有権等に係る専有部分の所在階」とする。

4 当該一室の区分所有権等に係る専有部分が地階である場合には、「当該一室の区分所有権等に係る専有部分の所在階」は、零階とし、Cの値は零とする。

5 「当該一室の区分所有権等に係る敷地持分狭小度」は、当該一室の区分所有権等に係る敷地利用権の面積を当該一室の区分所有権等に係る専有部分の面積で除した値（小数点以下第4位を切り上げる。）とする。

したがって、同じマンションで床面積が同じ場合に下層階と上層階の評価が変わる計算式となっています。築年数、階数などにより異なりますが、令和5年までの評価に対して2 ～ 3倍程度の評価になるようで、実勢価格に近付く適正評価への一歩と位置付けられます。ただし、財産評価基本通達の総則6項の適用が改正後のマンション評価にないということはないので、注意が必要です。

また、今回の通達では、構造上居住の用に供することができるマンション一室の評価に限られるため、居住用マンション・商業ビルを一棟丸ごと保有している場合や商業ビルの一室を区分所有している場合は射程に入っていないことに注意が必要です。なお、構造上、主として居住の用途に供することができるものであれば、課税時期において、現に事務所として使用している場合であっても、「居住の用」に供するものに該当します。

4　小規模宅地等の適用

小規模宅地等の適用については、土地部分の評価額、すなわち「従来の路線価評価による敷地利用権の価額」×区分所有補正率を基に50％又は80％の減額ができます。

〈乖離率とマンション評価の関係〉

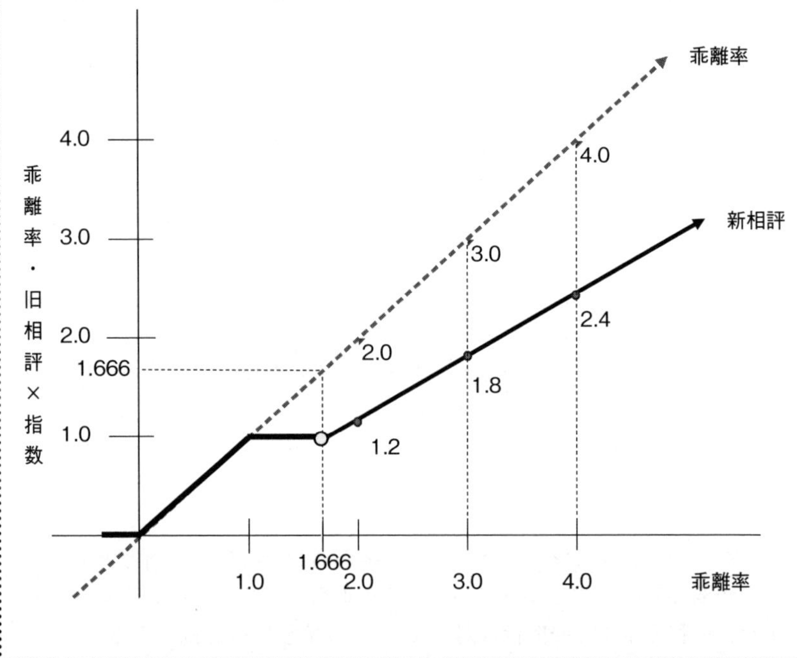

92 区分所有していないマンションの場合（生計別）

被相続人甲の所有する宅地の上に、9階建のマンションを建て、105号室に長男丙が居住し、901号室には甲のみが居住していました。他の部分は全て賃貸しています（10室以上）。甲の配偶者乙はすでに死亡しており、甲と丙は生計を別にしています。丙は敷地と建物を相続しますが、この場合、特定居住用宅地等に該当しますか。

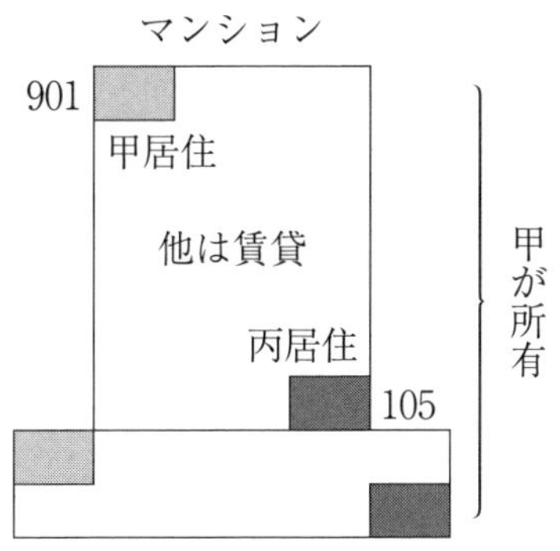

A

901号室と105号室の敷地部分が、特定居住用宅地等に該当します。他の部分は、貸付事業用宅地等に該当します。

解説

区分所有建物ではない一棟の建物に被相続人が居住していた場合には、被相続人の居住の用に供していた宅地等の範囲には、その敷地のうち被相続人の居住していた部分に加え、被相続人の親族（配偶者、生計別の親族も含みます。）の居住の用に供されていた部分も含まれます（措令40の２④）。

配偶者以外の親族が相続開始の直前において、宅地等の上に存する被相続人の居住の用に供されていた一棟の建物（当該被相続人、当該被相続人の配偶者又は当該親族の居住の用に供されていた部分として政令で定める部分に限ります。）に居住していた者であって、相続開始時から申告期限まで引き続きその宅地等を有し、かつ、その建物に居住している場合には、その親族が取得したその宅地等のうち該当部分は、特定居住用宅地等に該当します。

政令では、被相続人の居住の用に供されていた一棟の建物が区分所有建物以外の場合には、被相続人又は被相続人の親族の居住の用に供されていた部分が該当することになり（措令40の２⑬二）、901号室と105号室の敷地部分について特定居住用宅地等に該当します。

93 被相続人と同じマンションに居住していた者がいる場合（区分所有・生計別）

被相続人甲は分譲マンションの105号室と901号室を所有し、甲が901号室に居住し、長男丙が105号室に居住していました。甲の配偶者乙は死亡していて、甲と丙とは生計は別です。丙はこの105号室に10年間居住していました。丙が105号室を相続し、901号室は次男丁が相続しますが、この場合、丁は特定居住用宅地等に該当しますか。なお、丁は５年間社宅住まいです。

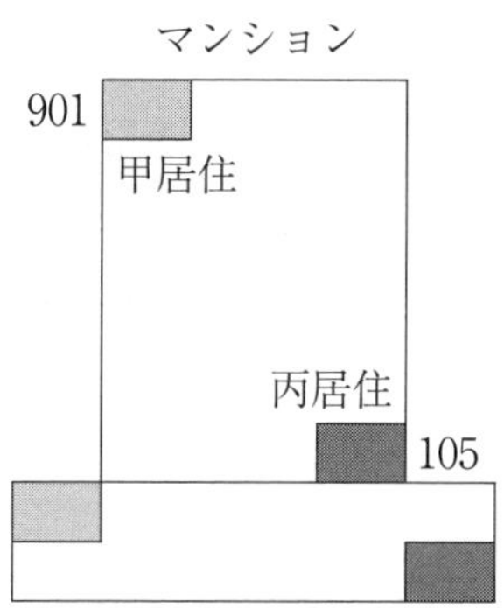

A

901号室の敷地部分が、特定居住用宅地等に該当します。

解説

相続開始の直前において被相続人の配偶者あるいは同居の親族がいない場合に、被相続人が居住していた建物の敷地が特定居住用宅地等に該当するためには、相続開始前３年以内に「自己、自己の配偶者、自己の３親等内の親族又は自己と特別の関係がある法人の所有する家屋」に居住したことがない親族が相続又は遺贈により取得することが要件とされています。さらに、被相続人に配偶者がいない場合及び相続開始の直前においてこの被相続人の居住の用に供されていた家屋に居住していた親族（法定相続人）がいない場合に限られています（措法69の４③二ロ）。

この場合、甲と丙が同居していたかどうかについては、構造上区分された数個の部分の各部分（以下「独立部分」といいます。）を独立して居住その他の用途に供することができるものの独立部分ごとに判断します（措通69の４－21）。したがって、甲と丙とは、同居に該当しません。

結果として、丁は家なし親族として901号室の敷地について特定居住用宅地等の適用が受けられます。

ちなみに、丙は同居でも生計一でもありませんから、105号室の敷地については、特定居住用宅地等には該当しません。

94 1棟の建物の一部に居住している場合（生計別）

被相続人甲は、５階建のビルとその敷地を所有していました。

これを遺産分割により、土地、建物について１/２ずつを配偶者乙、生計が別の長男丙が取得することになりました。この場合、本特例はどのように受けることができるでしょうか。

なお、賃貸部分は10室以上あります。

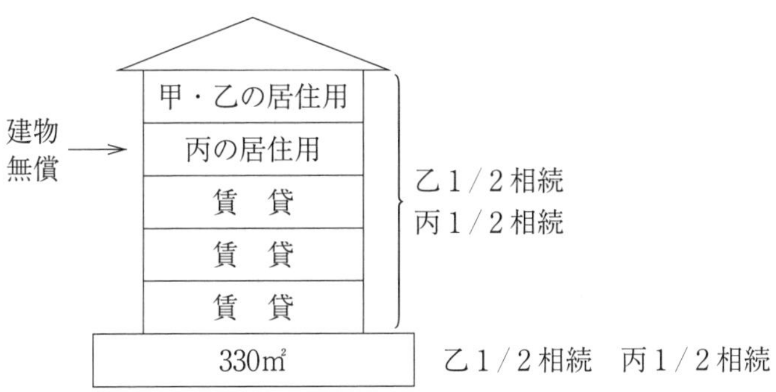

配偶者乙の取得した１/２の２/５が特定居住用宅地等として、１/２の３/５が貸付事業用宅地等として特例の適用ができます。また、長男丙も取得した１/２の２/５が特定居住用宅地等として、１/２の３/５が貸付事業用宅地等として特例の適用ができます。

解説

特定居住用宅地等とは、相続開始の直前において被相続人等の居住の用に供されていた宅地等のうち、配偶者が取得した持分の割合に応ずる部分又は一定の要件を満たす配偶者以外の親族が相続又は遺贈により取得した持分の割合に応ずる部分に限られます（措令40の２⑫)。

そして、区分所有建物ではない一棟の建物に被相続人が居住していた場合には、被相続人の居住の用に供していた宅地等の範囲には、その敷地のうち被相続人の居住していた部分に加え､被相続人の親族（配偶者、生計別の親族も含みます。）の居住の用に供されていた部分も含まれます(措令40の２④)。

具体的には､乙はその取得をした１/２の持分のうち､２/５は特定居住用宅地等の要件を満たすことになります。また、残りの３/５については、有償で貸し付けていれば、貸付事業用宅地等となります。

また、配偶者以外の親族丙が相続開始の直前において、宅地等の上に存する被相続人の居住の用に供されていた一棟の建物（当該被相続人、当該被相続人の配偶者又は当該親族の居住の用に供されていた部分として政令で定める部分に限ります。）に居住していた者であって、相続開始時から申告期限まで引き続きその宅地等を有し、かつ、その建物に居住している場合には、その親族が取得したその宅地等のうち該当部分は、特定居住用宅地等に該当します。

政令では、被相続人の居住の用に供されていた一棟の建物が区分所有建物以外の場合には、被相続人又は被相続人の親族の居住の用に供されていた部分に居住していた者が該当するため（措令40の２⑬二)、事例の場合には、この建物は区分所有建物ではありませんので、甲及び丙が居住していた部分が該当することになり、丙が取得をした１/２の持分のうち、２/５が特定居住用宅地等に該当します。３/５は有償で貸し付けていれば、貸付事業用宅地等となります。

95 建物が区分所有されている場合の１棟の建物の範囲（区分所有・生計別）

被相続人甲は、次のように５階を甲、４階を生計を別にする長男丙、１～３階を甲がそれぞれ区分所有する建物の敷地を所有していました。

今回、遺産分割により、建物の５階部分を配偶者乙が、建物の１～３階を乙と丙で1/2ずつ取得し、土地については乙と丙がそれぞれ1/2ずつ共有で取得することとしましたが、この場合、敷地全部が特定居住用宅地等に該当しますか。

なお、賃貸部分は10室以上あります。

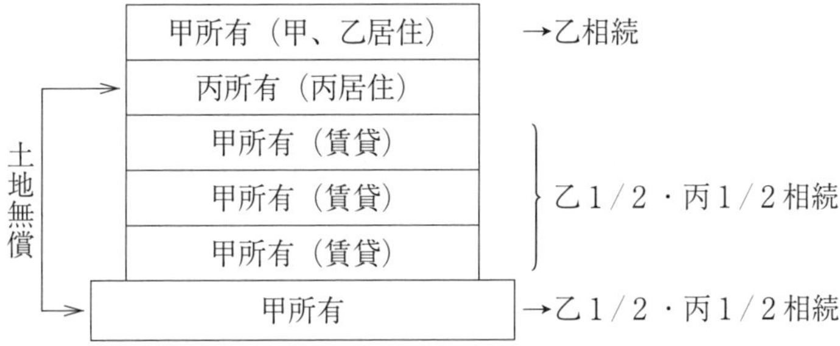

配偶者乙の取得した1/2の1/5が特定居住用宅地等として、1/2の3/5が貸付事業用宅地等に該当します。また、長男丙は取得した1/2の3/5が貸付事業用宅地等に該当します。

解説

特定居住用宅地等とは、相続開始の直前において被相続人等の居住の用に供されていた宅地等のうち、配偶者が取得した持分の割合に応ずる部分又は一定の要件を満たす配偶者以外の親族が相続又は遺贈により取得した持分の割合に応ずる部分に限られます（措令40の2⑫）。

したがって、建物が被相続人等の居住の用とそれ以外の用に供されていた場合や同一敷地内に居住用建物とその他の建物とが建っている場合には、その敷地のうち、被相続人等の居住の用に供していた部分のみが居住用宅地等に該当することとなります。そして、この居住用宅地等のうち一定の要件を満たす宅地等が特定居住用宅地等に該当することになります。

具体的には、乙はその取得をした1/2の持分のうち、1/5は特定居住用宅地等の要件を満たすことになります。また、残りの3/5については、有償で貸し付けていれば、貸付事業用宅地等となります。

配偶者以外の親族丙が相続開始の直前において、宅地等の上に存する被相続人の居住の用に供されていた一棟の建物（当該被相続人、当該被相続人の配偶者又は当該親族の居住の用に供されていた部分として政令で定める部分に限ります。）に居住していた者であって、相続開始時から申告期限まで引き続きその宅地等を有し、かつ、その建物に居住している場合には、その親族が取得したその宅地等のうち該当部分は、特定居住用宅地等に該当します。

政令では、被相続人の居住の用に供されていた一棟の建物が区分所有建物である場合には、被相続人の居住の用に供されていた部分に居住していた者に限られます（措令40の2⑬一）。

したがって、丙の場合には、この建物は区分所有建物であり、甲が居住していた部分に居住していた者ではないので、特定居住用宅地等には該当せず、丙が取得をした1/2の持分のうち、3/5のみが貸付事業用宅地等となります。

96 自用地と貸家建付地がある場合の選択方法

被相続人甲は、その所有する宅地（550㎡）上に5階建のビルを建築して、1階から4階を賃貸にして（10室以上あります。）、5階に居住していました。これを配偶者乙が相続することになりましたが、少しでも有利なように自用地部分から先に選択して、残りを貸家建付地で選択することを考えていますが、よろしいでしょうか。

小規模宅地等の選択は、納税者の選択したところにより自用地から先に選択できます。

解説

特定居住用宅地等とは、相続開始の直前において被相続人等の居住の用に供されていた宅地等のうち、配偶者が取得した持分の割合に応ずる部分又は一定の要件を満たす配偶者以外の親族が相続又は遺贈により取得した持分の割合に応ずる部分に限られます（措令40の2⑫）。

また、貸付事業用宅地等も同様です（措令40の2㉒）。

したがって、建物が被相続人等の居住の用とそれ以外の用に供されていた場合には、その敷地のうち、被相続人等の居住の用に供していた部分のみが居住用宅地等に該当することとなります。そして、この居住用宅地等のうち一定の要件を満たす宅地等が特定居住用宅地等に該当することになります。

具体的には、配偶者はその取得をした宅地等のうち、１/５は特定居住用宅地等の要件を満たすことになります。また、残りの４/５については、有償で貸し付けていれば、貸付事業用宅地等となります。この４/５の部分については、貸家建付地として評価することになり、その後の価額に小規模宅地等の特例を適用することになります。

また、被相続人等の事業用宅地等又は居住用宅地等若しくは貸付事業用宅地等が複数あるときに、いずれの宅地等を小規模宅地等として選択するかは相続人又は包括受遺者の選択に委ねられています。

この質問の場合、特例を適用する小規模宅地等が一筆の土地ですので、小規模宅地等の選択は自用地と貸家建付地の面積比によりあん分するとの考え方もありえますが、小規模宅地等が分散して複数ある場合とそうでない場合の選択の方法に差異を設ける合理的な理由がありませんから、まず、自用地部分を小規模宅地等として選択し、次に貸家建付地部分について本特例を受けることは可能であると考えられます。

限度面積を計算してみると次のようになります。

○　特定居住用宅地等を先に選択した場合

550㎡×１/５＝110㎡　…　特定居住用宅地等

200㎡－110㎡×200／330＝133.33㎡

133.33㎡　…　貸付事業用宅地等

したがって、貸家建付地440㎡のうち133.33㎡が貸付事業用宅地等に該当します。

97 建物が同族法人と区分所有されている場合

被相続人甲は、次のように5階を甲、1から4階を同族法人がそれぞれ区分所有する建物の敷地全体（450㎡）を所有していました。

今回、遺産分割により、建物の5階部分及びこの敷地を配偶者乙が取得することとしましたが、この場合、敷地全部を特定居住用宅地等に該当しますか。

なお、甲は同族法人に対して、有償で土地を貸し付けており（事業的規模は満たしているものとします。）、同族法人は、無償返還の届出を提出しています。

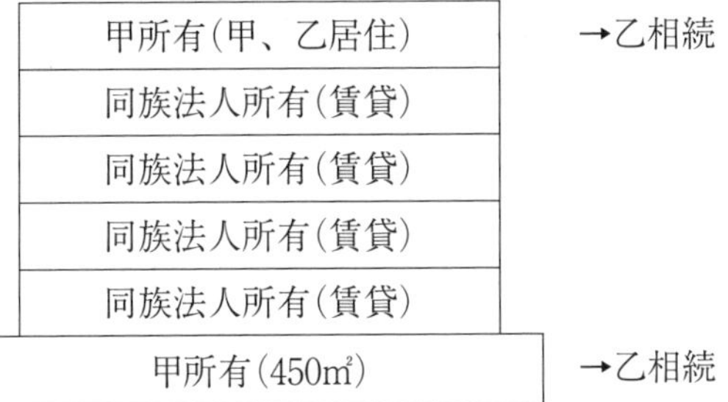

配偶者乙の取得した土地の1/5が特定居住用宅地等として、4/5が貸付事業用宅地等として、限度面積の範囲内で特例の適用ができます。

解説

特定居住用宅地等とは、相続開始の直前において被相続人等の居住の用に供されていた宅地等のうち、配偶者が取得した持分の割合に応ずる部分又は一定の要件を満たす配偶者以外の親族が相続又は遺贈により取得した持分の割合に応ずる部分に限られます（措令40の２⑫）。

したがって、建物が被相続人等の居住の用とそれ以外の用に供されていた場合や同一敷地内に居住用建物とその他の建物とが建っている場合には、その敷地のうち、被相続人等の居住の用に供していた部分のみが居住用宅地等に該当することとなります。そして、この居住用宅地等のうち一定の要件を満たす宅地等が特定居住用宅地等に該当することになります。

この事例の場合、乙はその取得をした１/５は特定居住用宅地等の要件を満たすことになります。また、残りの４/５については、同族法人が貸家として建物を使用していますので特定同族会社事業用宅地等には該当せず、甲は同族法人に土地を有償で貸し付けているので、貸付事業用宅地等となります。

具体的な計算を示すと次のとおりです。土地の路線価は、１㎡あたり30万円で、借地権割合60％、借家権割合は30％とします。

<特定居住用宅地等対象>　　　　<貸付事業用宅地等対象>

450㎡×１/５＝90㎡　　　　450㎡×４/５＝360㎡

30万円×90㎡＝2,700万円

2,700万円×80％＝2,160万円……①

特定居住用宅地等を先に選択適用したほうが有利ですので、貸付事業用宅地等は200㎡－90㎡×200/330＝145.45㎡までが対象となります。

30万円×0.8※×145.45㎡＝3,490万円

3,490万円×50％＝1,745万円……②

・合計（①＋②）　3,905万円が減額金額

※　「相当の地代を支払っている場合等の借地権等についての相続税及び贈与税の取扱いについて」の「『土地の無償返還に関する届出書』が提出されている場合の貸宅地の評価」

(3) 取得者が申告期限までに死亡した場合

98 配偶者が取得した後、申告期限までに死亡した場合

被相続人甲が土地・建物を所有しており、配偶者の乙とともにそこに居住していました。今回の相続によりこの土地・建物を乙が分割協議により取得しましたが、乙は、第一次相続後９ヶ月して死亡しました。この場合、第一次相続において特定居住用宅地等に該当しますか。

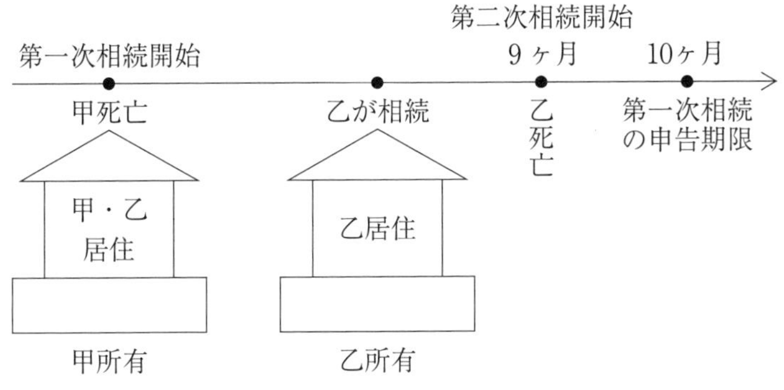

特定居住用宅地等に該当します。

本特例において、特定居住用宅地等に該当するためには、被相続人の居住の用に供されていた宅地等で、当該被相続人の配偶者が相続又は遺贈により取得したものであることが要件の一つになっています（措法69の４③二）。そして、配偶者が取得する場合には他の要件が課されていませんので、申告期限までの居住継続や保有継続は求められません。

したがって、この事例の場合には、特定居住用宅地等に該当します。

同居親族が取得した後、申告期限までに死亡した場合

被相続人甲が土地・建物を所有しており、長男丙家族とともにそこに居住していました。甲の配偶者乙は先に死亡していて、今回の相続によりこの土地・建物を丙が分割協議により取得しましたが、丙は、第一次相続後９ヶ月して死亡しました。この場合、第一次相続において特定居住用宅地等に該当しますか。

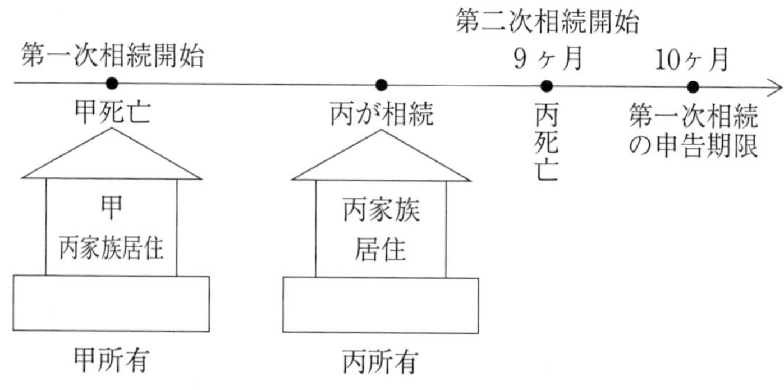

特定居住用宅地等に該当します。

解説

本特例において、特定居住用宅地等に該当するためには、被相続人の居住の用に供されていた宅地等で、当該被相続人の同居親族が相続又は遺贈により取得したもので、相続開始時から申告期限まで引き続き当該宅地等を保有し、かつ当該家屋に居住していることが要件の一つになっています（措法69の４③二イ）。

この場合の申告期限とは、当該親族が死亡した場合にはその死亡の日とされます（措法69の４③一ロかっこ書）ので、丙の死亡の日まで、居住継続や保有継続の要件を満たせば、特定居住用宅地等に該当します。

100 家なし親族が取得した後、申告期限までに死亡した場合

被相続人甲が土地・建物を所有しており、そこに居住していました。甲の配偶者乙は先に死亡していて、今回の相続によりこの土地・建物を家なし親族の要件を満たす長女丙が分割協議により取得しましたが、丙は、第一次相続後９ヶ月して死亡しました。この場合、第一次相続において特定居住用宅地等に該当しますか。

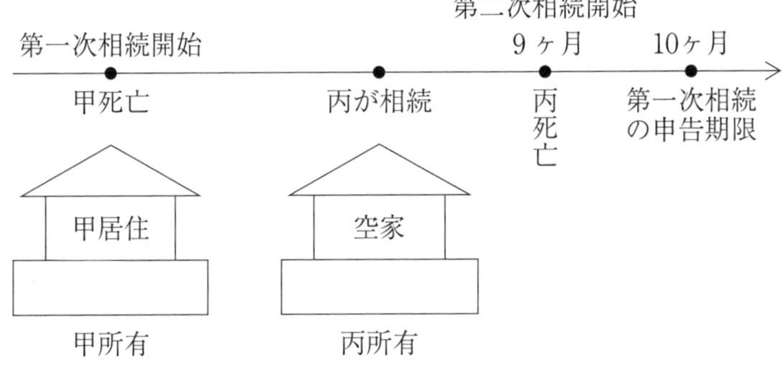

特定居住用宅地等に該当します。

解説

本特例において、特定居住用宅地等に該当するためには、被相続人の居住の用に供されていた宅地等で、問39の①から⑥の要件を満たす当該被相続人の親族が相続又は遺贈により取得したものであることが要件となっています（措法69の４③二ロ）。

申告期限までの居住要件は課されていませんが、申告期限までの保有継続要件は課されています。この場合の申告期限とは、当該親族が死亡した場合にはその死亡の日とされます（措法69の４③一ロかっこ書）ので、丙の死亡の日まで、保有継続の要件を満たせば、特定居住用宅地等に該当します。

生計一親族が取得した後、申告期限までに死亡した場合

被相続人甲が土地・建物を所有しており、そこには長男の丙家族が居住していました。甲の配偶者乙は既に死亡しており甲は、別のところに居住していましたが、甲と丙は生計を一にしていました。今回の相続によりこの土地・建物を丙が分割協議により取得しましたが、丙は、第一次相続後９ヶ月して死亡しました。この場合、特定居住用宅地等に該当しますか。

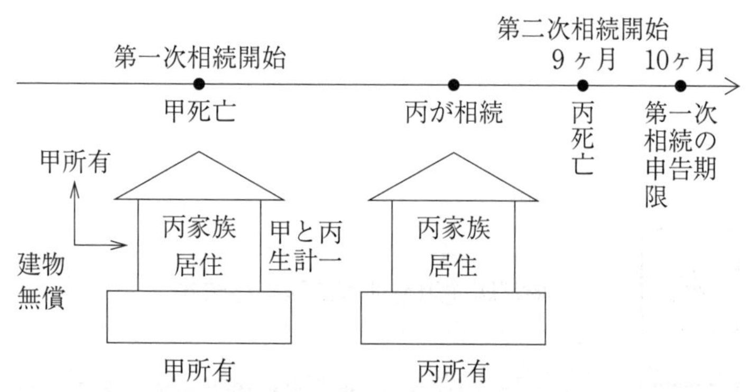

A

特定居住用宅地等に該当します。

本特例において、特定居住用宅地等に該当するためには、被相続人と生計を一にする親族の居住の用に供されていた宅地等で、その親族が相続又は遺贈により取得したもので、相続開始時から申告期限まで引き続き当該宅地等を保有し、か

つ相続開始前から申告期限まで引き続き当該宅地等を自己の居住の用に供していることが要件の一つになっています（措法69の４③二ハ）。

この場合の申告期限とは、当該親族が死亡した場合にはその死亡の日とされます（措法69の４③一ロかっこ書）ので、丙の死亡の日まで、居住継続や保有継続の要件を満たせば、特定居住用宅地等に該当します。

102 未分割状態で申告期限までに死亡した者に取得させた場合

被相続人甲が土地・建物を所有しており、配偶者の乙とともにそこに居住していました。甲の遺産につき分割協議が整わないうちに乙が死亡しました。第一次相続の申告期限までに、この土地・建物を乙が取得するような分割協議が、甲・乙の相続人間で調いました。この場合、第一次相続において、特定居住用宅地等に該当しますか。

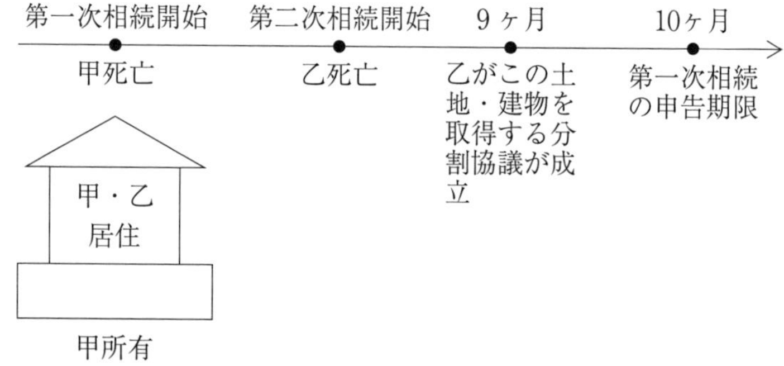

A

特定居住用宅地等に該当します。

共同相続人等が特例対象宅地等の分割前に死亡している場合については、以下のような取扱いがあります（措通69の４－25）。

相続又は遺贈により取得した特例対象宅地等の全部又は一部が共同相続人又は包括受遺者（以下「共同相続人等」といいます。）によって分割される前に、当該相続（以下「第一次相続」といいます。）に係る共同相続人等のうちいずれかが死亡した場合において、第一次相続により取得した特例対象宅地等の全部又は一部が、当該死亡した者の共同相続人等及び第一次相続に係る当該死亡した者以外の共同相続人等によって分割され、その分割により当該死亡した者の取得した特例対象宅地等として確定させたものがあるときは、租税特別措置法第69条の４第１項の規定の適用に当たっては、その特例対象宅地等は分割により当該死亡した者が取得したものとして取り扱うことができます。

(注) 第一次相続に係る共同相続人等のうちいずれかが死亡した後、第一次相続により取得した財産の全部又は一部が家庭裁判所における調停又は審判（以下「審判等」といいます。）に基づいて分割されている場合において、当該審判等の中で、当該死亡した者の具体的相続分（民法第900条《法定相続分》から第904条の２《寄与分》までに規定する相続分をいいます。）のみが金額又は割合によって示されているにすぎないときであっても、当該死亡した者の共同相続人等の全員の合意により、当該死亡した者の具体的相続分に対応する財産として特定させたもののうちに特例対象宅地等があるときは上記の取扱いができます。

したがって、この事例の場合には、第１次相続の申告期限までに配偶者が取得する遺産分割協議が調い、被相続人の居住の用に供されていた宅地等を当該被相続人の配偶者が相続により取得したことになりますから、特定居住用宅地等に該当します。

この取扱いは、同居親族が取得した場合、家なし親族が取得した場合、生計一親族が取得した場合も同様であり、その死亡した親族の死亡の日までの居住継続、保有継続の要件を満たせば、特定居住用宅地等に該当します（措法69の４③一ロかっこ書）。

⑷　家なし親族の場合

103　同族会社の所有家屋に居住していた場合

被相続人甲は、平成27年１月より相続開始のとき（令和５年３月）まで甲が所有する土地・建物に一人で暮らしていました。配偶者乙は既に死亡しています。

この居住用の建物とその敷地を相続したのは長男丙ですが、丙は平成30年３月から丙が株式の100%を所有していたＡ社所有の家屋に居住しています。ただし、この建物は丙が所有していたものをＡ社に売却したものです。

丙が相続した甲の居住用家屋の敷地は、特定居住用宅地等に該当しないのでしょうか。

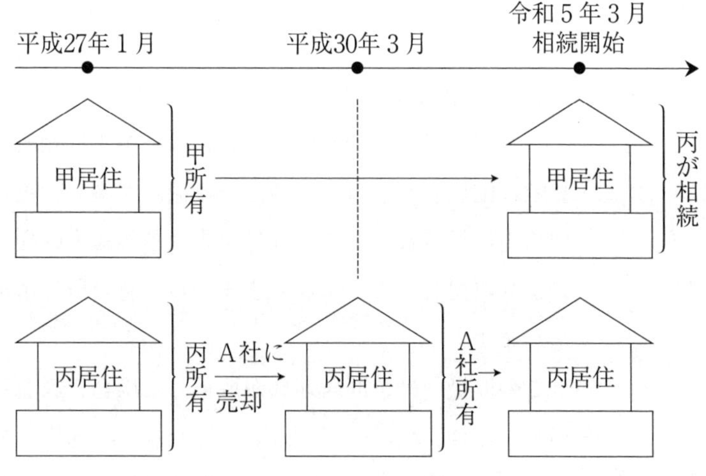

特定居住用宅地等に該当しません。

解説

問39の要件④「相続開始前３年以内に日本国内にある自己、自己の配偶者、自己の３親等内の親族又は自己と特別の関係がある法人の所有に係る家屋に居住したことがない。」及び、要件⑤「相続開始の時に、取得者が居住している家屋を一度も所有したことがない」に抵触しますので、特定居住用宅地等に該当しません（措法69の４③二ロ）。

104 いとこの主宰する会社の所有家屋に居住していた者

被相続人甲は、６年前より相続開始のときまで甲が所有する土地・建物に一人で暮らしていました。配偶者乙は既に死亡しています。

この居住用の建物とその敷地を相続したのは長男丙ですが、丙は４年前から丙のいとこが株式の100%を所有していたB社所有の家屋に居住しています。

この場合、丙は自己の所有する家屋に居住しているものとして、丙が相続した甲の居住用家屋の敷地は、特定居住用宅地等に該当しないのでしょうか。

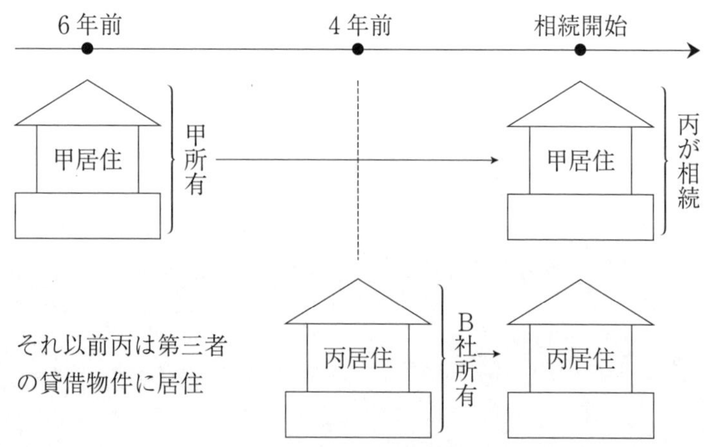

A

特定居住用宅地等に該当します。

解説

いとこは、丙の４親等の親族になり、問39の要件④「相続開始前３年以内に日本国内にある自己、自己の配偶者、自己の３親等内の親族又は自己と特別の関係がある法人の所有に係る家屋に居住したことがない。」に抵触しません。また、要件⑤「相続開始の時に、取得者が居住している家屋を一度も所有したことがない」にも抵触しませんので、特定居住用宅地等に該当します（措法69の４③二ロ）。

家屋を所有する子と同居する孫へ遺贈する場合

被相続人甲は、平成30年１月から相続開始のとき（令和５年３月）まで甲が所有する土地・建物に一人で暮らしていました。配偶者乙はすでに死亡しています。

この居住用の建物とその敷地は、孫丁に遺贈されましたが、丁は生まれてから甲の相続開始のときまで父丙（甲の子）の所有する建物に居住しています。

この場合、丁が取得する甲の居住用家屋の敷地は、特定居住用宅地等に該当しますか。

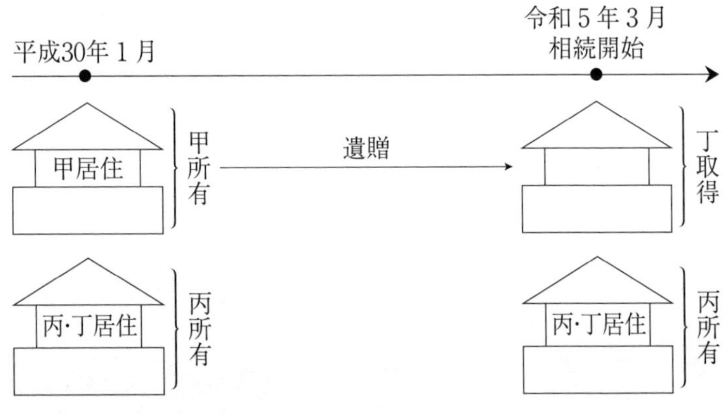

特定居住用宅地等に該当しません。

解説

問39の要件④「相続開始前３年以内に日本国内にある自己、自己の配偶者、自己の３親等内の親族又は自己と特別の関係がある法人の所有に係る家屋に居住したことがない。」に抵触しますので、特定居住用宅地等に該当しません（措法69の4③二ロ）。

106 家屋を所有する子と別居する孫へ遺贈する場合

被相続人甲は、22年前から相続開始のときまで甲が所有する土地・建物に一人で暮らしていました。配偶者乙は10年前に死亡しています。

この居住用の建物とその敷地は、孫丁に遺贈されました。丁は生まれてから4年前までは父丙（甲の子）の所有する建物に居住していましたが、その後賃借物件に居住しています。

この場合、丁が取得する甲の居住用家屋の敷地は、特定居住用宅地等に該当しますか。

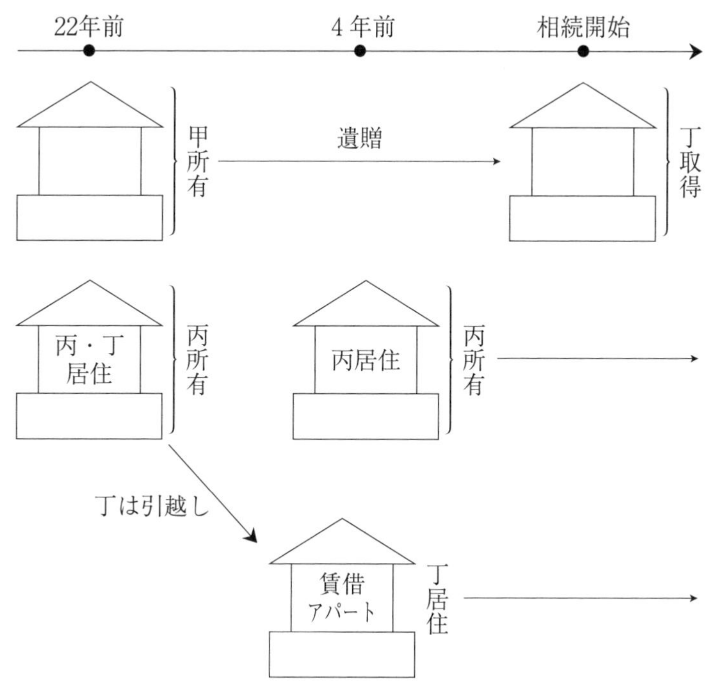

特定居住用宅地等に該当します。

解説

問39の要件④「相続開始前３年以内に日本国内にある自己、自己の配偶者、自己の３親等内の親族又は自己と特別の関係がある法人の所有に係る家屋に居住したことがない。」などの要件を満たしていますので、特定居住用宅地等に該当します（措法69の４③二ロ）。

107 3年以内に夫所有の外国の所有家屋に居住していた者

被相続人甲は、6年前より相続開始のときまで甲が所有する土地・建物に一人で暮らしていました。配偶者乙は既に死亡しています。

この居住用の建物とその敷地を相続したのは長女丙ですが、丙は4年前からアメリカにある丙の夫丁所有の家屋に居住しています。

この場合、丙が相続した甲の居住用家屋の敷地は、特定居住用宅地等に該当しますか。

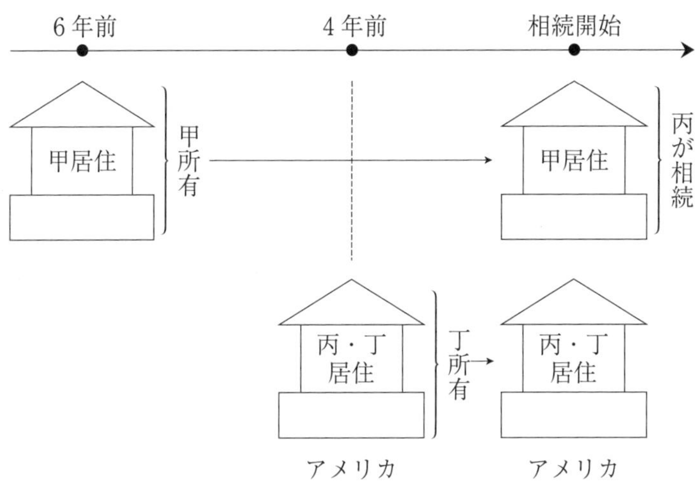

A

特定居住用宅地等に該当します。

解説

相続開始の直前において被相続人の配偶者あるいは同居の親族がいない場合に、被相続人が居住していた建物の敷地が特定居住用宅地等に該当するためには、相続開始前３年以内に「自己、自己の配偶者、自己の３親等内の親族又は自己と特別の関係がある法人の所有する家屋」に居住したことがない親族が相続又は遺贈により取得することが要件とされています。ここにいう「自己、自己の配偶者、自己の３親等内の親族又は自己と特別の関係がある法人の所有する家屋」とは、相続税法の施行地内にあるものとされています（措法69の４③二ロ）。したがって、相続開始前３年以内に自己、自己の配偶者、自己の３親等内の親族又は自己と特別の関係がある法人の所有する家屋に居住していたとしてもその居住する家屋が国外にある場合であれば、前述の要件を満たすことになりますので、この事例の場合は、特定居住用宅地等に該当します。

また、「相続開始の時に、取得者が居住している家屋を一度も所有したことがないこと」という要件も必要となっています。この要件は相続税法の施行地内に限られませんが、自己の所有家屋に限定されていますから、丙の夫の所有家屋ですので、特定居住用宅地等に該当することになります。

108 3年以内に自己所有の外国の家屋に居住していた者

被相続人甲は、6年前より相続開始のときまで甲が所有する土地・建物に一人で暮らしていました。配偶者乙は既に死亡しています。

この居住用の建物とその敷地を相続したのは長女丙ですが、丙は4年前からアメリカにある丙所有の家屋に居住しています。

この場合、丙が相続した甲の居住用家屋の敷地は、特定居住用宅地等に該当しますか。

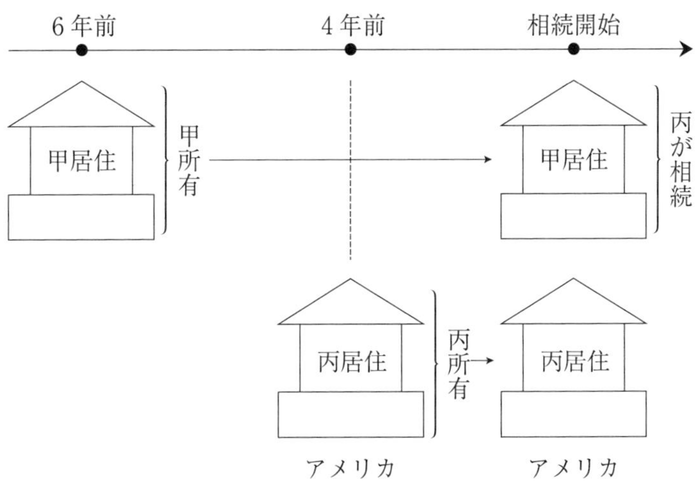

A

特定居住用宅地等に該当しません。

解説

相続開始の直前において被相続人の配偶者あるいは同居の親族がいない場合に、被相続人が居住していた建物の敷地が特定居住用宅地等に該当するためには、相続開始前３年以内に「自己、自己の配偶者、自己の３親等内の親族又は自己と特別の関係がある法人の所有する家屋」に居住したことがない親族が相続又は遺贈により取得することが要件とされています。ここにいう「自己、自己の配偶者、自己の３親等内の親族又は自己と特別の関係がある法人の所有する家屋」とは、相続税法の施行地内にあるものとされています（措法69の4③二ロ）。したがって、相続開始前３年以内に自己、自己の配偶者、自己の３親等内の親族又は自己と特別の関係がある法人の所有する家屋に居住していたとしてもその居住する家屋が国外にある場合であれば、前述の要件を満たすことになります。

しかし、「相続開始の時に、取得者が居住している家屋を一度も所有したことがないこと」という要件も必要となっています。この要件は相続税法の施行地内に限られませんので、丙は自己の所有家屋に居住していることから、特定居住用宅地等に該当しないことになります。なお、この要件は自己の所有家屋に限定されていますから、丙の夫の所有家屋であれば特定居住用宅地等に該当することになります。

3年以内に居住家屋の土地を所有していた者

被相続人甲は、6年前より相続開始のときまで甲が所有する土地・建物に一人で暮らしていました。配偶者乙は既に死亡しています。

この居住用の建物とその敷地を相続したのは長女丙ですが、丙は4年前から大阪にある甲所有の家屋に居住しています。その敷地は、丙が所有しています。

この場合、丙が相続した甲の居住用家屋の敷地は、特定居住用宅地等に該当しますか。

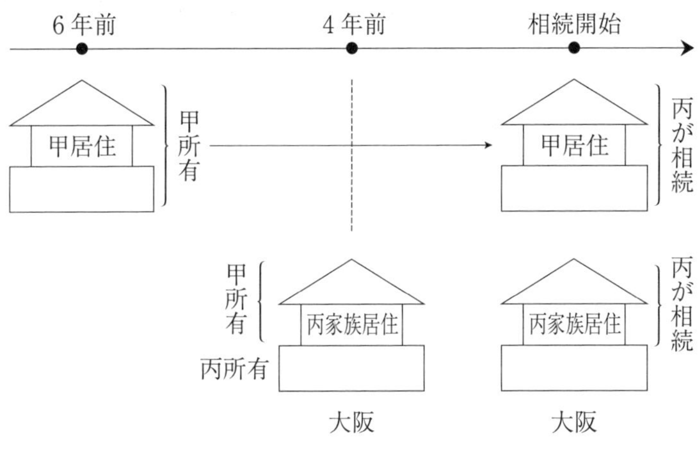

特定居住用宅地等に該当しません。

解説

問39の要件④「相続開始前3年以内に日本国内にある自己、自己の配偶者、自己の3親等内の親族又は自己と特別の関係がある法人の所有に係る家屋に居住したことがない。」に抵触しますので、特定居住用宅地等に該当しません（措法69の4③二ロ）。

110 所有する家屋を３年超、第三者へ賃貸していた場合

被相続人甲は、６年前より相続開始のときまで甲が所有する東京の土地・建物に一人で暮らしていました。配偶者乙は既に死亡しています。

この居住用の建物とその敷地を相続したのは長女丙ですが、丙は４年前まで大阪にある丙所有の土地・建物に居住していましたが、４年前から東京のアパートに居住しています。大阪の土地・建物は他へ賃貸しています。

この場合、丙が相続した甲の居住用家屋の敷地は、特定居住用宅地等に該当しますか。

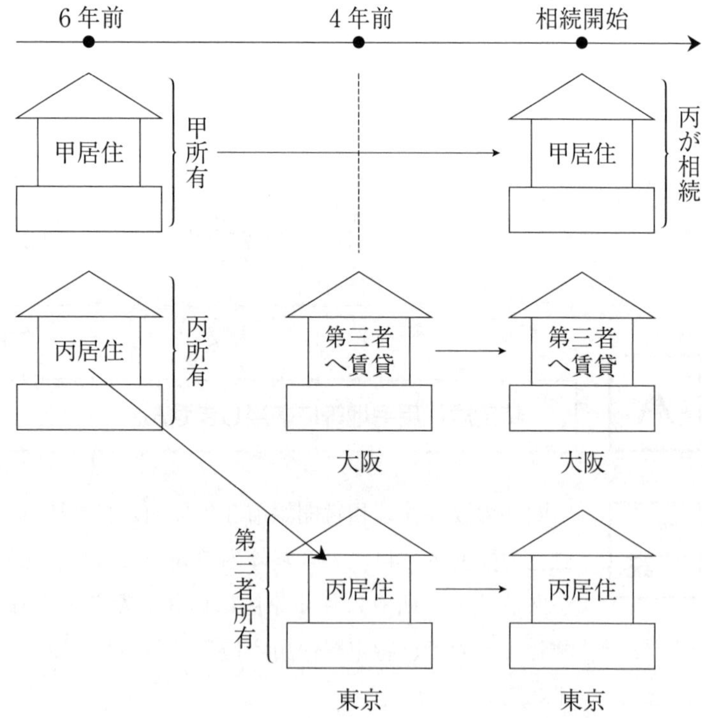

特定居住用宅地等に該当します。

解説

相続開始の直前において被相続人の配偶者あるいは同居の親族がいない場合に、被相続人が居住していた建物の敷地が特定居住用宅地等に該当するためには、相続開始前３年以内に「自己、自己の配偶者、自己の３親等内の親族又は自己と特別の関係がある法人の所有する家屋」に居住したことがない親族が相続又は遺贈により取得することが要件とされています（措法69の４③二ロ）。したがって、相続開始前３年以内に自己が所有する家屋を所有していても、そこに居住していなければ、前述の要件を満たすことになりますので、この事例の場合の丙が相続した甲の居住用家屋の敷地は、特定居住用宅地等に該当します。

111 所有する家屋に親族が居住していた場合

被相続人甲は、6年前より相続開始のときまで甲が所有する東京の土地・建物に一人で暮らしていました。配偶者乙は既に死亡しています。

この居住用の建物とその敷地を相続したのは長男丙ですが、丙は4年前まで東京にある丙所有の土地・建物に妻と子供と居住していましたが、4年前から福岡の社宅に居住しています。東京の丙所有の土地・建物は丙の妻と子供が居住しています。

この場合、丙が相続した甲の居住用家屋の敷地は、特定居住用宅地等に該当しますか。

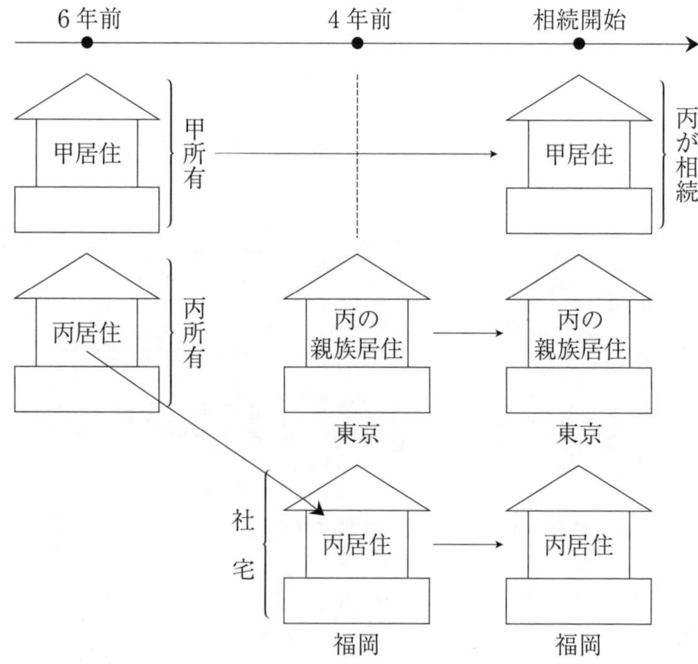

特定居住用宅地等に該当します。

解説

相続開始の直前において被相続人の配偶者あるいは同居の親族がいない場合に、被相続人が居住していた建物の敷地が特定居住用宅地等に該当するためには、相続開始前３年以内に「自己、自己の配偶者、自己の３親等内の親族又は自己と特別の関係がある法人の所有する家屋」に居住したことがない親族が相続又は遺贈により取得することが要件とされています（措法69の４③二ロ）。したがって、相続開始前３年以内に自己が所有する家屋を所有していても、そこに居住していなければ、前述の要件を満たすことになりますので、この事例の場合の丙が相続した甲の居住用家屋の敷地は、特定居住用宅地等に該当します。

112　３年以内に自己所有家屋に被相続人と居住した場合

被相続人甲は、甲所有の宅地上にある長男丙が所有する家屋に相続開始のときまで一人で居住していました。丙は、この家屋に２年前まで居住していましたが、転勤により相続開始のときには九州にある社宅に居住していました。甲の配偶者乙は既に死亡しています。

今回、丙はこの家屋の敷地を相続しましたが、相続開始前３年以内に自己の所有する当該家屋に居住していましたので、相続した敷地は、特定居住用宅地等に該当しないのでしょうか。

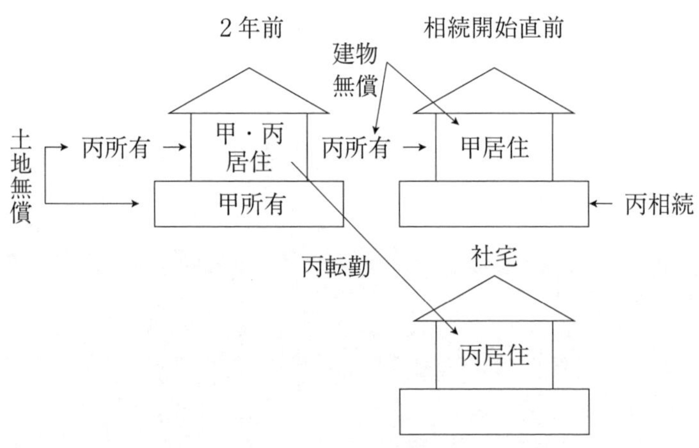

A

特定居住用宅地等に該当します。

解説

被相続人の居住用家屋に同居の親族がいない場合において、その建物の敷地が特定居住用宅地等に該当するためには、相続開始前3年以内に自己、自己の配偶者、自己の3親等内の親族又は自己と特別の関係がある法人の所有する家屋に居住したことがない親族が相続又は遺贈により取得することが要件とされています。

しかし、相続又は遺贈により取得した者が相続開始前3年以内に居住したことがある家屋が相続開始直前において被相続人の居住用であった場合は、上記要件にいう家屋から除くこととされています（措法69の4③二ロかっこ書）。

この事例のように、甲の宅地上に丙の所有する家屋があり、甲と丙とが相続開始前3年以内のいずれかの時まで同居していたが、相続開始時点では甲のみが居住していたようなケースの場合には、この敷地を相続した丙が相続税の申告期限まで保有していれば、特定居住用宅地等に該当します。

113 未分割の家屋と「有する家屋」の関係

乙は、被相続人甲の居住していた家屋とその敷地を甲より相続することになりました。父は10年前に死亡しており、甲には同居親族がありませんので、特定居住用宅地等に該当するものと考えています。

ただし、乙が現在居住している家屋は、義父丙の名義のものですが、丙は４年前に死亡して、その分割協議が未だ整っていません。この場合の、乙の「相続開始前３年以内に自己又は配偶者の所有する家屋に居住したことがない者」の判定上、どのように考えるのでしょうか。

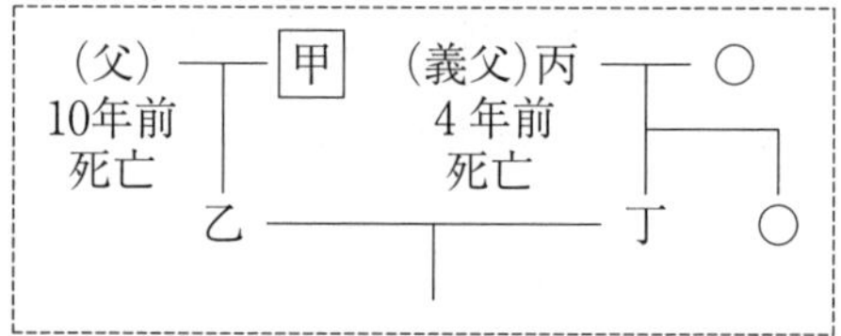

特定居住用宅地等には該当しません。

解説

民法第898条は、相続人が数人あるときは、相続財産は、その共有に属すると定めており、分割されていないときであっても相続財産は、数人の相続人による共有（いわゆる遺産共有）に属することとしており、一般に、その共有状態は、民法第249条以下に定める共有と性質を同じくするものと解されています。

つまり、乙が居住している家屋は、丙の相続人による共有状態にあるものといえます。したがって、乙は、丁が共有持分を有する家屋に居住していることになり、租税特別措置法第69条の4第3項第2号ロに規定する、相続開始前3年以内に自己、自己の配偶者、自己の3親等内の親族又は自己と特別の関係がある法人の所有する家屋に居住したことがない者に当たりませんので、乙が甲から相続により取得した同人の居住用家屋の敷地は、特定居住用宅地等に当たらないこととなります。

裁判例・裁決例 No. 33（662ページ）・No. 42（668ページ）

(5)　入院中・老人ホーム等の場合

114　被相続人の入院により空家となっていた場合

被相続人甲は、相続開始の３年前から病気治療のため入院していましたが、入院するまで居住していた建物は、甲が一人暮らしであったことから、相続開始時点では誰も住んでいませんでした。配偶者乙は既に死亡しています。

この場合、甲が入院するまで居住していた建物の敷地は、特定居住用宅地等に該当しますか。

なお、この建物とその敷地は、長男丙が相続しましたが、丙は５年前から社宅に住んでいます。

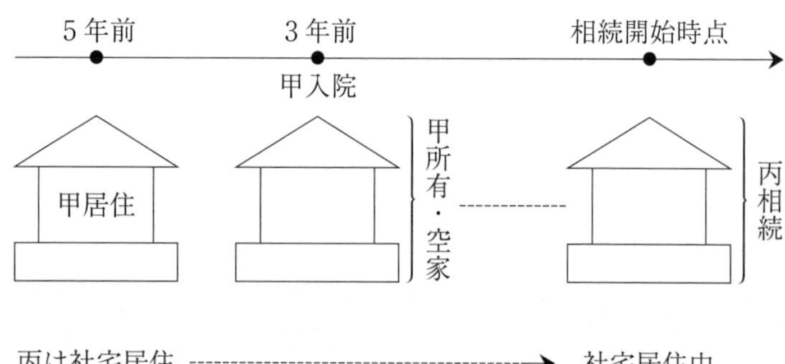

特定居住用宅地等に該当します。

解説

被相続人が所有する宅地等が、被相続人の居住の用に供されていた宅地等に当たるかどうかは、被相続人がその宅地等の上にある建物に生活の拠点を置いていたかどうかにより判定することとなります。すなわち、被相続人の日常生活の状況、建物への入居目的、その建物の構造や設備の状況あるいは生活の拠点となるべき他の建物の有無等を総合勘案して判定することになります。

ところで、病院に入院した場合は、その入院期間中は病院で起居することになりますので、入院によりその者の生活の拠点が病院に移ったとも考えられますが、病院は、病気を治療するための施設ですし、また入院の目的も病気治療のためですから、患者は病気が治った場合は入院前に居住していた建物に戻るのが通常であると考えられます。これらのことを考えますと、居住用建物が入院後他の用途に供されたような事情がない限り、その者の生活の拠点は、なお入院前のその建物にあるとみるのが実情に則していると考えられます。

(参考)

庁Q&A(小規模)9

■ 入院により空家となっていた建物の敷地についての小規模宅地等の特例

【照会要旨】

被相続人は相続開始前に病気治療のために入院しましたが、退院することなく亡くなりました。被相続人が入院前まで居住していた建物は、相続開始直前まで空家となっていましたが、退院後は従前どおり居住の用に供することができる状況にありました。この場合、その建物の敷地は、相続開始直前において被相続人の居住の用に供されていた宅地等に該当しますか。

【回答要旨】

病院の機能等を踏まえれば、被相続人がそれまで居住していた建物で起居しないのは、一時的なものと認められますから、その建物が入院後他の用途に供されたような特段の事情のない限り、被相続人の生活の拠点はなおその建物に置かれていると解するのが実情に合致するものと考えられます。

　したがって、その建物の敷地は、空家となっていた期間の長短を問わず、相続開始直前において被相続人の居住の用に供されていた宅地等に該当します。

　この質問の場合、甲は退院することなく亡くなっていますが、甲の居住用建物とその敷地は入院後他の用途に供されていませんので、その敷地は甲の居住用宅地等に該当することになると考えられます。また、相続した丙は相続開始前３年以内に丙及び丙の配偶者の所有する家屋に居住したことがありませんので、当該敷地は特定居住用宅地等に該当するものと考えられます。

裁判例・裁決例 No. 37（665ページ）

115 被相続人が入院していた場合に配偶者が取得した場合

前問のケースで甲と同居していた配偶者乙がいて、乙が土地・建物を取得した場合は、特定居住用宅地等に該当しますか。

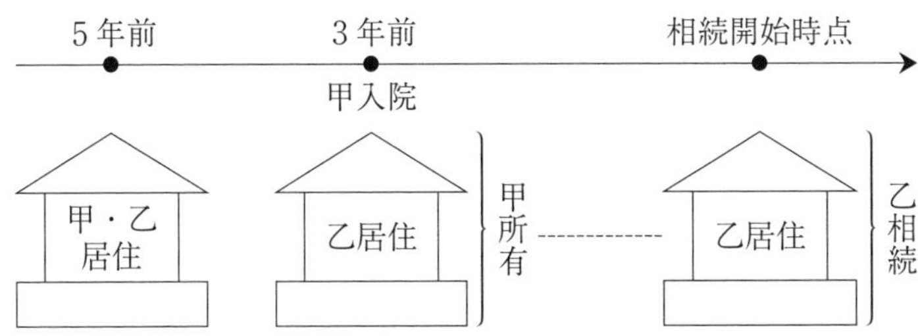

特定居住用宅地等に該当します。

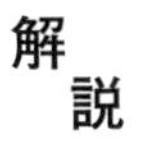

前問のとおり、甲の居住用建物とその敷地は甲の居住用宅地等に該当することになると考えられます。したがって、乙は被相続人の居住の用に供されていた宅地等を取得していますので、当該敷地は特定居住用宅地等に該当します。

116 老人ホーム等への入所により空家となっていた場合（家なし親族が取得したとき）

被相続人甲は、介護保険法に規定する要介護認定を受け、居住していた建物を離れて特別養護老人ホーム（老人福祉法20の５）に入所しましたが、一度も退所することなく亡くなりました。

甲が特別養護老人ホームへの入所前まで居住していた建物は、相続の開始の直前まで空家となっていましたが、この建物の敷地は、特定居住用宅地等として該当しますか。

なお、配偶者乙は既に死亡しており、この土地建物は家なし親族の要件を満たす子丙が取得しました。

特定居住用宅地等に該当します。

解説

相続の開始の直前において被相続人の居住の用に供されていなかった宅地等の場合であっても、①被相続人が、相続の開始の直前において介護保険法等に規定する要介護認定等を受けていたこと及び②その被相続人が老人福祉法等に規定する特別養護老人ホーム等（以下「老人ホーム等」といいます。）に入居又は入所（以下「入居等」といいます。）していたことという要件を満たすときには、その被相続人が老人ホーム等に入居等をする直前まで居住の用に供していた宅地等（その被相続人が特別養護老人ホーム等に入居等後に、事業の用又は新たに被相続人等（被相続人又はその被相続人と生計を一にしていた親族をいいます。以下同じです。）以外の者の居住の用に供されている場合を除きます。）については、被相続人等の居住の用に供されていた宅地等に該当します（措法69の4①、措令40の2②、③）。

（注）　被相続人が介護保険法等に規定する要介護認定等を受けていたかどうかは、その被相続人が、相続の開始の直前において要介護認定等を受けていたかにより判定します。

したがって、老人ホーム等に入居等をする時点において要介護認定等を受けていない場合であっても、その被相続人が相続の開始の直前において要介護認定等を受けていれば、老人ホーム等に入居等をする直前まで被相続人の居住の用に供されていた建物の敷地は、相続の開始の直前においてその被相続人の居住の用に供されていた宅地等に該当することになります。

老人ホーム等に入居等するまで居住の用に供していた宅地等を、相続開始の直前において被相続人の居住の用に供されていた宅地等として、この特例が適用されるだけですので、取得者が特定居住用の要件を満たす必要があります。本問は家なし親族が取得する場合として、特定居住用宅地等に該当します。

（庁Q&A（小規模）10を加工）

（参考）

旧、庁Q&A（小規模）9（令和元年9月29日閲覧）

■　老人ホームへの入所により空家となっていた建物の敷地についての小規模宅地等の特例（平成25年12月31日以前に相続又は遺贈により取得した場合の取扱い）

【照会要旨】

被相続人は、居住していた建物を離れて老人ホームに入所しましたが、一度も退所することなく亡くなりました。

この場合、被相続人が入所前まで居住していた建物は、相続開始直前まで空家となっていましたが、その建物の敷地は、相続開始直前において被相続人の居住の用に供されていた宅地等に該当しますか。

【回答要旨】

被相続人が居住していた建物を離れて老人ホームに入所したような場合には、一般的には、それに伴い被相続人の生活の拠点も移転したものと考えられます。しかし、個々の事例のなかには、その者の身体上又は精神上の理由により介護を受ける必要があるため、居住していた建物を離れて、老人ホームに入所しているものの、その被相続人は自宅での生活を望んでいるため、いつでも居住できるような自宅の維持管理がなされているケースがあり、このようなケースについては、諸事情を総合勘案すれば、病気治療のため病院に入院した場合と同様な状況にあるものと考えられる場合もありますから、一律に生活の拠点を移転したものとみるのは実情にそぐわない面があります。

そこで、被相続人が、老人ホームに入所したため、相続開始の直前においても、それまで居住していた建物を離れていた場合において、次に掲げる状況が客観的に認められるときには、被相続人が居住していた建物の敷地は、相続開始の直前においてもなお被相続人の居住の用に供されていた宅地等に該当するものとして差し支えないものと考えられます。

①　被相続人の身体又は精神上の理由により介護を受ける必要があるため、老人ホームへ入所することとなったものと認められること。

②　被相続人がいつでも生活できるようその建物の維持管理が行われていたこと。

③　入所後あらたにその建物を他の者の居住の用その他の用に供していた事実がないこと。

④　その老人ホームは、被相続人が入所するために被相続人またはその親族によって所有権が取得され、あるいは終身利用権が取得されたものでないこと。

（注１）　上記①について、特別養護老人ホームの入所者については、その施設の性格を踏まえれば、介護を受ける必要がある者に当たるものとして差し支えないものと考えられます。なお、その他の老人ホームの

入所者については、入所時の状況に基づき判断されます。

（注２） 上記②の「被相続人がいつでも生活できるようその建物の維持管理が行われている」とは、その建物に被相続人の起居に通常必要な動産等が保管されるとともに、その建物及び敷地が起居可能なように維持管理されていることをいいます。

（注３） 国税庁ホームページの更新にともない、この事例はホームページ上から削除されています。

裁判例・裁決例 No. 64（681ページ）・No. 72（683ページ）・No. 73（684ページ）・No. 76（687ページ）

117 老人ホーム等入所時には要支援の認定を受けていない場合

被相続人甲は、居住していた建物を離れて老人ホームに入所しましたが、入所時には要支援認定も受けておらず、元気でした。その後、２年経過後に要介護１の認定を受けましたが、数か月して死亡しました。甲が入所までに居住していた建物は、相続開始直前まで空家となっており、いつでも帰宅できるようにはなっていました。この土地、建物は、家なし親族の要件を満たす者が相続します。

A

特定居住用宅地等に該当します。

相続の開始の直前において被相続人の居住の用に供されていなかった宅地等の場合であっても、①被相続人が、相続の開始の直前において介護保険法等に規定する要介護認定等を受けていたこと及び②その被相続人が老人ホーム等に入居等していたことという要件を満たすときには、その被相続人が老人ホーム等に入居等をする直前まで居住の用に供していた宅地等（その被相続人が特別養護老人ホーム等に入居等後に、事業の用又は新たに被相続人等以外の者の居住の用に供されている場合を除きます。）については、被相続人等の居住の用に供されていた宅地等に該当します（措法69の４①、措令40の２②、③）。

118 老人ホーム等に入所していて要支援の認定申請中に相続が発生した場合

前問のケースで、要支援認定の申請中に相続が発生した場合はどうなりますか。

特定居住用宅地等に該当します。

解説

要介護認定、要支援認定又は障害支援区分の認定を受けていたかどうかは、相続開始時点で判定されます（措通69の4－7の3）。

ところで、要支援認定を受けようとする介護保険の被保険者は、申請書に被保険者証を添付して市町村に申請をしなければなりません。申請を受けて、市町村は被保険者と面接して、心身の状況、その置かれている環境等について調査し、その結果を認定審査会に通知し、審査及び判定を求めます。

認定審査会は、審査及び判定を行い、その結果を市町村に通知し、その結果に基づき市町村は要支援認定をしたときは、その結果を当該要支援認定に係る被保険者に通知します。

この要支援認定は、その申請のあった日にさかのぼってその効力を生ずることになっています（介護保険法32）。

このように、生前の申請のあった日に要支援認定の効力が生じますから、相続開始時点で、要支援認定を受けていたと認められます。

したがって、特定居住用宅地等に該当します。

（庁Q＆A（小規模）11参照）

被相続人が老人ホーム等にいて配偶者が取得した場合

被相続人甲と同居していた配偶者乙がいて、甲だけが老人ホームに入居して、乙はこの家屋に居住していたときに、乙が土地・建物を取得した場合は、特定居住用宅地等に該当しますか。

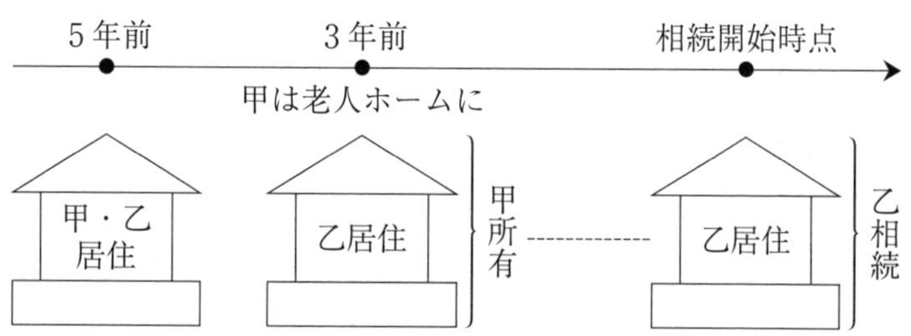

特定居住用宅地等に該当します。

解説

被相続人が居住の用に供することができない事由として政令（措令40の２②）で定める事由により相続の開始の直前において当該被相続人の居住の用に供されていなかった場合（政令（措令40の２③）で定める用途に供されている場合を除きます。）における当該事由により居住の用に供されなくなる直前の当該被相続人の居住の用が含まれるので、旧自宅に甲乙が同居していた取扱いとなります。

120 老人ホーム等を移った場合

被相続人甲は、４年前まで甲が所有する東京の土地・建物に暮らしていました。

４年前から甲は神奈川の老人ホームに入所しました。その後、家の近くの東京の老人ホームが空いたので移りました。

この場合、乙が相続した甲の東京の居住用家屋の敷地は、特定居住用宅地等に該当しますか。

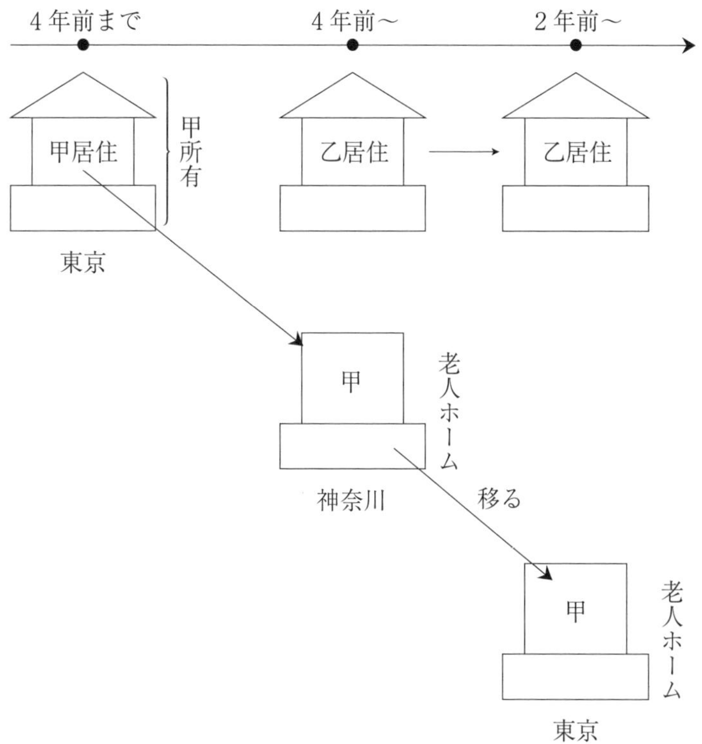

特定居住用宅地等に該当します。

解説

特定居住用宅地等の要件である被相続人の居住の用に供されている場合には、居住の用に供することができない事由(要介護認定、要支援認定又は障害支援区分の認定を受けていた被相続人が老人ホーム等に入居等していたこと（措令40の2②)）で相続の開始の直前において当該被相続人の居住の用に供されていなかった場合における当該事由により居住の用に供されなくなる直前の当該被相続人の居住の用が含まれます。

したがって、神奈川の老人ホーム等に入居等しているときに、上記の要介護認定等を受けていれば要件を満たすことになります。

121 被相続人とともに老人ホーム等に入居等した配偶者が取得した場合

Q

被相続人甲は、配偶者乙と自宅に住んでいましたが、3年前にともに老人ホームに入居しました。乙が土地・建物を取得した場合は、特定居住用宅地等に該当しますか。

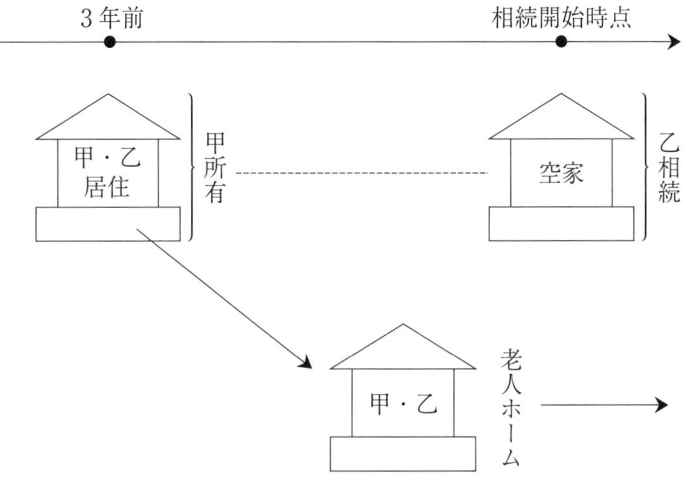

A

特定居住用宅地等に該当します。

解説

被相続人が居住の用に供することができない事由として政令（措令40の2②）で定める事由により相続の開始の直前において当該被相続人の居住の用に供されていなかった場合（政令（措令40の2③）で定める用途に供されている場合を除きます。）における当該事由により居住の用に供されなくなる直前の当該被相続人の居住の用が含まれるので、旧自宅に甲乙が同居していた取扱いとなります。

乙が老人ホーム等に入居等していても要件を満たします。

122 被相続人が老人ホーム等に入居した後も生計一親族が居住している場合

被相続人甲と長男丙は、同居していて生計は一でした。甲が老人ホームに入居してからも、丙はこの家屋にそのまま居住していて、引き続き甲と丙が生計一の場合は、特定居住用宅地等に該当しますか。なお、宅地は丙が相続します。

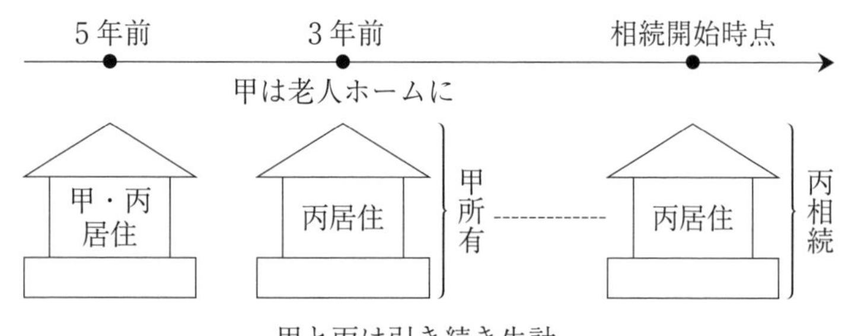

特定居住用宅地等に該当します。

解説

本特例の居住の用には、被相続人が居住の用に供することができない事由として政令（措令40の２②）で定める事由により相続の開始の直前において当該被相続人の居住の用に供されていなかった場合における当該事由により居住の用に供されなくなる直前の当該被相続人の居住の用が含まれます。

この場合に、その建物を事業の用（貸付けも含みます。）又は被相続人等以外の者の居住の用に供していないことが要件とされています（措令40の２③）。甲と丙は、相続開始直前において生計が別ではないので、上記の要件に抵触しません。

したがって、丙は甲の居住の用に供していた建物に居住していた者となりますので、特定居住用宅地等に該当します(措法69の4①、③二イ)。

また、丙は、甲と相続開始直前において生計が一ということなので、生計一親族が居住している敷地を相続する者という理由からも、特定居住用宅地等に該当します(措法69の4①、③二ハ)。

123 被相続人が老人ホーム等に入居し生計別となった親族が引き続き居住している場合

被相続人甲と長男丙は、同居していて生計は一でしたが、甲が老人ホームに入居してからは、丙はこの家屋にそのまま居住していて、甲と丙が生計別となった場合は、特定居住用宅地等に該当しますか。なお、宅地は丙が相続します。

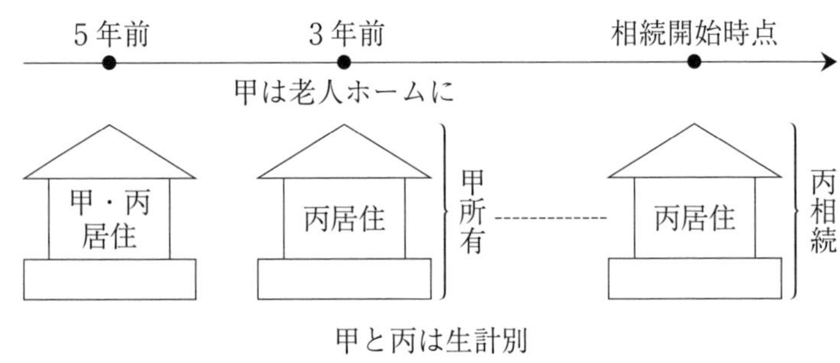

A

特定居住用宅地等に該当します。

解説

本特例の居住の用には、被相続人が居住の用に供することができない事由として政令（措令40の２②）で定める事由により相続の開始の直前において当該被相続人の居住の用に供されていなかった場合における当該事由により居住の用に供されなくなる直前の当該被相続人の居住の用が含まれます。

この場合に、その建物を事業の用（貸付けも含みます。）又は被相続人等（被相続人と老人ホーム等に入居等の直前において生計を一にし、かつ、当該建物に引き続き居住している親族を含みます。）以外の者の居住の用に供していないことが要件とされています（措令40の２③）。甲と丙は、相続開始直前において生計が別ということなので、上記の要件に抵触してしまうように思われますが、丙は、租税特別措置法施行令第40条の２第３項のかっこ書の被相続人と老人ホーム等に入居等の直前に生計を一にしており、その後も引き続き居住している親族に該当します。

なお、この場合の被相続人等以外の者の居住の用とは、被相続人が老人ホーム等に入居等した後に、新たに被相続人等以外の者の居住の用に供されたものをいいます（措通69の４－７(2))。

したがって、丙は甲の居住の用に供していた建物に居住していた者となりますので、特定居住用宅地等に該当します（措法69の４①、③二イ）。

124 被相続人が老人ホーム等に入居し、同居していた親族が引っ越した場合

被相続人甲と長男丙は、同居していて生計は一でしたが、甲が老人ホームに入居してから、丙は他の賃借アパートに移り住みました。この宅地は丙が相続しますが、特定居住用宅地等に該当しますか。

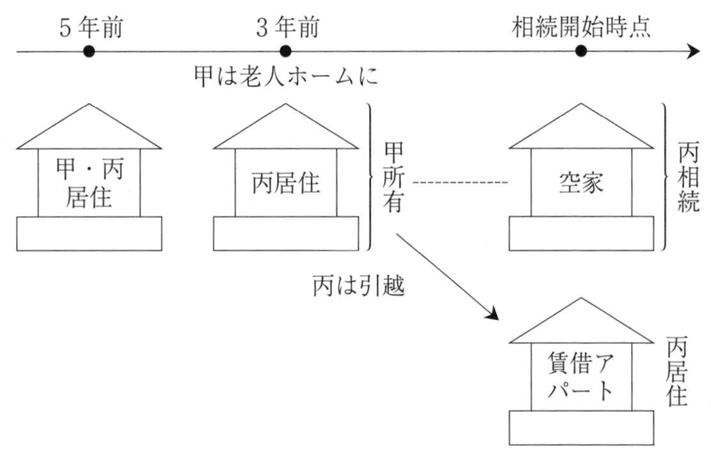

特定居住用宅地等に該当します。

解説

本特例の居住の用には、被相続人が居住の用に供することができない事由として政令（措令40の２②）で定める事由により相続の開始の直前において当該被相続人の居住の用に供されていなかった場合における当該事由により居住の用に供されなくなる直前の当該被相続人の居住の用が含まれます。

この場合に、その建物を事業の用（貸付けも含みます。）又は被相続人等（被相続人と老人ホーム等に入居等の直前において生計を一にし、かつ、当該建物に引き続き居住している親族を含みます。）以外の者の居住の用に供していないことが要件とされています（措令40の2③）。本件の場合は、この要件に抵触しません。

したがって、丙が問39の①から⑥の家なし親族の要件を満たせば、特定居住用宅地等に該当します（措法69の4①、③二ロ）。

125 被相続人が老人ホーム等に入居し生計別の親族が空家の自宅に引越してきた場合（配偶者が取得したとき）

被相続人甲と配偶者は自宅に同居していて、３年前からともに老人ホームに入居しました。自宅は１年ほど空家にしていましたが、生計が別である長男丙家族が移り住んできました。この自宅を乙が取得しますが、特定居住用宅地等に該当しますか。

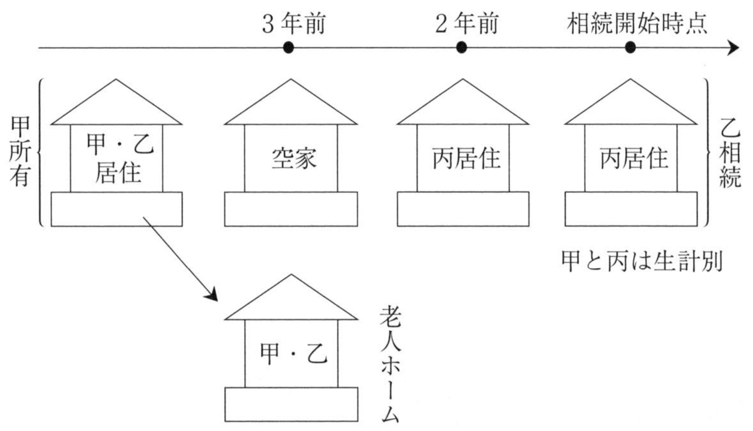

特定居住用宅地等には該当しません。

解説

本特例の居住の用には、被相続人が居住の用に供することができない事由として政令（措令40の２②）で定める事由により相続の開始の直前において当該被相続人の居住の用に供されていなかった場合における当該事由により居住の用に供されなくなる直前の当該被相続人の居住の用が含まれます。

この場合に、その建物を事業の用（貸付けも含みます。）

又は被相続人等（被相続人と老人ホーム等に入居等の直前において生計を一にし、かつ、当該建物に引き続き居住している親族を含みます。）以外の者の居住の用に供していないことが要件とされています（措令40の２③）。甲と丙は、相続開始直前において生計が別なので、上記の要件に抵触します。

なお、この場合の被相続人等以外の者の居住の用とは、被相続人が老人ホーム等に入居等した後に、新たに被相続人等以外の者の居住の用に供されたものをいいます（措通69の４－７(2)）。

126 被相続人が老人ホーム等にいて直前の持家が二世帯住宅の場合

被相続人甲の所有する宅地・建物（住宅内部で行き来ができないもの）があり、1階には甲のみが居住し、2階には長男丙家族が居住していました。配偶者乙は既に死亡しており、3年前に甲は老人ホームに入り、1階はそのまま空室になっています。丙が宅地と建物を相続し2階のみをそのまま居住の用に供していますが、この場合、特定居住用宅地等に該当しますか。

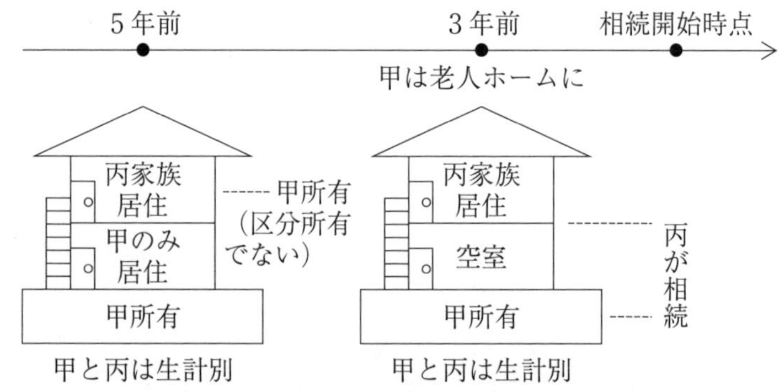

特定居住用宅地等に該当します。

解説

本特例の居住の用には、被相続人が居住の用に供することができない事由として政令（措令40の2②）で定める事由により相続の開始の直前において当該被相続人の居住の用に供されていなかった場合における当該事由により居住の用に供されなくなる直前の当該被相続人の居住の用が含まれます。

また、区分所有建物ではない一棟の建物に被相続人が居住していた場合には、被相続人の居住の用に供していた宅地等の範囲には、その敷地のうち被相続人の居住していた部分に加え、被相続人の親族（配偶者、生計別の親族も含みます。）の居住の用に供されていた部分も含まれます(措令40の２④)。

配偶者以外の親族が相続開始の直前において、宅地等の上に存する被相続人の居住の用に供されていた一棟の建物（当該被相続人、当該被相続人の配偶者又は当該親族の居住の用に供されていた部分として政令で定める部分に限ります。）に居住していた者であって、相続開始時から申告期限まで引き続きその宅地等を有し、かつ、その建物に居住している場合には、その親族が取得したその宅地等のうち該当部分は、特定居住用宅地等に該当します（措通69の４－７⑵、(注))。

政令では、被相続人の居住の用に供されていた一棟の建物が区分所有建物以外の場合には、被相続人又は被相続人の親族の居住の用に供されていた部分に居住していた者が該当するため（措令40の２⑬二)、甲及び丙が居住していた部分が対象となり、敷地全体について特定居住用宅地等に該当します。

この取扱いは、甲と丙が生計一かどうかは関係ありません。

127 被相続人が持家から他へ転居後老人ホーム等に入所した場合

被相続人甲は、４年前まで甲が所有する東京の土地・建物に一人で暮らしていました。配偶者乙は既に死亡しています。

４年前から大阪で長女丙と同居していましたが、２年前から大阪の老人ホームに入所しました。

この場合、丙が相続した甲の東京の居住用家屋の敷地は、特定居住用宅地等に該当しますか。

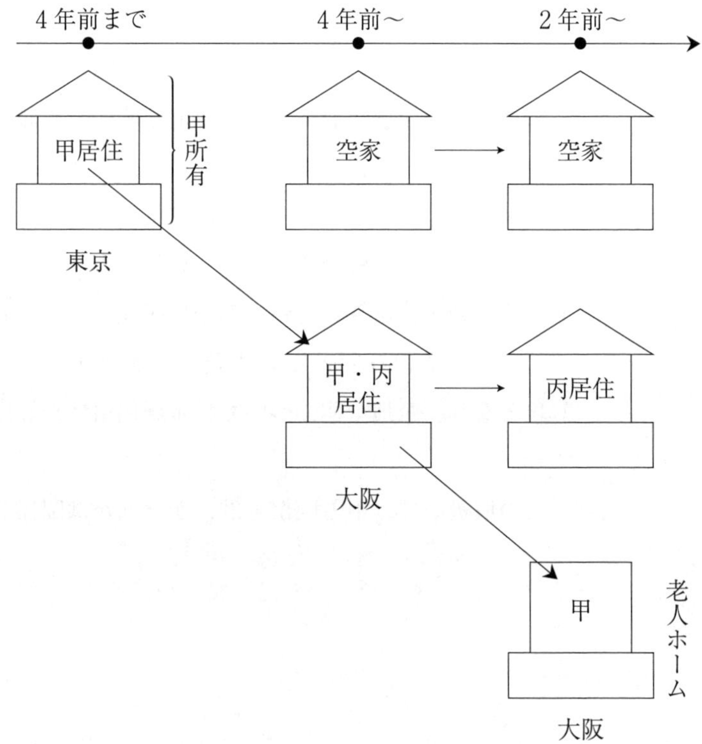

特定居住用宅地等に該当しません。

解説

特定居住用宅地等の要件である被相続人の居住の用に供されている場合には、居住の用に供することができない事由(要介護認定、要支援認定又は障害支援区分の認定を受けていた被相続人が老人ホーム等に入居等していたこと（措令40の2②)）で相続の開始の直前において当該被相続人の居住の用に供されていなかった場合における当該事由により居住の用に供されなくなる直前の当該被相続人の居住の用が含まれます。

しかし、老人ホーム等に入居等をする直前において被相続人の居住の用に供されていることが必要ですので、事例の場合は、大阪の居宅が直前の居住用と認められますので、東京の宅地等は対象とはなりません。

128 被相続人が老人ホーム等にいて直前々の持家が二世帯住宅で生計一親族が取得した場合

被相続人甲の所有する宅地・建物（住宅内部で行き来ができないもの）があり、１階には甲と長女丁が居住し、２階には長男丙家族が居住していました。配偶者乙は既に死亡しており、３年前に甲は一度借家に住んだのち老人ホームに入居しました。１階はそのまま丁が居住しており、丁と甲は生計を一にしています。丁が宅地と建物を相続し１階をそのまま居住の用に供していますが、この場合、特定居住用宅地等に該当しますか。

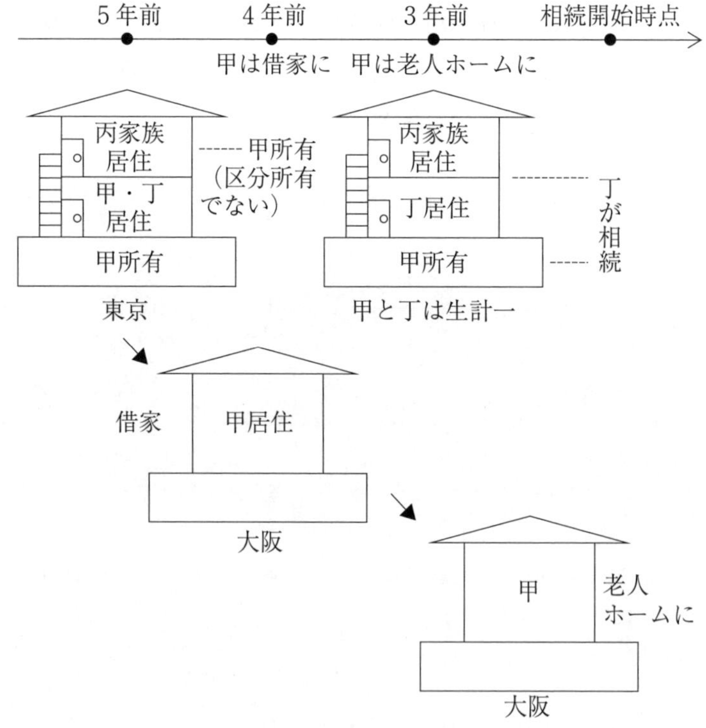

A

1階部分のみが特定居住用宅地等に該当します。

解説

特定居住用宅地等の要件である被相続人の居住の用に供されている場合には、居住の用に供することができない事由（要介護認定、要支援認定又は障害支援区分の認定を受けていた被相続人が老人ホーム等に入居等していたこと（措令40の2②））で相続の開始の直前において当該被相続人の居住の用に供されていなかった場合における当該事由により居住の用に供されなくなる直前の当該被相続人の居住の用が含まれます。

この場合に、老人ホーム等に入居等をする直前において被相続人の居住の用に供されていることが必要ですので、本事例の場合は、大阪の借家が直前の居住用と認められますので、その意味で東京の宅地等は特定居住用宅地等の対象とはなりません。

一方、丁は甲と生計を一にしていますから、丁が申告期限まで引き続き当該宅地等を保有し、かつ引き続き自己の居住の用に供していれば1階部分は特定居住用宅地等に該当することになります。

この場合に、2階部分がどうなるかが問題となります。

丙も甲の親族ですから、被相続人又は被相続人の親族の居住の用に供されていた部分に居住していた場合には、その部分が特定居住用宅地等に該当する（措令40の2⑬二）のではないかという考えも想定されます。しかし、この規定は被相続人の居住の用に供されていた一棟の建物に関する取扱いです。本事例は被相続人がこの宅地等に居住しておりませんので、この取扱いは適用されません。したがって、2階部分には適用が及ばず、1階部分のみが特定居住用宅地等に該当します。

老人ホームに入居中に自宅を相続した場合

被相続人甲は、配偶者乙の所有する宅地の上に存する建物に居住していましたが、配偶者乙とともに有料老人ホーム（老人福祉法29①に該当）に入居しました。その後、配偶者乙が亡くなり、被相続人甲がこの宅地と建物を相続しましたが、被相続人甲は、この建物に戻ることなく亡くなりました。

この建物は、被相続人甲が有料老人ホームに入居後は空き家で、被相続人甲は、生前に要介護認定を受けています。相続により、この宅地と建物は、10年以上賃貸住宅に居住していた長男丙が取得（相続税の申告期限まで保有）することになりましたが、このような場合、本特例の適用を受けられるでしょうか。

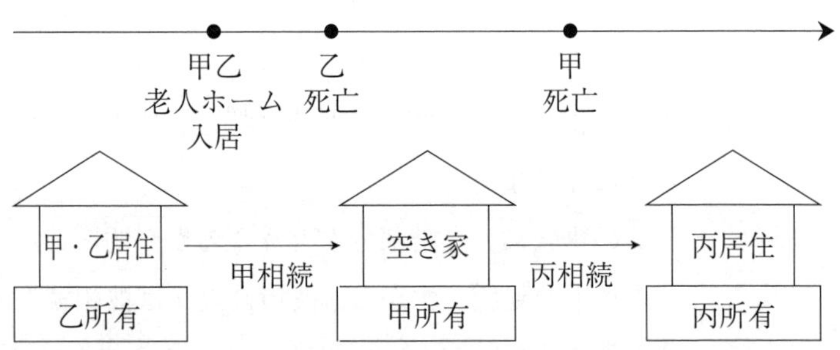

A

この宅地等は、特定居住用宅地等に該当します。

被相続人甲が老人ホームに入居したため居住の用に供されなくなった宅地等については、一定の要件に該当すれば、特

定居住用宅地等に該当します。

ところで、被相続人甲が有料老人ホームに入居する直前において、宅地等の所有者であれば特定居住用宅地等に該当することは明らかですが、この事例においては、被相続人甲はこの宅地等を居住の用に供していたものの、所有者ではなかったことから、被相続人甲が宅地等を取得した後は、実際に居住の用に供していない場合であっても、特定居住用宅地等に該当するかが疑義の生じるところです。

しかし、上記の一定の要件は、被相続人甲が老人ホームに入居して居住の用に供されなくなった直前の状況で判定することとされ、その時において、被相続人甲が宅地等を所有していたか否かについては、法令上特段の規定は設けられていません。

したがって、この宅地等は、特定居住用宅地等の減額対象となります（国税庁文書回答「老人ホームに入居中に自宅を相続した場合の小規模宅地等についての相続税の課税価格の計算の特例（租税特別措置法第69条の４）の適用について」東京国税局審理課長、平成30年12月７日回答参照)。

130 老人ホーム等入所中の自宅の建替中に相続が開始した場合

被相続人甲・配偶者乙は、４年前まで甲が所有する東京の土地・建物に暮らしていました。そして、４年前からは、甲・乙は神奈川の老人ホームに入所しました。

甲は、自宅を建て替えて、完成後は甲・乙で居住するつもりでしたが、建物の完成前に死亡しました。この建築中の建物とその敷地を乙が取得し、相続開始後８ヶ月で完成したので、乙が居住しました。

この場合、特定居住用宅地等に該当しますか。

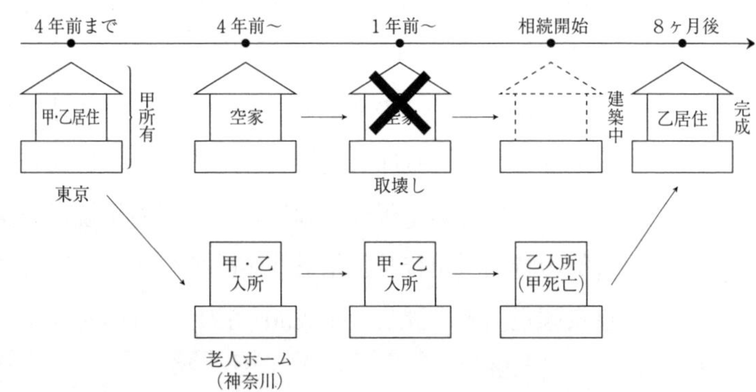

A

特定居住用宅地等に該当するものと思われます。

特定居住用宅地等の要件である被相続人の居住の用に供されている場合には、居住の用に供することができない事由（要介護認定、要支援認定又は障害支援区分の認定を受けていた被相続人が老人ホーム等に入居等していたこと（措令40

の2②))で相続の開始の直前において当該被相続人の居住の用に供されていなかった場合における当該事由により居住の用に供されなくなる直前の当該被相続人の居住の用が含まれます。

ここでいう「居住の用」とは、居住の用に供されていた宅地等を指しています(措法69の4①)。したがって、上記にいう居住の用に供されなくなる直前の建物が取り壊されたことをもって、居住していた事実が失われることはないと思われます。

一方、被相続人が、被相続人の居住の用に供されると認められる建物を建築中に死亡した場合において、その建物を取得した被相続人の親族又はその敷地を取得した被相続人の親族がその建物を居住の用に供した場合又は被相続人と生計を一にしていた被相続人の親族が居住の用に供した場合には、その建築中の建物の敷地となっていた宅地等は、居住用宅地等に当たるものとされています(措通69の4－8、措通69の4－5の準用)。

この事例の場合は、建築中の建物及びその敷地を被相続人の配偶者が取得していますので、建築中の建物又はその敷地を取得した被相続人の親族が居住の用に供した場合に該当します。

したがって、その建築中であった建物の敷地となっていた宅地等は居住用宅地等に当たるものとして取り扱われ、配偶者が取得し、完成後に居住していますので、特定居住用宅地等に該当するものと思われます。

裁判例・裁決例 No. 2 (649ページ)

⑹　配偶者居住権がある場合

131　配偶者居住権を設定した場合における小規模宅地等の面積調整（第一次相続）

Q

　甲が死亡して、配偶者乙に配偶者居住権を設定することとしました。評価額は以下のとおりですが、特定居住用宅地等に該当しますか。なお、子丙が所有権を取得しますが、同居はしておりません。

○　土地：更地の相続税評価額4,000万円　面積330㎡

○　配偶者居住権の敷地利用権の評価額1,000万円

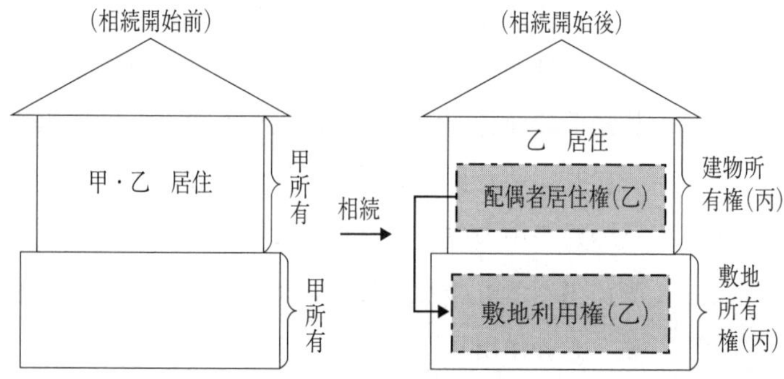

A

特定居住用宅地等に該当します。

解説

　配偶者居住権に付随するその目的となっている建物の敷地を利用する権利（敷地利用権）については、「土地の上に存する権利」に該当するので、小規模宅地特例の対象となります（措法69の４③二）。なお、配偶者居住権に基づく敷地利用権の宅地等の面積は、その面積に、それぞれその敷地の用に供される宅地等の価額又はその敷地利用権の価額がこれら

の価額の合計額のうちに占める割合を乗じて得た面積であるものとみなして計算をし、限度面積要件を判定します（措令40の２⑥、措通69の４－１の２）。

したがって、限度面積の判定上、330㎡×1,000万円÷4,000万円＝82.5㎡となります。他に貸付事業用宅地等がある場合には、以下の算式により150㎡まで選択ができます。

（算式）200㎡－82.5㎡×200÷330＝150㎡

通常の借地権に小規模宅地等を適用する場合には、このように借地権割合を乗じて限度面積を判定しないことに注意が必要です。

132 配偶者居住権を設定した場合に同居の子がいるときの面積調整（第一次相続）

前問のケースで土地を取得した子丙が、父母と同居していた場合には、特定居住用宅地等の適用関係はどうなりますか。

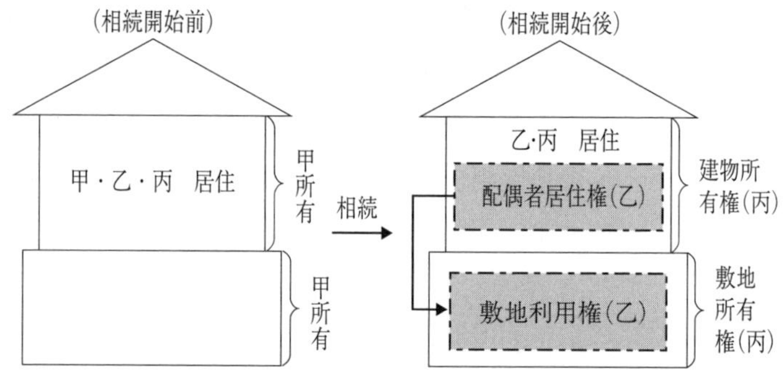

A

限度面積の調整をしたうえで、配偶者が取得した敷地利用権と子が取得した敷地所有権ともに特定居住用宅地等に該当します。

解説

配偶者居住権に付随するその目的となっている建物の敷地を利用する権利（敷地利用権）については、「土地の上に存する権利」に該当するので、小規模宅地特例の対象となります（措法69の４③二）。

また、丙も甲と同居しておりますので、小規模宅地特例の対象となります（措法69の４③二イ）。

なお、配偶者居住権に基づく敷地利用権の宅地等の面積は、その面積に、それぞれその敷地の用に供される宅地等の価額又はその敷地利用権の価額がこれらの価額の合計額のうちに占める割合を乗じて得た面積であるものとみなして計算をし、限度面積要件を判定します（措令40の２⑥、措通69の４－１の２）。

したがって、限度面積の判定は以下のようになります。

○配偶者乙・・330㎡×1,000万円÷4,000万円＝82.5㎡

○子丙・・・・330㎡×3,000万円÷4,000万円＝247.5㎡

82.5㎡＋247.5㎡＝330㎡≦330㎡

→居住用の限度面積を満たします。

配偶者居住権を設定して土地を共有で取得した場合（第一次相続）

下図のとおり、被相続人甲は、甲が所有する土地（300㎡）の上に建物１棟を所有し、その建物を甲、配偶者乙及び子丙が居住の用に供していました。甲の相続により、乙は配偶者居住権及び配偶者所有権に基づく敷地利用権を、丙は居住建物及び敷地所有権の共有持分２分の１を取得し、引き続き居住の用に供しています。

また、甲と生計を別にする子丁は、当該敷地所有権の共有持分２分の１を相続により取得しましたが、自己が所有する建物に居住しています。この場合、本特例の適用対象となるのはどの部分でしょうか。

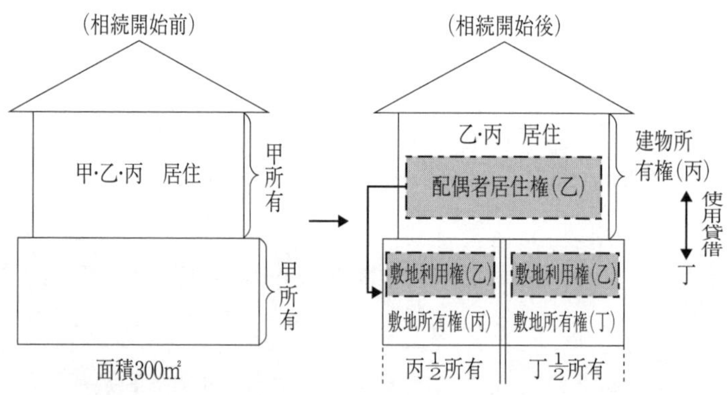

〈相続税評価額〉

敷地利用権　30,000,000円…Ⓐ

敷地所有権　60,000,000円…Ⓑ

合計　　　　90,000,000円…Ⓒ

（国税庁資産課税課情報第17号（令和２年７月７日付）を加工）

乙の敷地利用権（100㎡）と丙の敷地所有権（100㎡）が特定居住用宅地等に該当します。

解説

1　敷地利用権・敷地所有権の面積

敷地利用権及び敷地所有権について、本特例の適用を受ける面積は、次のとおりとなります（措令40の2⑥)。

①　敷地利用権の面積　（土地の面積）300㎡　×Ⓐ／Ⓒ＝100㎡

②　敷地所有権の面積　（土地の面積）300㎡　×Ⓑ／Ⓒ＝200㎡

2　取得者ごとの特例対象宅地等の区分等（措置法69の4①③）

①　乙が取得した宅地等のうち特定居住用宅地等に該当する部分……敷地利用権　30,000,000円（100㎡）

②　丙が取得した宅地等のうち特定居住用宅地等に該当する部分

（敷地所有権の面積）200㎡　×1/2（丙の持分）＝100㎡

（敷地所有権の価額）Ⓑ　×1/2（丙の持分）＝30,000,000円

③　丁が取得した居住用部分の宅地等

丁が取得した敷地所有権は特定居住用宅地等の要件を満たしていないことから、小規模宅地等の特例の適用はありません。

3　限度面積要件の判定等（措置法69の4①②）

上記2①②の面積の合計（200㎡）は、限度面積要件（330㎡以下）を満たしていますので、乙は敷地利用権（100㎡)、丙は敷地所有権（100㎡）について、他の要件を満たす限り、本特例の適用を受けることができます。

134 被相続人が土地・建物を共有していた場合に配偶者居住権を設定した場合（第一次相続）

被相続人甲及びその配偶者乙が土地及び建物を共有し、その建物を甲、乙及び丙（子）が居住の用に供していました。甲の相続により、乙は配偶者居住権及び配偶者居住権に基づく敷地利用権を取得し、丙は居住建物の共有持分及び敷地所有権の共有持分を取得し、引き続き居住の用に供しています。この場合、本特例の特例の適用対象となるのはどの部分でしょうか。

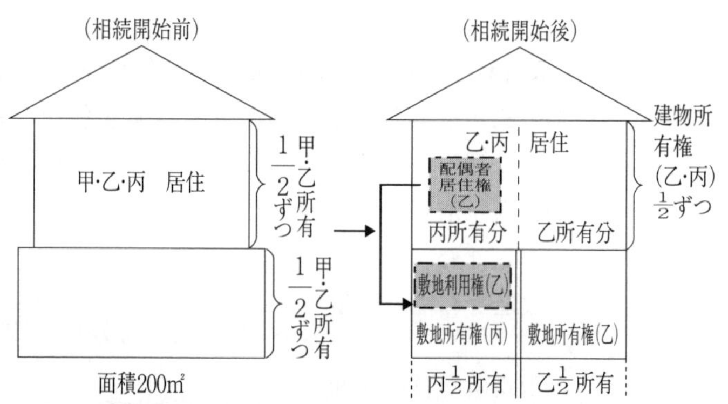

〈相続税評価額〉

敷地利用権の相続税評価額	15,000,000円…Ⓐ
敷地所有権の相続税評価額	45,000,000円…Ⓑ
合計	60,000,000円…Ⓒ

（国税庁資産課税課情報第17号（令和２年７月７日付）を加工）

乙の敷地利用権（25㎡）と丙の敷地所有権（75㎡）が特定居住用宅地等に該当します。

解説

1　敷地利用権・敷地所有権の面積

敷地利用権及び敷地所有権について、本特例の適用を受ける面積は、次のとおりとなります（措令40の２⑥）。

①　敷地利用権の面積

（甲の土地の持分の面積）
100㎡　×Ⓐ／Ⓒ＝25㎡

②　敷地所有権の面積

（甲の土地の持分の面積）
100㎡　×Ⓑ／Ⓒ＝75㎡

2　取得者ごとの特例対象宅地等の区分等（措置法69の４①③）

①　乙が取得した宅地等のうち特定居住用宅地等に該当する部分

敷地利用権　15,000,000円（25㎡）

②　丙が取得した宅地等のうち特定居住用宅地等に該当する部分

敷地所有権　45,000,000円（75㎡）

3　限度面積要件の判定等（措置法69の４①②）

上記２の面積の合計（100㎡）は、限度面積要件（330㎡以下）を満たしていますので、乙は敷地利用権（25㎡）、丙は敷地所有権の持分（75㎡）について、他の要件を満たす限り、本特例の適用を受けることができます。

店舗併用住宅に配偶者居住権を設定した場合（第一次相続）

被相続人甲は、自己の所有する土地の上に建物１棟を所有し、その建物のうち２階を甲及びその配偶者乙が居住の用に、１階を甲が事業の用に供していました。甲の相続により、乙は配偶者居住権及び配偶者居住権に基づく敷地利用権を、甲と生計を別にする子丙は居住建物及び敷地所有権を取得し、乙は居住建物に引き続き居住しているほか、甲の事業を引き継ぎ、申告期限まで引き続き営んでいます（丙は自己の所有する別の建物に居住しています。）。この場合、本特例の適用対象となるのはどの部分でしょうか。

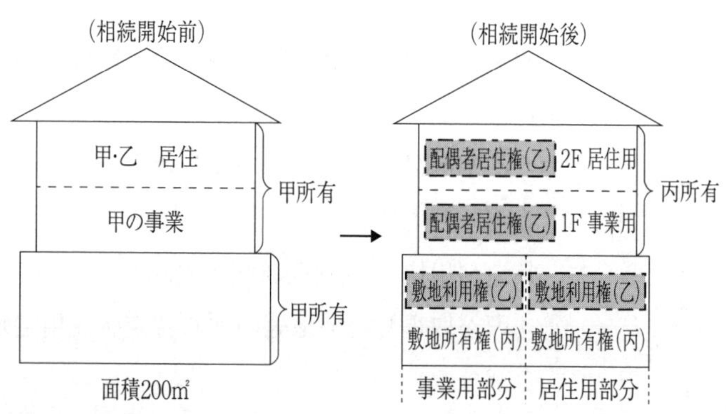

〈相続税評価額〉

敷地利用権の相続税評価額	5,000,000円…Ⓐ
敷地所有権の相続税評価額	15,000,000円…Ⓑ
合計	20,000,000円…Ⓒ

（国税庁資産課税課情報第17号（令和２年７月７日付）を加工）

乙の敷地利用権のうち25㎡ずつが、特定居住用宅地等と特定事業用宅地等に該当します。

解説

1　当該宅地等の利用区分ごとの評価額、面積

①　居住の用に供していた部分

【評価額】

$$200㎡\text{（土地の面積）}\times\frac{100㎡\text{（居住用部分の床面積）}}{200㎡\text{（建物の総床面積）}}$$

＝100㎡（土地の居住用部分の面積）：Ⓓ

$$Ⓒ\times\frac{100㎡\text{（Ⓓ）}}{200㎡\text{（土地の面積：Ⓕ）}}=10,000,000\text{円：Ⓖ}$$

《権利ごとの評価額》

配偶者居住権者の使用収益権限が及ぶ範囲は、居住建物の全部とされており（民法1028）、配偶者居住権者は、従前の用法に従い、居住建物の使用・収益をしなければならないこととされています（ただし、居住の用に供するため従前の用法を変更することは認められています。民法1032）。したがって、本事例においては、居住建物の居住用の部分に加え、事業用の部分についても配偶者が配偶者居住権に基づき使用・収益することが可能であることから、当該配偶者居住権に基づく敷地利用権については、居住の用に供していた部分と事業の用に供していた部分とがあるものと解されます。

・敷地利用権の居住用部分の評価額

Ⓐ×Ⓓ／Ⓕ＝2,500,000円…Ⓧ

・敷地所有権の居住用部分の評価額

Ⓖ－Ⓧ＝7,500,000円…Ⓧ'

【土地の居住用部分の面積】

100㎡

《権利ごとの面積》

・敷地利用権の居住用部分の面積

100㎡（Ⓓ）×Ⓧ／Ⓖ＝25㎡

・敷地所有権の居住用部分の面積

100㎡（Ⓓ）×Ⓧ'／Ⓖ＝75㎡

②　事業の用に供していた部分

【評価額】

・200㎡（土地の面積）× $\frac{100㎡（事業用部分の床面積）}{200㎡（建物の総床面積）}$
＝100㎡（土地の事業用部分の面積：Ⓔ）

・20,000,000円（土地の評価額）× $\frac{100㎡（Ⓔ）}{200㎡（Ⓕ）}$
＝10,000,000円（土地の事業用部分の評価額：Ⓗ）

《権利ごとの評価額》

・敷地利用権の事業用部分の評価額

Ⓐ×Ⓔ／Ⓕ＝2,500,000 円…Ⓨ

・敷地所有権の事業用部分の評価額

Ⓗ－Ⓨ＝7,500,000円…Ⓨ'

【土地の事業用部分の面積】

100㎡

《権利ごとの面積》

・敷地利用権の事業用部分の面積

100㎡（Ⓔ）×Ⓨ／Ⓗ＝25㎡

・敷地所有権の事業用部分の面積

100㎡（Ⓔ）×Ⓨ'／Ⓗ＝75㎡

2　取得者ごとの特例対象宅地等の区分等（措法69の4①③）

①　乙が取得した敷地利用権

(1)　特定居住用宅地等…2,500,000円（25㎡）

(2)　特定事業用宅地等…2,500,000円（25㎡）

②　丙が取得した敷地所有権

丙が取得した敷地所有権については、特定居住用宅地等の要件及び特定事業用宅地等の要件を満たしていないため、本特例の適用はありません。

3　限度面積要件の判定等（措法69の4①②）

上記2①(1)の面積（25㎡）は330㎡以下であり、上記2①(2)の面積（25㎡）は400㎡以下であるため、限度面積要件を満たすこととなりますので、乙は敷地利用権について、他の要件を満たす限り、本特例の適用を受けることができます。

（参考）取得者ごとの宅地等の区分等（イメージ）

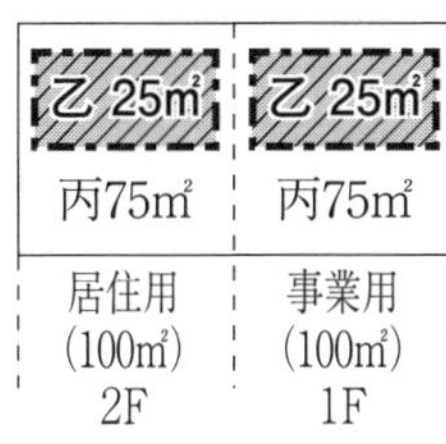

※▩は敷地利用権。
　それ以外の部分は敷地所有権に相当する部分
※▨は適用対象となる部分

136 賃貸併用住宅に配偶者居住権を設定した場合（第一次相続）

被相続人甲は、自己の所有する土地の上に建物１棟を所有し、その建物のうち２階を甲及びその配偶者乙が居住の用に、１階を甲が貸付事業の用にそれぞれ供していました。甲の相続により、乙は配偶者居住権及び配偶者居住権に基づく敷地利用権を取得して居住建物を引き続き居住の用に供し、甲と生計を別にする子丙は居住建物及び敷地所有権を取得した上で甲の貸付事業を引き継ぎ、申告期限まで引き続き貸付事業の用に供しています（丙は自己の所有する別の建物に居住しています。）。この場合、本特例の適用対象となるのはどの部分でしょうか。

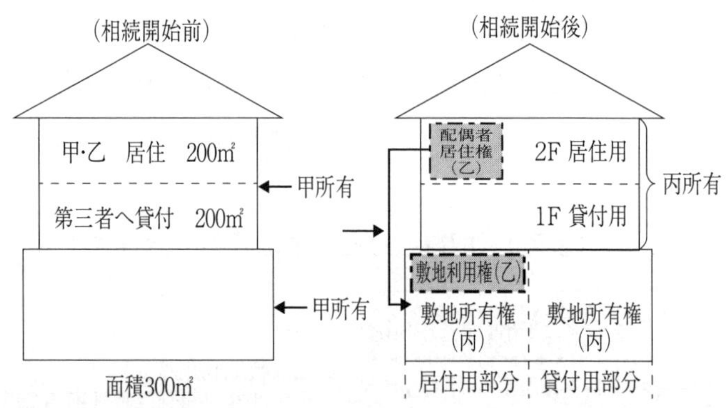

〈相続税評価額〉

※太枠部分は、特例の対象となる部分。

宅地等	28,200,000円（300㎡）	
	敷地利用権	乙：　5,000,000円（50㎡）
	敷地所有権	丙：23,200,000円（250㎡）
居住用部分	15,000,000円（150㎡）	
	敷地利用権	**乙：　5,000,000円（50㎡）**
	敷地所有権	丙：10,000,000円（100㎡）
貸付用部分	12,300,000円（150㎡）＝15,000,000円×（1－0.6×0.3）	
	敷地利用権	—
	敷地所有権	**丙：12,300,000円（150㎡）**

（国税庁資産課税課情報第17号（令和２年７月７日付）を加工）

乙の敷地利用権（50㎡）が特定居住用宅地等に該当し、丙の敷地所有権（150㎡）が貸付事業用宅地等に該当します。

解説

1　当該宅地等の利用区分ごとの評価額、面積

①　居住の用に供していた部分

●評価額

・15,000,000円（土地の居住用部分の評価額）…Ⓐ

《権利ごとの評価額》

・敷地利用権の居住用部分の評価額　5,000,000円…Ⓑ

㈱　当該建物のうち貸付事業の用に供されている部分について、配偶者居住権者は当該相続の開始前から当該部分を賃借している賃借人に権利を主張することができないため（対抗できないため）、当該配偶者居住権に基づく敷地利用権は、当該貸付事業の用に供されていないと考えられることから、当該敷地利用権のうち「1F部分（貸付部分）」に相当する部分はないものと考えられます（措通69の4－24の2）。

（参考）

なお、居住建物等の一部が貸し付けられている場合には、配偶者居住権者は相続開始前からその居住建物等を賃借している賃借人に権利を主張することができない（対抗できない）ことから、配偶者居住権及び配偶者居住権に基づく敷地利用権の相続税法における評価では、実質的に配偶者居住権に基づき使用・収益をすることができない部分を除いてその価額を算出することとされています（相法23の2、相令5の8、「令和元年度　改正税法のすべて」499頁）。

・敷地所有権の居住用部分の評価額

Ⓐ－Ⓑ＝10,000,000円…Ⓒ

●面積

・300㎡（土地の面積）× $\frac{200㎡（居住用部分の床面積）}{400㎡（建物の総床面積）}$

＝150㎡（土地の居住用部分の面積：Ⓓ）

《権利ごとの面積》

・敷地利用権の居住用部分の面積

150㎡（Ⓓ）×Ⓑ／Ⓒ＝ 50㎡

・敷地所有権の居住用部分の面積

150㎡（Ⓓ）×Ⓐ／Ⓒ＝100㎡

②　貸付事業の用に供していた部分

●評価額

・12,300,000円（土地の貸付用部分の評価額）…Ⓔ

《権利ごとの評価額》

・敷地利用権の貸付用部分の評価額　なし

・敷地所有権の貸付用部分の評価額　12,300,000円…Ⓕ

㈲　当該建物のうち貸付事業の用に供されている部分について、配偶者居住権者は当該相続の開始前から当該部分を賃借している賃借人に権利を主張することができないため（対抗できないため）、当該配偶者居住権に基づく敷地利用権は、当該貸付事業の用に供されていないと考えられることから、当該敷地利用権のうち「１Ｆ部分（貸付部分）」に相当する部分はないものと考えられます（措通69の４－24の２）。

●面積

・300 ㎡（土地の面積）× $\frac{200㎡（貸付用部分の床面積）}{400㎡（建物の総床面積）}$

＝150㎡（土地の貸付用部分の面積）

《権利ごとの面積》

・敷地利用権の貸付用部分の面積　なし

・敷地所有権の貸付用部分の面積　150㎡

2　取得者ごとの特例対象宅地等の区分等（措法69の4①③）

①　乙が取得した敷地利用権

特定居住用宅地等…5,000,000円（50㎡）

②　丙が取得した敷地所有権

(1)　貸付事業用宅地等…12,300,000円（150㎡）

(2)　居住用部分に相当する部分

丙が取得した敷地所有権のうち「２Ｆ部分（居住用部分）」に相当する部分は、特定居住用宅地等の要件を満たしていないため、当該部分について、小規模宅地等の特例の適用はありません。

3　限度面積要件の判定等（措法69の4①②）

上記のとおり、乙が取得した特定居住用宅地等に該当する敷地利用権（50㎡）及び丙が取得した敷地所有権のうち貸付事業用宅地等に該当する「１Ｆ部分（貸付用部分）」に相当する部分（150㎡）については、次の算式のとおり、限度面積要件を満たすため、他の要件を満たす限り、小規模宅地等の特例の適用を選択することができます。

（算式）

50㎡（特定居住用宅地等の面積）× $\frac{200}{330}$ ＋150㎡（貸付事業用宅地等の面積）≦200㎡

137 区分所有建物の登記がされている一棟の建物で配偶者居住権を設定した場合（第一次相続）

被相続人甲は、自己の所有する土地の上に生計を別にする子丙とそれぞれ建物を所有し、その建物を甲及びその配偶者乙並びに丙がそれぞれ居住の用に供していました（建物は区分所有建物である旨の登記があり、甲及び丙はそれぞれの専有部分について，区分所有権を登記し居住の用に供しています。）。甲の相続により、乙は配偶者居住権及び配偶者居住権に基づく敷地利用権を、丙は居住建物の所有権（２Ｆ部分）及び敷地所有権を取得し、それぞれ引き続き居住の用に供しています。この場合、本特例の適用対象となるのはどの部分でしょうか。

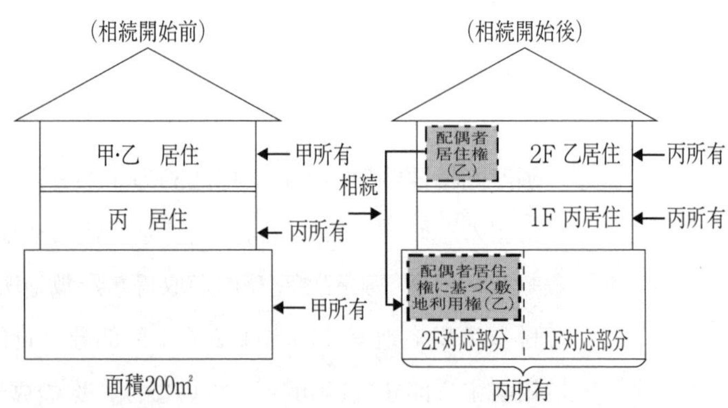

〈相続税評価額〉

１Ｆ部分　10,000,000円…Ⓐ

２Ｆ部分　10,000,000円…Ⓑ

（内敷地利用権　4,000,000円）…Ⓒ

（内敷地所有権　6,000,000円）…Ⓓ

（国税庁資産課税課情報第17号（令和２年７月７日付）を加工）

乙の敷地利用権（40㎡）が特定居住用宅地等に該当します。

解説

1　敷地利用権・敷地所有権の面積

敷地利用権及び敷地所有権について、本特例の適用を受ける面積は、次のとおりとなります（措令40の２⑥）。

①　敷地利用権の面積

（２Ｆ部分の土地の面積）
100㎡　×Ⓒ／Ⓑ＝40㎡

②　敷地所有権の面積

（２Ｆ部分の土地の面積）
100㎡　×Ⓓ／Ⓑ＝60㎡

2　取得者ごとの特例対象宅地等の区分等（措置法69の４①③）。

①　乙が取得した敷地利用権

特定居住用宅地等…4,000,000円（40㎡）

②　丙が取得した宅地等

丙が取得した甲の居住用部分（２Ｆ）の宅地等については、特定居住用宅地等の要件を満たしておらず、丙の居住用部分（１Ｆ）の宅地等については、被相続人等の居住の用に供されていた宅地等に該当しないため、これらの宅地等について、本特例の適用はありません。

3　限度面積要件の判定等（措置法69の４①②）

乙が取得した敷地利用権の面積（40㎡）は330㎡以下であるため、限度面積要件（330㎡以下）を満たすこととなりますので、当該敷地利用権（40㎡）について、他の要件を満たす限り、本特例の適用を受けることができます。

（参考）取得者ごとの宅地等の区分等（イメージ）

※2F部分について、▩は敷地利用権。
それ以外の部分は敷地所有権に相当する部分
※▨は適用対象となる部分

138 区分所有建物の登記がない二世帯住宅で配偶者居住権を設定した場合（第一次相続）

被相続人甲は、自己の所有する土地の上に建物を所有し、その建物の２Ｆには甲及びその配偶者乙、１Ｆには生計を別にする丙がそれぞれ居住の用に供していました。甲の相続により、乙は配偶者居住権及び配偶者居住権に基づく敷地利用権を、丙は居住建物の所有権及び敷地所有権を取得し、それぞれ引き続き居住の用に供しています。この場合、本特例の適用対象となるのはどの部分でしょうか。

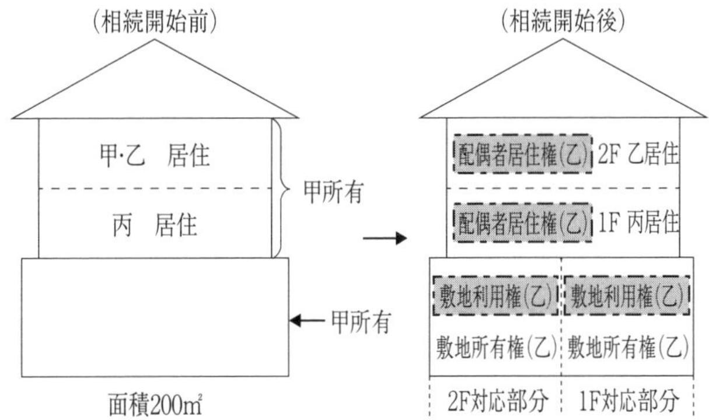

〈相続税評価額〉

敷地利用権　8,000,000円 …Ⓐ

敷地所有権　12,000,000円 …Ⓑ

合計　20,000,000円 …Ⓒ

（国税庁資産課税課情報第17号（令和２年７月７日付）を加工）

A

乙の敷地利用権（80㎡）及び丙の敷地所有権（120㎡）が特定居住用宅地等に該当します。

解説

1　特定居住用宅地等の範囲

区分所有建物ではない一棟の建物に被相続人が居住していた場合には、被相続人の居住の用に供していた宅地等の範囲には、その敷地のうち被相続人の居住していた部分に加え、被相続人の親族（配偶者、生計別の親族も含みます。）の居住の用に供されていた部分も含まれます（措令40の２④）。

したがって、敷地利用権及び敷地所有権について、本特例の適用を受ける面積は、次のとおりとなります（措令40の２⑥）。

①　敷地利用権の面積

（土地の面積）
200㎡　　×Ⓐ／Ⓒ＝80㎡

②　敷地所有権の面積

（土地の面積）
200㎡　　×Ⓑ／Ⓒ＝120㎡

2　取得者ごとの特例対象宅地等の区分等（措置法69の４①③）。

①　乙が取得した敷地利用権

特定居住用宅地等…8,000,000円（80㎡）

②　丙が取得した宅地等

特定居住用宅地等…12,000,000円（120㎡）

《権利ごとの評価額》

配偶者居住権者の使用収益権限が及ぶ範囲は、居住建物の全部とされており（民法1028）、配偶者居住権者は、従前の用法に従い、居住建物の使用・収益をしなければならないこととされています（ただし、居住の用に供するため従前の用法を変更することは認められています。民法1032)。したがって、本事例においては、乙の居住用の部分に加え、丙の居住用の部分についても配偶者が配偶者居住権に基づき使用・収益することが可能であることから、当該配偶者居住権に基づく敷地利用権については、乙の居住の用に供していた部分と丙の居住の用に供していた部分とがあるものと解されます。

139 配偶者居住権が設定してある敷地所有権者の相続で複数の利用区分がある場合（第二次相続）

丙（甲と乙の子：被相続人）は、自己の所有する敷地所有権の上に居住建物１棟を所有し、その建物を下図のように利用していました※。丙の相続により、生計を別にする戊（丙の子。自己の所有する別の建物に居住しています。）が居住建物の所有権及び敷地所有権を取得し、丙の貸付事業を引き継ぎ、申告期限まで引き続き当該貸付事業の用に供しています。また、丙がこの建物で営んでいた事業についても、戊が引き継ぎ、申告期限までに営んでいます。なお、乙については、申告期限まで引き続き居住建物に居住しています。この場合、本特例の適用対象となるのはどの部分でしょうか。

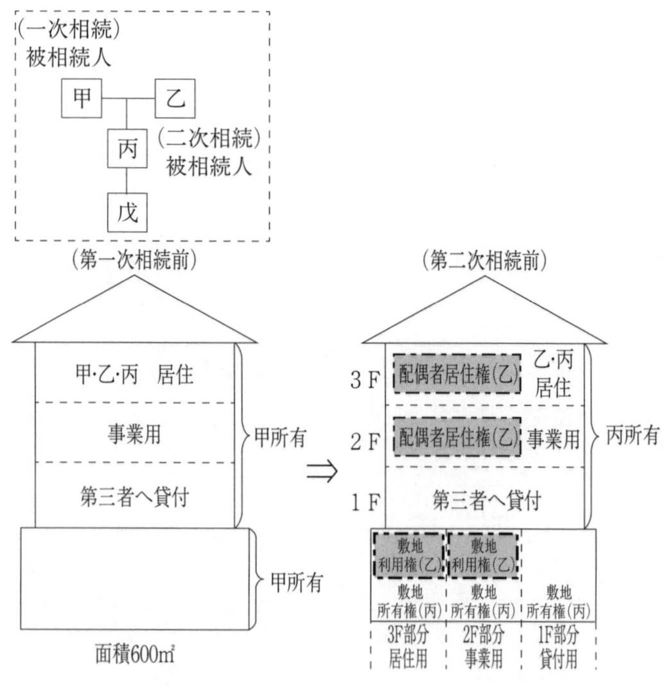

〈相続税評価額〉

宅地等	56,400,000円（600㎡）	
	敷地利用権	乙：24,000,000円（240㎡）
	敷地所有権	戊：32,400,000円（360㎡）
居住用部分	20,000,000円（200㎡）	
	敷地利用権	乙：12,000,000円（120㎡）
	敷地所有権	戊：8,000,000円（80㎡）
事業用部分	20,000,000円（200㎡）	
	敷地利用権	乙：12,000,000円（120㎡）
	敷地所有権	戊：8,000,000円（80㎡）
貸付用部分	16,400,000円（240㎡）＝20,000,000円×（1－0.6×0.3）	
	敷地利用権	—
	敷地所有権	戊：16,400,000円（200㎡）

※ 当該配偶者居住権は、当該土地の所有者であった甲（一次相続の被相続人）が所有していた建物に設定され、当該一次相続において、乙が配偶者居住権等を、丙が居住建物及び敷地所有権を取得したものです。なお、丙は一次相続時に甲の事業及び貸付事業を引き継ぎ、二次相続の開始直前まで引き続き事業及び貸付事業の用に供していました。

（国税庁資産課税課情報第17号（令和２年７月７日付）を加工）

A

戊の敷地所有権のうち特定事業用宅地等（80㎡）と貸付事業用宅地等（200㎡）が対象となり、限度面積の選択が必要となります。

解説

1　敷地利用権

敷地利用権は、引き続き乙が有しており、丙の相続財産ではないため、丙の相続税とは無関係です。

2　敷地所有権に対応する利用区分ごとの評価額、面積

①　居住の用に供していた部分

【評価額】

・20,000,000円（土地の居住用部分の評価額）…Ⓐ

《権利ごとの評価額》

・敷地利用権の居住用部分の評価額

（土地の面積）
600㎡ × 200㎡（３Ｆ部分）／600㎡（建物の総床面積）
＝200㎡（土地の居住用部分の面積）

24,000,000円（敷地利用権の評価額）× 200㎡（土地の居住用部分の面積）／400㎡（貸付以外の土地の面積㈱）
＝12,000,000円…Ⓑ

・敷地所有権の居住用部分の評価額

Ⓐ－Ⓑ＝8,000,000円…Ⓒ

㈱　本事例において当該建物のうち貸付事業の用に供されている部分について、配偶者居住権者は当該相続の開始前から引き続き当該部分を賃借している賃借人に権利を主張することができないため（対抗できないため）、当該配偶者居住権に基づく敷地利用権は、当該貸付事業の用に供されていないと考えられることから、当該敷地利用権のうち「１Ｆ部分（貸付部分）」に相当する部分はないものと考えられます（措通69の４－24の２）。

【面積】

・200㎡（土地の居住用部分の面積）

《権利ごとの面積》

・敷地所有権の居住用部分の面積

（土地の居住用部分の面積）
200㎡ ×Ⓒ／Ⓐ＝80㎡

・敷地利用権の居住用部分の面積

（土地の居住用部分の面積）200㎡ ×Ⓑ／Ⓐ＝120㎡

② 事業の用に供していた部分

【評価額】

・20,000,000円（土地の事業用部分の評価額）…Ⓓ

《権利ごとの評価額》

・敷地利用権の事業用部分の評価額

（土地の面積）600㎡ × 200㎡（２Ｆ部分）／600㎡（建物の総床面積）

＝200㎡（土地の事業用部分の面積）

24,000,000円（敷地利用権の評価額）× 200㎡（土地の事業用部分の面積）／400㎡（貸付以外の部分に相当する土地の面積）

＝12,000,000円…Ⓔ

・敷地所有権の事業用部分の評価額

Ⓓ－Ⓔ＝8,000,000円…Ⓕ

【面積】

・200㎡（土地の事業用部分の面積）

《権利ごとの面積》

・敷地所有権の事業用部分の面積

（土地の事業用部分の面積）200㎡ ×Ⓕ／Ⓓ＝80㎡

敷地利用権の事業用部分の面積

（土地の事業用部分の面積）200㎡ ×Ⓔ／Ⓓ＝120㎡

③ 貸付事業の用に供していた部分

【評価額】

・16,400,000円（土地の貸付用部分の評価額）

《権利ごとの面積》

・敷地利用権の貸付用部分の評価額　なし　前頁㈱参照

・敷地所有権の貸付用部分の評価額　16,400,000円

【面積】

・$\underset{600㎡}{（土地の面積）} \times \frac{200㎡（1F部分）}{600㎡（建物の総床面積）}$

＝200㎡（土地の貸付用部分の面積）

《権利ごとの面積》

・敷地所有権の貸付用部分の面積　200㎡

・敷地利用権の貸付用部分の面積　なし

3　戊が取得した敷地所有権の特例対象宅地等の区分等（措置法69の4①③）

①　居住用部分に相当する部分（3F部分）

特定居住用宅地等の要件を満たしていないため、当該部分について、本特例の適用はありません。

②　特定事業用宅地等（2F部分）…8,000,000円（80㎡）

③　貸付事業用宅地等（1F部分）…16,400,000円（200㎡）

4　限度面積要件の判定等（措置法69の4①②）

戊が取得した敷地所有権のうち、「1F部分（貸付用部分）」に相当する部分（200㎡）については貸付事業用宅地等として、「2F部分（事業用部分）」に相当する部分（80㎡）については特定事業用宅地等として、本特例の適用を選択することができます。ただし、限度面積要件があるため、戊が取得した部分のうち特例の選択が可能な部分の全てを本特例の適用対象として選択することはできません。この場合において、

例えば、上記の特定事業用宅地等（80㎡）の全てを選択したときは、上記の貸付事業用宅地等として選択できる部分は160㎡となります。

（参考）宅地等の区分等（イメージ）

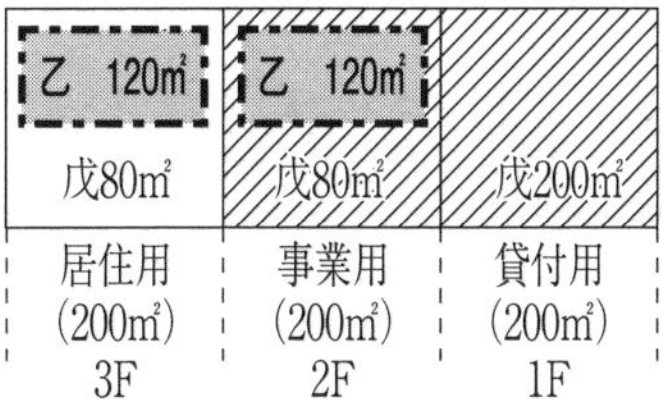

乙 120㎡ 戊80㎡	乙 120㎡ 戊80㎡	戊200㎡
居住用 (200㎡) 3F	事業用 (200㎡) 2F	貸付用 (200㎡) 1F

※▢は敷地利用権。
それ以外の部分は敷地所有権に相当する部分
※▨は適用対象となる部分

⑺　その他

店舗兼居宅敷地で贈与税の特例を受けていた場合

被相続人甲は配偶者乙に、昨年店舗兼住宅（店舗部分の割合１/２、住宅部分の割合１/２）の土地建物について持分１/２を贈与しました。乙は、相続税法基本通達21の６－３のただし書の取扱いを適用して、贈与を受けた持分に相当する部分はすべて居住用部分であるとして、贈与税の配偶者控除を適用して贈与税の申告を行いました。

この場合、本特例の対象となる被相続人の居住の用に供されていた部分の割合はどれだけになるのでしょうか。

なお、この店舗は生計が別の次男が飲食店を営んでいますが、家賃の授受はありません。

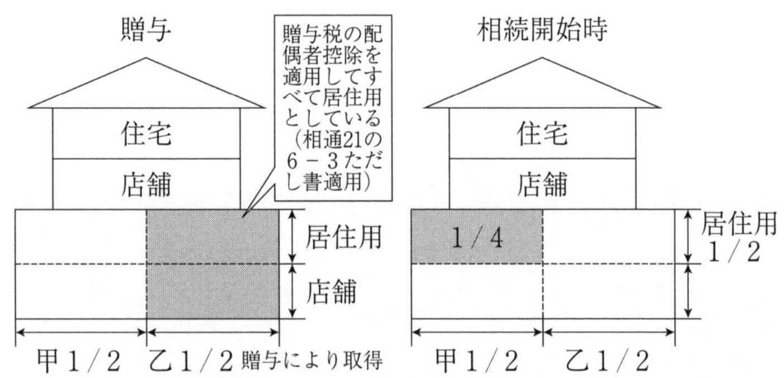

贈与税の取扱いにかかわらず、相続財産である土地（被相続人の持分１/２）の１/２（土地全体の１/４）が居住の用に供されていた部分となります。

解説

租税特別措置法第69条の4第1項の規定の適用がある店舗兼住宅等の敷地の用に供されていた宅地等で、相続の開始の前年以前に被相続人からその持分の贈与について、相続税法第21条の6第1項《贈与税の配偶者控除》の規定による贈与税の配偶者控除の適用を受けたもの（相基通21の6－3のただし書の取扱いを適用して贈与税の申告があったものに限られます。）又は相続の開始の年に被相続人からその持分の贈与について相続税法第19条第2項第2号の規定により特定贈与財産に該当することとなったもの（相基通19－10の後段の取扱いを適用して相続税の申告があったものに限られます。）であっても、租税特別措置法施行令第40条の2第4項に規定する被相続人等の居住の用に供されていた部分の判定は、当該相続の開始の直前における現況によって行うことと取り扱われます（措通69の4－9）。

具体的には次のとおりとなります。

（店舗兼住宅のうち被相続人等の居住の用に供されていた部分）（甲の持分）

1/2 × 1/2 ＝ 1/4

141 被相続人が同族会社所有の建物に居住していた場合

　被相続人は、自己が所有する宅地上の同族会社が所有する建物に居住していました。同族会社に対する宅地の貸付けについては、無償返還の届け出をして、有償で行っています。

　この場合に、被相続人の所有していた宅地は、特定居住用宅地等に該当しますか。

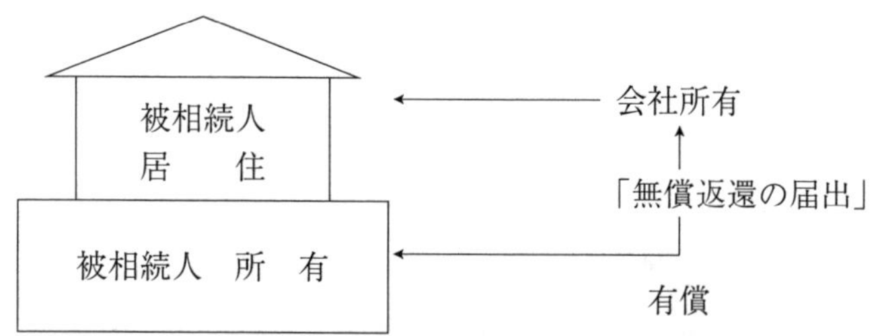

特定居住用宅地等には該当しません。

解説

　本特例において、被相続人等の居住の用に供されていた宅地等に該当するためには、被相続人又は被相続人の親族（被相続人と生計を一にする親族又は生計を別にする親族）の所有する建物の敷地の用に供されていた宅地等であることが必要です（措通69の４－７⑴）。

　したがって、被相続人等の居住の用に供されていた建物の所有者が、被相続人又は被相続人の親族以外である場合には、土地の貸借又は建物の貸借が有償であるか無償であるかに関係なく、被相続人等の居住の用に供されていた宅地等に該当しません。

　この場合に、同族会社に対する宅地の貸付けが有償で行われているものであれば、その宅地は被相続人の貸付事業の用に供されていた宅地等として貸付事業用宅地等に該当します。

142 居住用建物の建築中に相続が開始した場合

被相続人は、30年前から居住していた建物を取り壊し、その敷地上に居住用の建物を建築していましたが、建物の完成前に死亡しました。この建築中の建物とその敷地を配偶者が取得し、完成後に居住しました。

この場合、特定居住用宅地等に該当しますか。

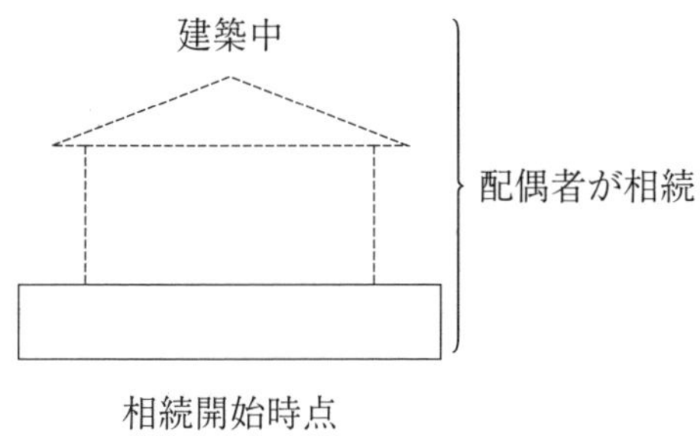

特定居住用宅地等に該当します。

解説

被相続人が、被相続人の居住の用に供されると認められる建物を建築中に死亡した場合において、その建物を取得した被相続人の親族又はその敷地を取得した被相続人の親族がその建物を居住の用に供した場合又は被相続人と生計を一にしていた被相続人の親族が居住の用に供した場合には、その建築中の建物の敷地となっていた宅地等は、居住用宅地等に当たるものとされています（措通69の４－８、措通69の４－５の準用）。

この事例の場合は、建築中の建物及びその敷地を被相続人の配偶者が取得していますので、建築中の建物又はその敷地を取得した被相続人の親族が居住の用に供した場合に該当します。したがって、その建築中であった建物の敷地となっていた宅地等は居住用宅地等に当たるものとして取り扱われ、配偶者が取得し、完成後に居住していますので、特定居住用宅地等に該当します。

裁判例・裁決例 No. 44（669ページ）

143 相続開始後に居住用建物の建替工事に着手した場合

長男丙は、被相続人甲が所有する土地・建物に、甲と同居していました。甲の配偶者乙は既に死亡しています。そして、丙はこの土地・建物を相続し、相続開始後、相続税の申告期限までの間にこの建物の建替工事を建築業者に発注して、相続税の申告期限において建物は取り壊され、建替工事に着手したところです。丙は、この建物の完成後は、この建物に戻ってくる予定です。

この場合、特定居住用宅地等に該当しますか。

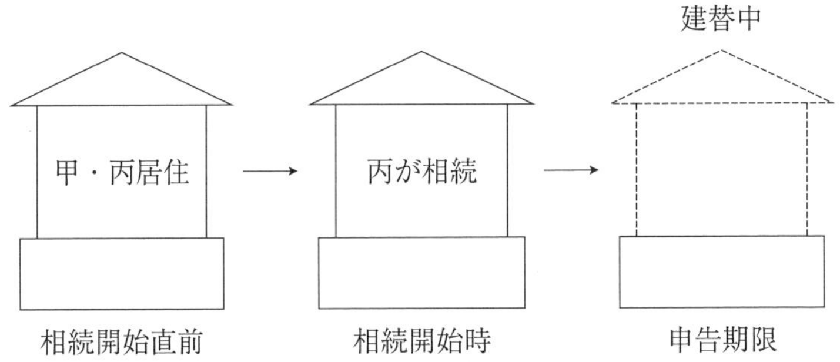

長男丙が建替後の建物の全部を居住の用に供すると認められる場合には、敷地全体が特定居住用宅地等に該当します。

解説

特定居住用宅地等の要件の一つに、被相続人の同居親族が、申告期限まで引き続き当該宅地等を有し、かつ、当該家屋に居住していることがあります（措法69の４③二イ）。

居住用宅地等を取得した親族が、相続税の申告期限までの間に被相続人の居住の用に供されていた建物等の建替工事に着手し、これらの申告期限においてまだ工事中であるときには、表面的には「申告期限まで居住している」ことには当たらないこととなります。しかし、建物等の建替中に相続税の申告期限が到来した場合に、その一時点のみで表面的な判定をすることは実情に即したものとはいえません。

そこで、被相続人の居住用建物等が相続税の申告期限までに建替工事に着手された場合において、その宅地等のうち、宅地等を取得した被相続人の親族によって居住の用に供されると認められる部分については、相続税の申告期限においてもその親族の居住の用に供されているものとして取り扱うこととされています（措通69の４－19（注））。

したがって、この場合、丙が建替後の建物の全部を居住の用に供すると認められる場合には、特定居住用宅地等の要件に該当することとなります。

144 配偶者と非同居親族が共有で取得した場合

被相続人甲の居住していた家屋とその敷地を配偶者乙と長男丙が、家屋乙・丙1/2、敷地乙1/3、丙2/3の持分で相続しました。

なお、丙は、丙が所有する家屋に居住していて、甲とは別居で、生計も別にしていました。この場合、特定居住用宅地等に該当しますか。

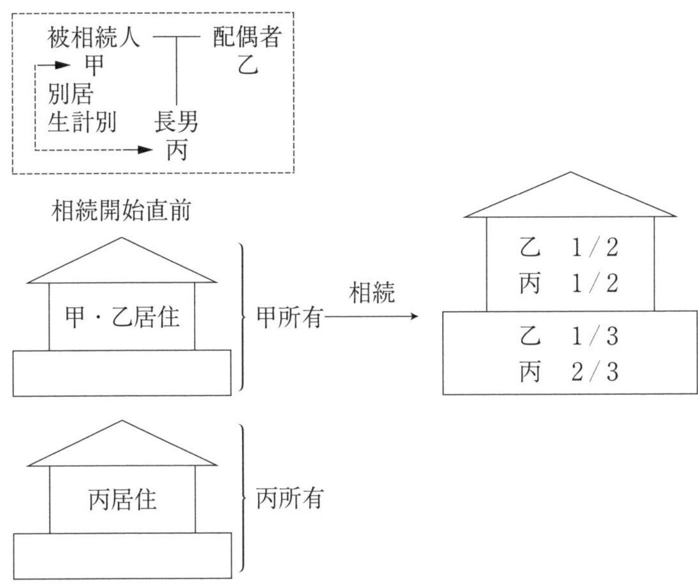

配偶者乙が取得した宅地等の持分1/3についてのみ、特定居住用宅地等に該当します。

解説

被相続人の居住の用に供されていた宅地等を被相続人の配偶者が相続により取得した場合には、他の親族が取得した場合のような居住及び保有継続要件がありません。一方で、被相続人と非同居で生計を別にしていた親族については、その親族が相続開始前３年以内にその者又はその者の配偶者が所有する家屋に居住したことがなく、かつ、相続開始時から申告期限まで引き続きその宅地等を保有しており、被相続人に配偶者及び同居の相続人がいなかったことが特定居住用宅地等に該当するための要件となります（措法69の４③二ロ、措令40の２⑭）。

複数の親族が共有で取得した場合において、特定居住用宅地等として特例の適用を受けることができるのは、被相続人の配偶者又は適用要件を満たしている親族が取得した部分に限られます（措法69の４③二、措令40の２⑫）。

よって、この事例の場合においては、乙が取得した１／３部分についてのみが、特定居住用宅地等に該当することとなります。丙が取得した持分２／３については、小規模宅地等に該当しませんので、特例の適用はありません。

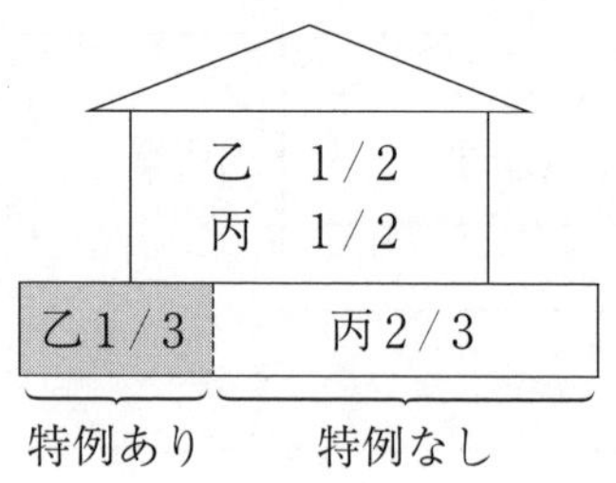

145 非同居親族が建物を取得した場合

前問のケースで土地を乙が相続し、建物を丙が相続した場合は特定居住用宅地等に該当しますか。

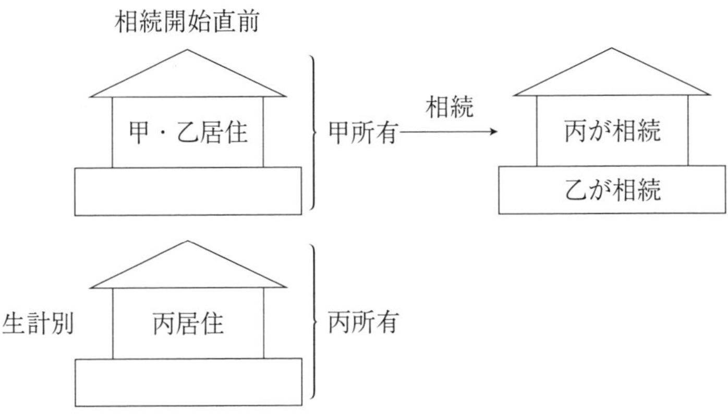

特定居住用宅地等に該当します。

解説

被相続人の居住の用に供されていた宅地等を被相続人の配偶者が相続により取得した場合には、他の親族が取得した場合のような居住及び保有継続要件がありません。(措法69の4③二)。

よって、この事例の場合においては、乙が土地を取得していますので、建物を相続していなくても特定居住用宅地等に該当することとなります。

146 同居親族が建物を取得し、配偶者が土地を取得した場合

被相続人甲が土地・建物を所有しており、配偶者の乙と長男丙家族とともにそこに居住していました。今回の相続によりこの土地を乙が相続し、建物を丙が取得しました。乙、丙は、相続後申告期限までこの土地・建物を保有しており、居住も継続しています。この場合、特定居住用宅地等に該当しますか。

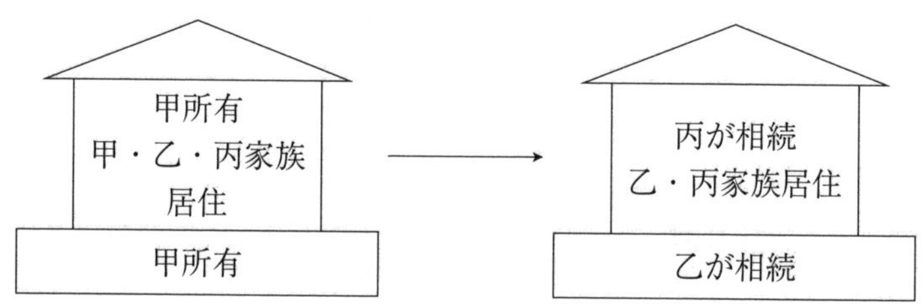

A

特定居住用宅地等に該当します。

本特例において、特定居住用宅地等に該当するためには、被相続人の居住の用に供されていた宅地等で、当該被相続人の配偶者が相続又は遺贈により取得したものであることが要件の一つになっています（措法69の４③二）。そして、配偶者が取得する場合には他の要件が課されていませんので、申告期限までの居住継続や保有継続は求められません。

したがって、この事例の場合には、建物を乙が相続していなくても、特定居住用宅地等に該当します。

147 配偶者が建物を取得し、同居親族が土地を取得した場合

被相続人甲が土地・建物を所有しており、配偶者の乙と長男丙家族とともにそこに居住していました。今回の相続によりこの土地を丙が相続し、建物を乙が取得しました。乙、丙は、相続後申告期限までこの土地・建物を保有しており、居住も継続しています。この場合、特定居住用宅地等に該当しますか。

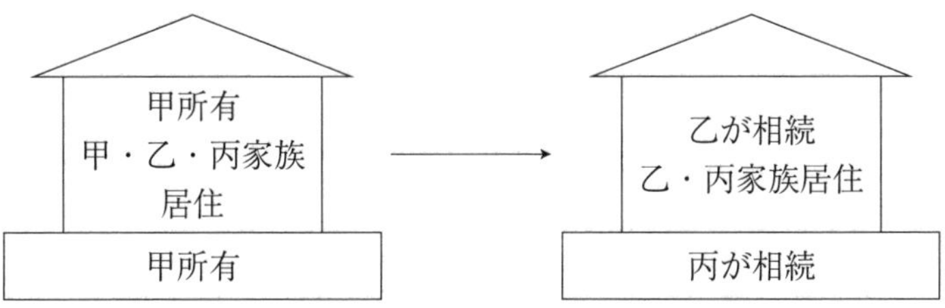

特定居住用宅地等に該当します。

解説

本特例において、特定居住用宅地等に該当するためには、被相続人の居住の用に供されていた宅地等で、当該被相続人の同居親族が相続又は遺贈により取得したもので、相続開始時から申告期限まで引き続き当該宅地等を保有し、かつ当該建物に居住していることが要件の一つになっています(措法69の4③二イ)。

したがって、丙は乙に対して無償で土地を貸し付けており、丙が乙から建物を無償で借り受けている場合に限り、特定居住用宅地等に該当します（措通69の4－7(1))。

この事例の場合は、丙は申告期限までの居住継続や保有継続の要件を満たすことから、特定居住用宅地等に該当します。

148 一時的に介護のために被相続人と同居していた場合

被相続人甲が居住していた家屋とその敷地を甲の長女丙が相続しましたが、この居住用財産の居住状況は次のとおりでした。

甲は、配偶者乙が亡くなった10年前から一人で居住していましたが、亡くなる１年前から相続開始の直前までは、甲の介護のため、丙が同居していました。丙の夫丁と子供は、以前からの住まいである丁の会社の社宅に５年以上居住しています。丙は、甲の介護のために、ほとんど丁の元には帰らずに、甲の世話をしていました。

相続開始後は、すぐに社宅に戻っています。

この場合、特定居住用宅地等に該当しますか。

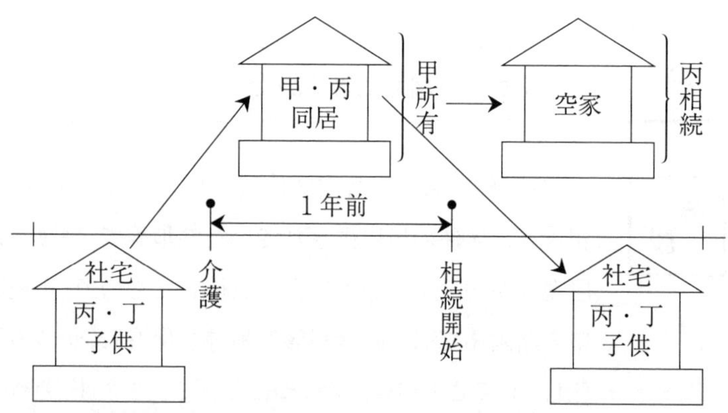

相続開始直前において丙が被相続人と同居していましたが、それは介護のための一時的な同居で被相続人には同居の相続人がいないケースと思われますので、特定居住用宅地等に該当するものと思われます。

解説

被相続人の居住用宅地が特定居住用宅地等に該当するかどうかは、その取得者が被相続人の配偶者なのか、同居の親族なのか、あるいは非同居親族なのかによって要件が異なっています。

この事例の場合は、相続開始直前において丙が被相続人と同居していたかどうかによって、特定居住用宅地等に該当するかどうかの要件が異なることとなります。すなわち、丙が同居の親族に該当する場合は、丙は申告期限まで居住し、かつ所有する必要があります。一方、丙が同居の親族に該当しない場合は、被相続人には配偶者も同居の親族もいませんので、丙が相続開始前３年の間に自己又は自己の配偶者が所有する家屋に居住したことがなければ、特定居住用宅地等として80％の減額対象になります（措法69の４③二ロ）。

ところで、被相続人の親族が相続開始の直前において同居していたかどうかは、①その親族の日常生活の状況、②その建物への入居目的、③その建物の構造及び設備、④生活の拠点となるべき他の建物の有無、その他の状況を総合勘案して、その建物にその者の生活の拠点を置いていたかどうかによって判断するべきと考えられます。

この事例の場合、丙は介護という限定的な理由により、それも一人で被相続人の家屋に居住していたものであり、相続開始後すぐに社宅に戻っているところからすると、同居の親族には当たらないものと思われます。

149 単身赴任中の相続人が取得した場合の同居判定

被相続人甲は東京都にある土地・建物を所有し、その建物に甲と長男乙、長男の配偶者丙、長男の子丁と居住していました。その後、乙が福岡に単身赴任（社宅住まい）することになり、その単身赴任中に甲が死亡しました。

今回の相続で乙がこの土地・建物を相続しますが、特定居住用宅地等に該当しますか。

なお、乙は、相続税の申告期限において引き続き単身赴任の状態にありますが、転勤が東京近辺になれば、当該家屋において家族らと共に生活することを予定しています。

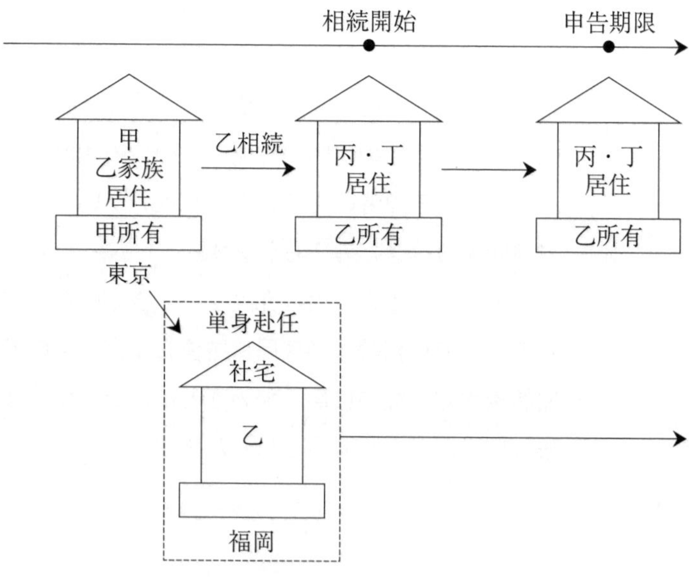

特定居住用宅地等に該当するものと思われます。

解説

長男乙が相続により取得した敷地について、相続人等の生活の基盤の維持に不可欠なものであるかどうかにより判定することになると思われます。

したがって、乙、丙及び丁の日常生活の状況、その家屋への入居目的、その家屋の構造及び設備の状況からみて、当該家屋が乙の生活の拠点として利用されている家屋といえるかどうか総合勘案することとなりますが、この事例の場合、東京近辺への転勤になれば、家族と起居を共にすることを予定していますので、甲に係る相続開始の直前から申告書の提出期限まで乙の居住の用に供していた家屋に該当するものとみることが相当と認められますから、乙の取得した敷地は、特定居住用宅地等として80％の減額ができることとなります。

なお、丙及び丁が、相続税の申告期限前に当該家屋に居住しないこととなった場合には、当該敷地は特定居住用宅地等として認められなくなります。

(庁Q＆A（小規模）14参照)

150 単身赴任中の相続人家族が期限まで居住しない場合

Q

前問のケースで、長男の配偶者丙、長男の子丁が相続税の申告期限までに福岡に引っ越した場合は特定居住用宅地等に該当しますか。

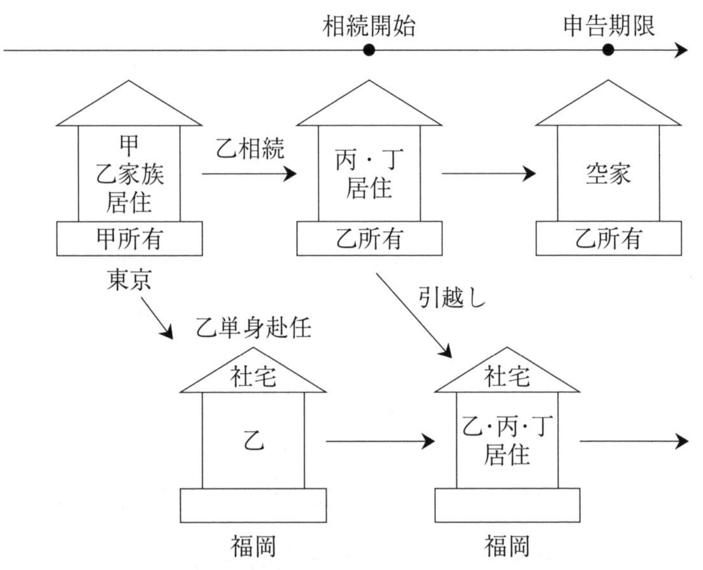

A

特定居住用宅地等に該当しないものと思われます。

解説

丙、丁が福岡に引っ越した場合には、東京の土地、建物は、乙が申告期限まで居住していたとはいえませんので、本特例には該当しないものと思われます。

151 同居親族が申告期限までに海外転勤になった場合

被相続人甲が土地・建物を所有しており、配偶者の乙と長男丙（独身）がそこに居住していました。今回の相続によりこの土地・建物を乙と丙が1/2ずつ取得しました。乙は、相続後申告期限までこの土地・建物を保有しており、居住も継続していますが、丙は、商社に勤務しており、申告期限前の相続後5ヶ月目に海外に転勤になりました。この場合、居住継続ができなくなりますが、丙の取得した部分について特定居住用宅地等に該当しますか。

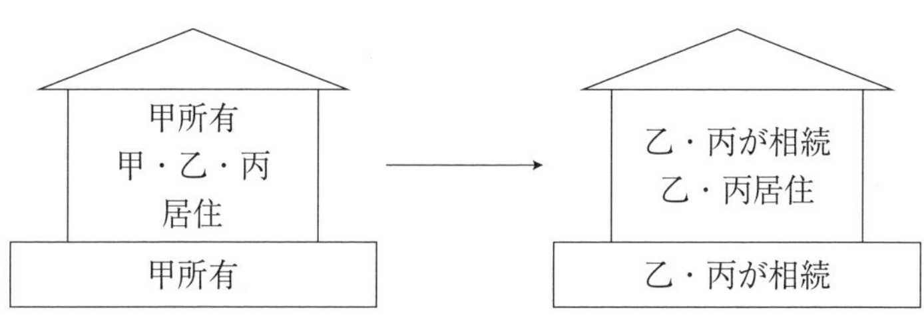

ただし、丙は相続後
5ヶ月目に海外転勤

A

丙の取得した宅地等は、特定居住用宅地等に該当しないものと思われます。

解説

本特例において、特定居住用宅地等に該当するためには、被相続人の居住の用に供されていた宅地等で、当該被相続人の同居親族が相続又は遺贈により取得したもので、相続開始時から申告期限まで引き続き当該宅地等を保有し、かつ当該家屋に居住していることが要件の一つになっています（措法69の4③二イ）。

この事例の場合は、相続開始時から申告期限まで当該家屋に居住しているという要件を欠くことになります。

したがって、特定居住用宅地等の要件を満たさないので、本特例を適用できないものと思われます。

152 庭先部分だけを相続した場合

被相続人甲が居住の用に供していた家屋（被相続人所有）の敷地は、下記のようにＡ部分（200㎡）とＢ部分（120㎡）の土地の２筆から構成されています。家屋はＡ部分に建っており、Ｂ部分はその庭として使っています。

Ａ部分の土地と家屋は長男丙が取得し、Ｂ部分は次男丁が取得します。甲の配偶者乙は既に死亡しており、甲はこの家屋に一人で居住していました。家なし親族の要件については、丙は満たしておらず、丁は満たしています。この場合、丁が取得したＢ部分の敷地について、特定居住用宅地等に該当しますか。

Ａ部分	Ｂ部分
200㎡ Ａ家屋	120㎡ Ａ家屋の庭
丙が取得	丁が取得

特定居住用宅地等に該当します。

解説

「被相続人の居住の用に供されていた宅地等」とは、相続開始直前において、被相続人等の居住の用に供されていた家屋で被相続人が所有していたものの敷地のように供されていた宅地等をいいます（措通69の４－７）。

また、小規模宅地等の特例の趣旨は、相続開始直前において、被相続人等の居住の用に供されていた小規模な宅地等については、一般に、それが被相続人等の生活基盤の維持の為に欠くことのできないものであって、相続人において居住の用を廃してこれを処分することについて相当の制約を受けるのが通常であることから、政策的な観点から一定の減額をすることとした、と解されています（東京地判平成23年８月26日）。

この事例の場合、Ｂ部分の土地は、相続開始直前において、被相続人甲の居住の用に供されていた家屋で、被相続人が所有していたものの敷地ですが、その土地の上には家屋がないため、居住の用を廃することなく、Ｂ部分の土地のみを処分することが可能であることからすると、上記の本件特例の趣旨に照らすと、認められないのではないかとの疑問が生じるところです。

しかし、Ａ部分とＢ部分の土地は、一体として、相続開始直前において、被相続人等の居住の用に供されていた家屋で被相続人が所有していたものの敷地のように供されていた宅地であることからすると、居住の用を廃する必要があるかどうかにかかわらず、Ｂ部分の土地は特定居住用宅地等に該当するものと考えます。

（国税庁ホームページ文書回答事例「庭先部分を相続した場合の小規模宅地等についての相続税の課税価格の計算の特例の適用について」関東信越国税局審理課長、平成28年８月22日回答参照）

成年後見人である親族が居住し、その者が取得した場合

被相続人甲が土地を所有しており、その土地の上の建物は甲の成年後見人に就任している長男の丙が所有していました。この建物には、丙家族が居住していました。今回の相続によりこの土地を丙が取得しました。この場合、特定居住用宅地等に該当しますか。

なお、甲は居住していた物件を売却して、老人ホームに移り、そのまま死亡しました。

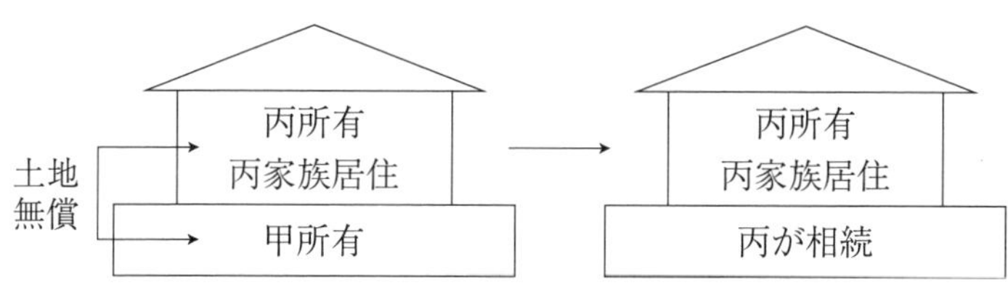

A

成年後見人であることだけでは特定居住用宅地等に該当しません。甲と丙が生計を一にする必要があります。

解説

本特例において、特定居住用宅地等に該当するためには、被相続人と生計を一にする親族の居住の用に供されていた宅地等で、当該被相続人の配偶者が相続又は遺贈により取得したものであることが要件の一つになっています（措法69の4③二）。

本事例において、甲と丙が生計を一にしていたといえるかどうかについては下記のような事実認定によることとなります。

生計を一にしていたとの要件は、被相続人と相続人が日常生活の糧を共通にしていた事実を要するものと考えられ、居住費、食費、光熱費、その他日常の生活に係る費用の全部又は主要な部分を共通にしていた関係にあり、日常生活の糧を共通にしている必要があります。

被相続人甲の成年後見人として、身上監護業務として甲の生活の維持や医療、介護等、身上の保護に関する行為を行い、財産管理業務として、被相続人甲の財産全体を把握し、包括代理権を行使することによりこれらの財産を保存し、一定の範囲で甲のために利用する財産の管理に関する行為を無償で、行ってきただけでは、生計を一にしていたといえません。

裁判例・裁決例 No. 98（701ページ）

【貸付事業用宅地等】

―基本編―

154 相続開始前３年以内に貸付事業の用に供された宅地等

被相続人は数棟のビルとその敷地を所有しており、これらのビルの賃貸は、３年を超えて引き続き特定貸付事業の用に供されていました。相続開始前１年前に貸付事業用のビルとその敷地を購入し貸し付けていました。この相続開始前１年前に新たに取得し貸付事業の用に供したビルの敷地の評価額が他のビルの敷地の評価額より高いことから特例の対象としたいと考えています。相続開始前１年前に新たに取得し貸付事業の用に供したビルの敷地は貸付事業用宅地等に該当しますか。

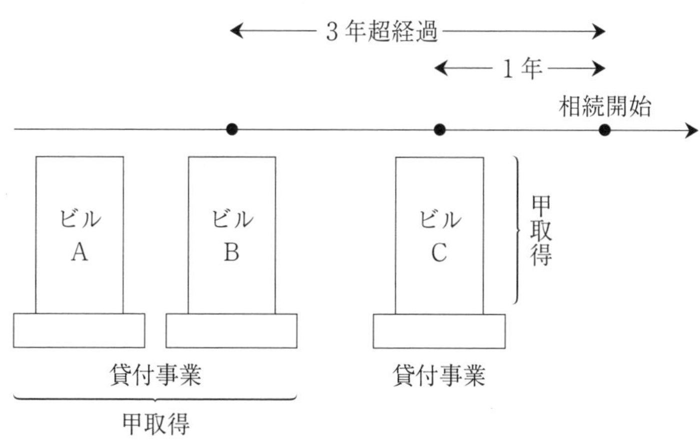

貸付事業用宅地等に該当します。

解説

被相続人等の貸付事業の用に供されていた宅地等で、①当該親族が、相続開始時から申告期限までの間に当該宅地等に係る被相続人の貸付事業を引き継ぎ、申告期限まで引き続き当該宅地等を有し、かつ、当該貸付事業の用に供している場合、②当該被相続人の親族が当該被相続人と生計を一にしていた者であって、相続開始時から申告期限まで引き続き当該宅地等を有し、かつ、相続開始前から申告期限まで引き続き当該宅地等を自己の貸付事業の用に供している場合に本特例の適用があります。

ところで、相続開始前３年以内に新たに貸付事業の用に供された宅地等は、貸付事業用宅地等から除かれますが、被相続人等が相続開始の日まで３年を超えて引き続き特定貸付事業を行っていた場合は、相続開始前３年以内に新たに貸付事業の用に供された宅地等も貸付事業用宅地等に該当します(措法69の４③四)。

したがって、被相続人は、相続開始の日まで３年を超えて引き続き特定貸付事業を行っていたことから、新たに相続開始前１年前に貸付事業用として購入し貸し付けたビルの敷地であっても貸付事業用宅地等に該当します。

155 貸付事業が事業的規模に該当しない宅地等

被相続人は、相続開始前３年を超えて貸付事業を引き続き行っていました。この貸付事業は、不動産所得を生ずべき事業として行われていません。この事業的規模に該当しない貸付事業の用に供されている宅地も、貸付事業用宅地等に該当しますか。

貸付事業用宅地等に該当します。

被相続人等の貸付事業の用に供されていた宅地等で、①当該親族が、相続開始時から申告期限までの間に当該宅地等に係る被相続人の貸付事業を引き継ぎ、申告期限まで引き続き当該宅地等を有し、かつ、当該貸付事業の用に供している場合、②当該被相続人の親族が当該被相続人と生計を一にしていた者であって、相続開始時から申告期限まで引き続き当該宅地等を有し、かつ、相続開始前から申告期限まで引き続き当該宅地等を自己の貸付事業の用に供している場合に本特例の適用があります。

ところで、相続開始前３年以内に新たに貸付事業の用に供された宅地等は、この貸付事業用宅地等の範囲から除外されていますが、質問の場合の敷地は、相続開始前３年を超えて引き続き貸付事業を行っていたものであり、相続開始前３年以内に新たに貸付事業の用に供された宅地等ではないことから貸付事業用宅地等に該当します（措法69の４③四、措通69の４－24の７）。

156　共有不動産の貸付の事業的規模の判定

兄弟２人で共有している一棟建ての賃貸用マンションの敷地があり、この不動産は10年前に相続したもので、不動産所得の申告に当たっては青色申告で行っています。不動産所得を青色申告で行っている場合は、特定貸付事業に該当するのでしょうか。

租税特別措置法第25条の２第３項に規定する不動産所得を生ずべき事業を営むものとして青色申告特別控除が認められている場合には、その不動産の貸付は、特定貸付事業に該当するものとして取扱われるものと思われます。

特定貸付事業は、貸付事業のうち準事業以外のものをいいます。貸付事業が準事業以外の貸付事業に当たるかどうかについては、社会通念上事業と称するに至る程度の規模で当該貸付事業が行われていたかどうかにより判定することとされています。

貸付事業が不動産の貸付けである場合は、この不動産の貸付けが所得税法第26条第１項《不動産所得》に規定する不動産所得を生ずべき事業として行われているときは、この貸付事業は特定貸付事業に該当し、この不動産の貸付けが不動産所得を生ずべき事業以外のものとして行われているときは、当該貸付事業は準事業に該当します（措通69の４－24の４）。

また、上記判定について、建物の貸付けが不動産所得を生ずべき事業として行われているかどうかは、社会通念上事業と称するに至る程度の規模で建物の貸付けを行っているかどうかにより判定すべきで、次に掲げる事実のいずれか一に該当する場合又は賃貸料の収入の状況、貸付資産の管理の状況等からみてこれらの場合に準ずる事情があると認められる場合には、特に反証がない限り、事業として行われているものとされています（所得税基本通達26－９）。

⑴　貸間、アパート等については、貸与することができる独立した室数がおおむね10以上であること。

⑵　独立家屋の貸付けについては、おおむね５棟以上であること。

ご質問のように賃貸不動産を共有している場合において、⑴の部屋数の10及び⑵の独立家屋の５棟について共有持分を掛けた後で判断するか否かについてはその取扱いについて、上記各通達において示されていません。

租税特別措置法第25条の２《青色申告特別控除》第３項では、青色申告書を提出することにつき税務署長の承認を受けている個人で不動産所得を生ずべき事業を営むものが、所得税法第148条《青色申告書の帳簿書類》第１項の規定により、この事業につき帳簿書類を備え付けてこれにその承認を受けている年分の不動産所得の金額に係る取引を記録している場合には、その年分の不動産所得の金額金額は、同法第26条第２項の規定により計算した不動産所得の金額又は事業所得の金額から次に掲げる金額（①、②）のうちいずれか低い金額を控除した金額とすることとしています。

①　55万円（e-TAXによる申告等をした場合は65万円）

②　所得税法第26条第２項の規定により計算した不動産所

得の金額の合計額

上記所得税基本通達26－9の(1)(2)を基に、共有している不動産の貸付が事業的規模として取り扱われるためには少なくとも、①青色申告の届出をし、②正規の簿記の原則に従い取引を記録し、③貸借対照表、損益計算書その他の計算書を添付し、所定の事項を記載して55万円（e-TAXによる申告等をする場合は65万円）の特別控除を行った申告書を提出しておく必要があるといえます。

157 相続開始前３年以内に貸付事業を行った宅地等のみである場合

Q

被相続人は、事務所用ビルとその敷地を購入し貸付けを行っていました。このビルの貸付事業は不動産所得を生ずべき事業として（いわゆる事業的規模で）行われています。このビルとその敷地は購入してから３年を経過しておらず、貸付事業はこのビルのみです。このビルの敷地は、貸付事業用宅地等に該当しますか。

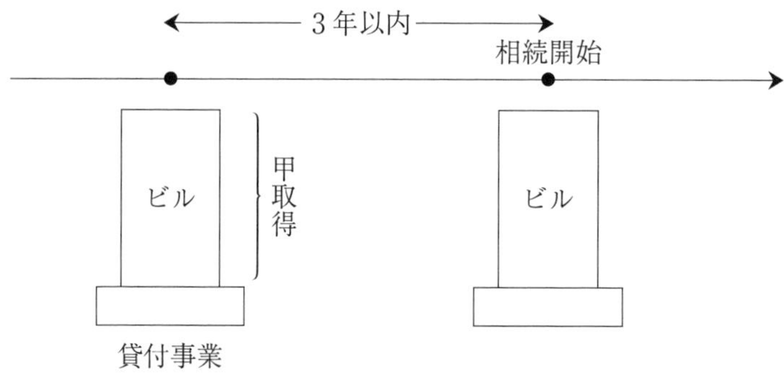

A

貸付事業用宅地等に該当しません。

解説

被相続人等の貸付事業の用に供されていた宅地等で、①当該親族が、相続開始時から申告期限までの間に当該宅地等に係る被相続人の貸付事業を引き継ぎ、申告期限まで引き続き当該宅地等を有し、かつ、当該貸付事業の用に供している場合、②当該被相続人の親族が当該被相続人と生計を一にしていた者であって、相続開始時から申告期限まで引き続き当該宅地等を有し、かつ、相続開始前から申告期限まで引き続き当該宅地等を自己の貸付事業の用に供している場合に本特例の適用があります。

しかし、相続開始前３年を超えて引き続き貸付事業の用に供されていない宅地等は、その貸付事業がいわゆる事業的規模であったとしてもこの貸付事業用宅地等の範囲から除外されています。したがって、事業的規模での貸付事業でも相続開始前３年以内に貸付事業を始めた場合は、貸付事業用宅地等に該当しません（措法69の４③四）。

158 相続開始前３年を超えて貸付事業の用に供した宅地とそれ以外の貸付用宅地がある場合

被相続人には、相続開始前３年を超えて引き続き貸付事業の用に供していたＡ宅地と、相続開始前３年以内に新たに貸付事業の用に供したＢ宅地があります。この貸付事業は特定貸付事業には該当しません。このＡ宅地・Ｂ宅地は、貸付事業用宅地等に該当しますか。

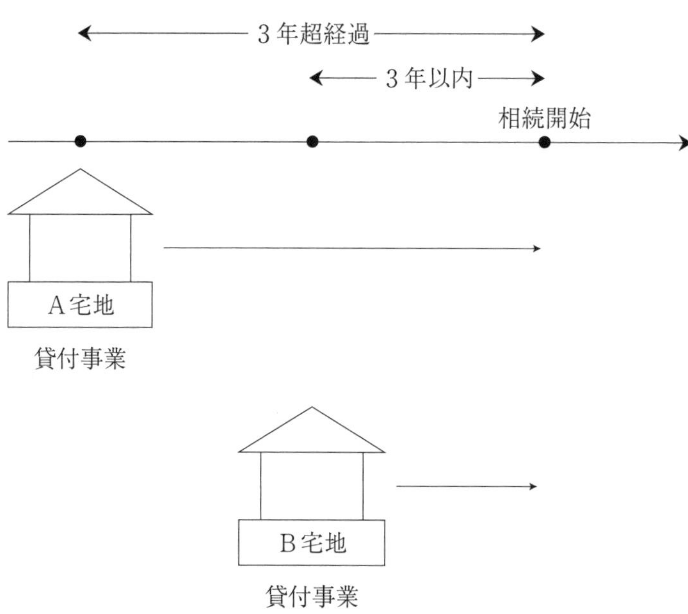

Ａ宅地は貸付事業用宅地等に該当しますが、Ｂ宅地は貸付事業用宅地等には該当しません。

解説

被相続人等の貸付事業の用に供されていた宅地等で、①当該親族が、相続開始時から申告期限までの間に当該宅地等に係る被相続人の貸付事業を引き継ぎ、申告期限まで引き続き当該宅地等を有し、かつ、当該貸付事業の用に供している場合、②当該被相続人の親族が当該被相続人と生計を一にしていた者であって、相続開始時から申告期限まで引き続き当該宅地等を有し、かつ、相続開始前から申告期限まで引き続き当該宅地等を自己の貸付事業の用に供している場合に本特例の適用があります。

被相続人等の行っていた貸付事業が、特定貸付事業に該当しない場合、相続開始前３年以内に新たに貸付事業の用に供された宅地等は、この貸付事業用宅地等の範囲から除外されます。したがって、Ｂ宅地は相続開始前３年以内に新たに貸付事業の用に供された宅地等であることから、貸付事業用宅地等には該当しません。一方、Ａ宅地は、相続開始前３年を超え引き続き被相続人等の貸付事業の用に供されていた宅地等であることから、特定貸付事業に該当しない貸付事業であっても、貸付事業用宅地等に該当します（措法69の４③四、措通69の４－24の７）。

159 相続開始前3年以内に貸付事業を相続した宅地

被相続人甲の貸付事業は、特定貸付事業に該当します。被相続人甲は、相続開始前2年前に先代乙の相続開始による貸付業を相続しています。先代乙の貸付事業は、特定貸付事業に該当し甲が特定貸付事業として貸付事業を行っていた期間は3年未満ですが、先代乙の特定貸付事業としての貸付事業の期間を含めると3年を超えています。この場合、今回被相続人甲から相続により取得する宅地は、貸付事業用宅地等に該当しますか。

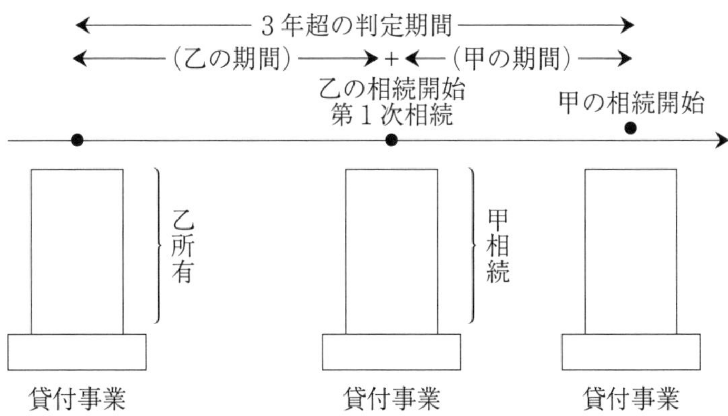

貸付事業用宅地等に該当します。

解説

相続開始前3年以内に新たに貸付事業の用に供された宅地等は、貸付事業用宅地等から除かれますが、相続開始の日まで3年を超えて引き続き特定貸付事業を行っていた、被相続人等の貸付事業の用に供された宅地等は貸付事業用宅地等に該当します（措法69の４③四）。

特定貸付事業を行っていた被相続人が、当該被相続人が死亡する前３年以内に相続又は遺贈により先代の特定貸付事業の用に供されていた宅地等を取得していた場合には、先代の特定貸付事業を行っていた期間を含めて、被相続人が、相続開始前３年を超えて特定貸付事業を行っていたか否かを判定します（措令40の２㉑）。

したがって、被相続人甲が、相続開始前３年を超えて特定貸付事業を行っていたか否かは、先代乙が特定貸付事業を行っていた期間を含めて判定することから、その期間は３年を超えるので貸付事業用宅地等に該当します。

160 特定貸付事業が引き続き行われていない場合

現在10年以上不動産貸付を継続して行っており、その貸付は特定貸付事業に該当します。新たにＡ宅地を取得して、貸付事業の用に供する予定です。このＡ宅地が、相続開始前３年以内に新たに貸付事業の用に供された物件である場合に、Ａ物件が貸付事業の用に供された後相続開始の日までの間に、例えば、貸付事業の用に供している他のＢ宅地を譲渡したことにより、被相続人等が行う貸付事業が特定貸付事業に該当しないこととなった場合でも、Ａ宅地は貸付事業用宅地等に該当しますか。

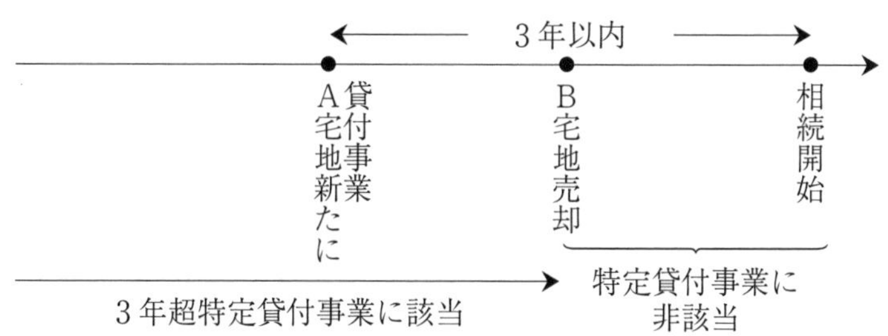

貸付事業用宅地等に該当しません。

解説

貸付事業用宅地等は、被相続人等の貸付事業の用に供されていた宅地等で、①当該親族が、相続開始時から申告期限までの間に当該宅地等に係る被相続人の貸付事業を引き継ぎ、申告期限まで引き続き当該宅地等を有し、かつ、当該貸付事業の用に供している場合、②当該被相続人の親族が当該被相続人と生計を一にしていた者であって、相続開始時から申告期限まで引き続き当該宅地等を有し、かつ、相続開始前から申告期限まで引き続き当該宅地等を自己の貸付事業の用に供している場合に本特例の適用があります。

しかし、相続開始前３年以内に新たに貸付事業の用に供された宅地等は、貸付事業用宅地等に該当しないとされていますが、相続開始の日まで３年を超えて引き続き特定貸付事業を行っていた被相続人等の当該貸付事業の用に供されたものは貸付事業用宅地等に該当します。

そこで、質問の場合、Ａ宅地を新たに貸付事業の用に供した時には３年を超えて引き続き特定貸付事業を行っていたことから、「相続開始の日まで３年を超えて引き続き特定貸付事業を行っていた」に該当するか否かが問題となります。

この点については、相続開始前３年以内に宅地等が新たに被相続人等が行う特定貸付事業の用に供された場合において、その供された時から相続開始の日までの間に被相続人等が行う貸付事業が特定貸付事業に該当しないこととなったときは、この宅地等は、相続開始の日まで３年を超えて引き続き特定貸付事業を行っていた被相続人等の貸付事業の用に供されたものに該当せず、貸付事業用宅地等の対象となる宅地等から除かれることとなります（措通69の４－24の５）。

161 生計一親族が３年以内に貸付事業の用に供した場合

甲は、数棟のビルとその敷地を所有しておりその貸付事業は、特定貸付事業に該当しています。また、特定貸付事業は10年以上継続して行われています。甲は、未利用であるＡ土地があることからこのＡ土地の上に甲と生計を一にする親族がビルを建てることを計画しています。仮に、生計を一にする親族が建てたビルを、相続開始３年以内に貸付事業の用に供した場合、このＡ土地は貸付事業用宅地等に該当しますか。

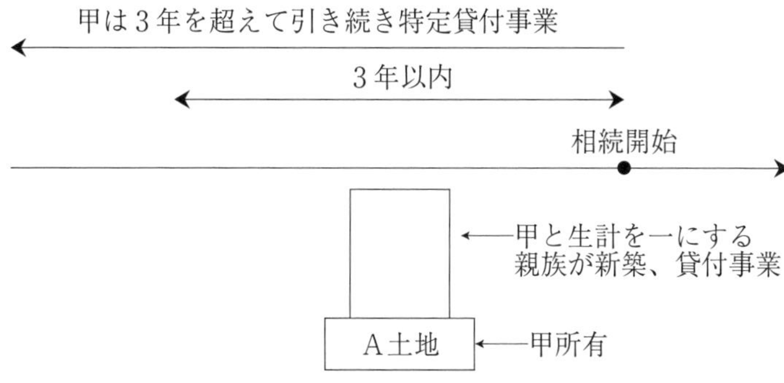

Ａ土地は貸付事業用宅地等に該当しません。

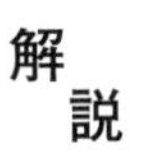

被相続人等の貸付事業の用に供されていた宅地等で、被相続人の親族が当該被相続人と生計を一にしていた者であって、相続開始時から申告期限まで引き続き当該宅地等を有し、かつ、相続開始前から申告期限まで引き続き当該宅地等を自己の貸付事業の用に供している場合に本特例の適用があります

(措法69の４③四ロ)。

ところで、相続開始前３年以内に新たに貸付事業の用に供された宅地等は、貸付事業用宅地等に該当しないこととされていますが、相続開始の日まで３年を超えて引き続き特定貸付事業を行っていた被相続人等の当該貸付事業の用に供されたものは貸付事業用宅地等に該当します。

ご質問の場合、仮に甲に相続が開始した場合、相続開始の日まで３年を超えて引き続き特定貸付事業を行っていることになることから、相続開始前３年以内に生計を一にする親族が新たにＡ土地を貸付事業の用に供した場合もこのＡ土地が貸付事業用宅地等に該当するかが問題となります。

この点については、租税特別措置法第69条の４第３項第４号の特定貸付事業を行っていた「被相続人等の当該貸付事業の用に供された」とは、特定貸付事業を行う被相続人等が、宅地等をその自己が行う特定貸付事業の用に供した場合をいい、次に掲げる場合はこれに該当しないこととしています(措通69の４－24の６)。

⑴　被相続人が特定貸付事業を行っていた場合

被相続人と生計を一にする親族が宅地等を自己の貸付事業の用に供したとき

⑵　被相続人と生計を一にする親族が特定貸付事業を行っていた場合

被相続人又は当該親族以外の被相続人と生計を一にする親族が宅地等を自己の貸付事業の用に供したとき

ご質問の場合上記⑴に該当することから、Ａ土地は貸付事業用宅地等に該当しないこととなります。

162 相続開始３年以内に貸家を建て替えた場合

10年以上賃貸を行っていた貸家が古くなったことから建替え、新たな賃借人の募集・入居を終え賃貸したところ相続が開始しました。この貸家以外に貸付事業の用に供している物件はなく、被相続人の貸付事業は特定貸付事業には該当しません。この場合、建替えて貸付事業の用に供したこの宅地は、貸付事業用宅地等に該当しないのでしょうか。

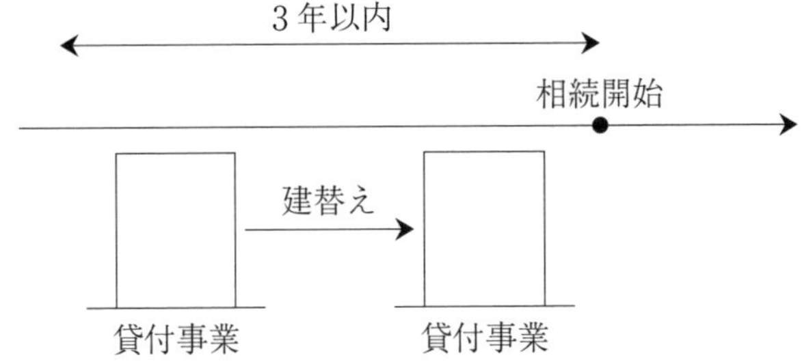

貸付事業用宅地等に該当します。

解説

相続開始前３年以内に新たに貸付事業の用に供された宅地等は、貸付事業用宅地等に該当しないとされており、相続開始の日まで３年を超えて引き続き特定貸付事業を行っていた被相続人等の当該貸付事業の用に供されたものは貸付事業用宅地等に該当することとなります（措法69の４③四）。

ご質問の場合、相続開始の日まで３年を超えて引き続き特定貸付事業を行っていた被相続人等の当該貸付事業の用に供されたものではないが、建替えを行う前も、建替えた後も貸付事業の用に供していたものであり、このように建替えた場合にも、「新たに貸付事業の用に供された」ことになり貸付事業用宅地等に該当しないのかが問題になります。

この点については、租税特別措置法第69条の４第３項第４号の「新たに貸付事業の用に供された」とは、貸付事業の用以外の用に供されていた宅地等が貸付事業の用に供された場合又は宅地等若しくはその上にある建物等につき「何らの利用がされていない場合」の当該宅地等が貸付事業の用に供された場合をいうとされています。

例えば、賃貸借契約等につき更新がされた場合は、新たに貸付事業の用に供された場合に該当しないことされており、次に掲げる場合のように、貸付事業に係る建物等が一時的に賃貸されていなかったと認められるときには、当該建物等に係る宅地等は、上記の「何らの利用がされていない場合」に該当しないこととされています（措通69の４－24の３）。

⑴　継続的に賃貸されていた建物等につき賃借人が退去をした場合において、その退去後速やかに新たな賃借人の募集が行われ、賃貸されていたとき（新たな賃借人が入居するまでの間、当該建物等を貸付事業の用以外の用に供していないときに限られます。）

⑵　継続的に賃貸されていた建物等につき建替えが行われた場合において、建物等の建替え後速やかに新たな賃借人の募集が行われ、賃貸されていたとき（当該建替え後の建物等を貸付事業の用以外の用に供していないときに限られます。）

⑶　継続的に賃貸されていた建物等が災害により損害を受け

たため、当該建物等に係る貸付事業を休業した場合において、当該貸付事業の再開のための当該建物等の修繕その他の準備が行われ、当該貸付事業が再開されていたとき（休業中に当該建物等を貸付事業の用以外の用に供していないときに限られます。）

ご質問の場合、上記(2)に該当することから、貸付事業用宅地等に該当します。

163 貸宅地を駐車場に転用した場合

無償返還の届出を提出して、同族会社に対して土地を賃貸していました。返還期限が到来したことから、土地の返還を受けると共に建物が老朽化していたことから建物の取り壊しをしました。この土地に自走式駐車場を建設して駐車場業をすることを計画しています。この場合も、継続的に貸付事業が行なわれていた場合に該当するのでしょうか。

（新たに貸付事業の用に供されたか）

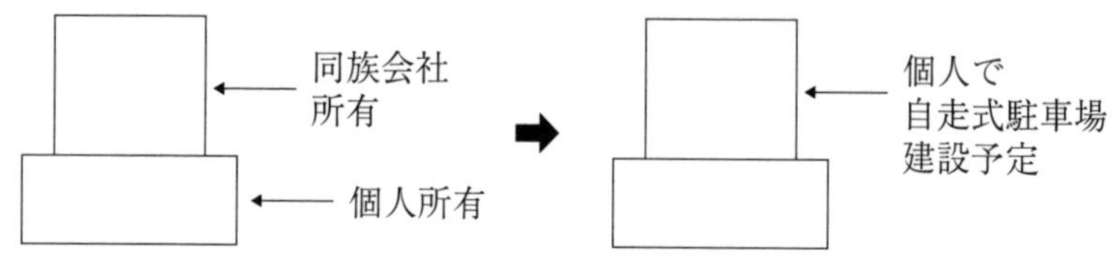

継続的に貸付事業が行なわれていた場合に該当します。

解説

本事例の土地は、同族会社に対して賃貸していたことから貸付事業の用に供されていた宅地等の範囲に該当します（措通69の４－４(1)）。そして、その後は駐車場業を計画していることからこの駐車場業は、その規模、設備の状況及び営業形態等を問わず全て租税特別措置法第69条の４第３項第１号の事業から除かれています（措通69の４－13）。

したがって、新たに行う予定の駐車場業は租税特別措置法69の４第３項第１号の事業には該当せず同法同項第４号の不動産貸付業（貸付事業）に該当します。

また、被相続人の貸付事業の用に供されていた貸付事業用宅地等から、相続開始前３年以内に新たに貸付事業の用に供された宅地等は除かれています（措法69の４③四）。

この新たに貸付事業の用に供された否かの判定は、貸付事業の用以外の用に供されていた宅地等が貸付事業の用に供された場合又は宅地等若しくはその上にある建物等について「何らの利用がされていない場合」の当該宅地等が貸付事業の用に供された場合をいいます（措通69の４－24の３）。

上記のとおり本事例の土地は貸付事業が継続されており、新たに貸付事業の用に供されたことにも該当しません。

164 アパートの一部が空室となっている場合

被相続人はアパート１棟（20室）を所有し、これを貸付けしていましたが、相続開始の１ヶ月前にこのアパートの１室が空室となり、相続開始の直前においては19室を貸し付けていました。この空室については、不動産業者に依頼して、新規の入居者を募集しているところであり、入居希望者があればすぐに貸付けできる状態です。

このアパートの敷地全部が、貸付事業用宅地等に該当しますか。

貸付事業用宅地等に該当します。

解説

貸付事業用宅地等とは、相続開始の直前において、被相続人等の事業の用に供されていた宅地等で、これらの宅地等のうち、被相続人等の事業の用以外の用に供されていた部分があるときは、被相続人等の事業の用に供されていた部分に限ります（措令40の２④）。

この事例では、それまで貸付けの用に供されていたアパートの１室について、たまたま入居者が立ち退き、相続開始の直前には空室となっていましたが、新規の入居者を募集しており、空室についていつでも貸付けできるように整備しているなどの状況から、被相続人等の事業は継続されているものと考えられます。このような状態であれば、空室部分に対応する敷地部分も含めて、アパートの敷地全部が貸付事業用宅地等に該当することとなります（措通69の４－24の２）。

したがって、アパートを譲渡するため又は貸付けを取りやめる目的などでその入居者を立ち退かせて空室となっている場合には、その空室となっている部分は被相続人等の事業が継続されていませんので、その空室に対応する敷地部分は貸付事業用宅地等に該当しません。

また、相続開始後相続税の申告期限までの間に賃借人が退去し空家になった場合、申告期限までに引き続き貸付事業の用に供しているかも問題となりますが、継続して賃借人の募集を行うなど貸付事業の一部を廃業しないで貸付事業を継続している場合には、本件特例の適用を受けることができます（措通69の4－16（注））。

裁判例・裁決例 No. 10（653ページ）・No. 29（660ページ）・No. 31（661ページ）・No. 32（662ページ）

（参考）

庁Q&A（上記以外の土地等）28

空室部分を相続税評価上、貸家建付地として評価できるか否かは、次のような事実関係から、一時的に空室となったに過ぎないと判断できるかどうかにより判定されるものと思われます。

① 各室が課税時期前に継続的に賃貸されてきたものであること。

② 賃借人の退去後速やかに新たな賃借人の募集が行われていること。

③ 空室の期間中、他の用途に供されていないこと。

④ 賃貸されていない期間が、課税時期の前後の例えば1ヶ月程度であるなど一時的な期間であること。

⑤ 課税時期後の賃貸が一時的なものでないこと。

被相続人の所有の土地・建物を生計一親族が取得した場合

被相続人甲は、賃貸マンションを所有していました。この賃貸マンションは甲と生計を一にしていた親族丙が取得し甲の貸付事業を継承することとなりました。この場合、この賃貸マンションの敷地は、貸付事業宅地等に該当しますか。

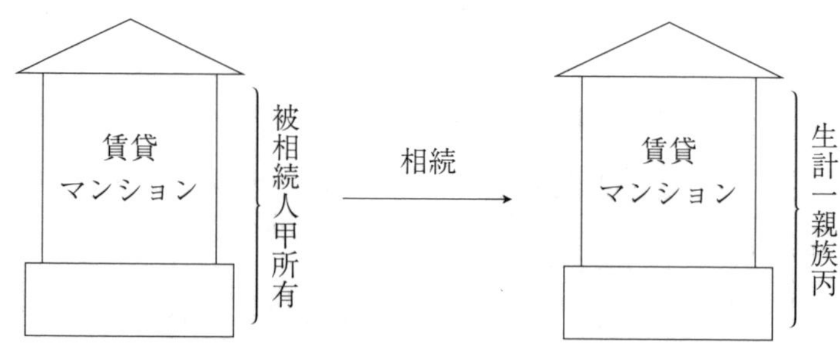

A

貸付事業用宅地等に該当します。

被相続人の貸付事業の用に供されていた宅地等を、相続又は遺贈により取得した親族が、相続開始時から申告期限までの間にこの宅地等に係る被相続人の貸付事業を引き継ぎ、申告期限まで引き続きこの宅地等を有し、かつ、当該貸付事業の用に供している場合に、貸付事業用宅地等に該当します（措法69の4③四イ）。

したがって、この事例の場合は、丙が甲の相続税の申告期限まで取得した物件を保有し、貸付事業を継続すれば貸付事業用宅地等に該当します。

〈被相続人の所有する建物等がある場合〉

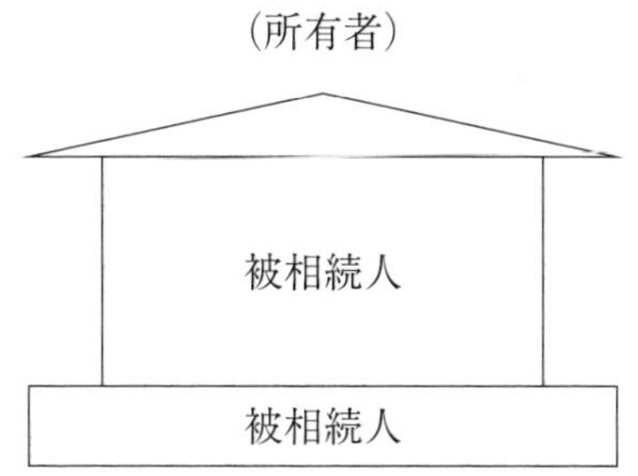

建物の貸借形態	特例内容	根　拠
有　償	貸付事業用	措通69の4－4(2)
無　償	非該当	—

＜貸付事業用宅地等の要件＞

区　分	特例の適用要件	
被相続人の貸付事業の用に供されていた宅地等	事業承継要件 事業継続要件	その宅地等に係る被相続人の貸付事業を相続税の申告期限までに承継し、かつ、その申告期限までその貸付事業を行っていること
	保有継続要件	その宅地等を相続税の申告期限まで有していること

166 被相続人の所有の土地・建物を生計別親族が取得した場合

被相続人甲は、賃貸マンションとその敷地を所有していました。この賃貸マンションとその敷地は甲と生計を別にしていた親族丙が取得し甲の貸付事業を継承することとなりました。この場合、この賃貸マンションの敷地は、貸付事業宅地等に該当しますか。

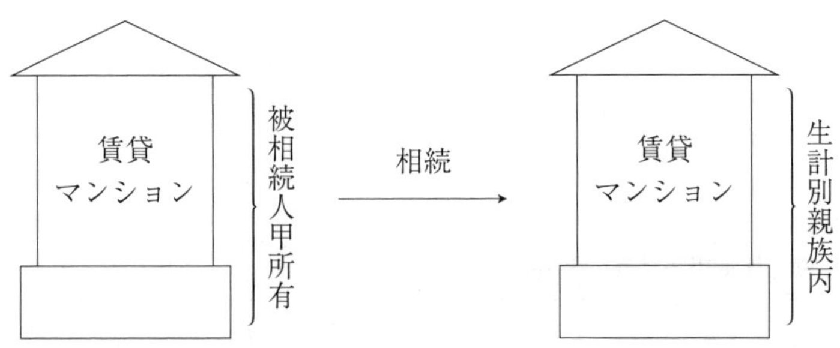

貸付事業用宅地等に該当します。

解説

被相続人の貸付事業の用に供されていた宅地等を、相続又は遺贈により取得した親族が、相続開始時から申告期限までの間にこの宅地等に係る被相続人の貸付事業を引き継ぎ、申告期限まで引き続きこの宅地等を有し、かつ、当該貸付事業の用に供している場合に、貸付事業用宅地等に該当します。

この場合において、相続又は遺贈により取得した親族は、被相続人と生計を別にする親族は除かれておりません（措法69の４③四イ）。

したがって、この事例の場合は、丙が甲の相続税の申告期限まで取得した物件を保有し、貸付事業を継続すれば貸付事業用宅地等に該当します。

167 生計一親族が貸付事業を行っている場合

被相続人甲と生計を一にする親族丙は、甲の敷地を使用貸借により借りて賃貸マンションを建築して貸付事業を行っていました。この賃貸マンションの敷地は甲の親族丙が取得することとなりました。この場合、このマンションの敷地は、貸付事業宅地等に該当しますか。

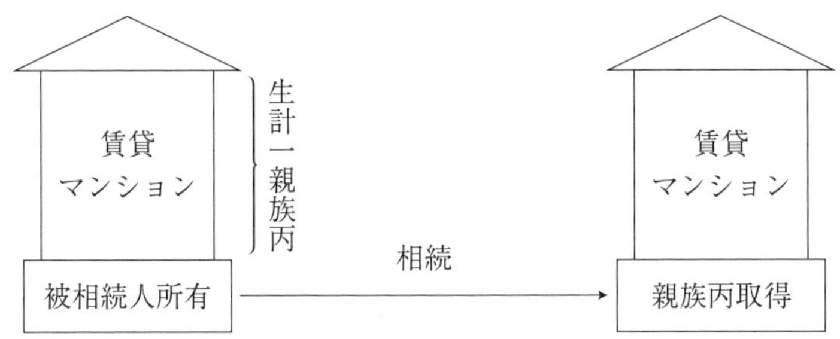

A

貸付事業用宅地等に該当します。

被相続人と生計を一にする親族の貸付事業の用に供されていた宅地等を、相続又は遺贈により取得した親族が、相続開始時から申告期限まで引き続きこの宅地等を有し、かつ、当該貸付事業の用に供している場合に、貸付事業用宅地等に該当します（措法69の４③四ロ）。

したがって、この事例の場合は、丙が甲の相続税の申告期限まで当該マンションの敷地部分を保有し、貸付事業を継続すれば貸付事業用宅地等に該当します。

〈被相続人と生計を一にする親族の所有する建物等がある場合〉

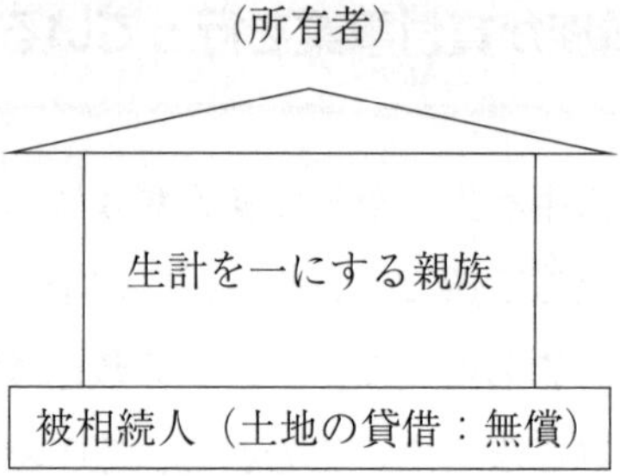

(所有者)

生計を一にする親族

被相続人（土地の貸借：無償）

建物の貸借形態	特例内容	根　拠
有　償	貸付事業用	措通69の４－４(2)
無　償	非該当	—

＜貸付事業用宅地等の要件＞

区　分	特例の適用要件	
被相続人と生計を一にしていた被相続人の親族の貸付事業の用に供されていた宅地等	事業継続要件	相続開始の直前から相続税の申告期限まで、その宅地等に係る貸付事業を行っていること
	保有継続要件	その宅地等を相続税の申告期限まで有していること

168 貸付事業を行っている親族以外が取得した場合

被相続人甲と生計を一にする親族丙は、甲の敷地を使用貸借により借りて賃貸マンションを建築して貸付事業を行っていました。この賃貸マンションの敷地は甲の親族乙が取得することとなりました。この場合、このマンションの敷地は、貸付事業宅地等に該当しますか。

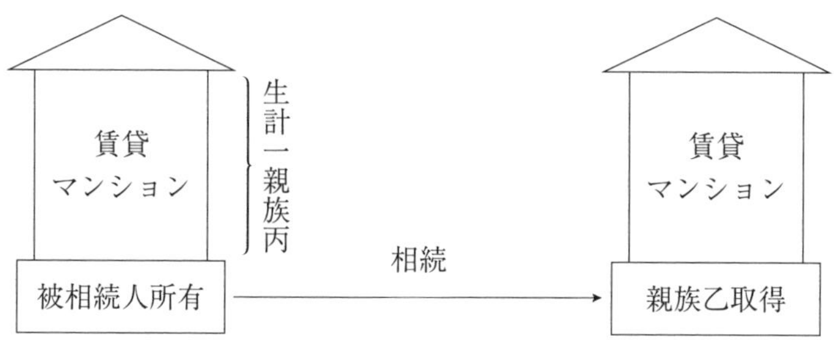

貸付事業用宅地等に該当しません。

解説

被相続人と生計を一にする親族の貸付事業の用に供されていた宅地等を、相続又は遺贈により取得した親族が、相続開始時から申告期限まで引き続きこの宅地等を有し、かつ、自己の貸付事業の用に供している場合に、貸付事業用宅地等に該当します（措法69の4③四ロ）。

したがって、この事例の場合は、甲の相続税の申告期限まで当該マンションの敷地部分を丙が自己の貸付事業の用に供していないことから貸付事業用宅地等に該当しません。

＜貸付事業用宅地等の要件＞

区　分	特例の適用要件	
被相続人と生計を一にしていた被相続人の親族の貸付事業の用に供されていた宅地等	事業継続要件	相続開始の直前から相続税の申告期限まで、その宅地等に係る貸付事業を行っていること
	保有継続要件	その宅地等を相続税の申告期限まで有していること

169 借地人が相続人である土地を他の相続人が取得した場合

被相続人甲と生計を別にする相続人丙は、甲の敷地を賃貸借により借りて賃貸マンションを建築して貸付事業を行っていました。この賃貸マンションの敷地は甲の相続人乙が取得して丙に対して賃貸しています。この場合、このマンションの敷地は、貸付事業宅地等に該当しますか。

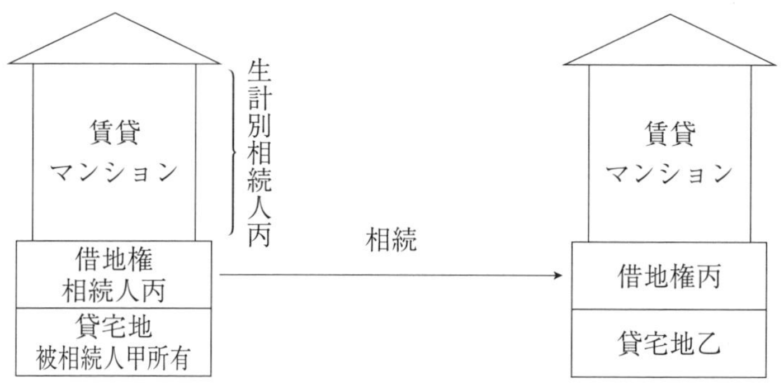

貸付事業用宅地等に該当します。

解説

被相続人の貸付事業の用に供されていた宅地等を、相続又は遺贈により取得した親族が、相続開始時から申告期限まで引き続きこの宅地等を有し、かつ、当該貸付事業の用に供している場合に、貸付事業用宅地等に該当します(措法69の4③四ロ)。

しかし、この事例の場合は次問と異なり、乙は甲の貸付事業（貸宅地として貸付け）を継続していることから貸付事業用宅地等に該当します。

170 借地人が親族である土地を他の相続人が取得した場合

被相続人甲と生計を別にする親族丙は、甲の敷地を賃貸借により借りて賃貸マンションを建築して貸付事業を行っていました。この賃貸マンションの敷地は甲の親族丙が取得することとなりました。この場合、このマンションの敷地は、貸付事業宅地等に該当しますか。

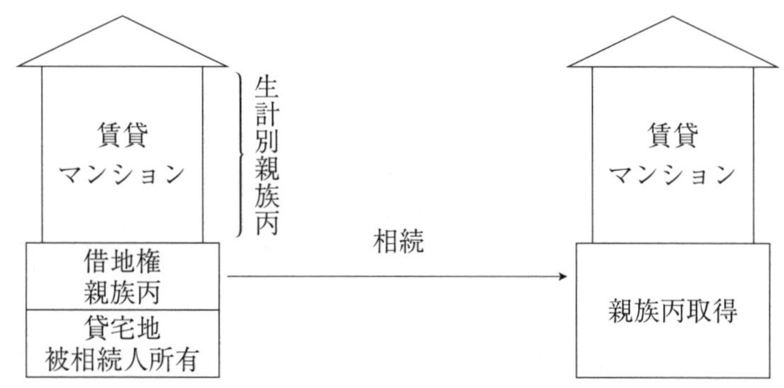

貸付事業用宅地等に該当しません。

解説

被相続人の貸付事業の用に供されていた宅地等を、相続又は遺贈により取得した親族が、相続開始時から申告期限まで引き続きこの宅地等を有し、かつ、当該貸付事業の用に供している場合に、貸付事業用宅地等に該当します（措法69の4③四ロ）。

しかし、この事例の場合は、丙は甲の貸付事業（貸宅地として貸付け）を継続していないことから貸付事業用宅地等に該当しません。

被相続人が親族に貸付けを行っている場合

生計別の親族丙は、被相続人甲の建物を賃貸借により借りてコンビニエンスストアの経営を行っていました。この建物と敷地は甲の親族丙が取得することとなりました。この場合、この敷地は、貸付事業宅地等に該当しますか。

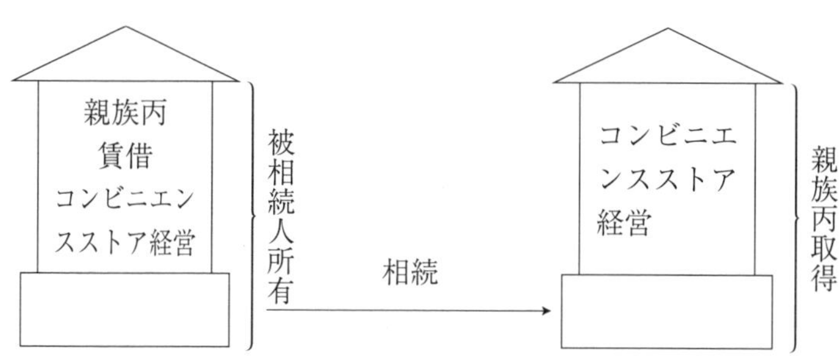

貸付事業用宅地等に該当しません。

解説

被相続人の貸付事業の用に供されていた宅地等を、相続又は遺贈により取得した親族が、相続開始時から申告期限まで引き続きこの宅地等を有し、かつ、当該貸付事業の用に供している場合に、貸付事業用宅地等に該当します（措法69の4③四ロ）。

しかし、この事例の場合は、丙が甲の貸付事業を継続していないことから貸付事業用宅地等に該当しません。

172 賃貸建物とその敷地の取得者が異なる場合

被相続人甲は、賃貸マンションとその敷地を所有していました。この賃貸マンション（建物部分）は甲の長男丙が、その敷地は甲の配偶者乙が取得することとなりました。この場合、この賃貸マンションの敷地は、貸付事業宅地等に該当しますか。

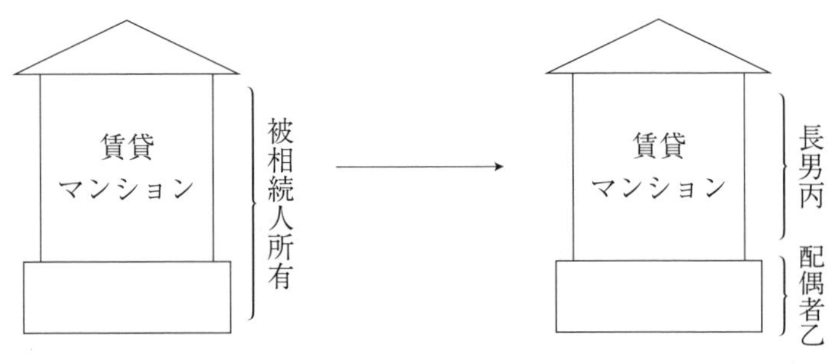

貸付事業用宅地等に該当しません。

解説

被相続人の貸付事業の用に供されていた宅地等を、相続又は遺贈により取得した親族が、相続開始時から申告期限までの間にこの宅地等に係る被相続人の貸付事業を引き継ぎ、申告期限まで引き続きこの宅地等を有し、かつ、当該貸付事業の用に供している場合に、貸付事業用宅地等に該当します（措法69の４③四イ）。

しかし、この事例の場合は、甲の貸付事業を継承したのは丙であり、敷地を取得した乙は甲の貸付事業を継承しておりません。したがって、貸付事業用宅地等に該当しません。

―応用編―

(1) 建替えがあった場合

173 貸家の建替中に相続が開始した場合

被相続人甲は、自らが所有する土地・建物を店舗として貸していましたが、相続開始前に、建物の建替工事に着手しており、相続が開始した時には旧建物は取り壊されていました。甲と生計を一にしていた相続人丙は、この土地と完成した建物を相続し、甲の貸付事業を承継しました。

この場合、貸付事業用宅地等に該当するのでしょうか。

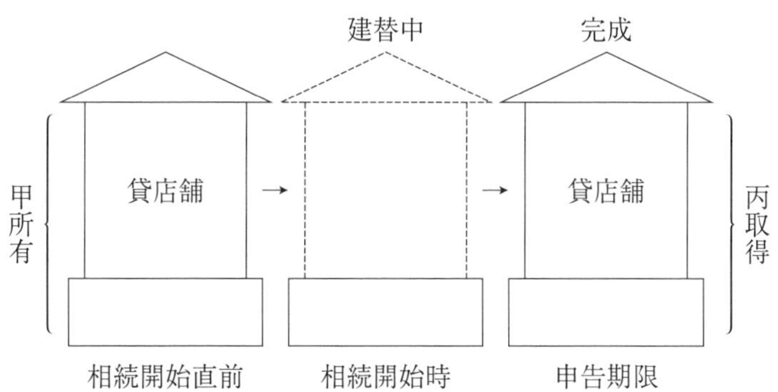

貸付事業用宅地等に該当します。

本特例は、相続の開始の直前において、被相続人又は被相続人と生計を一にしていた被相続人の親族の事業の用に供されていた宅地等に適用があります（措法69の４①）。被相続人等の事業の用に供されている建物等の建替えのため建物等

を取り壊し、この建物等に代わるべき建物等の建築中に、被相続人について相続が開始した宅地等の場合は、事業の用に供されていない宅地等と考えることもでき、本特例の適用がないと考えられます。

しかしながら、相続開始の直前において、従前から営んでいた事業が一時的に中断されたにすぎず、その前後をとおしてみれば、被相続人等によって営まれてきた事業が継続していると判断できる場合には、本特例が事業の継続性に配慮して設けられている趣旨から次のように取り扱われています。

被相続人等の事業の用に供されている建物等の建替えのため建物等を取り壊し、この建物等に代わるべき建物等（被相続人又は被相続人の親族の所有に係るものに限ります。）の建築中に、被相続人について相続が開始した場合で、相続開始直前において被相続人等の建物等に係る事業の準備行為の状況からみて建物等を速やかにその事業の用に供することが確実であったと認められるときは、建物等の敷地の用に供されていた宅地等は、被相続人等の事業の用に供されていた宅地等である事業用宅地等に該当するものとして取り扱われます（措通69の４－５）。

また、被相続人と生計を一にしていたその被相続人の親族又は建物等若しくは建物等の敷地の用に供されていた宅地等を相続若しくは遺贈により取得した被相続人の親族が、建物等を相続税の申告期限までに事業の用に供しているときは、相続開始直前において被相続人等が建物等を速やかにその事業の用に供することが確実であったものとして取り扱われます（措通69の４－５）。

さらに、申告期限において建物等を事業の用に供していない場合であっても、それが建物等の規模等からみて建築に相当の期間を要することによるものであるときは、建物等の完成後速やかに事業の用に供することが確実であると認められるときも同様です。

この事例の場合は、被相続人甲と生計を一にしていた相続人丙が、建物を相続税の申告期限までに貸付事業の用に供しており、相続開始直前において被相続人甲が当該建物を速やかにその事業の用に供することが確実であったものとして差し支えないことから、当該建物の敷地の用に供されていた宅地は、事業用宅地等に該当するものとして取り扱われます。

また、当該建物の敷地を被相続人甲の事業を承継し継続した相続人丙が取得し、申告期限まで保有していることから貸付事業用宅地等に該当します。

裁判例・裁決例 No. 2（649ページ）・No. 12（654ページ）・No. 23（658ページ）・No. 35（663ページ）

相続開始後に貸家を建て替えた場合

被相続人甲は、貸家を所有していました。この貸家とその敷地を相続した相続人乙は、相続開始後に貸家の建替えに着手し、相続税の申告期限までに完成をして賃貸ができる見込みです。

この場合、貸付事業用宅地等に該当しますか。

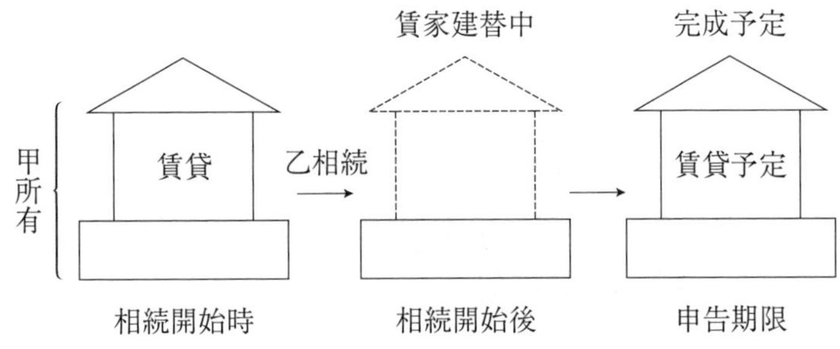

A

貸付事業用宅地等に該当します。

貸付事業用宅地等に該当するためには、宅地等を取得した被相続人の親族が相続税の申告期限までの間に当該宅地の上で営まれていた貸付事業を引き継ぎ、申告期限まで引き続き当該宅地等を有し、かつ、当該貸付事業の用に供していることが要件とされています（措法69の４③四イ）。

事業用宅地等を取得した親族が、相続税の申告期限までの間に被相続人の事業の用に供されていた建物等の建替工事に着手し、これらの申告期限においてまだ工事中であるときには、「申告期限まで貸付事業の用に供している」ことには当たらないこととなります。しかし、建物等の建替えなどの事業用施設の更新は事業の継続に必要不可欠なものであり、また、建物等の建替中に相続税の申告期限が到来した場合に、その一時点のみで表面的な判定をすることは実情に即したものとはいえません。

そこで、被相続人の事業用建物等が相続税の申告期限までに建替工事に着手された場合において、その宅地等のうち、宅地等を取得した被相続人の親族によって事業の用に供されると認められる部分については、相続税の申告期限においてもその親族の事業の用に供されているものとして取り扱うこととされています（措通69の4－19及び(注))。

したがって、この場合、乙が建替後の建物の全部を貸付事業の用に供すると認められる場合には、貸付事業用宅地等の要件に該当することとなります。

175 新規事業の建物の建築中に相続が開始した場合

被相続人は、所有する空地に立体駐車場を建築していましたが、その建物が完成する前に死亡しました。被相続人の配偶者は、申告期限までにこの建物を相続により取得し、駐車場業を営んでいます。この場合、この建物の敷地は、貸付事業用宅地等に該当するのでしょうか。

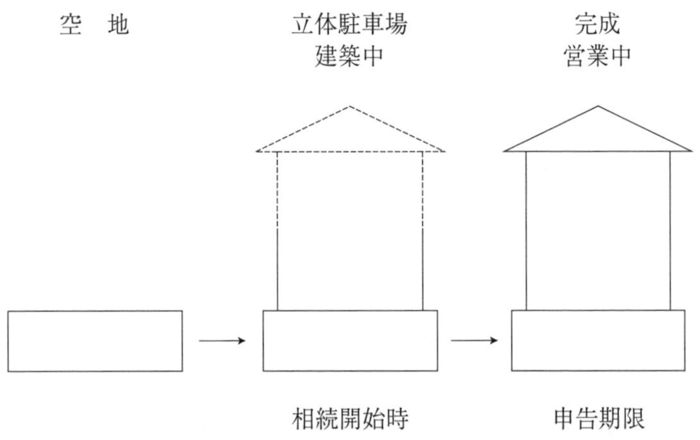

A

貸付事業用宅地等に該当しません。

被相続人等の事業の用に供されると認められる建物の建替中に相続が開始した場合において、相続税の申告期限までに被相続人と生計を一にしていた親族がその建替中の建物を事業の用に供しているなど一定の場合に、その建替中の建物の敷地は、事業の用に供されていた宅地等に該当するものとし

て取り扱われます（措通69の４－５）。

この取扱いは、被相続人等の事業の用に供されていた建物の移転又は建替えのために取り壊され、又は譲渡された場合において、従前の建物に代わるべき建物を建設中等である場合のものですから、このように、新たに事業を開始するための建物を建設中である場合には適用されません。したがって、この建設中である建物の敷地は、被相続人等の事業の用に供されていたものではありませんから、貸付事業用宅地等に該当しません。

裁判例・裁決例 No. 13（654ページ）・No. 15（655ページ）

176 建築中の建物の賃貸割合が建替前の賃貸割合と異なる場合

被相続人甲は貸家を所有していましたが、この建物を取り壊し、この土地に賃貸マンションを建築し、その一部屋に甲とは生計が別の長女丙家族が居住する計画です。丙家族から家賃を取る予定はありません。このマンションの完成を前に相続が発生しました。この場合に、貸付事業用宅地等に該当する部分はどれだけですか。

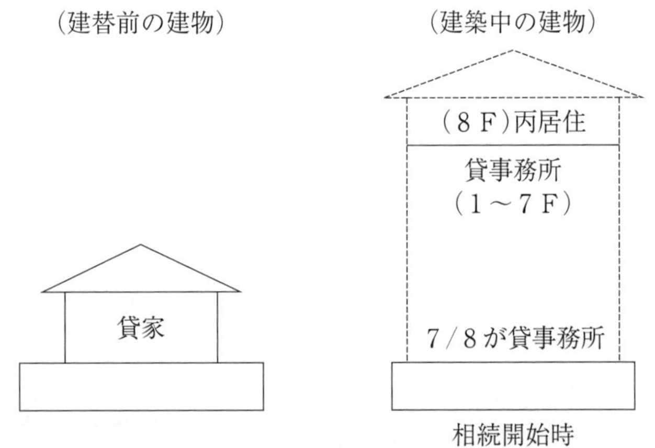

A

建築中の建物の敷地である宅地等の７／８に相当する部分が該当します。

解説

被相続人等の事業の用に供されると認められる建物の建替中に相続が開始した場合において、その相続税の申告期限までに被相続人と生計を一にしていた親族がその建替中の建物を事業の用に供しているなど一定の場合に、その建替中の建物の敷地は事業用宅地等に該当するものとして取り扱われます（措通69の４－５）。

この場合に、その建替中の建物に被相続人等の事業の用に供されると認めれる部分以外の部分があるときは、その建物等の敷地のうち被相続人等の事業の用に供されると認められる建物の部分に対応する敷地の部分のみが事業用宅地等に該当します（措通69の４－５(注)）。

この事例の場合は、その建替中の建物の７/８の部分が被相続人等の貸付事業の用に供されると認められますので、これに対応する建物の敷地の７/８が貸付事業用宅地等に該当します。

⑵　その他

177 申告期限までに分割ができなかった場合

被相続人甲は、貸家とその敷地を所有していました。しかし、相続人乙・丙間で相続税の申告期限までに遺産の分割協議が整いません。相続税の申告期限から３年以内には、遺産の分割協議は整います。相続人乙・丙のいずれかが単独で取得した場合に、相続開始後も継続して貸し付けていれば、貸付事業用宅地等に該当しますか。

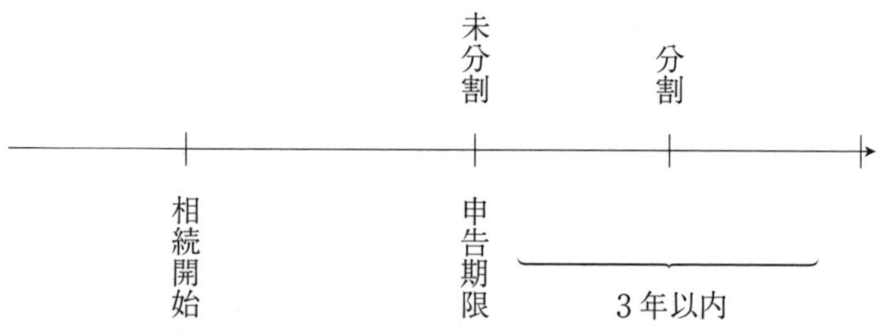

貸付事業用宅地等に該当します。

解説

相続税の申告期限において分割されていない宅地については、本特例の適用を受けることはできません。しかし、その分割されていない宅地等が、相続税の申告期限から３年以内に分割された場合など一定の場合には本特例の適用を受けることができます（措法69の４④）。

一方、その分割された宅地等が貸付事業用宅地等に該当するかどうかは、貸付事業用宅地等の要件を満たすものであるかどうかにより判定します。被相続人の事業の用に供されていた宅地等が貸付事業用宅地に該当するためには、宅地等を取得した親族が、相続開始時から相続税の申告期限までの間に被相続人の事業を引き継ぎ、申告期限まで引き続き宅地等を保有し、かつ、申告期限まで引き続きその事業を営んでいることが要件となっています(措法69の4③四)。

この事例の場合、土地、建物は未分割ですが、相続開始後も貸付けが継続して行われていればその事業は相続開始時から相続税の申告期限までの間に相続人に引き継がれていますので、貸付事業用宅地等の要件を満たしています。

178 事業を承継した親族が申告期限までに死亡した場合

被相続人は、所有する土地・建物で不動産貸付業を行っていました。その宅地等を取得した親族が相続税の申告期限までに死亡した場合、第一次相続において貸付事業用宅地等に該当しますか。

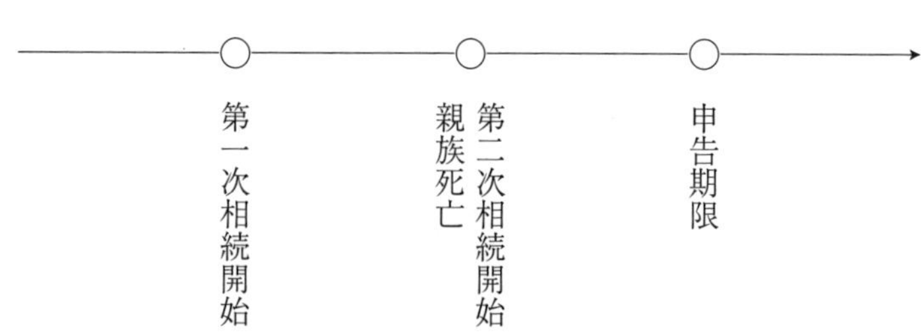

A

死亡した親族の相続人が相続税法第27条第２項の規定により延長された申告期限までに、事業を承継し、その申告期限までその宅地等を保有し、事業継続しているときは、貸付事業用宅地等に該当します。

解説

被相続人の事業の用に供されていた宅地等で、その宅地等を取得した親族のうちに相続税の申告期限までにその宅地上で営まれていた被相続人の不動産貸付事業を引き継ぐとともに、引き続き相続税の申告期限まで宅地等を所有し、かつ、貸付事業の用に供している者がある場合には、その宅地等は、貸付事業用宅地等に該当します（措法69の４③四イ）。

この場合、その宅地等を取得した親族が相続税の申告期限までに死亡（二次相続が開始）したときは、不動産貸付事業を承継してからの日が浅く、その親族の不動産貸付事業の実績が少ないことから、その死亡した親族の相続人が第二次相続に係る相続税の申告期限（相続税法第27条第２項の規定により延長された申告期限）まで第一次相続に係る被相続人の不動産貸付事業を承継して営むことが必要とされています（措法69の４③一本文かっこ書、措通69の４－15）。

（注） 被相続人の不動産貸付事業を引き継ぐとは、死亡した親族の相続人が被相続人の不動産貸付事業を直接引き継ぐ場合も含まれます（措通69の４－15(注)）。

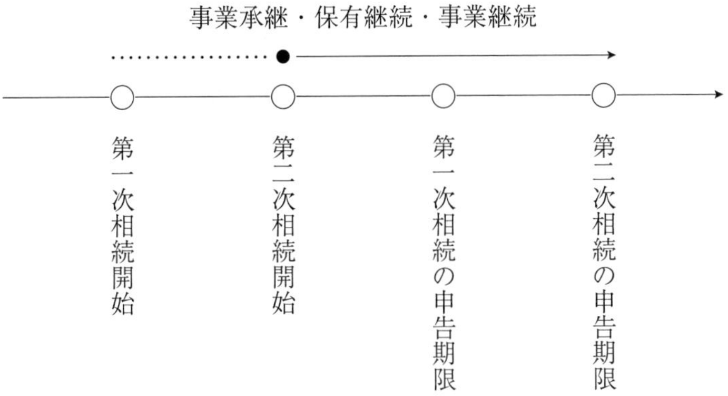

179 生前から事業を行っていた親族が申告期限までに死亡した場合

被相続人甲と生計を一にしていた長男丙は、被相続人が所有する土地で不動産貸付業を行っていました。その宅地等を取得した長男丙が相続税の申告期限までに死亡した場合、第一次相続において貸付事業用宅地等に該当しますか。

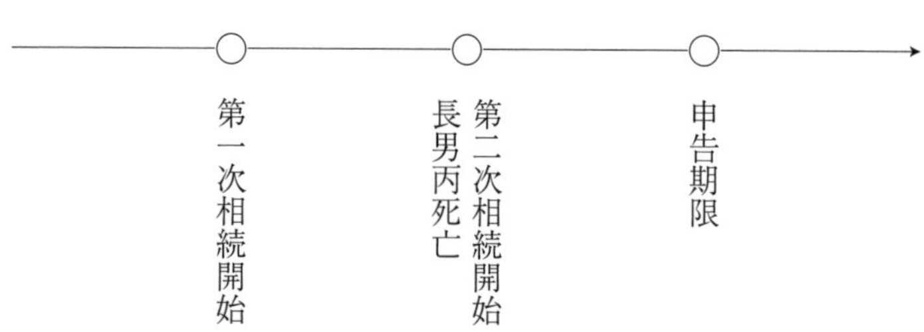

長男丙が死亡の日までその宅地等を有し、自己の貸付事業の用に供しているときは、その宅地等は、貸付事業用宅地等に該当します。

解説

被相続人と生計を一にしていた親族の不動産貸付事業の用に供されていた宅地等で、その宅地等を取得した親族のうちに引き続き相続税の申告期限まで宅地等を所有し、かつ、当該宅地で自己の貸付事業を営んでいる者がある場合には、その宅地等は、貸付事業用宅地等に該当します（措法69の４③四ロ）。

相続開始前から既に生計を一にする親族の貸付事業の用に供されていた宅地等をその親族が取得した場合には、既に親族の事業の実績があるため、宅地等を相続した親族が相続税の申告期限までに死亡した場合には、その死亡の日（第二次相続が開始した日）まで引き続き事業の用に供していればよいこととされています（措法69の４③一ロかっこ書）。

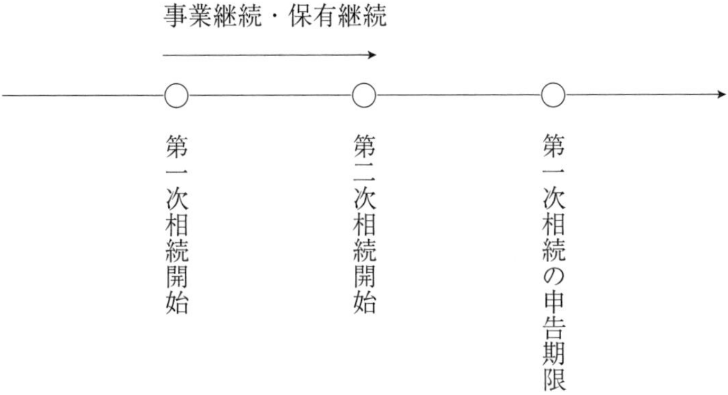

事業継続・保有継続

第一次相続開始

第二次相続開始

第一次相続の申告期限

180 被相続人が行っていた貸付事業用宅地等の分割前に相続人が死亡している場合

被相続人甲が土地・建物（賃貸マンション）を所有していました。甲の相続人は、配偶者乙、長男丙、次男丁ですが、甲の遺産につき分割協議が整わないうちに乙が死亡しました。第一次相続の申告期限までに、この土地・建物を乙が取得する分割協議が、甲・乙の相続人間丙、丁で整いました。この場合、第一次相続において、貸付事業用宅地等に該当しますか。

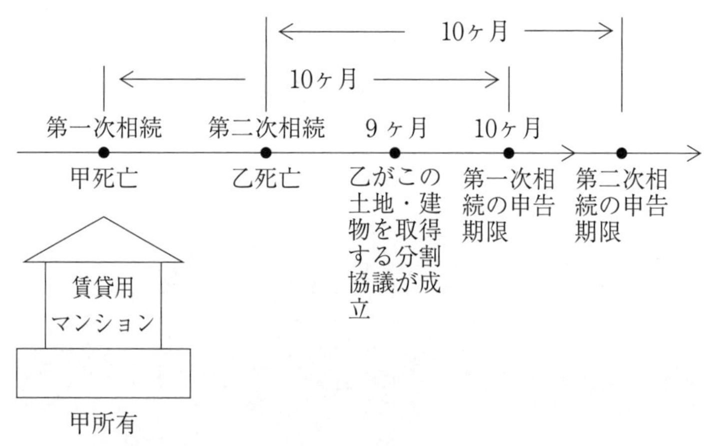

乙に係る相続税の申告期限まで土地と建物を保有し、貸付事業を承継・継続すれば第一次相続において、貸付事業用宅地等に該当します。

解説

共同相続人等が特例対象宅地等の分割前に死亡している場合については、以下のような取扱いがあります（措通69の4－25）。

相続又は遺贈により取得した特例対象宅地等の全部又は一部が共同相続人又は包括受遺者（以下「共同相続人等」といいます。）によって分割される前に、当該相続（以下「第一次相続」といいます。）に係る共同相続人等のうちいずれかが死亡した場合において、第一次相続により取得した特例対象宅地等の全部又は一部が、当該死亡した者の共同相続人等及び第一次相続に係る当該死亡した者以外の共同相続人等によって分割され、その分割により当該死亡した者の取得した特例対象宅地等として確定させたものがあるときは、租税特別措置法第69条の4第1項の規定の適用に当たっては、その特例対象宅地等は分割により当該死亡した者が取得したものとして取り扱うことができます。

(注)　第一次相続に係る共同相続人等のうちいずれかが死亡した後、第一次相続により取得した財産の全部又は一部が家庭裁判所における調停又は審判（以下「審判等」といいます。）に基づいて分割されている場合において、当該審判等の中で、当該死亡した者の具体的相続分（民法第900条《法定相続分》から第904条の2《寄与分》までに規定する相続分をいいます。）のみが金額又は割合によって示されているにすぎないときであっても、当該死亡した者の共同相続人等の全員の合意により、当該死亡した者の具体的相続分に対応する財産として特定させたもののうちに特例対象宅地等があるときは上記の取扱いができます。

また、被相続人の事業用宅地等を相続又は遺贈により取得した被相続人の親族が当該相続に係る相続税の申告期限までに死亡した場合には、当該親族から相続又は遺贈により当該宅地等を取得した当該親族の相続人が、租税特別措置法第69条の４第３項第４号イの要件を満たせば、当該宅地等は同項第４号に規定する貸付事業用宅地等に当たります（措通69の４－15）。

（注）　当該相続人について租税特別措置法第69条の４第３項第１号イ又は第４号イの要件に該当するかどうかを判定する場合において、同項第４号の申告期限は、相続税法第27条第２項《相続税の申告書》の規定による申告期限をいい、また、被相続人の事業を引き継ぐとは、当該相続人が被相続人の事業を直接引き継ぐ場合も含まれます。

したがって、この事例の場合には、第一次相続の申告期限までに配偶者が取得する遺産分割協議が整い、乙の相続人が土地と建物を取得し、第二次相続の申告期限までに事業承継をして、同期限まで事業継続・保有継続の各要件を満たせば、第一次相続において、貸付事業用宅地等に該当します。

181 生計一親族が行っていた貸付事業用宅地等の分割前に相続人が死亡している場合

被相続人甲が土地を所有し、配偶者の乙が使用貸借により借り受け、その敷地上にアパートを建て貸付事業を行っていました。甲の遺産につき分割協議が整わないうちに乙が死亡しました。第一次相続の申告期限までに、この土地・建物を乙が取得する分割協議が、甲・乙の相続人間で整いました。この場合、第一次相続において、貸付事業用宅地等に該当しますか。

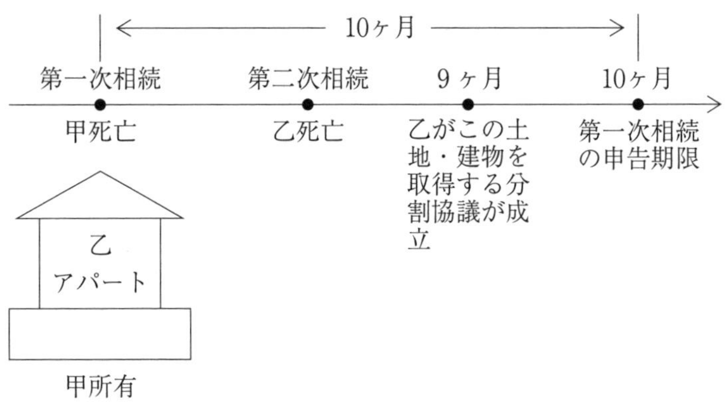

貸付事業用宅地等に該当します。

解説

共同相続人等が特例対象宅地等の分割前に死亡している場合については、以下のような取扱いがあります(措通69の4−25)。

相続又は遺贈により取得した特例対象宅地等の全部又は一部が共同相続人又は包括受遺者(以下「共同相続人等」といいます。)によって分割される前に、当該相続(以下「第一次相続」といいます。）に係る共同相続人等のうちいずれかが死亡した場合において、第一次相続により取得した特例対象宅地等の全部又は一部が、当該死亡した者の共同相続人等及び第一次相続に係る当該死亡した者以外の共同相続人等によって分割され、その分割により当該死亡した者の取得した特例対象宅地等として確定させたものがあるときは、租税特別措置法第69条の４第１項の規定の適用に当たっては、その特例対象宅地等は分割により当該死亡した者が取得したものとして取り扱うことができます。

（注）　第一次相続に係る共同相続人等のうちいずれかが死亡した後、第一次相続により取得した財産の全部又は一部が家庭裁判所における調停又は審判（以下「審判等」といいます。）に基づいて分割されている場合において、当該審判等の中で、当該死亡した者の具体的相続分（民法第900条《法定相続分》から第904条の２《寄与分》まで（第902条の２《相続分の指定がある場合の債権者の権利行使》を除きます。）に規定する相続分をいいます。）のみが金額又は割合によって示されているにすぎないときであっても、当該死亡した者の共同相続人等の全員の合意により、当該死亡した者の具体的相続分に対応する財産として特定させたもののうちに特例対象宅地等があるときは上記の取扱いができます。

また、租税特別措置法第69条の４第３項第４号ロの場合は、保有継続要件、事業継続要件は、第２次相続開始の日まで満たしていれば、貸付事業用宅地等に該当します（措法69の４③一ロかっこ書）。

したがって、この事例の場合には、第一次相続の申告期限までに敷地を配偶者が取得する遺産分割協議が整えば、第二次相続開始の日まで保有継続要件・事業継続要件を満たす乙が相続により取得したことになることから、貸付事業用宅地等に該当します。

182 一時的な空室がある場合の配偶者居住権の敷地利用権の面積

被相続人甲は、５階建のビルとその敷地を所有していました。最上階の５階は被相続人と配偶者が居住の用に供し、１階から４階部分は貸し付けていましたが相続の開始１ケ月前に２階部分が空室となりました。この空室については、不動産業者に依頼して、新規の入居者を募集しているところであり、入居希望者があればすぐに貸付けできる状態です。

この場合、空室部分に対応する敷地面積も敷地利用権の面積と敷地所有権の面積をそれぞれ求める必要があるのでしょうか。

２階の空室部分を賃貸されている部分に含めて評価したときは、２階部分に対応する敷地の面積を敷地利用権の面積と敷地所有権の面積に分けて算出する必要はありません。

解説

貸家及び貸家建付地の評価をする場合に、一時的な空室部分を評価通達26(2)（注）２により賃貸されている各独立部分に含んで貸家建付地評価を行ったときは、各独立部分（２階の空室を含め１階～４階）を配偶者居住権等の評価をする場合の「賃貸の用に供されている部分」に含める必要があります（相基通23の２－１）。

したがって、敷地利用権の評価において、「賃貸の用に供されている部分」に「一時的な空室」と認められる部分を含める結果として「賃貸の用に供されている部分以外の部分」に含めないこととなりますので、２階部分に対応する敷地には敷地利用権の評価額が算出されないこととなり、２階部分に対応する敷地の面積を敷地利用権の面積と敷地所有権の面積に分けて算出する必要はありません（第１章■Ⅲ■Ａ－２　88ページ参照）。

【特定事業用宅地等】

—基本編—

 特定事業に該当しない事業の場合

被相続人は、相続開始前３年以上前から事業を行っています。この事業は、特定事業には該当しません。この特定事業とされる規模に至らない事業の用に供されている敷地も、特定事業用宅地等に該当しますか。

特定事業用宅地等に該当します。

解説

被相続人等の事業の用に供されていた宅地等で、①当該親族が、相続開始時から申告期限までの間に当該宅地等に係る被相続人の事業を引き継ぎ、申告期限まで引き続き当該宅地等を有し、かつ、当該事業の用に供している場合、②当該被相続人の親族が当該被相続人と生計を一にしていた者であって、相続開始時から申告期限まで引き続き当該宅地等を有し、かつ、相続開始前から申告期限まで引き続き当該宅地等を自己の事業の用に供している場合に本特例の適用があります。

ところで、相続開始前３年以内に新たに事業の用に供された宅地等は、この事業用宅地等の範囲から除外されていますが、質問の場合の敷地は、相続開始前３年以上前から事業を行っていたものであり、相続開始前３年以内に新たに事業の用に供された宅地等ではないことから特定事業用宅地等に該当します（措法69の４③一、措通69の４－20の４）。

184 相続開始前３年以内に特定事業の用に供された宅地等

被相続人は、Ａ宅地（200㎡）でお菓子の製造販売を３年を超えて継続して事業を行っていました。未利用であったＢ宅地（200㎡）に相続の開始２年前に別途販売所を建て継続して営業を行っていました。この販売所の相続の開始の時の価額は、販売所の敷地であるＢ宅地の相続の開始の時における価額の15%以上であり措置法令第40条の２第８項で定める規模以上の事業（特定事業）に該当します。Ｂ宅地は、この販売所を建てて営業を開始してから３年を経過していません。このＢ宅地は、特定事業用宅地等に該当しますか。

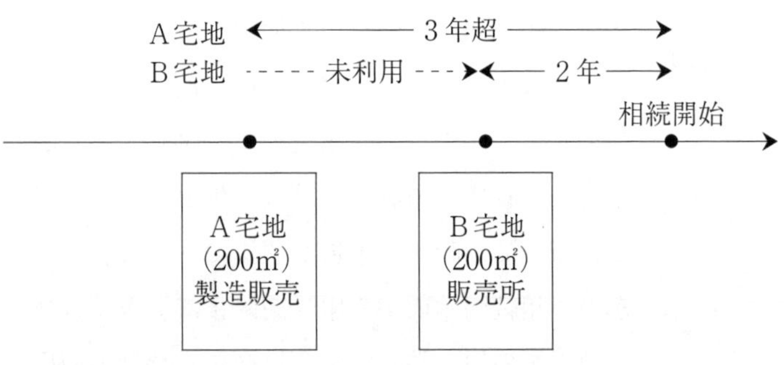

Ａ

特定事業用宅地等に該当します。

被相続人等の事業の用に供されていた宅地等で、①当該親族が、相続開始時から申告期限までの間に当該宅地等に係る被相続人の事業を引き継ぎ、申告期限まで引き続き当該宅地等を有し、かつ、当該事業の用に供している場合、②当該被

相続人の親族が当該被相続人と生計を一にしていた者であって、相続開始時から申告期限まで引き続き当該宅地等を有し、かつ、相続開始前から申告期限まで引き続き当該宅地等を自己の事業の用に供している場合に本特例の適用があります。

相続開始前３年以内に事業の用に供された宅地等は、原則、この特定事業用宅地等の範囲から除外されています。しかし、措置法令第40条の２第８項で定める規模以上の事業（「特定事業」）の用に供された宅地は、この特定事業用宅地等の範囲から除外されないこととされています。この特定事業とは、下記の算式を満たす事業をいうことからＢ宅地は特定事業の用に供されたものに該当し、特定事業用宅地等に該当することとなります（措法69の４③一、措令40の２⑧、措通69の４－20の３）。

（算式）

$$\frac{\text{事業の用に供されていた減価償却資産のうち被相続人等が有していたものの相続の開始の時における価額の合計}}{\text{新たに事業の用に供された宅地等（「特定宅地等」といいます）の相続の開始の時における価額}} \geqq \frac{15}{100}$$

相続開始前３年以内に事業の用に供した宅地が特定事業に該当するか否かの判定

被相続人は、Ａ宅地（200㎡）でお菓子の製造販売を３年を超えて継続して事業を行っています。別途販売所として建物とその敷地Ｂ宅地（200㎡）を相続の開始２年前に購入し継続して営業を行っていました。この販売所（建物）の相続の開始の時の価額は、販売所の敷地であるＢ宅地の相続の開始の時における価額の15%未満で特定事業に該当しません。Ｂ宅地は、このＡ宅地における事業に関連する販売所であることから、このＢ宅地も、特定事業用宅地等に該当しますか。

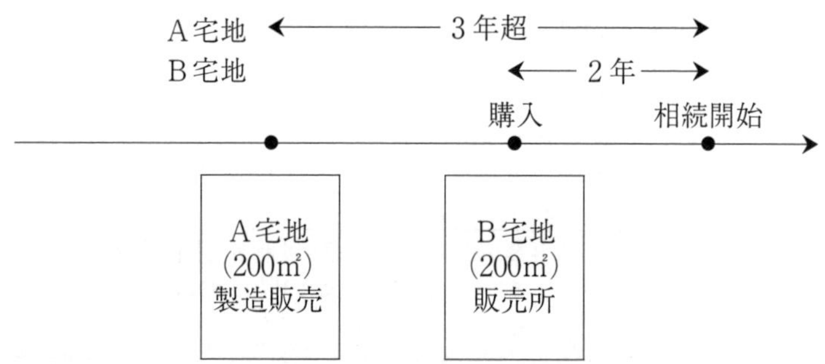

A

Ａ宅地は特定事業用宅地等に該当しますが、Ｂ宅地は特定事業用宅地等に該当しません。

解説

被相続人等の事業の用に供されていた宅地等で、①当該親族が、相続開始時から申告期限までの間に当該宅地等に係る被相続人の事業を引き継ぎ、申告期限まで引き続き当該宅地等を有し、かつ、当該事業の用に供している場合、②当該被相続人の親族が当該被相続人と生計を一にしていた者であって、相続開始時から申告期限まで引き続き当該宅地等を有し、かつ、相続開始前から申告期限まで引き続き当該宅地等を自己の事業の用に供している場合に本特例の適用があります。

相続開始前３年以内に事業の用に供された宅地等は、原則、この特定事業用宅地等の範囲から除外されています。しかし、措置法令第40条の２第８項で定める規模以上の事業（「特定事業」）の用に供された宅地は、この特定事業用宅地等の範囲から除外されないこととされています。この特定事業に該当するか否かについては、新たに事業の用に供された宅地等（「特定宅地等」）ごとに行います。Ａ宅地は、相続開始前３年以内に新たに事業の用に供されたものではないことから、この特定宅地等に該当しません。一方、Ｂ宅地は特定宅地等に該当することから、下記の算式を満たす事業か否かを判断する必要があります。Ｂ宅地は下記算式により計算した割合が15％未満であることから特定事業の用に供されたものに該当しません。したがって、特定事業用宅地等に該当しないこととなります（措法69の４③一、措令40の２⑧、措通69の４−20の３）。

（算式）

$$\frac{\text{事業の用に供されていた減価償却資産のうち被相続人等が有していたものの相続の開始の時における価額の合計}}{\text{新たに事業の用に供された宅地等（「特定宅地等」といいます）の相続の開始の時における価額}} \geqq \frac{15}{100}$$

186 生計別親族所有の建物（使用貸借）を被相続人が事業の用に供していた場合（土地使用貸借）

被相続人甲は、生計を別にする長男丙の所有する建物を借りて理髪店を営んでいました。この建物の敷地は、甲の所有で丙に無償で貸し付けており、建物は無償で甲が丙から借りています。この場合、他の要件を満たせば特定事業用宅地等に該当するのでしょうか。

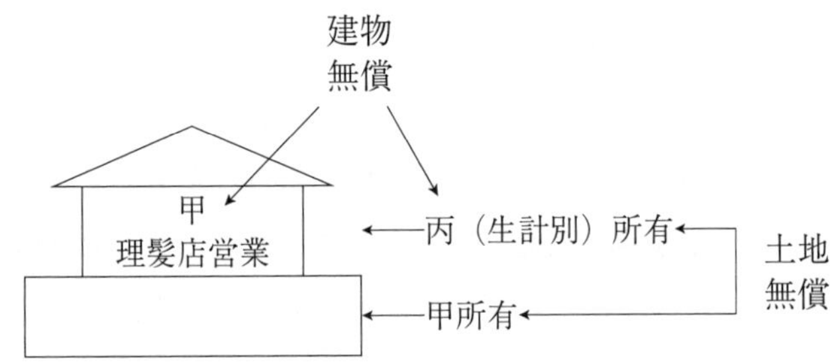

特定事業用宅地等に該当します。

解説

土地の貸付けが無償であり、被相続人が、被相続人と生計を別にする親族の所有する建物を借りて自己の事業の用に供していた場合には、当該建物をその所有する親族から無償で借りているときのその建物の敷地は、被相続人の事業の用に供されていた宅地等に該当します（措通69の４－４(2)）。

この事例の場合、甲は、丙から建物を無償で借りて理髪店を営んでいますから、当該宅地は被相続人甲の事業の用に供されていた宅地等に該当します。

したがって、事業承継、事業継続、土地保有の各要件を満たせば特定事業用宅地等に該当します。

〈被相続人と生計を別にする親族の所有する建物等がある場合〉

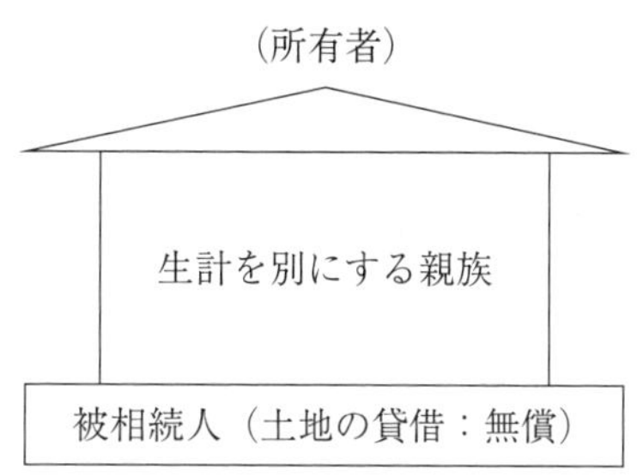

当該建物で事業を行っている者	建物の貸借形態	特例内容	根　拠
生計を別にする親族	―	非該当	―
被相続人等	有　償	非該当	―
	無　償	特定事業用	措通69の４－４(2)
被相続人及びその親族以外の者	不　問	非該当	―

＜特定事業用宅地等の要件＞

区　分	特例の適用要件	
被相続人の事業の用に供されていた宅地等	事業承継要件 事業継続要件	その宅地等の上で営まれていた被相続人の事業を相続税の申告期限までに承継し、かつ、その申告期限までその事業を営んでいること
	保有継続要件	その宅地等を相続税の申告期限まで有していること

187 生計別親族所有の建物（使用貸借）を被相続人が事業の用に供していた場合（土地賃貸借）

被相続人甲は、生計を別にする長男丙の所有する建物を借りて理髪店を営んでいました。この建物の敷地は、甲の所有で丙に有償（相当の対価）で貸し付けており、建物は無償で甲が乙から借りています。この場合、他の要件を満たせば特定事業用宅地等に該当するのでしょうか。

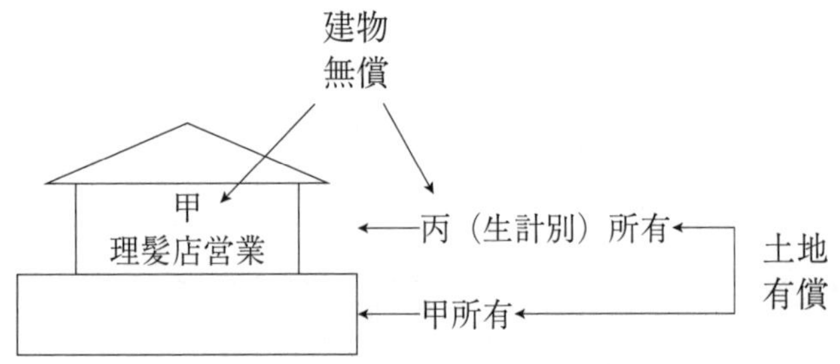

特定事業用宅地等に該当しません。

解説

被相続人等の事業の用に供されていた宅地等とは、他に貸し付けられていた宅地等が該当します。この貸付けが事業に該当する場合は、他の要件を満たせば貸付事業用宅地等に該当することとなりますが、被相続人等の事業が不動産貸付業に当たる場合は、特定事業用宅地等に該当しません。

したがって、この事例の場合には、甲の所有する宅地が生計を別にする丙に有償（相当の対価）で貸し付けられていますので、貸付事業用宅地等には該当しますが、その貸付けそのものは被相続人の不動産貸付事業に該当するので、特定事業用宅地等に該当しません。

生計別親族が事業の用に供していた場合

生計を別にする長男丙は、自らが所有する建物で理髪店を営んでいました。この建物の敷地は、被相続人甲の所有で丙に無償で貸し付けています。この場合に、丙が理髪店を営んでいた建物の敷地である宅地について、特定事業用宅地等に該当するのでしょうか。

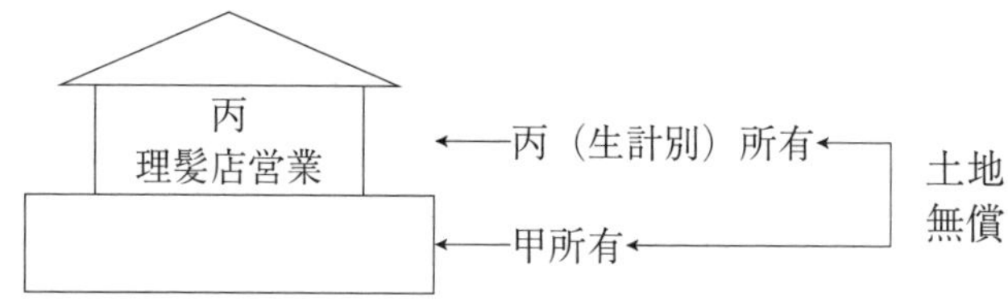

特定事業用宅地等に該当しません。

解説

被相続人と生計を別にしていた親族が、被相続人の宅地を使用貸借により借り受けて、この宅地の上に当該親族が建物を建てている場合は、この生計を別にしていた親族の建物を被相続人あるいは被相続人と生計を一にしていた親族が無償で借り受け、事業の用に供していれば、本特例に規定する被相続人等の事業の用に供されていた宅地等に該当します（措通69の４－４⑵）。

この事例の場合には、被相続人と生計を別にする親族である丙の事業の用に供されていたことから、被相続人等の事業の用に供されていた宅地等に該当しません。したがって、特定事業用宅地等に該当しません。

189 事業専従者が取得した場合

被相続人甲が所有する土地・建物で相続人丙が飲食店を経営していました。毎年丙の事業所得の申告において、被相続人甲の配偶者乙は事業専従者になっています。この土地・建物は乙と丙で２分の１の共有で取得しました。生前、甲・乙・丙は生計を一にしていました。この土地・建物で丙は継続して飲食店を経営しており、また乙もこの飲食店で引き続き事業専従者として働いています。

この場合、乙・丙が取得したこの土地は、特定事業用宅地等に該当するのでしょうか。

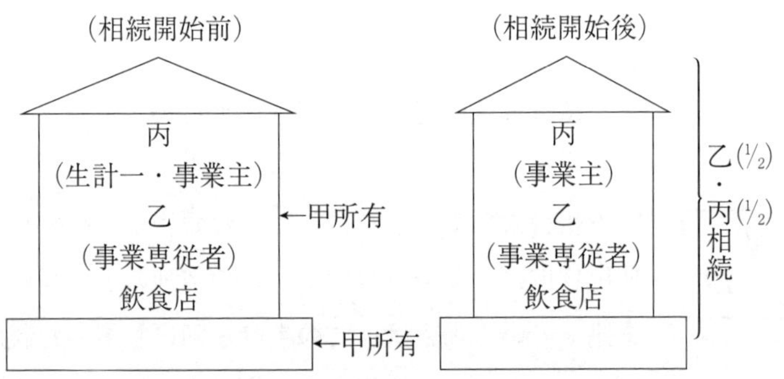

A

丙取得分は特定事業用宅地等該当しますが、乙取得分は該当しません。

解説

特定事業用宅地等に該当するためには、その宅地等を取得した被相続人の親族が相続税の申告期限までの間にその宅地等の上で営まれていた被相続人の事業を引き継ぎ、かつ、申告期限まで被相続人の事業を営んでいることがその要件の一つとされています（措法69の４③一イ）。この要件において、事業を営んでいるかどうかは、事業主としてその事業を行っているかどうかにより判定することとされています（措通69の４－20前段）ので、その宅地等を取得した被相続人の親族が事業主となっていない乙の場合には、事業承継の要件を満たしていないこととなり乙取得分は特定事業用宅地等に該当しません。

相続人丙は被相続人甲と生計を一にしていたことから、この土地は被相続人と生計を一にしていた被相続人の親族の事業の用に供していた宅地等に該当します（措法69の４①）。この土地が特定事業用宅地等に該当するためには、この土地を取得した者が次の要件を満たす必要があります（措法69の４③一ロ）。

イ　被相続人と生計を一にしていること

ロ　相続開始から申告期限まで引き続きこの土地を取得していること（保有継続要件）

ハ　相続開始から申告期限まで引き続きこの土地を自己の事業の用に供していること（事業継続要件）

よって、相続人丙は、上記の要件を満たしていることから丙取得分は特定事業用宅地等に該当します。

190　時間貸立体駐車場

被相続人は、施設の管理者を置き、不特定多数の客から時間の長短に応じた料金を徴収する形態で時間貸立体駐車場を営んでいました。そして、この所得は毎年事業所得として申告していました。

この駐車場の敷地は、特定事業用宅地等に該当するでしょうか。

A

特定事業用宅地等に該当しません。

特定事業用宅地等の対象となる事業からは、貸付事業は除かれています（措法69の４③一かっこ書、措令40の２⑦）。

一方、所得税の取扱いでは、いわゆる有料駐車場、有料自転車置場等の所得区分については、自己の責任において他人の物を保管する場合の所得が事業所得又は雑所得に該当し、そうでない場合の所得は不動産所得に該当するものとされています（所基通27－２）。このような所得区分から考えると、この事例のような時間貸立体駐車場から発生する所得については事業所得として申告するわけですから、本特例の適用上も貸付事業から除かれるのではないかとの疑問が生じます。

しかし、本特例では、特定事業用宅地等の対象から除かれる事業の範囲を貸付事業という業種として規定しており、不動産所得を生ずるか否かといった規定ではありません。また、被相続人等の事業が貸付事業に該当する場合には、その規模の大小、設備の状況及び営業形態等を問わず、すべて特定事業用宅地等の対象となる事業からは除かれることとなっています（措通69の４－13）。

この事例の場合では、時間貸駐車場の敷地については、そこから発生する所得を事業所得として申告している場合であっても特定事業用宅地等とすることはできません。なお、貸付事業用宅地等には該当することになります。

(参考)

(有料駐車場等の所得)

所基通27－２　いわゆる有料駐車場、有料自転車置場等の所得については、自己の責任において他人の物を保管する場合の所得は事業所得又は雑所得に該当し、そうでない場合の所得は不動産所得に該当する。

(不動産貸付業等の範囲)

措通69の４－13　被相続人等の不動産貸付業、駐車場業又は自転車駐車場業については、その規模、設備の状況及び営業形態等を問わず全て措置法第69条の４第３項第１号及び第４号に規定する不動産貸付業又は措置法令第40条の２第７項に規定する駐車場業若しくは自転車駐車場業に当たるのであるから留意する。

191 不動産貸付けを事業的規模で行っていた場合

被相続人は、事業的規模で不動産貸付けを行っていました。この貸付事業を承継した場合、特定事業用宅地等に該当しますか。

特定事業用宅地等には該当しません。

解説

租税特別措置法第69条の４第１項でいう「事業」には、社会通念上事業として営まれているもののほか、「準事業」が含まれます（措法69の４①、措令40の２①）。

一方、特定事業用宅地等の対象となる被相続人等の事業からは、貸付事業は除かれています（措法69の４③一かっこ書、措令40の２⑦）。

そして、被相続人等の事業が貸付事業に該当する場合には、その規模の大小、設備の状況及び営業形態等を問わず、すべて特定事業用宅地等の対象となる事業からは除かれています（措通69の４－13）。

したがって、たとえ不動産貸付けを事業的規模で行っていたとしてもこの貸付事業用の宅地等は特定事業用宅地等には該当しません。

192 耕作されている農地

被相続人甲は、所有する農地を長男乙と共に耕作し農業を営んでいました。長男乙は、当該農地を相続し引き続き耕作して農業経営を継続しています。この農地について、本特例の適用は受けられるでしょうか。

本特例の適用は受けることはできません。

解説

本特例の適用となる宅地等は、相続の開始の直前において、被相続人等の事業の用に供されていた宅地等で財務省令で定める建物又は構築物の敷地の用に供されているものです。財務省令で定める建物又は構築物の敷地の用に供されているものとは、次に掲げる建物又は構築物以外の建物又は構築物です（措法69の４①、措規23の２①)。

① 温室その他の建物で、その敷地が耕作の用に供されるもの

② 暗渠その他の構築物で、その敷地が耕作の用又は耕作若しくは養畜のための採草若しくは家畜の放牧の用に供されるもの

本件農地は、上記で定める建物又は構築物の用に供されている宅地等には該当しないことから本特例の適用は受けることはできませんが、例えば、農機具を保管するための建物の敷地については、次問を参照してください。

193 農機具置場の敷地

被相続人甲は、所有していた農地を耕作して農業を営んでいました。当該農地については、農地等についての相続税の納税猶予を検討しています。被相続人甲の自宅に隣接して農機具の保管や収穫物を保管するための建物があります。この農機具等を保管するための建物に対応する敷地部分について本特例の適用を受けることができますか。

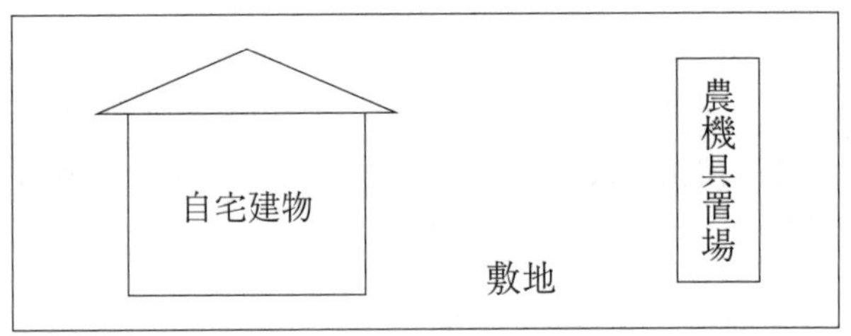

本特例の適用を受けることができます。

解説

本特例の適用となる特定事業用宅地等は、相続の開始の直前において、被相続人等の事業の用に供されていた宅地等で財務省令で定める建物又は構築物の敷地の用に供されているものをいいます。この財務省令で定める建物又は構築物の敷地の用に供されているものとは、次に掲げる建物又は構築物以外の建物又は構築物です（措法69の４①、措規23の２①）。

① 温室その他の建物で、その敷地が耕作の用に供されるもの

② 暗渠その他の構築物で、その敷地が耕作の用又は耕作若しくは養畜のための採草若しくは家畜の放牧の用に供されるもの

本件建物は上記①②に係る建物には該当せず、財務省令で定める建物の敷地の用に供されている宅地等に該当することから、他の特定事業用宅地等の要件を満たすことにより本特例の適用を受けることができます。

―応用編―

(1)　厚生施設の敷地の場合

194　従業員宿舎の敷地

被相続人甲は、水道工事店を個人で経営しており、所有する共同住宅の１棟（４部屋）を従業員に従業員宿舎として使用させていました。

この従業員宿舎として使用させている建物の敷地である宅地等について、特定事業用宅地等の対象とすることができますか。

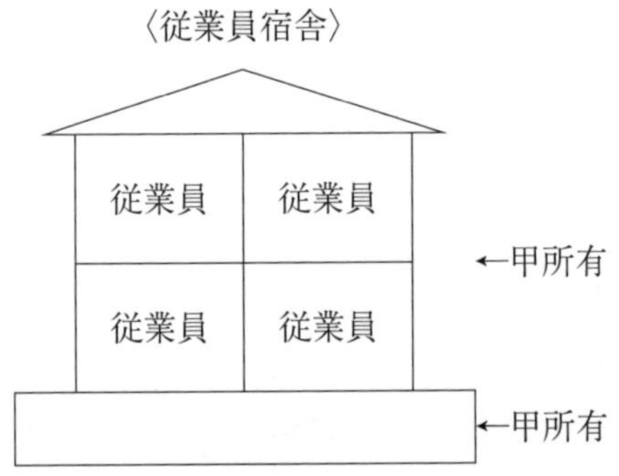

A

特定事業用宅地等の対象とすることができます。

解説

被相続人等の営む事業に従事する使用人の寄宿舎等（被相続人等の親族のみが使用していたものは除きます。）の敷地の用に供されていた宅地等は、被相続人等の営むその事業の用に供されていた宅地等に該当します（措通69の４－６）。

これは、従業員宿舎としての建物の貸付けを不動産貸付業ではなく、被相続人等が営む「事業」の事業用の施設としてみるのが合理的であると考えられることによるものです。

したがって、他の要件を満たせば、特定事業用宅地等の対象とすることができます。

195 一部親族が使用している従業員宿舎の敷地

被相続人甲は、水道工事店を個人で経営しており、所有する共同住宅の１棟（４部屋）を従業員（このうちの一人は被相続人の長男です。）に従業員宿舎として使用させていました。

従業員宿舎家賃は通常家賃からすれば相場の１割程度です。この従業員宿舎として使用させている建物の敷地である宅地等について、特定事業用宅地等の対象とすることができますか。

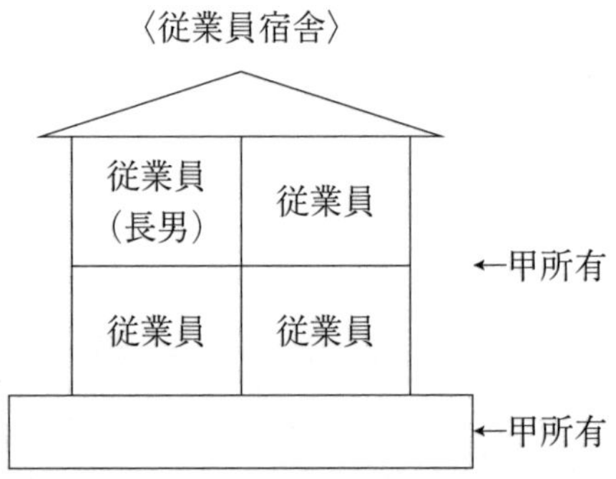

A

長男が使用していた部分も含め特定事業用宅地等の対象とすることができるものと思われます。

解説

被相続人等の営む事業に従事する使用人の寄宿舎等（被相続人等の親族のみが使用していたものは除きます。）の敷地の用に供されていた宅地等は、被相続人等の営むその事業の用に供されていた宅地等に該当します（措通69の４－６）。

これは、従業員宿舎としての建物の貸付けを不動産貸付業ではなく、被相続人等が営む「事業」の事業用の施設としてみるのが合理的であると考えられることによるものです。

しかし、被相続人等の営む事業に従事する者であっても、その者が被相続人等の親族であって、この親族のみに使用させている場合などは除かれていますが、この事例では4部屋のうち1部屋と全体の一部ですし、その親族が使用している部分が他の使用人の使用している部分と同様の状況であることなど、被相続人等の事業に従事している者としての従業員宿舎の使用と認められるものであるときは、その従業員宿舎の敷地の全部について被相続人等の事業の用に供されていた宅地等に該当するものと思われます。

したがって、他の要件を満たせば、特定事業用宅地等の対象とすることができるものと思われます。

196 親族が使用している従業員宿舎の敷地

被相続人甲は、水道工事店を個人で経営しており、所有する共同住宅の１棟（４部屋）を従業員宿舎として親族のみに使用させていました。

従業員宿舎家賃は通常家賃からすれば相場の１割程度です。この従業員宿舎として使用させている建物の敷地である宅地等について、特定事業用宅地等の対象とすることができますか。

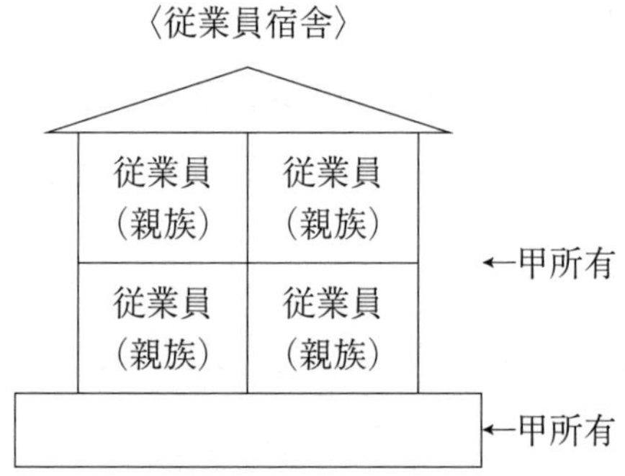

A

特定事業用宅地等の対象とすることはできません。

被相続人等の営む事業に従事する使用人の寄宿舎等の敷地の用に供されていた宅地等は、被相続人等の営むその事業の用に供されていた宅地等に該当するものと取り扱われています（措通69の４－６）。

これは、従業員宿舎としての建物の貸付けを不動産貸付業ではなく、被相続人等が営む「事業」の事業用の施設としてみるのが合理的であると考えられることによるものです。

しかし、この寄宿舎等から被相続人等の親族のみが使用していたものは除かれています。例え福利厚生の一環として行われていたとしても、被相続人等の営む事業そのものの用に供していたものには該当しません。

したがって、特定事業用宅地等の対象とすることはできません。

⑵　事業承継に関する問題

宅地等を取得した者に事業継続要件を満たさない者がいる場合

被相続人甲が飲食店を経営していた土地・建物を相続人乙と丙は、共有で取得しました。乙は、生前より甲の事業を手伝っており、事業承継要件、事業継続要件、保有継続要件のいずれも満たしていますが、丙は、会社員であり、事業を承継しておりません。

この場合は、丙が取得した持分は、特定事業用宅地等に該当するのでしょうか。

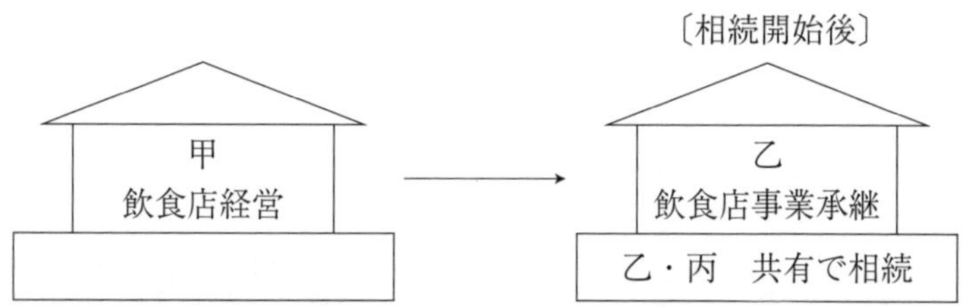

A

丙が取得した持分は、特定事業用宅地等に該当しません。

解説

特定事業用宅地等とは、被相続人等の事業の用に供されていた宅地等で、一定の要件を満たすその被相続人の親族が相続又は遺贈により取得したもの（その親族が相続又は遺贈により取得した持分の割合に応ずる部分に限ります。）とされています（措法69の４③一、措令40の２⑩）。したがって、特定事業用宅地等に該当する要件を満たす親族と、満たさない親族とが共有で取得した場合には、要件を満たす親族が取得した持分のみが特定事業用宅地等に該当し、他の部分については特定事業用宅地等には該当しません。

＜特定事業用宅地等の要件＞

区　分	特例の適用要件	
被相続人の事業の用に供されていた宅地等	事業承継要件 事業継続要件	その宅地等の上で営まれていた被相続人の事業を相続税の申告期限までに承継し、かつ、その申告期限までその事業を営んでいること
	保有継続要件	その宅地等を相続税の申告期限まで有していること
被相続人と生計を一にしていた被相続人の親族の事業の用に供されていた宅地等	事業継続要件	相続開始の直前から相続税の申告期限まで、その宅地等の上で事業を営んでいること
	保有継続要件	その宅地等を相続税の申告期限まで有していること

198 従業員が事業承継した場合

被相続人甲が日本料理店を経営していた土地・建物を、甲の配偶者乙が取得しました。

乙は、甲が経営していた日本料理店は老舗であることから営業の継続を考え、当該料理店の従業員である料理長に店舗を賃貸して営業を継続することとしました。

この場合、乙が取得した土地について特定事業用宅地等に該当するのでしょうか。

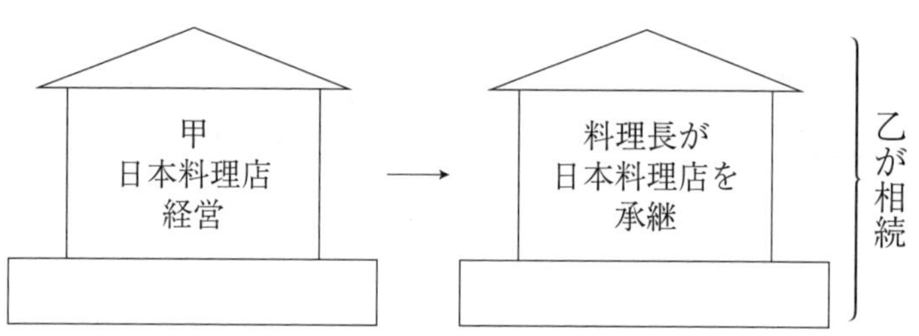

特定事業用宅地等に該当しません。

解説

特定事業用宅地等に該当するためには、宅地を取得した被相続人の親族が相続税の申告期限までの間に当該宅地の上で営まれていた事業を引き継ぎ、申告期限まで引き続き当該宅地等を有し、かつ、当該事業を営んでいることが要件とされています（措法69の４③一イ）。

この事例の場合、被相続人甲の事業の用に供されていた土地は、配偶者乙が取得していますが、被相続人甲の日本料理店を承継したのは従業員であり乙は甲の事業を承継していません。

したがって、被相続人甲の事業の用に供されていた土地を取得した乙は、事業承継要件を満たしていないことから、特定事業用宅地等に該当しません。

また、建物は貸し付けられていますが貸付事業用宅地等にも該当しません。

事業承継者と土地の取得者が異なる場合

被相続人甲は、自己が所有する土地・建物で飲食業を行っていました。

この土地・建物は配偶者の乙が相続し、相続税の申告期限までに飲食業は長男丙が承継しました。

この場合、特定事業用宅地等に該当しますか。

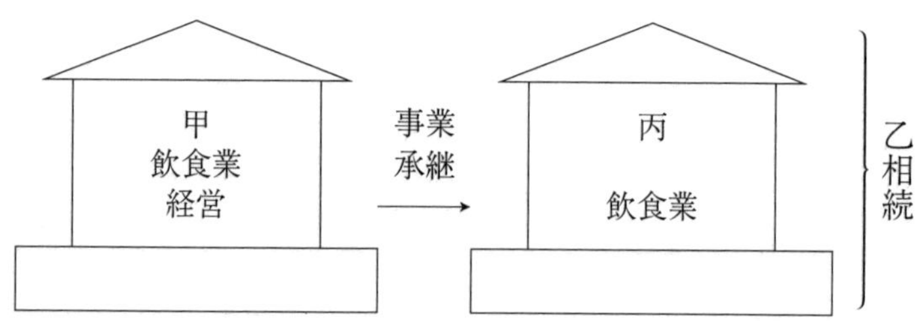

特定事業用宅地等に該当しません。

解説

特定事業用宅地等に該当するためには、宅地等を取得した被相続人の親族が相続税の申告期限までの間に当該宅地の上で営まれていた事業を引き継ぎ、申告期限まで引き続き当該宅地等を有し、かつ、当該事業を営んでいることが要件とされています（措法69の４③一イ）。

この事例の場合、相続人丙は被相続人甲の飲食業を承継していますが、この事業の用に供している土地を取得していません。一方、被相続人甲の事業の用に供されていた土地は、配偶者乙が取得していますが乙は甲の事業を承継していません。

したがって、被相続人甲の事業の用に供されていた土地を取得した乙は、事業承継要件を満たしていないことから、特定事業用宅地等に該当しません。

200 生前から事業をしている生計一親族が土地を取得しない場合

被相続人甲が所有する土地・建物で相続人丙は、甲の生前から飲食店を経営しています。この土地・建物は甲の配偶者乙が取得しました。生前、甲・乙・丙は生計を一にしており、この土地・建物で丙は継続して飲食店を経営しています。

この場合、配偶者乙が取得したこの土地は、特定事業用宅地等に該当するのでしょうか。

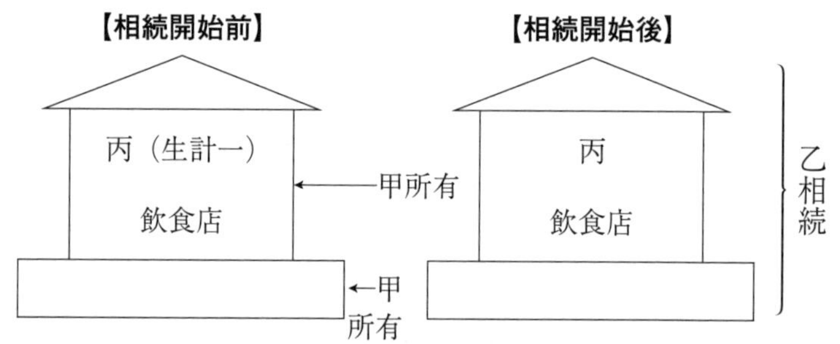

特定事業用宅地等に該当しません。

解説

相続人丙は被相続人甲と生計を一にしていたことから、この土地は被相続人と生計を一にしていた被相続人の親族の事業の用に供していた宅地等に該当します（措法69の４①）。この土地が特定事業用宅地等に該当するためには、この土地を取得した者が次の要件を満たす必要があります（措法69の４③一ロ）。

イ　被相続人と生計を一にしていること

ロ　相続開始から申告期限まで引き続きこの土地を取得していること（保有継続要件）

ハ　相続開始から申告期限まで引き続きこの土地を自己の事業の用に供していること（事業継続要件）

この事例の場合は、この土地・建物を取得したのは配偶者乙であり、この土地を事業の用に供している者でないことから特定事業用宅地等に該当しません。

弁護士業を引き継いだ場合

被相続人甲は、自己が所有する土地・建物で弁護士業を開業していました。甲の長男丙も弁護士資格を有しており、甲から給与をもらい甲の個人事務所の勤務弁護士として働いていました。

この土地・建物を丙が相続し、同場所にて丙が弁護士事務所を引き継ぐことになりました。

この場合、特定事業用宅地等に該当しますか。

特定事業用宅地等に該当するものと思われます。

解説

特定事業用宅地等に該当するためには、被相続人の親族が相続税の申告期限までの間に当該宅地の上で営まれていた事業を引き継ぎ、申告期限まで引き続き当該宅地等を有し、かつ、当該事業を営んでいることが要件とされています（措法69の４③一イ）。

この場合、被相続人の親族が「被相続人の事業」を承継したといえるかどうかは、その親族が被相続人の事業をまったく内容変更せずに承継して営んでいる場合は問題ありません。この判定の際に、資格が必要な事業である場合に、被相続人の資格から相続人の資格に変わったので、廃業した上で新規開業した場合に当たるか否かが問題となります。

弁護士資格は免許によるものであるとはいえ、同一の場所で、同一の弁護士業を継続しているので、弁護士業を引き継いだものと考えられますので、特定事業用宅地等に該当するものと思われます。

202 やむを得ず事業主となれない場合

被相続人の事業用宅地等を取得した親族甲が就学中のため事業主とならずその母親が事業主となっている場合には、その宅地等は特定事業用宅地等に該当しないのでしょうか。

特定事業用宅地等に該当します。

解説

特定事業用宅地等に該当するためには、その宅地等を取得した被相続人の親族が相続税の申告期限までの間にその宅地等の上で営まれていた被相続人の事業を引き継ぎ、かつ、申告期限まで被相続人の事業を営んでいることがその要件の一つとされています（措法69の４③一イ）。この要件において、事業を営んでいるかどうかは、事業主としてその事業を行っているかどうかにより判定することとされています（措通69の４－20前段）ので、その宅地等を取得した被相続人の親族が事業主となっていない場合には、事業承継の要件を満たしていないこととなります。

しかし、被相続人から事業用宅地等を取得した親族が、就学中などのやむを得ない事情から被相続人の事業を承継して自ら事業主となることができない場合にも特定事業用宅地等に該当しないことと取り扱うことは、必ずしも実情に即したものとはいえないものと考えられます。

そこで、その宅地等を取得した親族が就学中であることその他当面事業主となれないことについてやむを得ない事情があるため、その宅地等を取得した親族の親族が事業主となっている場合には、その宅地等を取得した親族が事業を営んでいるものとして取り扱われています（措通69の４－20後段）。

したがって、この事例の場合には、被相続人の事業用宅地等を取得した親族甲が学生であるため当面事業主となれないことについてやむを得ない事情があると認められ、甲の親族（母親）が事業主となって事業を営んでいますので、甲が取得した宅地は特定事業用宅地等に該当することになります。

なお、その事業を営んでいるかどうかは、会社等に勤務するなど他に職を有していたり、あるいは他に主たる事業を有している場合であっても、その事業主となっている限り、その事業を営んでいることになります（措通69の４－20(注)）。

203 事業を承継した親族が死亡しその相続人が事業承継できない場合

被相続人甲は、自己所有の土地・建物で飲食業を行っていました。その宅地等を取得した配偶者乙が事業を承継しました。ところが、甲の相続税の申告期限までに乙が死亡しました。乙の相続人である長男・次男は会社員であり事業の承継をすることができません。この場合、甲の相続において特定事業用宅地等に該当しますか。

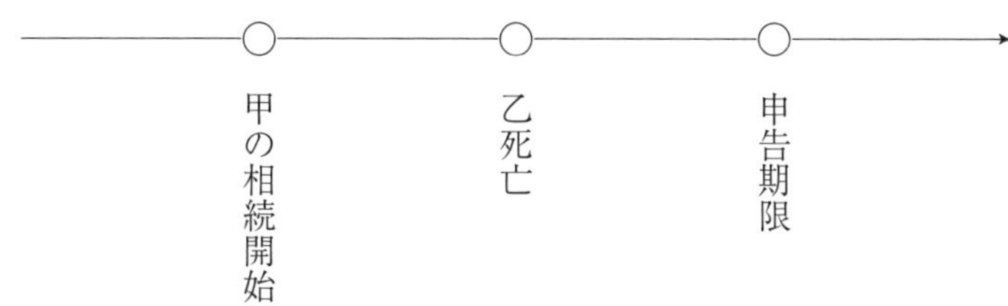

特定事業用宅地等に該当しません。

解説

被相続人の事業の用に供されていた宅地等で、その宅地等を取得した親族のうちに相続税の申告期限までにその宅地上で営まれていた被相続人の事業を引き継ぐとともに、引き続き相続税の申告期限まで宅地等を所有し、かつ、事業の用に供している者がある場合には、その宅地等は、特定事業用宅地等に該当します（措法69の4③一イ）。

しかし、その宅地等を取得した親族が相続税の申告期限までに死亡（二次相続が開始）したときは、事業を承継してからの日が浅く、その親族の事業の実績が少ないことから、その死亡した親族の相続人が第二次相続に係る相続税の申告期限（相続税法第27条第２項の規定により延長された申告期限）まで第一次相続に係る被相続人の事業を承継して営むことが必要とされています（措法69の４③一本文かっこ書、措通69の４－15）。

したがって、この事例の場合は、その死亡した乙の相続人が、乙に係る相続税の申告期限までに甲の事業が承継され継続されないことから特定事業用宅地等に該当しません。

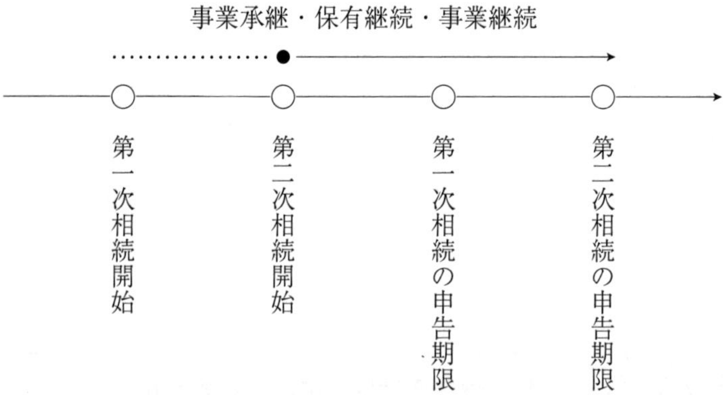

事業承継・保有継続・事業継続

第一次相続開始　第二次相続開始　第一次相続の申告期限　第二次相続の申告期限

204 生前から事業を行っていた親族が死亡しその相続人が事業承継できない場合

被相続人甲の配偶者乙は、被相続人が所有する土地で飲食業を行っていました。その宅地等を取得した乙が甲の相続税の申告期限までに死亡しました。乙の相続人である長男・次男は会社員であり事業の承継をすることができません。この場合、甲の相続において特定事業用宅地等に該当しますか。

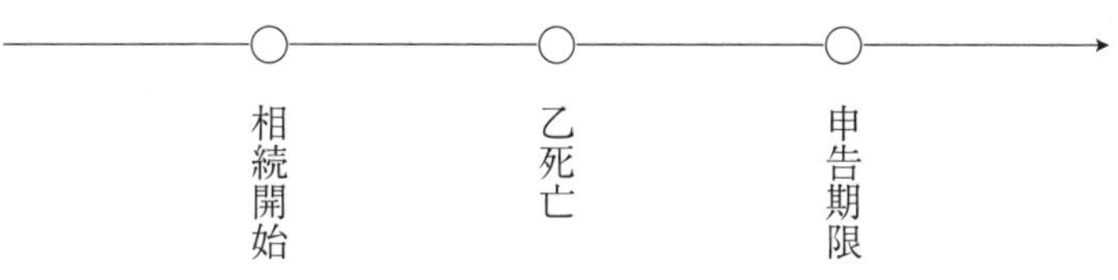

乙が死亡の日までその宅地等を有し、自己の事業の用に供しているときは、甲の相続税において特定事業用宅地等に該当します。

解説

被相続人と生計を一にしていた親族の事業の用に供されていた宅地等で、その宅地等を取得した親族のうちに引き続き相続税の申告期限まで宅地等を所有し、かつ、当該宅地を自己の事業を営んでいる者がある場合には、その宅地等は、特定事業用宅地等に該当します（措法69の４③四ロ）。

相続開始前から既に生計を一にする親族の事業の用に供されていた宅地等をその親族が取得した場合には、既に親族の事業の実績があるため、宅地等を相続した親族が相続税の申告期限までに死亡した場合には、死亡の日（第二次相続が開始した日）まで引き続き事業の用に供していればよいこととされています（措法69の４③一ロかっこ書）。

したがってこの事例の場合は、乙が死亡の日まで保有継続・事業継続要件を満たしていれば、乙の相続人が乙の事業を継続しなくても甲の相続税においては、特定事業用宅地等に該当します。

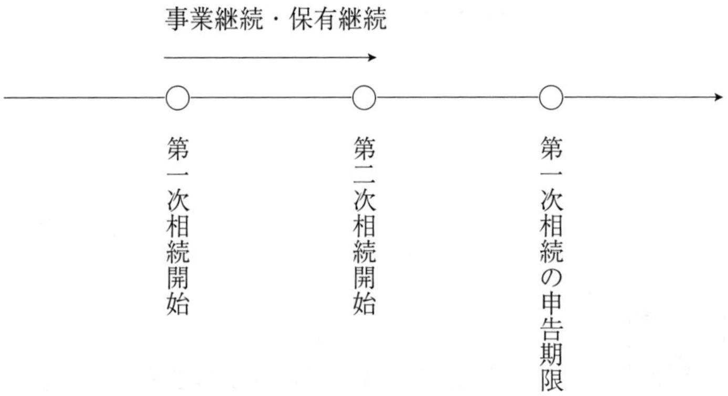

事業継続・保有継続

第一次相続開始　　第二次相続開始　　第一次相続の申告期限

(3) 転業があった場合

205 事業の一部を転業した場合

被相続人甲は、自己が所有する土地・建物で喫茶店とパン小売業を行っていました。

この土地・建物を長男丙が相続し、相続税の申告期限までにパン小売業は廃業して、建物全体で喫茶店を営業する形に変更しました。

この場合、特定事業用宅地等に該当しますか。

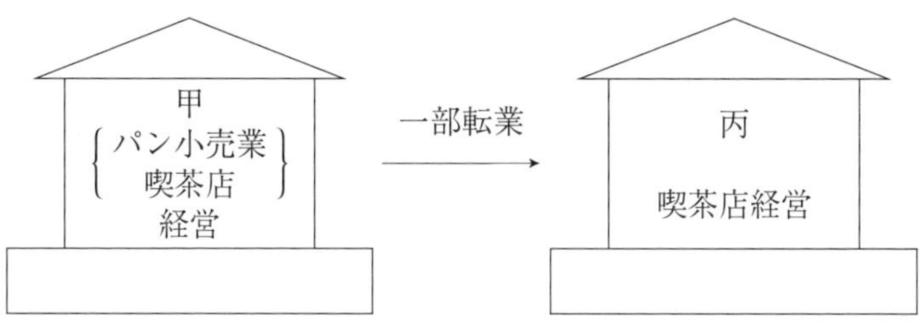

A

特定事業用宅地等に該当します。

特定事業用宅地等に該当するためには、宅地等を取得した被相続人の親族が相続税の申告期限までの間に当該宅地の上で営まれていた事業を引き継ぎ、申告期限まで引き続き当該宅地等を有し、かつ、当該事業を営んでいることが要件とされています（措法69の4③一イ）。

この場合、被相続人の親族が「被相続人の事業」を承継したといえるかどうかは、その親族が被相続人の事業をまったく内容を変更せずに承継して営んでいる場合は問題ありませんが、事例の場合は、転業に当たるか否かが問題となります。

そこで、租税特別措置法通達69の４－16において、転業等があった場合の取扱いを定めており、被相続人の事業の一部を他の事業（貸付事業を除きます。）に転業しているときであっても、当該親族は被相続人の事業を営んでいるものとして取り扱うこととされています。

この事例の場合、長男丙が事業の一部であるパン小売業を喫茶店に変更しているため、「事業の一部を他の事業に転業しているとき」に該当していますので、特定事業用宅地等に該当します。

206 相続開始前３年内に事業の一部を転業した場合

被相続人甲は、自己が所有する土地・建物で喫茶店とパンの小売業を行っていました。

相続の開始２年前にパンの小売業は廃業して、建物全体で喫茶店を営業する形に変更しました。

この場合、特定事業用宅地等に該当しますか。

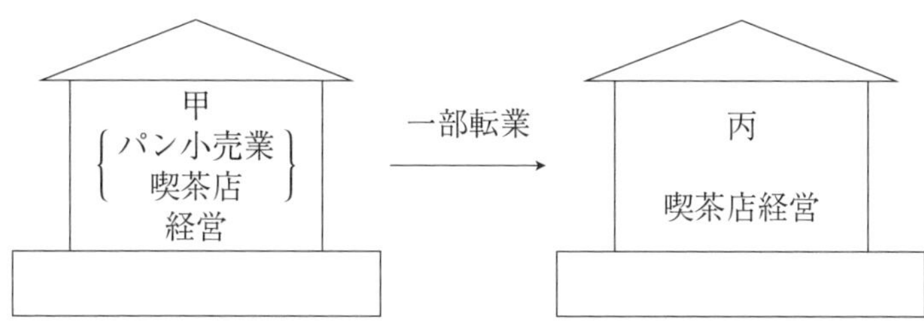

特定事業用宅地等に該当します。

解説

特定事業用宅地等に該当するためには、宅地等を取得した被相続人の親族が相続税の申告期限までの間に当該宅地の上で営まれていた事業を引き継ぎ、申告期限まで引き続き当該宅地等を有し、かつ、当該事業を営んでいることが要件とされています（措法69の４③一イ）。

この場合、被相続人が被相続人の事業をまったく内容を変更せずに営んでいる場合は問題ありませんが、事例の場合は、転業が新たに事業の用に供したことになるのかが問題となります。

そこで、租税特別措置法通達69の４－20の２において、転業等があった場合の取扱いについて、被相続人が事業を他の事業（貸付事業を除きます。）に転業しているときであっても、この他の事業の用に供された部分については、新たに事業の用に供されたものではないとして取り扱うこととされています。

207 転業があった場合の判定

相続税の申告期限までに転業があったか否かは何を参考に判断するのでしょうか。

例えば、日本標準産業分類の小分類項目等を参考にして総合的に判断することも合理的であると思われます。

解説

特定事業用宅地等に該当するためには、宅地等を取得した被相続人の親族が相続税の申告期限までの間に当該宅地の上で営まれていた事業を引き継ぎ、申告期限まで引き続き当該宅地等を有し、かつ、当該事業を営んでいることが要件とされています（措法69の４③一イ）。

この場合、被相続人の親族が「被相続人の事業」を営んでいるといえるかどうかは、その親族が被相続人の事業をまったく内容変更せずに承継して営んでいる場合は問題ありませんが、事業の転業があった場合の事業の同一性が保たれているか否かの判定は、例えば、日本標準産業分類の小分類項目等を参考にして総合的に判断することも合理的であると思われます。

法人成りした場合

　被相続人は、自己所有の土地・建物でコンビニエンスストアを営んでいました。長男がこの土地・建物を相続しました。長男は、相続税の申告期限までにコンビニエンスストアを法人化して、建物を当該法人に貸し付けました。

　この場合、特定事業用宅地等に該当しますか。

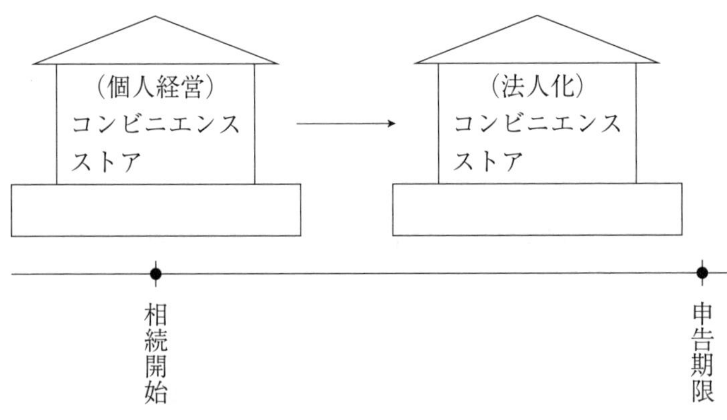

特定事業用宅地等には該当しません。

解説

　特定事業用宅地等に該当するためには、宅地等を取得した被相続人の親族が相続税の申告期限までの間に当該宅地の上で営まれていた事業を引き継ぎ、申告期限まで引き続き当該宅地等を有し、かつ、当該事業を営んでいることが要件とされています（措法69の4③一イ）。コンビニエンスストアを法人化した場合については、個人事業の廃業に当たりますので、特定事業用宅地等に該当しません。

⑷ 貸付・譲渡があった場合

宅地等の一部の譲渡があった場合

被相続人甲の特定事業用宅地等を、相続人乙が相続しました。乙は、当該宅地の一部について相続税納付のため、相続税の申告期限までに譲渡契約を締結し、引渡しを完了しました。

この場合、特定事業用宅地等に該当する範囲はどのようになるのでしょうか。

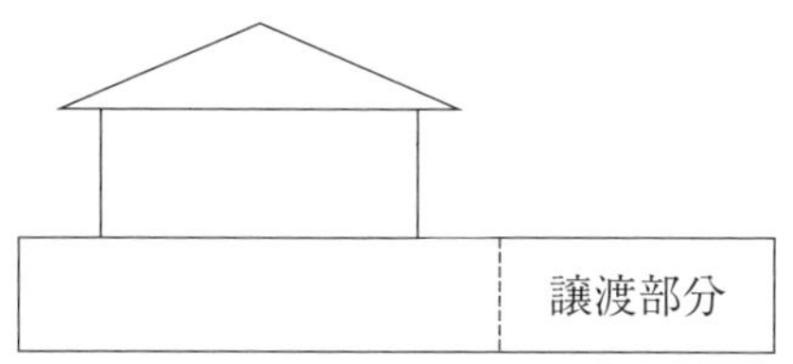

A

申告期限まで引き続き保有している部分が特定事業用宅地等に該当し、譲渡部分は該当しません。

解説

特定事業用宅地等に該当するための要件の一つに、「申告期限まで引き続き当該宅地等を有し」という要件があります（措法69の４③一）。そこで、相続人が、相続税の申告期限までに相続により取得した宅地等の一部を譲渡しているときは、譲渡した部分は特定事業用宅地等に該当しないこととなりますが、残りの部分の取扱いがどうなるのかが問題となります。

この点については、被相続人の特定事業用宅地等の一部が申告期限までに譲渡されたとしても、残りの部分が特定事業用宅地等の要件を満たしている限り、その部分は特定事業用宅地等に当たるものとして取り扱うこととされています（措通69の4－18）。

したがって、この事例の場合は、申告期限まで引き続き保有している部分については、他の特定事業用宅地等の要件を満たしている限り該当しますが、申告期限までに譲渡した部分については特定事業用宅地等には該当しません。

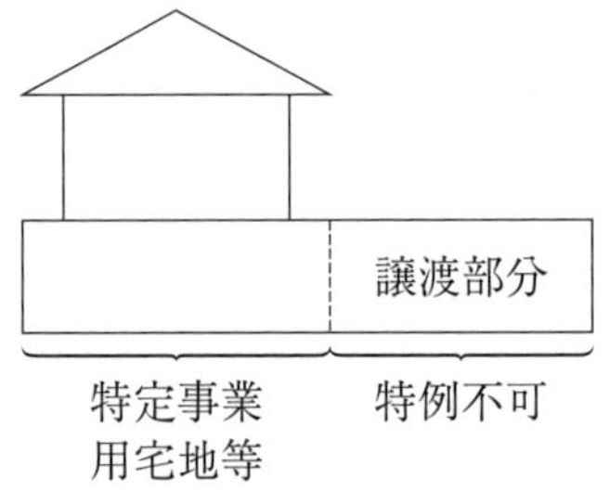

宅地等の一部の貸付けがあった場合

被相続人甲が事業（コンビニエンスストア）の用に供していた店舗とその敷地である宅地を、相続人乙が相続しました。乙は、当該事業を引き継ぎましたが、相続税の申告期限までにこの店舗の敷地の一部を他の者に貸し付けることとなりました。

この場合、特定事業用宅地等に該当する範囲はどのようになりますか。

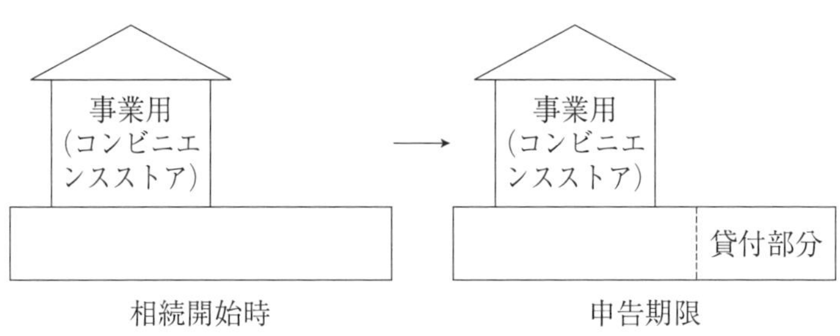

申告期限までに貸し付けられた部分以外は、特定事業用宅地等に該当します。

解説

特定事業用宅地等に該当するための要件の一つに、「申告期限まで引き続き当該事業を営んでいること」という要件があります（措法69の4③一）。そこでこの場合、相続人乙が、相続税の申告期限までに、相続により取得した事業の用に供している宅地の一部を貸し付けることから、この貸し付けられた部分は特定事業用宅地等に該当しないこととなります。

そして、残りの部分については、被相続人等の事業用宅地等の一部が相続税の申告期限までに、貸し付けられた場合でも、貸し付けられた宅地の部分以外の宅地の部分については、特定事業用宅地等の要件を満たす限り、特定事業用宅地等に当たるものとして取り扱われています（措通69の４－18）。

したがって、この事例の場合は、引き続き保有している部分の内、申告期限までに貸し付けられた部分以外は、特定事業用宅地等の要件を満たしている限り特定事業用宅地等に該当します。

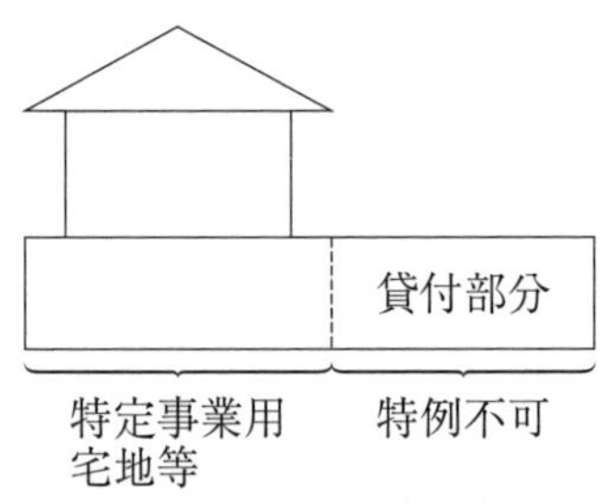

(5) 建替えがあった場合

211 相続開始後に事業用建物の建替工事に着手した場合

被相続人甲は、自らが所有する土地・建物でコンビニエンスストアを営んでいました。相続人乙は、この土地・建物を相続し、甲の事業を承継しました。乙は、相続開始後、相続税の申告期限までの間にこの建物の建替工事を建築業者に発注して、相続税の申告期限において建物は取り壊され、建替工事に着手したところです。

この場合、特定事業用宅地等に該当するのでしょうか。

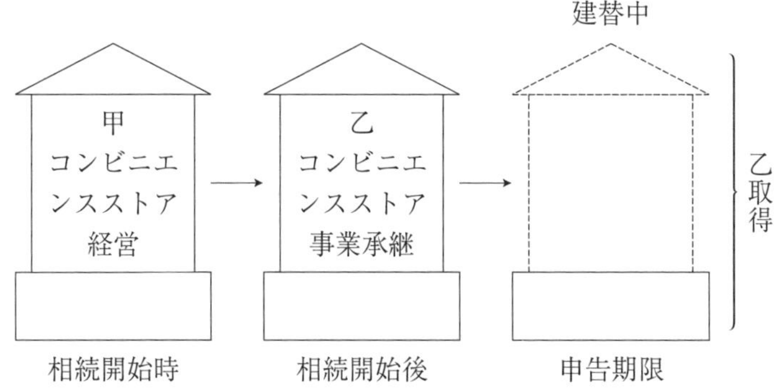

相続人乙が建替後の建物をコンビニエンスストアの用に供すると認められる場合には、特定事業用宅地等に該当します。

解説

特定事業用宅地等に該当するためには、宅地等を取得した被相続人の親族が相続税の申告期限までの間に当該宅地の上で営まれていた事業を引き継ぎ、申告期限まで引き続き当該宅地等を有し、かつ、当該事業を営んでいることが要件とされています（措法69の４③一イ）。

事業用宅地等を取得した親族が、相続税の申告期限までの間に被相続人の事業の用に供されていた建物等の建替工事に着手し、これらの申告期限においてまだ工事中であるときには、「申告期限まで事業を営んでいる」ことには当たらないこととなります。しかし、建物等の建替えなどの事業用施設の更新は事業の継続に必要不可欠なものであり、また、建物等の建替中に相続税の申告期限が到来した場合に、その一時点のみで表面的な判定をすることは実情に即したものとはいえません。

そこで、被相続人の事業用建物等が相続税の申告期限までに建替工事に着手された場合において、その宅地等のうち、宅地等を取得した被相続人の親族によって事業の用に供されると認められる部分については、相続税の申告期限においてもその親族の事業の用に供されているものとして取り扱うこととされています（措通69の４－19）。

したがって、この事例の場合は、乙が建替後の建物をコンビニエンスストアの用に供すると認められる場合には、特定事業用宅地等の要件に該当することとなります。

212 相続開始前に事業用建物の建替工事に着手していた場合

被相続人甲は、自らが所有する土地・建物でコンビニエンスストアを営んでいましたが、相続開始前に、建物の建替工事に着手しており、相続が開始した時には旧建物は取り壊されていました。甲と生計を一にしていた相続人丙は、この土地と完成した建物を相続し、甲の事業を承継しました。

この場合、特定事業用宅地等に該当するのでしょうか。

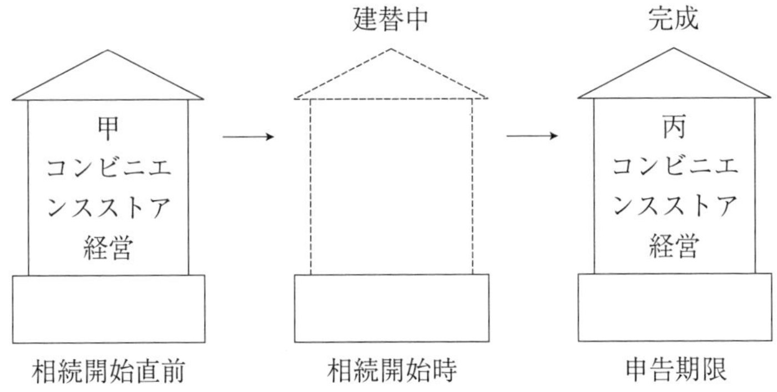

特定事業用宅地等に該当します。

解説

本特例は、相続の開始の直前において、被相続人又は被相続人と生計を一にしていた被相続人の親族の事業の用に供されていた宅地等に適用があります（措法69の4①）。被相続人等の事業の用に供されている建物等の建替えのため建物等を取り壊し、この建物等に代わるべき建物等の建築中に、被相続人について相続が開始した宅地等の場合は、事業の用に供されていない宅地等と考えることもでき、本特例の適用がないと考えられます。

しかしながら、相続開始の直前において、従前から営んでいた事業が一時的に中断されたにすぎず、その前後を通してみれば、被相続人等によって営まれてきた事業が継続していると判断できる場合には、本特例が事業の継続性に配慮して設けられている趣旨から次のように取り扱われています。

被相続人等の事業の用に供されている建物等の建替えのため建物等を取り壊し、この建物等に代わるべき建物等（被相続人又は被相続人の親族の所有に係るものに限ります。）の建築中に、被相続人について相続が開始した場合で、相続開始直前において被相続人等の建物等に係る事業の準備行為の状況からみて建物等を速やかにその事業の用に供することが確実であったと認められるときは、建物等の敷地の用に供されていた宅地等は、被相続人等の事業の用に供されていた宅地等である事業用宅地等に該当するものとして取り扱われます（措通69の４－５）。

また、被相続人と生計を一にしていたその被相続人の親族又は建物等若しくは建物等の敷地の用に供されていた宅地等を相続若しくは遺贈により取得した被相続人の親族が、建物等を相続税の申告期限までに事業の用に供しているときは、相続開始直前において被相続人等が建物等を速やかにその事業の用に供することが確実であったものとして取り扱われます（措通69の４－５）。

さらに、申告期限において建物等を事業の用に供していない場合であっても、それが建物等の規模等からみて建築に相当の期間を要することによるものであるときは、建物等の完成後速やかに事業の用に供することが確実であると認められるときも同様です。

この事例の場合は、被相続人甲と生計を一にしていた相続人丙が、建物を相続税の申告期限までに事業（コンビニエンスストア経営）の用に供しており、相続開始直前において被相続人甲が当該建物を速やかにその事業の用に供することが確実であったものとして差し支えないことから、当該建物の敷地の用に供されていた宅地は、事業用宅地等に該当するものとして取り扱われます。

また、当該建物の敷地を被相続人甲の事業を承継し継続した相続人丙が取得し、申告期限まで保有していることから特定事業用宅地等に該当します。

裁判例・裁決例 No. 2（649ページ）・No. 12（654ページ）・No. 23（658ページ）・No. 35（663ページ）

213 相続開始２年前に建物を建て替えた場合

被相続人は、所有する土地・建物で、長年土産物の販売と飲食の提供をしてきました。相続開始の２年前にこの建物を建て替えました。この土地では建物を建て替えるまでは３年を超えて事業を行っていました。建て替え中は仮店舗で事業を継続し、建替え後は建て替えた建物ですぐに事業を始めましたが建替え後２年しか経過していません。このような場合でも、この土地は、特定事業用宅地等に該当しますか。

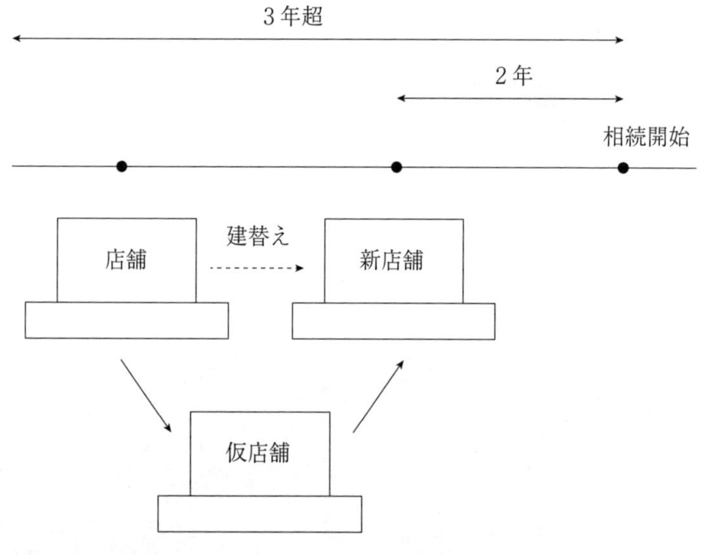

特定事業用宅地等に該当します。

解説

被相続人等の事業の用に供されていた宅地等で、①当該親族が、相続開始時から申告期限までの間に当該宅地等に係る被相続人の事業を引き継ぎ、申告期限まで引き続き当該宅地等を有し、かつ、当該事業の用に供している場合、②当該被相続人の親族が当該被相続人と生計を一にしていた者であって、相続開始時から申告期限まで引き続き当該宅地等を有し、かつ、相続開始前から申告期限まで引き続き当該宅地等を自己の事業の用に供している場合に本特例の適用があります。

ところで、相続開始前3年以内に新たに事業の用に供された宅地等は、この事業用宅地等の範囲から除外されていますが、質問の場合の敷地は、建て替えるまでは3年を超えて事業を行っていたものですが、建て替えてからは2年しか経過しておらず、相続開始前3年以内に新たに事業の用に供された宅地等に該当するのではないかが問題となります。この点については、継続的に事業の用に供されていた建物等につき建替えが行われた場合において、建物等の建築後速やかに事業の用に供されていたときは、新たに事業の用に供された宅地等に該当しないものと取り扱われることから特定事業用宅地等に該当します（措法69の4③一、措通69の4－20の2）。

214 相続開始２年前に隣接地を利用して建物を建て替えた場合

被相続人は、Ａ宅地部分（250㎡）の建物で、長年土産物の販売と飲食の提供をしていました。近年、訪日観光客が増えたことから、相続開始の２年前に隣接して所有するＢ宅地（150㎡）も利用して建物を建て替えて店舗を拡大しました。この場合、Ａ宅地部分で３年を超えて事業を行っていたことから、Ａ宅地部分、Ｂ宅地部分は新たに事業の用に供された部分に該当しますか。

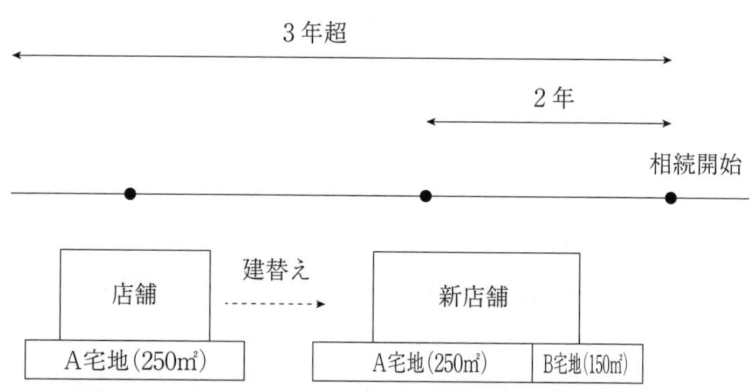

Ａ宅地部分は新たに事業の用に供された部分に該当しませんが、Ｂ宅地部分は新たに事業の用に供された部分に該当します。

解説

被相続人等の事業の用に供されていた宅地等で、①当該親族が、相続開始時から申告期限までの間に当該宅地等に係る被相続人の事業を引き継ぎ、申告期限まで引き続き当該宅地等を有し、かつ、当該事業の用に供している場合、②当該被相続人の親族が当該被相続人と生計を一にしていた者であって、相続開始時から申告期限まで引き続き当該宅地等を有し、かつ、相続開始前から申告期限まで引き続き当該宅地等を自己の事業の用に供している場合に本特例の適用があります。

ところで、相続開始前３年以内に新たに事業の用に供された宅地等は、この事業用宅地等の範囲から除外されていますが、質問の場合のＡ宅地部分は、建て替えるまでは３年を超えて事業を行っていたものですが、建て替えてからは２年しか経過しておらず、相続開始前３年以内に新たに事業の用に供された宅地等に該当するのではないかが問題となります。この点については、継続的に事業の用に供されていた建物等につき建替えが行われた場合において、建物等の建築後速やかに事業の用に供されていたときは、新たに事業の用に供された宅地等に該当しないものと取り扱われます。しかし、建替え後の建物等の敷地の用に供された宅地等のうちに、建替え前の建物等の敷地の用に供されていなかった宅地等が含まれるときは、当該供されていなかった宅地等については、新たに事業の用に供された宅地等に該当するものと取り扱われることから、Ｂ宅地部分は、新たに事業の用に供された宅地等に該当することとなります。（措法69の４③一、措通69の４－20の２）。

なお、措置法施行令第40条の２第８項で定める規模以上の特定事業に該当する場合は、相続開始前３年以内に新たに事業の用に供された宅地等から除かれることから、Ｂ宅地部分についてこの特定事業に該当するか別途判断を行う必要があります（措通69の４－20の３）。

相続開始２年前に隣接地を利用して建物を増築した場合

被相続人は、Ａ宅地（250㎡）上の店舗で、長年土産物の販売と飲食の提供をしていました。近年、訪日観光客が増えたことから、相続開始の２年前に隣接して所有するＢ宅地（150㎡）を利用して建物を増築し店舗を広くしました。この場合、Ｂ宅地部分は新たに事業の用に供された部分に該当しますか。

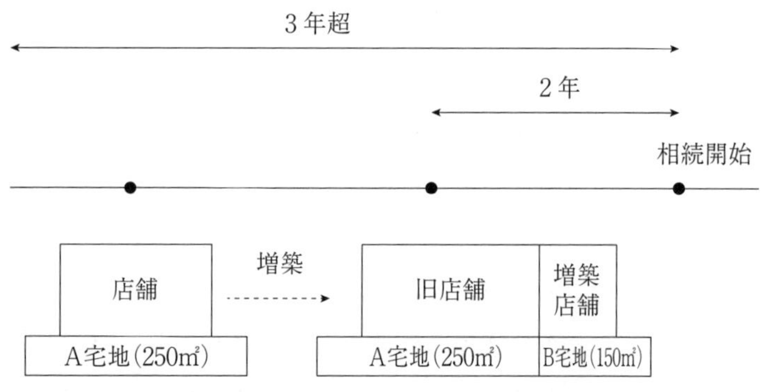

Ｂ宅地部分は新たに事業の用に供された部分に該当します。

解説

被相続人等の事業の用に供されていた宅地等で、①当該親族が、相続開始時から申告期限までの間に当該宅地等に係る被相続人の事業を引き継ぎ、申告期限まで引き続き当該宅地等を有し、かつ、当該事業の用に供している場合、②当該被相続人の親族が当該被相続人と生計を一にしていた者であって、相続開始時から申告期限まで引き続き当該宅地等を有し、かつ、相続開始前から申告期限まで引き続き当該宅地等を自己の事業の用に供している場合に本特例の適用があります。

ところで、相続開始前３年以内に新たに事業の用に供された宅地等は、この事業用宅地等の範囲から除外されていますが、質問の場合のＡ宅地部分は、３年を超えて事業を行っていたものですが、Ｂ宅地部分は増築後２年しか経過しておらず、新たに事業の用に供された宅地等に該当することとなります。（措法69の４③一、措通69の４－20の２）。

なお、措置法施行令第40条の２第８項で定める規模以上の特定事業に該当する場合は、相続開始前３年以内に新たに事業の用に供された宅地等から除かれることから、Ｂ宅地部分についてこの特定事業に該当するか別途判断を行う必要があります（措通69の４－20の３）。

216 建替後の事業用建物（店舗兼貸家）の店舗部分が増加した場合

相続人乙は、店舗兼貸家である建物とその敷地を相続により取得しました。

乙は、相続税の申告期限までにこの建物の建替工事に着手する予定（完成は申告期限後になる予定）です。店舗部分の使用割合が建替後に増加した場合、特定事業用宅地等と貸付事業用宅地等の部分はどのようになりますか。

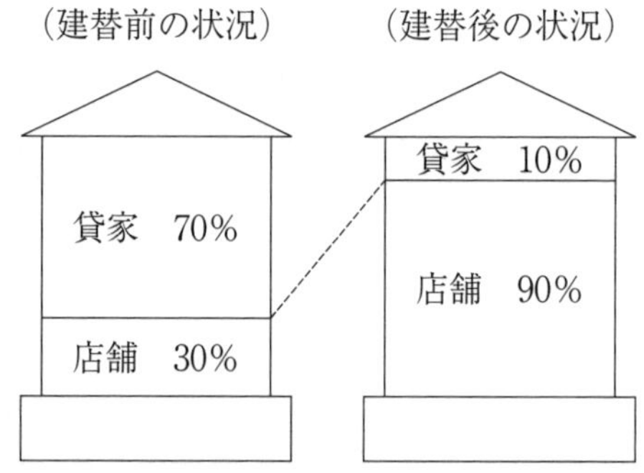

特定事業用宅地等の部分30%
貸付事業用宅地等の部分10%

解説

申告期限までに事業用建物等を建て替えた場合の取扱いについて、事業用宅地等が特定事業用宅地等に該当するためには、その宅地等が相続開始の直前において貸付事業以外の事業の用に供されていたものであること及び相続税の申告期限まで貸付事業以外の事業の用に供されていることを要することから、その宅地等が、建替前又は建替後において貸付事業にもそれ以外の事業にも供される場合には、その取扱いについては、次の(1)又は(2)のとおりになります（措通69の４－19）。

(1) 建替前の「貸付事業以外の事業の用に供されていた宅地等の部分」より、建替後の建物の状況を基に判定した「貸付事業以外の事業の用に供されている宅地等の部分」が小さい場合は、その建替後における貸付事業以外の事業の用に供されている宅地等のみが特定事業用宅地等に該当します。

(2) 建替後の「貸付事業以外の事業の用に供されている宅地等の部分」が、建替前の建物等の状況を基に判定した「貸付事業以外の事業の用に供されていた宅地等の部分」より大きい場合であっても、その建替前における貸付事業以外の事業の用に供されていた宅地等の部分のみが特定事業用宅地等に該当します。

したがって、事例の場合は上記(2)により判定することになり、建替前の店舗部分に対応する敷地の30％が特定事業用宅地等の対象となり、建替後の貸家部分に対応する敷地の10％が、貸付事業用宅地等の対象となります。

217 建替後の事業用建物（店舗兼貸家）の店舗部分が減少した場合

相続人乙は、店舗兼貸家である建物とその敷地を相続により取得しました。

乙は、相続税の申告期限までにこの建物の建替工事に着手する予定（完成は申告期限後になる予定）です。店舗部分の使用割合が建て替え後に減少した場合、特定事業用宅地等と貸付事業用宅地等の部分はどのようになりますか。

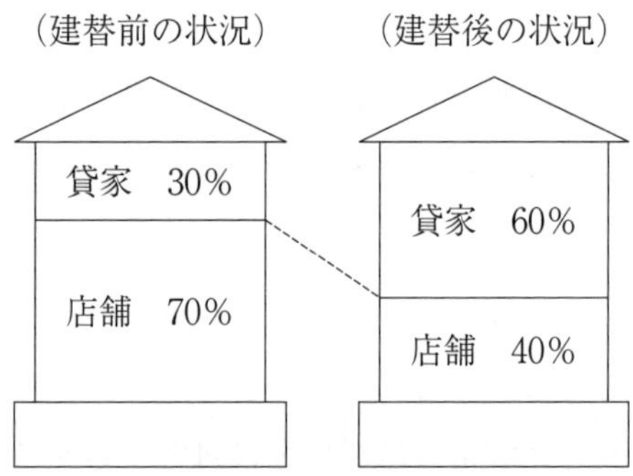

特定事業用宅地等の部分40%
貸付事業用宅地等の部分30%

解説

申告期限までに事業用建物等を建て替えた場合の取扱いについて、事業用宅地等が特定事業用宅地等に該当するためには、その宅地等が相続開始の直前において貸付事業以外の事業の用に供されていたものであること及び相続税の申告期限まで貸付事業以外の事業の用に供されていることを要することから、その宅地等が、建替前又は建替後において貸付事業にもそれ以外の事業にも供される場合には、その取扱いについては、次の(1)又は(2)のとおりになります（措通69の4－19)。

(1) 建替前の「貸付事業以外の事業の用に供されていた宅地等の部分」より、建替後の建物の状況を基に判定した「貸付事業以外の事業の用に供されている宅地等の部分」が小さい場合は、その建替後における貸付事業以外の事業の用に供されている宅地等のみが特定事業用宅地等に該当します。

(2) 建替後の「貸付事業以外の事業の用に供されている宅地等の部分」が、建替前の建物等の状況を基に判定した「貸付事業以外の事業の用に供されていた宅地等の部分」より大きい場合であっても、その建替前における貸付事業以外の事業の用に供されていた宅地等の部分のみが特定事業用宅地等に該当します。

したがって、この事例の場合は上記(1)により判定することになり、建替後の店舗部分に対応する敷地の40％が特定事業用宅地等の対象となり、建替前の貸家部分に対応する敷地の30％が貸付事業用宅地等の対象となります。

⑹　その他

分割争いで申告期限までに事業の用に供せなかった場合

被相続人甲は、Ａ宅地及びその上に建物を所有して、そこで寿司屋を営んでいました。甲の相続人は、乙、丙及び丁の３名ですが、いずれも他に職業を有していました。乙は、Ａ宅地及び建物を相続により取得することを条件に寿司屋を承継したいと考えていますが、甲の相続税の申告期限において遺産分割の協議が整わないため寿司屋は休業したままです。相続税の申告期限から３年以内に乙がＡ宅地を遺産分割により取得して甲の事業を承継した場合に、Ａ宅地は特定事業用宅地等に該当しますか。

Ａ宅地が相続税の申告期限から３年以内に分割された場合であっても、Ａ宅地は特定事業用宅地等に該当しません。

解説

原則として相続税の申告期限において分割されていない宅地について本特例の適用を受けることはできません。しかし、その分割されていない宅地等が、相続税の申告期限から３年以内に分割された場合など一定の場合には本特例の適用を受けることができます（措法69の４④）。

一方、その分割された宅地等が特定事業用宅地等に該当するかどうかは、特定事業用宅地等の要件を満たすものであるかどうかにより判定します。被相続人の事業の用に供されていた宅地等が特定事業用宅地に該当するためには、宅地等を取得した親族が、相続開始時から相続税の申告期限までの間に被相続人の事業を引き継ぎ、申告期限まで引き続きその事業を営んでいることが要件となっています(措法69の4③一)。

この事例の場合には、乙が相続税の申告期限の後に被相続人の事業を承継するとしてもその事業は相続開始時から相続税の申告期限までの間に引き継がれていませんので、特定事業用宅地等の要件を満たしていません。したがって、A宅地は、特定事業用宅地等に該当しません。

＜特定事業用宅地等の要件＞

区　分	特例の適用要件	
被相続人の事業の用に供されていた宅地等	事業承継要件 事業継続要件	その宅地等の上で営まれていた被相続人の事業を相続税の申告期限までに承継し、かつ、その申告期限までその事業を営んでいること
	保有継続要件	その宅地等を相続税の申告期限まで有していること

【特定同族会社事業用宅地等】

―基本編―

同族会社に特例を適用することについて

被相続人が100％株式を有する同族会社に対して土地を貸し付け、同会社はこの土地の借地権及び建物を所有して自社ビルとして事業（物品販売業）の用に供しています。

この会社の株式を評価する場合に、純資産価額の計算上、この借地権について特定同族会社事業用宅地等に該当しますか。

法人の所有する宅地等には本特例の適用はなく特定同族会社事業用宅地等にも該当しません。

解説

本特例は、個人が相続又は遺贈により取得した宅地等について適用されますから、会社の所有するその宅地等を相続税に係る株式評価において純資産価額に算入する場合においても、本特例の適用はありません。

特定同族会社事業用宅地等に該当する被相続人所有の宅地等について、その同族会社が借地権を有していた場合には、相続税の課税価格に算入する貸宅地の価額について80％の減額をすることができますが、法人の有する借地権について株式の評価上算入する場合について本特例の減額はありません。

被相続人が土地を会社に使用貸借している場合

被相続人甲は、発行済株式の100%を保有する同族会社Ａ社に土地を貸し付け、Ａ社は、その土地に工場を建築し、事業の用に供しています。

甲とＡ社は、土地の貸借に当たり固定資産税程度の地代の授受を行うこととし、税務署に「土地の無償返還に関する届出書」を提出しています。

この場合、甲がＡ社に貸し付けている宅地は、特定同族会社事業用宅地等に該当しますか。

特定同族会社事業用宅地等に該当しません。

解説

宅地が被相続人の事業用といえるかどうかは、実際に授受されている地代により、それが相当の対価といえるかどうかで判断することになります。

ところで、「無償」には、たとえば固定資産税その他の必要経費をカバーする程度の対価の貸付けも含まれることから、固定資産税程度の地代の授受があったとしても、相当の対価による貸付けということはできません。つまり、被相続人の事業の用に供していたものということはできないことになります。

したがって、甲がＡ社に貸し付けていた宅地は、被相続人の事業の用に供されていた宅地等に該当しないので特定同族会社事業用宅地等に該当しません。

〈特定同族会社の所有する建物等があり、当該特定同族会社が事業（貸付事業以外）を行っている場合〉

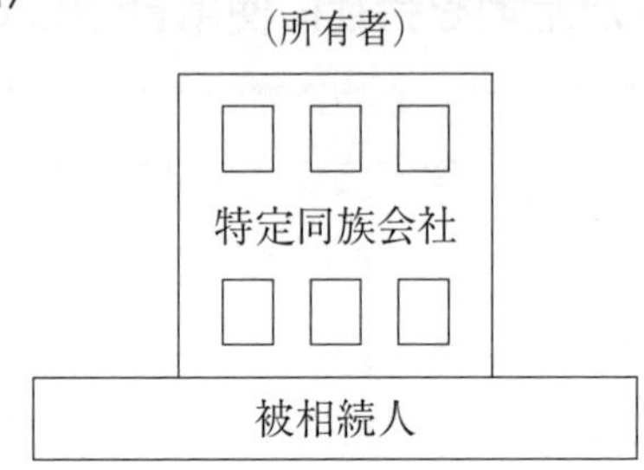

土地の貸借形態	無償返還届	特例内容（※）	根　拠
相当地代を支払っている場合	無	特定同族会社事業用	措通69の４－23
有　償		特定同族会社事業用	措通69の４－23
無　償		非該当	―
相当地代を支払っている場合	有	特定同族会社事業用	措通69の４－23
有　償		特定同族会社事業用	措通69の４－23
無　償		非該当	―

<特定同族会社事業用宅地等の要件>

区　分	特例の要件	
特定同族会社（※１）の事業の用に供されていた宅地等	法人役員要件	相続税の申告期限においてその法人の役員（※２）であること
	保有継続要件	その宅地等を相続税の申告期限まで有していること

（※１）　特定同族会社とは、相続開始の直前において被相続人及びその親族等がその法人の発行済株式の総数又は出資の総額の50％超を有している法人（相続税の申告期限において清算中の法人を除きます。）をいいます。
（※２）　法人税法第２条第15号に規定する役員（清算人を除きます。）をいいます。

221 持分の定めがある医療法人が使用している場合

被相続人甲は、医療法人（持分の定めのある法人）の出資持分の80%を有し、理事長としてこの医療法人を経営するとともにこの医療法人に建物を賃貸していました。相続人乙は、被相続人が有するこの医療法人の出資持分の全部と、賃借していた建物とその敷地を取得するとともに、理事長に就任しました。この乙が相続により取得した敷地について、特定同族会社事業用宅地等に該当するのでしょうか。

特定同族会社事業用宅地等に該当します。

解説

特定同族会社事業用宅地等で定める特定同族会社とは、相続開始の直前に被相続人及び当該被相続人の親族その他当該被相続人と特別の関係がある者が有する株式の総数又は出資の総額が当該株式又は出資に係る法人の発行済株式の総数又は出資の総額の5/10を超える法人であることから持分の定めのある医療法人もこの要件を満たせば該当します（措法69の4③三）。

この事例の場合は、持分の定めのある医療法人の事業の用に供されていた宅地等を相続により取得した相続人乙が、申告期限までに役員に就任していることから、当該宅地を相続開始時から申告期限まで引き続き有し、かつ、申告期限まで引き続き当該法人の事業の用に供する場合は、特定同族会社事業用宅地等に該当することとなります。

222 持分の定めのない医療法人が使用している場合

被相続人甲は、医療法人（持分の定めののない法人）の理事長としてこの医療法人を運営するとともにこの医療法人に建物を賃貸していました。相続人乙は、この医療法人が賃借していた建物とその敷地を取得するとともに、理事長に就任しました。この乙が相続により取得した敷地について、特定同族会社事業用宅地等に該当するのでしょうか。

特定同族会社事業用宅地等には該当しません。

解説

特定同族会社事業用宅地等で定める特定同族会社とは、相続開始の直前に被相続人及び当該被相続人の親族その他当該被相続人と特別の関係がある者が有する株式の総数又は出資の総額が当該株式又は出資に係る法人の発行済株式の総数又は出資の総額の５/10を超える法人です（措法69の４③三）。

しかし、持分の定めのない医療法人は、出資持分を有することはないことから、当該医療法人が事業を行っている敷地は、特定同族会社事業用宅地等には該当しません。

なお、被相続人甲は、医療法人に対して建物を賃貸していることから、他の要件を満たせば貸付事業用宅地等の対象になります（措法69の４③四）。

223 株式保有者と宅地取得者が異なる場合

被相続人甲が100%出資する同族会社が事業の用に供している宅地等を長男丙が相続により取得し、甲の所有していた株式は甲の配偶者乙が相続し、丙は株式を相続しませんでした。

なお、相続開始後に丙はこの同族会社の取締役に就任し、相続税の申告期限において役員になっています。

この場合、特定同族会社事業用宅地等に該当しますか。

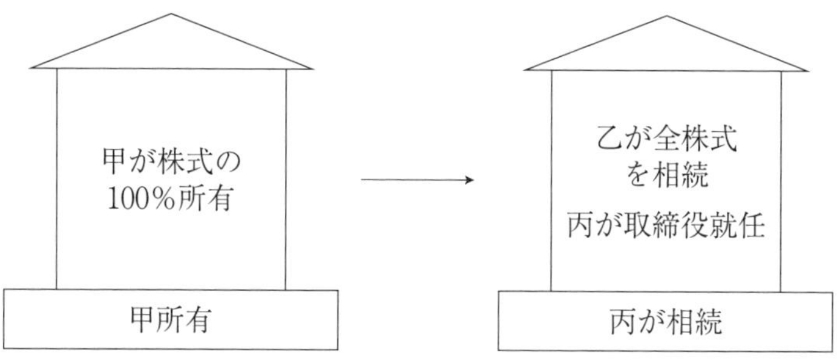

特定同族会社事業用宅地等に該当します。

解説

特定同族会社事業用宅地等の要件として、特定同族会社が事業の用に供している宅地等を相続又は遺贈により取得した親族が、相続税の申告期限においてその同族会社の役員であることが必要とされています。

しかし、その親族が被相続人と生計を一にしていることや、被相続人が有するその同族会社の株式等を相続により取得することは要件とされていません。

この事例の場合も他の要件を満たせば、丙が取得した宅地は特定同族会社事業用宅地等に該当します。

相続人の夫が法人の役員である場合

被相続人甲と長女乙の夫の丙が１/２ずつ共有する宅地を同族会社Ａ社に有償で賃貸し、Ａ社はこの宅地を工場の敷地として使用しています。

Ａ社の株式は、甲と丙が50%ずつ有しており、甲の有するこの宅地の共有持分１/２とＡ社の株式は乙が相続しました。

甲の死亡後は、従来より副社長であった丙が社長として会社を引き継ぐ予定ですが、この場合の宅地は、特定同族会社事業用宅地等に該当しますか。

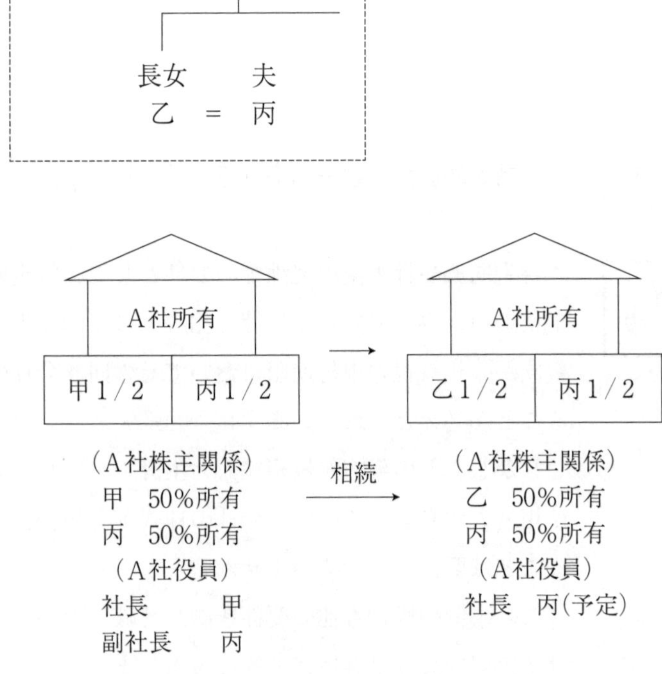

長女乙が相続税の申告期限においてＡ社の役員になっていない場合には、特定同族会社事業用宅地等に該当しません。

解説

特定同族会社事業用宅地等に該当するためには、特定同族会社の事業の用に供されている宅地等を相続又は遺贈により取得した親族が、相続税の申告期限において、その同族会社の役員であることがその要件の一つになっています。

この事例の場合は、宅地の共有持分を相続で取得した乙が相続税の申告期限までにＡ社の役員になっていない場合には、特定同族会社事業用宅地等に該当しないことになります。

なお、特定同族会社事業用宅地等に該当しない場合には、被相続人の貸付事業用宅地等に該当します。

225 宅地等の持分を非役員の相続人が取得した場合

特定同族会社の事業の用に供されていた宅地を被相続人甲の配偶者乙と長男丙が１/２ずつ相続しました。

同族会社は、この宅地を引き続き事業の用に供する予定です。乙は、同族会社の役員になっていますが、丙は他の会社に勤務しており同族会社の役員になれません。

丙が相続した持分も特定同族会社事業用宅地等に該当しますか。

A

特定同族会社事業用宅地等には該当しません。

特定同族会社事業用宅地等とは、特定同族会社の事業（貸付事業を除きます。）の用に供されていた宅地等で、その宅地等を相続又は遺贈により取得したその被相続人の親族（申告期限においてその法人の役員である者に限ります。）が、相続開始の時から申告期限まで引き続き有し、かつ、申告期限まで引き続きその法人の事業の用に供されているものをいい、そのうち要件を満たす親族が相続又は遺贈により取得した持分の割合に応ずる部分に限られます。

この事例の場合は、丙は役員ではありませんので、特定同族会社事業用宅地等には該当しませんが、当該会社に対し有償で貸し付けていた場合は、貸付事業用宅地等に該当します。

226 土地の取得者と建物の取得者が生計別の場合

被相続人甲が所有している土地・建物を被相続人が100%株式を有する同族会社（A社）に対して建物を貸し付け、同会社はこの建物を自社ビルとして事業（物品販売業）の用に供しています。

この土地を長男丙（相続税の申告期限においてA社の役員となっています。）が取得し、建物は配偶者乙（A社の役員ではありません。）が取得しました。丙と乙のこの土地の貸借は使用貸借で地代のやり取りはありません。また、丙と乙は生計が別です。

この場合に、丙が取得した宅地等について特定同族会社事業用宅地等に該当しますか。

A

特定同族会社事業用宅地等に該当します。

被相続人が有していた宅地が、特定同族会社事業用宅地等に該当するためには、特定同族会社自身が建物を所有している場合と、その宅地上に存する建物を①被相続人が有している場合又は②被相続人と生計を一にしていた親族が被相続人から宅地等を無償で借り受けて所有している場合に限られています（措通69の4－23）。

この事例の場合は、相続開始の直前の状況においては、この条件を満たすものの、相続税の申告期限においては、宅地を取得した長男と生計を別にする配偶者が取得した建物を同族会社に貸し付けていることから、申告期限まで引き続き当

該法人の事業の用に供されているといえるかどうかが問題となります。

しかし、租税特別措置法第69条の４第３項第３号の「申告期限まで引き続き当該法人の事業の用に供されている」という要件の意義は、当該宅地が特定同族会社等の事業の用に供されているという相続開始時の状態が申告期限まで継続していることにあるので、当該宅地等を取得した親族の事業の用に供されていることを前提としているものではありません。

この事例の場合は、当該宅地を取得した丙は申告期限まで引き続き宅地を所有しており、加えて建物が特定同族会社の事業の用に供されていることから、丙が取得した宅地は特定同族会社事業用宅地等に該当します。

―応用編―

(1) 不動産貸付との関係

会社が不動産貸付業をしている場合

被相続人甲は所有していた宅地を、甲が株式の100%を有していたＡ社に有償で貸し付けていました。Ａ社はこの宅地に５階建てのビルを建築して、貸ビル業の用に供していました。

甲とＡ社の土地の貸借関係は有償による賃貸借であり、宅地を相続した長男丙はＡ社の社長になっています。

この宅地は、特定同族会社事業用宅地等に該当しますか。

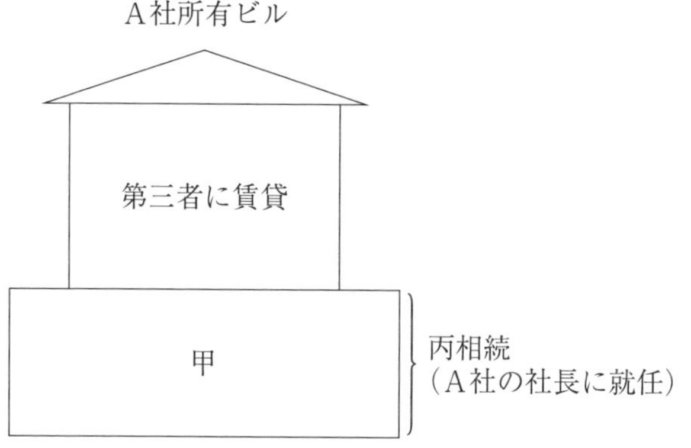

特定同族会社事業用宅地等には該当しません。

解説

特定同族会社事業用宅地等に該当するためには、一定の要件に該当する同族会社の事業の用に供していなければなりませんが、この場合の「同族会社の事業」には貸付事業は含まれないこととされています（措法69の４③一、措令40の２⑦）。

したがって、他の要件を満たしていても、同族会社が不動産貸付の用に供していた宅地は、特定同族会社事業用宅地等に該当しないことになります。

ただし、被相続人が同族会社に対して有償で貸し付けていたことから、被相続人の貸付事業用宅地等に該当します。

228 会社が不動産管理業をしている場合

被相続人甲は所有していた宅地を、甲が株式の100%を所有していたA社に有償で貸し付けていました。A社はこの宅地に建物を建て、その建物で不動産管理業を行っていました。A社の不動産管理業の内容は、被相続人甲から委託を受けて被相続人甲が所有していた賃貸物件の修繕や保全、賃貸料の回収を行っていました。この場合、他の特定同族会社事業用宅地等に関する要件を満たしている場合、この敷地は特定同族会社事業用宅地等に該当しますか。

特定同族会社事業用宅地等に該当します。

解説

特定同族会社事業用宅地等に該当するためには、一定の要件に該当する同族会社の事業の用に供していなければなりませんが、この場合の「同族会社の事業」には貸付事業は含まれないこととされています（措法69の4③一、措令40の2⑦）。

しかしこの事例の場合は、貸付事業を行っているのは被相続人甲であり、A社が行っているのは賃貸物件を管理する不動産管理事業であり貸付事業ではないことから他の要件を満たせば特定同族会社事業用宅地等に該当することとなります。

229 不動産業の会社が本社ビルとして使用していた場合

被相続人が株式の100%を有していたＡ社は不動産貸付業を営む会社です。このＡ社に、被相続人が有償で貸し付けていた宅地があり、Ａ社はこの土地に自社ビルを建築し本社ビルとして使用しており、他の者に貸し付けているものではありません。

この宅地について、特定同族会社事業用宅地等に該当しますか。

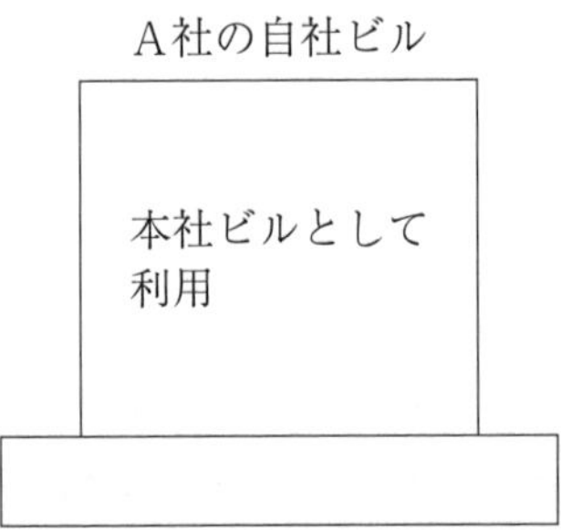

特定同族会社事業用宅地等には該当しません。

解説

特定同族会社事業用宅地等に該当するためには、特定同族会社の事業の用に供されていることが要件とされていますが、この場合の「事業」からは、貸付事業が除かれています（措法69の４③一、措令40の２⑦）。

したがって、他の要件を満たしていても、同族会社が他の者に貸し付けている場合のように不動産貸付の用に供していた宅地は、特定同族会社事業用宅地等に該当しないことになり、この事例のように、たとえ、法人の本社事務所として使用している場合であっても、その法人が不動産貸付業を業種としている場合には、不動産貸付業の事業に係る建物の敷地には変わりがありませんので、特定同族会社事業用宅地等には該当しないことになります。

この事例の場合は、特定同族会社事業用宅地等に該当しませんが、貸付事業用宅地等の対象になります。

会社が不動産貸付業を兼業している場合

被相続人は、同族会社Ａ社のオーナー社長でした。Ａ社は、コンビニエンスストアと、不動産貸付業を兼業しています。

ところで、被相続人はＡ社に複数の土地を有償で貸し付けています。

そこで、これらの宅地について、特定同族会社事業用宅地等に該当するか否かの判断はどのようにしたらよいのでしょうか。

会社が、敷地ごとにいずれの事業の用に供しているかを実態に即して判断することとなります。

解説

同族会社が本来の事業と不動産貸付業等を兼務している場合は、利用実態で判断します。例えば、敷地がコンビニエンスストアの用に供されているならば特定同族会社事業用宅地等となり、不動産貸付業の用に供されているならば貸付事業用宅地等ということになります。

事業全体を管理する本社の敷地など両方の事業の用に供されている宅地等は、利用実態による按分や場合によっては売上割合や従業員の従事状況等により適用関係を判断することになるものと思われます。

231 会社がビルの一部を賃貸している場合

被相続人甲がＡ社（小売業、甲が株式100%所有）に有償で貸し付けている宅地（400㎡）があります。Ａ社はこの宅地に５階建のビルを建築し（すべての階の床面積は同じ）、１階を店舗、２階を事務所兼倉庫（すべて小売業関係に使用）、３階から５階を賃貸事務所として他社に貸し付けています。

この宅地を長男丙（Ａ社の新社長）が相続した場合、400㎡すべてが特定同族会社事業用宅地等に該当しますか。

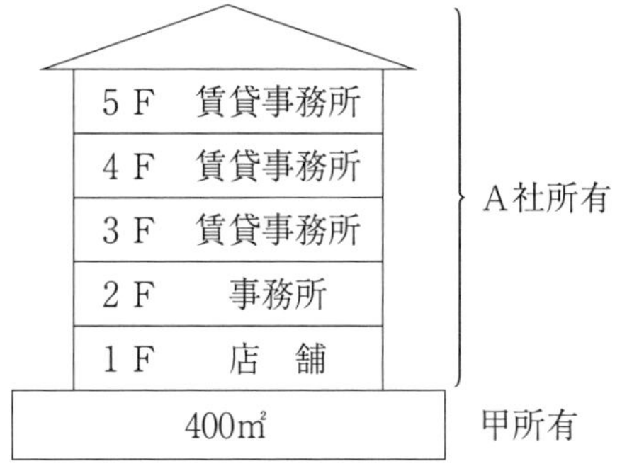

特定同族会社が他社に貸し付けていた部分に相当する敷地については、特定同族会社事業用宅地等に該当しません。

解説

特定同族会社事業用宅地等の要件に該当する特定同族会社の「事業」からは貸付事業が除かれています（措法69の４③一、措令40の２⑦）。

したがって、この事例の場合は、Ａ社に貸し付けている宅地のうち、Ａ社が貸付事業以外の事業の用に供している１階及び２階に相当する部分については特定同族会社事業用宅地等に該当します。

また、被相続人が有償でこの宅地をＡ社に貸し付けていたことから３階から５階に相当する部分については、被相続人の貸付事業用宅地等に該当します。

この事例の場合は、同族会社に貸し付けている400㎡のうち、１階及び２階の部分に相当する面積を特定事業用等宅地等の対象とし、残りの面積について限度面積の範囲内で貸付事業用宅地等の対象とすることができます。

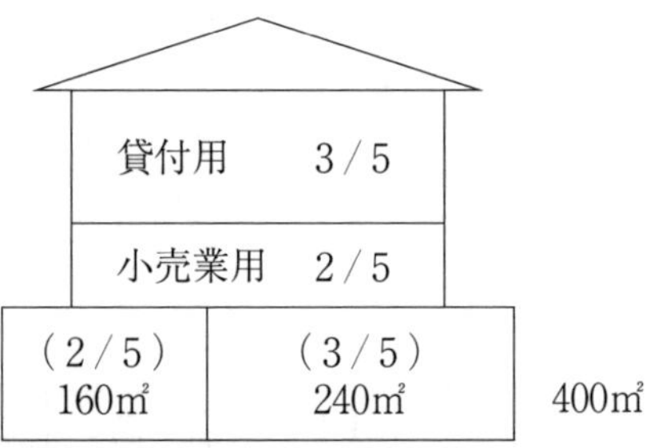

特定同族会社事業用等宅地等　貸付事業用宅地等

・特定事業用等宅地等……160㎡
・貸付事業用等宅地等……120㎡

$$160㎡\times\frac{200}{400}+0㎡\times\frac{200}{330}+C\leqq 200㎡$$

$$C\leqq 120㎡$$

※　特定居住用宅地等の面積は０㎡とします。

⑵ 厚生施設の敷地の場合

社宅を親族のみが使用している場合

被相続人と配偶者のみが社宅として使用していた敷地は、特定同族会社事業用宅地等に該当しますか。

特定同族会社事業用宅地等には該当しません。

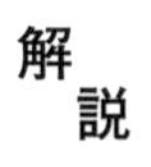

特定同族会社の社員のための社宅は、他の要件を満たせば特定同族会社事業用宅地等として取り扱われますが、親族のみが使用していたものは除かれています（措通69の４－24）。

この事例のように、社宅を被相続人の親族のみが使用している場合には、特定同族会社事業用宅地等には該当しません。

233 役員社宅として使用している部分がある場合

Ａ社は、被相続人甲が100%出資する物品販売業を行っている会社です。甲の所有する土地の上に存するＡ社の建物の利用状況は、３/４を事務所として、１/４は甲が社宅として使用していました。この敷地は特定同族会社事業用宅地等に該当しますか。

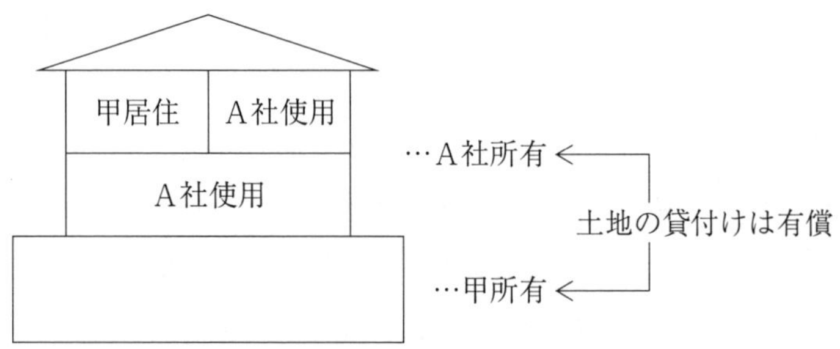

３/４に相当する部分については特定同族会社事業用宅地等に該当します。

解説

Ａ社に有償で貸し付けているこの宅地は、甲の事業用宅地に該当します（措通69の４－23(1)）。しかし、１/４に相当する部分は甲のみが居住する社宅ということになり、法人の事業の用に供されていた宅地とはいえません（措通69の４－24）。

なお、この１/４に相当する部分については、甲はその宅地をＡ社に有償で貸し付けており、甲の事業の用に供していた宅地となりますので、貸付事業用宅地等の対象になります。

したがって、３/４に相当する部分は他の要件を満たす場合は、特定同族会社事業用宅地等に該当します。

(3) 建替えがあった場合

234 相続開始後に建替工事に着手した場合

申告期限までに建替えのために工事に着手した場合にその敷地は、特定同族会社事業用宅地等に該当しないのでしょうか。

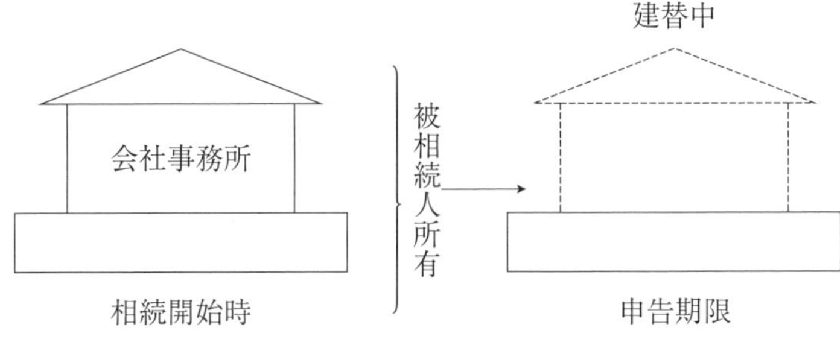

会社の事業の用に供されると認められる部分については、特定同族会社事業用宅地等に該当します。

解説

相続等により取得した宅地が、特定同族会社事業用宅地等に該当するためには、「相続又は遺贈で取得した者のうちに、その法人の役員である被相続人の親族がいて、この宅地等を相続税の申告期限まで保有し、かつ、引き続き法人の事業の用に供されていること」の要件を満たしていることが必要です。

この事例のように、法人の事業の用に供されていた建物について申告期限までに建替工事を行った場合には、この「引き続き法人の事業の用に供していること」の要件を満たさないこととなるため、形式的には、特定同族会社事業用宅地等には該当しないことになります。しかし、建物等の建替えなど事業用施設の更新は事業の継続に必要なものであることを考慮して、この点については形式的な判定を行うことなく、次のように取り扱われることとされています。

すなわち、特定同族法人の事業の用に供されていた建物等が相続開始の日から相続税の申告期限までに建替工事に着手された場合には、当該宅地等のうち、特定同族法人の事業の用に供されると認められる部分については、当該申告期限においても特定同族法人の事業の用に供されているものとして取り扱うこととされ、特定同族会社事業用宅地等に該当することとなります（措通69の４－19(注))。

235 建替工事に着手した建物の利用が従前と異なる場合

申告期限までに建替えのために工事に着手した場合にその敷地は、特定同族会社事業用宅地等に該当しないのでしょうか。なお、建替後の建物は5階建のビルで1、2階を引き続き会社の事務所として賃貸し、3～5階は第三者に貸し付ける予定です。

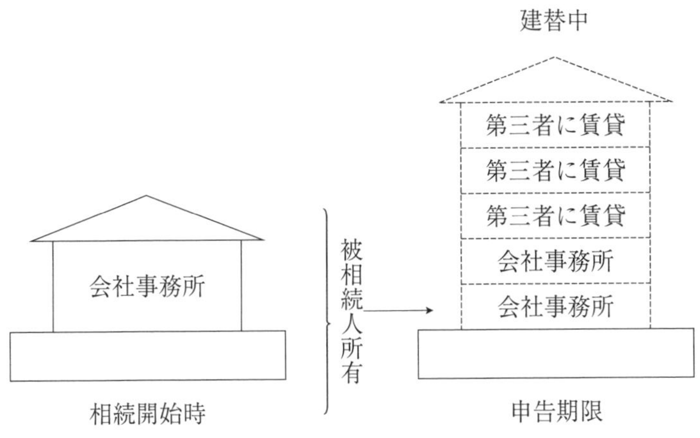

建替後の建物の1階及び2階の床面積に対応する敷地に相当する部分2/5は、特定同族会社事業用宅地等に該当し、3～5階の床面積に対応する敷地部分3/5については貸付事業用宅地等に該当します。

解説

特定同族法人の事業の用に供されていた建物等が相続開始の日から相続税の申告期限までに建替工事に着手された場合には、当該宅地等のうち、特定同族法人の事業の用に供されると認められる部分については、当該申告期限においても特定同族法人の事業の用に供されているものとして取り扱われるので、特定同族会社事業用宅地等に該当することとなります（措通69の４－19）。

この事例の場合は、建替後の建物の１階及び２階の床面積に対応する敷地に相当する部分２/５は、特定同族会社事業用宅地等に該当しますが、３～５階の部分に相当する敷地３/５については、貸付事業用宅地等の対象となります。

⑷　その他

236　申告期限において会社が清算中の場合

相続税の申告期限において清算中の会社が使用する宅地は、特定同族会社事業用宅地等に該当しますか。

特定同族会社事業用宅地等に該当しません。

被相続人が同族法人に貸し付けていた宅地が特定同族会社事業用宅地等に該当するためには、相続税の申告期限まで引き続き当該法人の事業の用に供されていることが要件とされています。

ところで、解散した株式会社は、会社法の規定により清算しなければならず、清算株式会社の能力は、清算の目的の範囲内で、清算が結了するまで存続するものとみなされます（会社法476）。

したがって、特定同族会社事業用宅地等は、事業を継続することを前提としているものであるため、相続税の申告期限において清算中の法人は、これに当たらないものとされています（措令40の２⑱）。

この質問の場合、相続税の申告期限において会社は、清算中の法人であることから特定同族会社事業用宅地等に該当しません。

237 通常の地代と相当の地代による貸付け

Q　会社に、建物の敷地として宅地を貸し付けようとする場合において、通常の地代で貸し付ける場合と相当の地代で貸し付ける場合とでは、特定同族会社事業用宅地等の適用上違いがありますか。

A　**貸付けが事業に該当するのであれば異なるところはありません。**

解説

特定同族会社事業用宅地等は、その前提として、被相続人の事業の用に供されていたものであることが必要であり、この場合の事業には、相当の対価により継続的に貸し付けられている不動産の貸付けが含まれますから、会社に相当の対価により継続的に貸し付けられていることが必要となります。

したがって、無償で貸し付けている場合はこれに該当しませんが、この質問のように、通常の地代あるいは相当の地代での貸し付けが、いずれの場合も相当の対価による継続的な貸し付けに該当すれば、他の要件を満たす限り、特定同族会社事業用宅地等に該当することになります。

なお、相当の地代とは、自用地としての価額の過去３年間における平均額に対しておおむね年６％程度の地代をいい、通常の地代とは、その地域において通常の賃貸借契約に基づいて通常支払われる地代をいいます。

裁判例・裁決例　No. 25（655ページ）・No. 31（661ページ）・No. 59（671ページ）・No. 72（683ページ）

(参考)

相当の地代を支払っている場合等の借地権等についての相続税及び贈与税の取扱いについて(抄)

(昭和60年6月5日　課資2－58(例規)直評9　平成3年12月18日　課資2－51　平成17年5月31日　課資2－4)

(相当の地代を支払って土地の借受けがあった場合)

1　借地権(建物の所有を目的とする地上権又は賃借権をいう。以下同じ。)の設定に際しその設定の対価として通常権利金その他の一時金(以下「権利金」という。)を支払う取引上の慣行のある地域において、当該権利金の支払に代え、当該土地の自用地としての価額に対しておおむね年6％程度の地代(以下「相当の地代」という。)を支払っている場合は、借地権を有する者(以下「借地権者」という。)については当該借地権の設定による利益はないものとして取り扱う。

この場合において、「自用地としての価額」とは、昭和39年4月25日付直資56ほか1課共同「財産評価基本通達」(以下「評価基本通達」という。)25《貸宅地の評価》の(1)に定める自用地としての価額をいう(以下同じ。)。

238 公益法人等が使用している土地

Q

Ａ公益財団法人は、公益社団法人及び公益財団法人の認定等に関する法律に基づく公益認定を受けた法人です。私には、このＡ公益財団法人に使用貸借で貸している土地があります。Ａ公益財団法人は、この土地の上に建物を建て公益目的事業を行っております。この土地について、本特例の適用は受けられるのでしょうか。

A

土地を使用貸借により貸し付けていることから本特例の適用はありません。

解説

本特例は、個人が相続又は遺贈により取得した財産で、相続の開始の直前において、被相続人等の事業（事業に準ずるものとして政令で定めるものを含みます。）の用又は居住の用に供されていた宅地等で建物又は構築物の敷地の用に供されているものに適用を受けることができます（措法69の４①）。

この事業に準ずるものとは、事業と称するに至らない不動産の貸付けその他これに類する行為で相当の対価を得て継続的に行う準事業が該当します（措令40の２①）。

土地は、Ａ公益財団法人に無償で貸付を行っていることから、この準事業にも該当しないために本特例の適用を受けることができません。

なお、貸付先が公益財団法人であることから、相続税の申告期限までにこの敷地をＡ公益財団法人に対し贈与を行い、租税特別措置法第70条（国等に対して相続財産を贈与した場合等の相続税の非課税等）、租税特別措置法第40条（国等に対して財産を寄附した場合の所得税の非課税）の適用を受けることができます。

(参考)

租税特別措置法第70条（抜粋）

相続又は遺贈により財産を取得した者が、当該取得した財産をその取得後当該相続又は遺贈に係る相続税法第27条第１項又は第29条第１項の規定による申告書～（省略）～の提出期限までに国若しくは地方公共団体又は公益社団法人若しくは公益財団法人その他の公益を目的とする事業を行う法人のうち、教育若しくは科学の振興、文化の向上、社会福祉への貢献その他公益の増進に著しく寄与するものとして政令で定めるものに贈与をした場合には、当該贈与により当該贈与をした者又はその親族その他これらの者と同法第64条第１項に規定する特別の関係がある者の相続税又は贈与税の負担が不当に減少する結果となると認められる場合を除き、当該贈与をした財産の価額は、当該相続又は遺贈に係る相続税の課税価格の計算の基礎に算入しない。

租税特別措置法第40条（抜粋）

国又は地方公共団体に対し財産の贈与又は遺贈があった場合には、所得税法第59条第１項第１号の規定の適用については、当該財産の贈与又は遺贈がなかったものとみなす。公益社団法人、公益財団法人、特定一般法人（法人税法別表第二に掲げる一般社団法人及び一般財団法人で、同法第２条第９号の二イに掲げるものをいう。）その他の公益を目的とする事業（以下この項から第３項まで及び第５

項において「公益目的事業」という。）を行う法人（外国法人に該当するものを除く。以下この条において「公益法人等」という。）に対する財産（国外にある土地その他の政令で定めるものを除く。以下この条において同じ。）の贈与又は遺贈（当該公益法人等を設立するためにする財産の提供を含む。以下この条において同じ。）で、当該贈与又は遺贈が教育又は科学の振興、文化の向上、社会福祉への貢献その他公益の増進に著しく寄与すること、当該贈与又は遺贈に係る財産～（省略）～が、当該贈与又は遺贈があった日から２年を経過する日までの期間～（省略～）内に、当該公益法人等の当該公益目的事業の用に直接供され、又は供される見込みであることその他の政令で定める要件を満たすものとして国税庁長官の承認を受けたものについても、また同様とする。

239 郵便局舎の敷地と本特例の適用関係

いわゆる特定郵便局の敷地については、郵政民営化法が施行された後は、日本郵政公社が郵便局株式会社（現：日本郵便株式会社）等の株式会社になったため、本特例の適用を受けられなくなるのでしょうか。

郵政民営化法が施行された日以後も本特例の適用（80％の減額）を受けることができます。

解説

1　郵政民営化法施行日（平成19年10月１日）前

郵政民営化法の施行日（平成19年10月１日）前は、いわゆる特定郵便局の敷地の用に供されている宅地等は、その宅地等を取得した人のうちに被相続人の親族がおり、かつ、その親族から相続開始後５年以上その不動産を国の事業の用に供するため借り受ける見込みであることについて日本郵政公社が証明したものについて、租税特別措置法第69条の４第３項第３号に規定する国営事業用宅地等として本特例の適用（80％の減額）が認められていました。

2　郵政民営化法施行日（平成19年10月１日）以後

郵政民営化法の施行後は、上記国営事業用宅地等に係る規定は廃止されましたが、郵政民営化法第180条第１項により、同項に規定する要件のすべてを満たす場合、当該宅地等を租税特別措置法第69条の４第３項第１号に規定する特定事業用宅地等として同条第１項に規定する特例対象宅地等とみなされています（措通69の４－27）。

したがって、郵政民営化法の施行後は、同法第180条第１項の適用がある場合には、租税特別措置法第69条の４第３項第１号の適用により、同施行日前と同様に80％の減額が受けられます。

具体的には、次のすべての要件を満たすものが上記のみなされる特例対象宅地等となります。

① 被相続人又はその相続人が、郵政民営化法の施行日前から郵便局舎を日本郵政公社に貸し付けていた建物の敷地で、同日から相続開始までの間、当該賃貸借契約を承継した郵便局株式会社（現：日本郵便株式会社）に引き続き貸し付けていたもの。

　したがって、郵政民営化法の施行日後に新たに締結された契約により貸し付けられたものは、特例対象宅地等とはみなされません。

② 郵便局株式会社（現：日本郵便株式会社）が、上記①の敷地を相続開始後５年以上引き続き借り受け、郵便局舎の用に供することについて証明したもの。

③ 上記①の敷地は、既に郵政民営化法第180条第１項の規定の適用を受けたことがないものであること。

３　上記２の①～②の要件に当たらない場合

貸付事業用宅地等に該当すれば、50％の減額の適用があります（措法69の４①二、③四、措通69の４－33）。

（注） 郵便局株式会社は、平成24年10月１日にその商号を日本郵便株式会社に変更しました。

240 既に郵政民営化法第180条第１項の規定を受けたことがある宅地

郵政民営化法施行後に開始した相続（被相続人甲）の相続税の申告に当たり、郵政民営化法第180条第１項の規定の適用を受けたＡ宅地（この宅地は配偶者乙が取得しました。）があります。

今後、乙に相続が開始した場合、Ａ宅地について再度郵政民営化法第180条第１項の適用を受けることはできるのでしょうか。

A

郵政民営化法第180条第１項の規定は、既に同法第180条第１項の規定の適用を受けていない場合に限り適用がありますので、乙の相続では適用できません。

郵政民営化法第180条第１項第３号の規定は次のとおりです。

「個人が相続又は遺贈（贈与をした者の死亡により効力を生ずる贈与を含む。以下この項において同じ。）により取得をした財産のうちに、次に掲げる要件のすべてを満たす土地又は土地の上に存する権利で政令で定めるもの（以下この項において「特定宅地等」という。）がある場合には、当該特定宅地等を租税特別措置法第69条の４第３項第１号に規定する特定事業用宅地等に該当する同条第１項に規定する特例対象宅地等とみなして、同条及び同法第69条の５の規定を適用する。

一　（省略）

二　（省略）

三　当該宅地等について、既にこの項の規定の適用を受けたことがないものであること。」

したがって、特例の適用を受けることができるのは、宅地等について、既に郵政民営化法第180条第１項の規定の適用を受けたことがないものであることが要件の一つとされていますので、再度80％の減額を受けることはできません（措通69の４－28）。

なお、宅地等について郵政民営化法第180条第１項の規定を既に適用している場合には、その後の相続において同項の規定の適用を受けることはできませんが、その場合であっても租税特別措置法第69条の４第３項第４号に規定する要件を満たす場合には、同条第１項第２号の規定（50％の減額）の適用を受けることができます。

241 郵便局舎の取得者とその敷地の取得者が異なる場合

郵便局舎を相続人乙、その敷地は相続人乙・丙により共有とした場合の適用はどうなりますか。

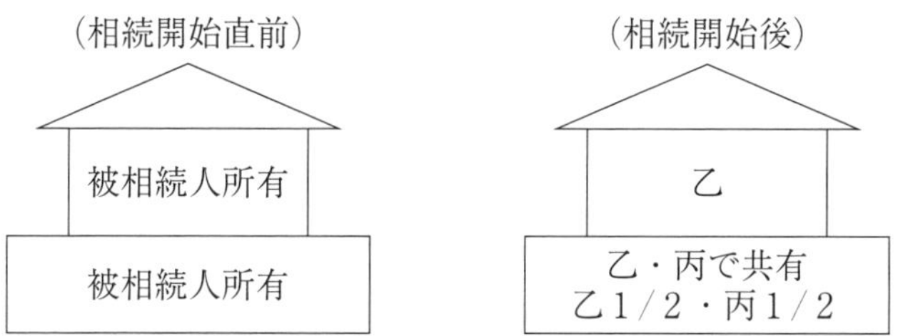

相続人乙のみ適用を受けることができます。

解説

郵政民営化法第180条第１項の規定の適用は、相続の開始以後、相続又は遺贈により土地等を取得した相続人がこの土地等の上に存する建物（郵便局舎）の全部又は一部を有し、かつ、賃貸借契約の当事者として郵便局舎を日本郵便株式会社（旧郵便局株式会社）に貸し付けている場合に限り、その適用を受けることができます（措通69の４－35）。

したがって、乙は建物を取得していますが、丙は建物を取得していないことから特例を受けることはできません。

第3章

小規模宅地等の特例の相続税額への影響

■Ⅰ■ 対象宅地等の選択方法と配偶者の税額軽減

はじめに

宅地等を取得した者が本特例の要件を満たす限り、複数の宅地等について本特例を適用することが可能となります。そこで、本特例の要件を満たす宅地等を取得した者が複数いる場合には、どの宅地等を選択するかについて、取得した者の中での合意が必要になり（34ページ参照）、下記の限度面積の中での選択に限られます（35ページ参照）。

〈限度面積〉

特定事業用宅地等又は特定同族会社事業用宅地等＝A（㎡）

特定居住用宅地等＝B（㎡）

貸付事業用宅地等＝C（㎡）

(1) 対象宅地にCがない場合

A≦400㎡、B≦330㎡（合計730㎡まで可能）

(2) 対象地にCがある場合

$$A \times \frac{200}{400} + B \times \frac{200}{330} + C \leqq 200㎡$$

したがって、本特例をどの宅地等で適用するかにより、相続税額の負担額が大きく影響を受けることになります。本特例は、相続税の課税価格を減額するものですから、課税価格が最も減少するように選択をすればいいことになりますが、さらに配偶者の税額軽減も考慮しなければなりません。

ここで、具体的な事例により、検証していくこととします。

事例

相続人は配偶者Ａ・子Ｂの２人とします。財産は、下記のとおりとします。

・自宅（甲土地330㎡）が１億2,000万円……Ａが取得（特定居住用宅地等に該当）

・貸家敷地（乙土地100㎡）が6,000万円……Ｂが取得（貸付事業用宅地等に該当）

・その他の財産が２億2,000万円……Ａが8,000万円取得し、Ｂが１億4,000万円取得

<検討>

(1)　甲土地から先に選択した場合

甲土地の課税価格の減額される金額は、１億2,000万円×0.8＝9,600万円となります。

$330㎡ \times \frac{200}{330} = 200㎡$となり、他の宅地の選択はできません。

(2)　乙土地から先に選択した場合

乙土地の課税価格の減額される金額は、6,000万円×0.5＝3,000万円となります。

乙土地は100㎡で200㎡未満ですので、まだ他に選択できる余地があります。

残りを特定居住用宅地等で選択する場合の地積をＫ㎡とすると、次の方程式を解くことになります。$K \times \frac{200}{330} + 100㎡ = 200㎡$

$$K \times \frac{200}{330} = 100㎡$$

$$K = 100㎡ \times \frac{330}{200}$$

$$K = 165㎡$$

したがって、甲土地の課税価格の減額される金額は、1億2,000万円×165㎡/330㎡×0.8＝4,800万円となります。

減額金額の合計は、3,000万円＋4,800万円＝7,800万円となります。

〈ケース1〉　甲土地330㎡から先に選択した場合

⑴と⑵を比較してみると、課税価格は⑴のほうが低くなりますので、⑴を選択した場合の税額を計算してみます。

●Aの取得財産

甲土地の課税価格は1億2,000万円×0.2＝2,400万円となります。

課税価格：2,400万円＋8,000万円＝1億400万円

●Bの取得財産

課税価格：6,000万円＋1億4,000万円＝2億円

相続人	A	B	合　計
課税価格	1億400万円	2億円	3億400万円
相続税額	2,422万円	4,658万円	7,080万円
配偶者軽減	2,422万円	—	2,422万円
納税額	0万円	4,658万円	4,658万円

〈ケース2〉　乙土地100㎡から先に選択をして、甲土地165㎡を次に選択した場合

配偶者の税額軽減を考慮して、乙土地から先に選択すると税額がどうなるかを見ていきます。

●Aの取得財産

甲土地のうち165㎡を本特例として選択するので、甲土地の課税価格は1億2,000円－4,800万円＝7,200万円となります。

課税価格：7,200万円＋8,000万円＝1億5,200万円

●Bの取得財産

第3章

乙土地の全部100㎡を本特例として選択したので、乙土地の課税価格は6,000万円×50％＝3,000万円となります。

課税価格：3,000万円＋１億4,000万円＝１億7,000万円

相続人	A	B	合　計
課税価格	１億5,200万円	１億7,000万円	３億2,200万円
相続税額	3,682万円	4,118万円	7,800万円
配偶者軽減	3,682万円	—	3,682万円
納税額	0万円	4,118万円	4,118万円

☞ <ケース１> と比べ、Ｂの税負担額が540万円ほど減少することとなりました。これは、課税価格が増加して相続税の総額が720万円増加したものの、配偶者の軽減額が1,260万円増加したことによります。

<まとめ>

本特例対象地が複数あるときには、減額金額が最大となるように選択をするようにする一方、配偶者の税額軽減をも考慮した税額比較を行い、最終的な対象地の選択をすべきことになります（次のⅡも参照してください。）。

また、配偶者がいる場合には、その配偶者の相続（第二次相続）のときの税額負担をも考慮した本特例の選択が必要となりますので、宅地等の分割方法も十分検討をした上で決定することが重要となります。この点につきましては、次のⅡ、Ⅲを参照してください。

■Ⅱ■　遺産の分割方法による相続税額への影響

はじめに

遺産の分け方により、宅地等を取得した者が本特例の要件を満たす者か否かにより、本特例の額が変わることになります。そして、相続税の計算方式は、相続人ごとに財産取得額に税率を乗じるというような単純計算方式になっていないため、本特例を受ける者のみならず他の者の相続税額の負担額が影響を受けることになります。ここで具体的な事例により、検証していくこととします。

(1)　第一次相続への影響

事例

相続人は配偶者Ａ・子Ｂの２人とします。財産は、自宅（土地330㎡）が１億6,000万円、預金が１億6,000万円とします。小規模宅地等の特定居住用宅地等の要件はＡのみが満たしているものとします。

〈ケース１〉　Ａが自宅を取得し、Ｂが預金を取得したとします。Ａの取得した土地の課税価格は１億6,000万円×0.2＝3,200万円となります。

第３章

相続人	A	B	合　計
課税価格	3,200万円	1億6,000万円	1億9,200万円
相続税額	517万円	2,583万円	3,100万円
配偶者軽減	517万円	—	517万円
納税額	0万円	2,583万円	2,583万円

〈ケース２〉　Ｂが自宅を取得し、Ａが預金を取得したとします。Ｂの取得した土地の課税価格は１億6,000万円のままです。

相続人	A	B	合　計
課税価格	1億6,000万円	1億6,000万円	3億2,000万円
相続税額	3,860万円	3,860万円	7,720万円
配偶者軽減	3,860万円	—	3,860万円
納税額	0万円	3,860万円	3,860万円

☞ <ケース１> と比べ、Ｂの税負担額が1,277万円も増加することになります。

〈ケース３〉　自宅と預金をＡとＢが1/2ずつ取得したとします。Ａの取得した土地の課税価格は１億6,000万円×1/2×0.2＝1,600万円となります。

相続人	A	B	合　計
課税価格	9,600万円	1億6,000万円	2億5,600万円
相続税額	1,935万円	3,225万円	5,160万円
配偶者軽減	1,935万円	—	1,935万円
納税額	0万円	3,225万円	3,225万円

☞ <ケース１> と比べ、<ケース２> ほどではありませんがＢの税負担額が642万円だけ増加することになります。

〈ケース４〉 相続税額が最少となる分割の方法はＡが自宅を取得し、さらに預金のうち１億2,800万円を取得した場合となります。Ａの課税価格を１億6,000万円とするためです。

相続人	A	B	合　計
課税価格	１億6,000万円	3,200万円	１億9,200万円
相続税額	2,583万円	517万円	3,100万円
配偶者軽減	2,583万円	—	2,583万円
納税額	0万円	517万円	517万円

☞ <ケース１> と比べ、Ｂの税負担額が2,066万円も減少し、517万円の納税額となります。ただし、Ａの取得分が小規模宅地等の特例前の金額で２億8,800万円となるため、次の(2)で見るように、第二次相続への影響を考えなくてはいけません。

(2)　第二次相続への影響

上記(1)で見たように、遺産の分け方によって第一次相続の税負担が大きく変わることになります。

ここでは、第二次相続の税負担はどうなるか見ていきます。上記(1)の４つのケースを題材として、第二次相続で本特例が適用できる場合とできない場合を想定します。また、配偶者Ａの固有財産はないものとします。

〈ケース1－1〉 （前提）Ａの財産は自宅（土地330㎡）で評価額１億6,000万円で、特定居住用宅地等の要件をＢが満たしているとします。

☞土地の課税価格は１億6,000万円×0.2＝3,200万円となり、基礎控除額3,600万円以下のため相続税はかかりません。

第３章

〈ケース1−2〉（前提）ケース１－１の財産内容で、本特例の要件を満たしていないとします。

☞土地の課税価格は１億6,000万円となり、相続税額は、3,260万円となります。

〈ケース2−1〉（前提）Ａの財産は預金１億6,000万円であり、本特例の適用の余地はありません。

☞相続税額は、3,260万円となります。

〈ケース3−1〉（前提）Ａの財産は土地（165㎡）の8,000万円と預金の8,000万円です。Ｂが特定居住用宅地等の要件を満たしているとします。

☞土地の課税価格は8,000万円×0.2＝1,600万円となり、課税価格合計は9,600万円となります。相続税額は、1,100万円となります。

〈ケース3−2〉（前提）ケース３－１の財産内容で、本特例の要件を満たしていないとします。

☞課税価格は１億6,000万円となり、相続税額は、3,260万円となります。

〈ケース4−1〉（前提）Ａの財産は土地（330㎡）の１億6,000万円と預金の１億2,800万円です。Ｂが特定居住用宅地等の要件を満たしているとします。

☞土地の課税価格は、１億6,000万円×0.2＝3,200万円となり、課税価格合計は１億6,000万円となります。相続税額は、3,260万円となります。

<ケース4―2> （前提）ケース４－１の財産内容で、本特例の要件を満たしていないとします。

☞課税価格は２億8,800万円となり、相続税額は、8,640万円となります。

以上を表にまとめると次のようになります。

	第一次相続の相続税額	第二次相続の相続税額		合　計
		本特例あり	本特例なし	
ケース１－１	2,583万円	0円	―	2,583万円
ケース１－２		―	3,260万円	5,843万円
ケース２－１	3,860万円	―	3,260万円	7,120万円
ケース３－１	3,225万円	1,100万円	―	4,325万円
ケース３－２		―	3,260万円	6,485万円
ケース４－１	517万円	3,260万円	―	3,777万円
ケース４－２		―	8,640万円	9,157万円

⑶ まとめ

第二次相続に本特例の適用がある場合とない場合とで、合計の税負担が大きく変動することがわかります。第二次相続で本特例の適用がある場合で、合計の税負担は2,583万円から4,325万円と幅があります。本特例の適用がない場合ではさらに差は拡大し、5,843万円から9,157万円の幅が出ます。

したがって、第一次相続での分割においては、第一次相続で本特例が適用できるか否かを検討して具体的に宅地等の取得者を決めるとともに、第二次相続での本特例の適用の有無をも踏まえていく必要があることになります。

■Ⅲ■　第二次相続を考慮した有利な本特例の適用

はじめに

現行の課税方式によると、相続税の総額は、相続が発生した時点でその遺産額、相続人の数などにより全体が決定されます。しかし、配偶者がいるケースでは、配偶者の税額軽減の制度により、その配偶者の分割の仕方次第で実際の負担額は異なります。また、分割の仕方により、その配偶者自身の相続（第二次相続）にも大きな影響を与えることになります。

そこで、相続人間に争いがないケースでは、第一次相続で本特例の適用を受けようとする宅地等は、なるべく子が取得することとし、第二次相続で本特例の適用を受けようとする宅地等は配偶者が取得するようにすることが有利となります。もちろん、第一次相続で適用を受けるときの小規模宅地等の他に、第二次相続においても適用を受けられる小規模宅地等が存在することが前提となります。ここで、事例により検討します。

事例

- 本特例（特定居住用宅地等）が適用できる土地660㎡（１㎡単価30万円）……１億9,800万円
- 上記以外の財産の課税価格　２億200万円
- 遺産合計　４億円
- 相続人＝配偶者、子１人

【第一次相続】

①　課税価格

・　土地　30万円×660㎡＝１億9,800万円（広大地は非該当とします。）

・　小規模宅地等の減額　30万円×330㎡×0.8＝7,920万円

・　課税価格　１億9,800万円－7,920万円＋２億200万円＝３億2,080万円

②　基礎控除

3,000万円＋600万円×２人＝4,200万円

③　差引金額

①－②＝２億7,880万円

④　相続税の総額

２億7,880万円×1/2＝１億3,940万円

１億3,940万円×40％－1,700万円＝3,876万円

3,876万円×２人＝7,752万円

⑤　第一次相続の最少税額

配偶者が１億6,040万円（＝３億2,080万円×1/2）以上を取得すれば税額は最少となります。

そのときの最少税額は、7,752万円×50％＝3,876万円となります。

ここで注意したいのは、一つの土地を複数の者が共有で取得した場合、要件を満たす者のみが本特例を適用できますが、もし相続人全員が適用可能であれば、本特例の適用を受けようとする土地を誰が取得しても、第一次相続の相続税の総額は不変という点です。

ただし、第一次相続の相続税の総額は不変といっても、第二次相続において大きな影響が出てくることになります。上記の本特例の適用が可能（特定居住用宅地等）の土地660㎡について330㎡ずつを配偶者と子が取得して、配偶者が本特例を適用した場合を <ケース１> とし、

第３章

子が本特例を適用した場合を <ケース２> とし、第二次相続の試算をしてみます。前提として、第一次相続で税額が最少となる分割をしていたとします。

<ケース１>　第一次相続において、土地660㎡のうち330㎡ずつを配偶者と子が取得して、配偶者が本特例を適用した場合

①　第一次相続による配偶者の取得分

第一次相続による配偶者の取得分１億6,040万円の内訳は、次のとおりとなります。

・　土地　30万円×330㎡＝9,900万円

・　小規模宅地等の減額　30万円×330㎡×0.8＝7,920万円

・　その他の財産の課税価格　１億4,060万円（＝1.604億円－0.99億円＋0.792億円）

②　第二次相続の課税価格

評価額が第一次相続と同じだと仮定しますと、第二次相続の課税価格は次のとおりとなります。

・　土地　30万円×330㎡＝9,900万円

・　小規模宅地等の減額　30万円×330㎡×0.8＝7,920万円

・　課税価格　9,900万円 － 7,920万円 ＋ １億4,060万円 ＝ １億6,040万円

③　基礎控除

3,000万円＋600万円＝3,600万円

④　差引金額

②－③＝１億2,440万円

⑤　第二次相続の相続税の総額

１億2,440万円×40％－1,700万円＝3,276万円

〈ケース２〉 第一次相続において、土地660㎡のうち330㎡ずつを配偶者と子が取得して、子が本特例を適用した場合

①　第一次相続による配偶者の取得分

第一次相続による取得分１億6,040万円の内訳は、次のとおりです。

・　土地　30万円×330㎡＝9,900万円
・　その他の財産の課税価格　6,140万円（＝1.604億円－0.99億円）

②　第二次相続の課税価格

評価額が第一次相続と同じだと仮定しますと、第二次相続の課税価格は次のとおりとなります。

・　土地　30万円×330㎡＝9,900万円
・　小規模宅地等の減額　30万円×330㎡×0.8＝7,920万円
・　課税価格　9,900万円－7,920万円＋6,140万円＝8,120万円

③　基礎控除

3,000万円＋600万円＝3,600万円

④　差引金額

②－③＝4,520万円

⑤　第二次相続の相続税の総額

4,520万円×20％－200万円＝704万円

＜ケース１＞に比べ税額が2,572万円減少することになります。これは、第一次相続、第二次相続を通じて、＜ケース１＞では小規模宅地等の減額を実質１回しか適用していませんが、＜ケース２＞では２回適用しているためです。

第３章

☞〈ケース１〉と〈ケース２〉の比較

第一次相続での税額を最少とする前提で、第一次相続での本特例を

<ケース１> では配偶者が適用し、<ケース２> では子が適用しています。

	第一次相続	第二次相続	合　計
ケース1	遺産額４億円 小規模適用後の課税価格 ３億2,080万円 ・配偶者２億3,960万円 小規模の減額 △7,920万円 小規模適用後の課税価格 １億6,040万円 …税額　０円 ・子１億6,040万円 …税額3,876万円	遺産額２億3,960万円 ・子２億3,960万円 小規模の減額 △7,920万円 小規模適用後の課税価格 １億6,040万円 …税額3,276万円	税額… 7,152万円
ケース2	遺産額４億円 小規模適用後の課税価格３億2,080万円 ・配偶者１億6,040万円 …税額　０円 ・子２億3,960万円 小規模の減額 △7,920万円 小規模適用後の課税価格 １億6,040万円 …税額3,876万円	遺産額１億6,040万円 ・子１億6,040万円 小規模の減額 △7,920万円 小規模適用後の課税価格 8,120万円 …税額704万円	税額… 4,580万円 （ケース１との差額 △2,572万円）

<まとめ>

第一次相続において、本特例を配偶者が適用するか子が適用するかにより、第一次相続での財産の分け方に影響があり、その結果として第二次相続の税負担が大きく変動することがわかります。

したがって、第一次相続での分割においては第一次相続での本特例の適用の可否を考慮するのはもちろんのこと、第二次相続での本特例の適用の有無、配偶者の固有財産の状況、配偶者の財産価額の増減見込、生活費、生前贈与予定額などを考慮して、第二次相続の税負担も勘案して行わなければならないことになります。

■Ⅳ■　小規模宅地等の特例の活用例

はじめに

Ⅲで述べましたとおり（614ページ以下）、第一次相続で小規模宅地等の特例の適用を受けようとする土地は子が取得し、第二次相続で小規模宅地等の特例の適用を受けようとする土地は配偶者が取得すべきとなります。しかし、小規模宅地等の特例は、要件が厳しいうえに、取得者によって適用の可否が変わりますので、子が要件を満たすとは限りません。第二次相続での適用も考慮した有利な分割協議は難しい面もあります。

そこで、小規模宅地等の特例の活用例として、①地積が330㎡程度の場合、②貸付用が400㎡以上ある場合、③同族会社が自社所有物件を保有している場合をあげ、具体的な事例による小規模宅地等の特例の活用法を掲げました。参考にしてください。

１　被相続人と同居する子がいるケース（地積が330㎡程度の場合）

被相続人と子が同居しているため、特定居住用宅地等となり、第一次相続では配偶者と子が要件を満たし、第二次相続においても子が要件を満たすと考えられる場合について検討します。

前述のケース２（617ページ以下）のように、第一次相続で子が取得した宅地等で小規模宅地等の特例の適用を受けておくことは有利な分割方法といえますが、地積が330㎡程度の場合には第二次相続では小規模宅地等の特例を受ける宅地等がなくなってしまいます。しかし、配偶者と同居する子がいますので、第二次相続においても小規模宅地等の特例を適用できる工夫ができないかを考える必要があります。

例えば、第一次相続において、居住用の宅地等の他に土地があり貸付け等の用に供している場合には、第一次相続では居住用の宅地等は子が取得して、貸付けの宅地等は配偶者が取得します。第一次相続では、子が取得した宅地等で特定居住用の特例を適用し、その後、所得税法の交換の特例等を適用して配偶者が自宅の宅地等を取得することにより、第二次相続でも同居する子が特定居住用の特例の適用を受ける方法です。

事例

・小規模宅地等の減額可（特定居住用）の土地330㎡　1㎡単価30万円
・貸付地（小規模宅地等の貸付事業用）300㎡　1㎡単価33万円
・上記以外の課税価格　2億200万円
・相続人＝配偶者、子1人

【第一次相続】

①　課税価格
・居住用土地　30万円×330㎡＝9,900万円
・小規模宅地等の減額（特定居住用）　30万円×330㎡×0.8＝7,920万円
・貸付地　33万円×300㎡＝9,900万円
・課税価格　9,900万円－7,920万円＋9,900万円＋2億200万円＝3億2,080万円

②　基礎控除
3,000万円＋600万円×2人＝4,200万円

③　差引金額
①－②＝2億7,880万円

④　相続税の総額
2億7,880万円×1/2＝1億3,940万円
1億3,940万円×40％－1,700万円＝3,876万円

3,876万円×２人＝7,752万円

⑤　第一次相続の最小税額

配偶者が１億6,040万円（課税価格３億2,080万円×1/2）を取得すれば税額は最小となります。

したがって、最小税額は7,752万円×50％＝3,876万円となります。

【第二次相続】

〈ケース３〉

配偶者が取得をした貸付事業用の土地300㎡のうち、200㎡で貸付事業用宅地等の特例を適用した場合

①　第一次相続による配偶者の取得分

第一次相続による取得分１億6,040万円の内訳は、次のとおりです。

・土地　33万円×300㎡＝9,900万円

・その他の課税価格　6,140万円

②　課税価格

評価額が第一次相続と同じと仮定すると、第二次相続の課税価格は次のとおりです。

・土地　33万円×300㎡＝9,900万円

・小規模宅地等の減額　33万円×200㎡×0.5＝3,300万円

・課税価格　9,900万円－3,300万円＋6,140万円＝１億2,740万円

③　基礎控除

3,000万円＋600万円＝3,600万円

④　差引金額

②－③＝9,140万円

⑤　相続税の総額

9,140万円×30％－700万円＝2,042万円

遺産分割検討表

ケース3

■第1次相続　　　　（単位：円）

			相続財産合計	配偶者	子
宅地			198,000,000	99,000,000	99,000,000
その他			202,000,000	61,400,000	140,600,000
財産総額			400,000,000	160,400,000	239,600,000
小規模宅地等の減額			△79,200,000		△79,200,000
差引課税対象額（純資産価額）			320,800,000	160,400,000	160,400,000
算出相続税額			77,520,000	38,760,000	38,760,000
税額控除	配偶者の税額軽減		△38,760,000	△38,760,000	
納付税額		①	38,760,000	0	38,760,000

■第2次相続

					子
相続財産	宅地		99,000,000		99,000,000
	その他		61,400,000		61,400,000
固有財産	宅地		0		
	その他		0		
第2次相続財産合計			160,400,000		160,400,000
小規模宅地等の減額			△33,000,000		△33,000,000
差引課税対象財産			127,400,000		127,400,000
納付税額		②	20,420,000		20,420,000

＜ケース5＞における納付税額合計（①＋②）		59,180,000		59,180,000

〈ケース4〉

配偶者が取得をした300㎡の貸付地と子が取得をした自宅330㎡は、相続税評価額が同額であるため、所得税法第58条を適用して交換します。

①　移転コスト

・登録免許税（土地）　固定資産税評価額×２％（相続は0.4％）

・不動産取得税　　　固定資産税評価額×１/２×３％（相続は非課税）

・合計　固定資産税評価額が9,900万円×７/８＝8,662万円

と仮定すると、移転コストは606万円程度となります。このうち、貸付地の取得に要した303万円は不動産所得の必要経費となります。

②　課税価格

第二次相続の課税価格は次のとおりです。

・土地　30万円×330㎡＝9,900万円

・小規模宅地等の減額　30万円×330㎡×0.8＝7,920万円

・課税価格　9,900万円－7,920万円＋6,140万円＝8,120万円

③　基礎控除

3,000万円＋600万円＝3,600万円

④　差引金額

②－③＝4,520万円

⑤　相続税の総額

4,520万円×20％－200万円＝704万円

遺産分割検討表

ケース４

■第１次相続

（単位：円）

			相続財産合計	配偶者	子
宅地			198,000,000	99,000,000	99,000,000
その他			202,000,000	61,400,000	140,600,000
財産総額			400,000,000	160,400,000	239,600,000
小規模宅地等の減額			△79,200,000		△79,200,000
差引課税対象額（純資産価額）			320,800,000	160,400,000	160,400,000
算出相続税額			77,520,000	38,760,000	38,760,000
税額控除	配偶者の税額軽減		△38,760,000	△38,760,000	
納付税額		①	38,760,000	0	38,760,000

■第２次相続（平成27年以後）

					子
相続財産	宅地		99,000,000		99,000,000
	その他		61,400,000		61,400,000
固有財産	宅地		0		
	その他		0		
第２次相続財産合計			160,400,000		160,400,000
小規模宅地等の評価減			△79,200,000		△79,200,000
差引課税対象財産			81,200,000		81,200,000
納付税額		②	7,040,000		7,040,000

＜ケース４＞における納付税額合計(①＋②)		45,800,000		45,800,000

第３章

☞ケース４は、ケース３に比べて、税額が1,338万円減少することになります。これは、第二次相続において、貸付事業用宅地等の特例の50％ではなく、特定居住用宅地等の特例の80％が適用できたことが影響しています。交換に伴う移転コストも考慮に入れて、検討するといいと思います。

2　貸付事業用宅地等の要件を満たす宅地等が400㎡以上あるケース

特定居住用宅地等の要件を満たすものがない場合に、貸付事業用宅地等の要件を満たす宅地等が400㎡以上ある場合には、どのように考えればよいでしょうか。上記１の特定居住用宅地等の場合と同様に、第一次相続では配偶者と子が要件を満たし、第二次相続においても子が要件を満たすと考えられる場合です。

この場合も上記１と同じ考え方で、第一次相続では配偶者と子が200㎡ずつ（一つの物件の場合には持分となります。）宅地等を取得をして、子が取得をした宅地等で小規模宅地等の特例の適用を受けます。第二次相続では、配偶者が保有する貸付事業用の200㎡で小規模宅地等の特例を適用を受ければいいわけです。

3　同族会社が自社保有土地・建物で事業を行っているケース

特定同族会社事業用宅地等の要件を満たす同族会社、すなわち一族で50％超の株式を保有し、相続人が役員になっている同族会社は多いと思います。このような同族会社が、自社で土地・建物を保有し、事業（貸付事業以外とします。）を行っている場合には、これまでは、そのままでは小規模宅地等の特例の適用を受けられませんでした。しかし、平成27年から、特定居住用宅地等の特例と特定同族会社事業用宅地等の特例の併用ができることとなったことから、最大730㎡まで80％の減額が可能となりました。

これを最大限活用するためには、同族会社が保有する土地を個人に売却するとどうなるかを検討する必要があります。土地は個人に売却、建物は同族会社が保有したままとし、無償返還届出を提出して地主が相当な対価をもって継続的に土地を貸し付けることにより、この土地は同族会社事業用宅地等に変わります。そうすることにより、400㎡まで80%の減額となります。もちろん、建物も含めて売却し、その土地・建物を同族会社に貸し付けても、同様の効果を得ることができます。

ただし、会社の土地に含み益があれば法人税が課税され、また、登録免許税・不動産取得税の移転コストがかかりますので、小規模宅地等の特例の適用による減額との比較次第となりますが、検討する余地は大いにあるものと考えられます。

■Ⅴ■　配偶者居住権と小規模宅地等の特例の関係

配偶者が資産家であるときに、第一次相続で何も財産を取得しない場合があります。しかし、配偶者が死亡したときに配偶者居住権に課税がされないので、配偶者居住権は設定しておくということも考えられます。ただし、小規模宅地等の特例との適用関係も考慮しなければなりません。

そこで、第一次相続では、小規模宅地等の特例のうち特定居住用宅地等の要件を満たす者が配偶者しかおらず、第二次相続では、子がすでに自宅を保有しているなどして特定居住用宅地等の適用ができないケースでのシミュレーションをしてみたいと思います。

〈前提〉

建物の相続税評価額：10,000千円

土地の相続税評価額：80,000千円

上記のうち、配偶者居住権の価額：8,930千円

配偶者居住権に基づき居住建物の敷地を使用する権利の価額：28,640千円

まとめ　（千円）

	配偶者	子	合計
建物部分	8,930	1,070	10,000
土地部分	28,640	51,360	80,000
合計	37,570	52,430	90,000

・自宅は、配偶者のみ小規模宅地等の減額可（特定居住用）で地積200㎡

・被相続人の自宅の土地、建物以外の課税価格4億円

・相続人＝配偶者、子1人

・配偶者の財産は6億円あるので、第一次相続では原則、財産を取得しない方針。

【第一次相続の財産内訳】

・土地　80,000千円
・小規模宅地等の減額（特定居住用）を適用すると、80,000千円×0.8＝△64,000千円
・建物10,000千円
・その他の財産　400,000千円

この前提で、第一次相続において以下の4つのパターンの分割協議を行ったときの第一次相続及び第二次相続の税額がどのようになるかを見ていきます。

パターン1

第一次相続では、配偶者は自宅の土地・建物を取得し、第一次相続の税額が最小となるように配偶者が1/2の財産を取得する。

パターン2

第一次相続では、配偶者は何も取得しない。

パターン3

第一次相続では、配偶者は自宅の土地・建物を取得する。

パターン4

第一次相続では、配偶者は配偶者居住権を設定する。

パターン１　第一次相続では、配偶者は自宅の土地・建物を取得し、第一次相続の税額が最小となるように配偶者が1/2の財産を取得する。

＜第一次相続＞

①　課税価格

80,000－64,000＋10,000＋400,000＝426,000千円

配偶者：土地　80,000－64,000＋建物　10,000＋その他　187,000
＝213,000

子：その他　213,000

②　基礎控除

30,000千円＋6,000千円×２人＝42,000千円

③　差引金額

①－②＝384,000千円

④　相続税の総額

384,000千円×１/２＝192,000千円

192,000千円×40%－17,000千円＝59,800千円

59,800千円×２人＝119,600千円

⑤　配偶者軽減額

119,600千円×１/２＝59,800千円

⑥　子の納付税額

119,600千円×１/２＝59,800千円

＜第二次相続＞

①　課税価格

80,000＋10,000＋187,000＋600,000＝877,000千円

②　基礎控除

30,000千円＋6,000千円×１人＝36,000千円

③　差引金額

①－②＝841,000千円

④　相続税の総額

841,000千円×55%－72,000千円＝390,550千円➡全額、子の負担になります。

〈第一次相続〉　（千円）

	相続財産合計	配偶者	子
土地	80,000	80,000	—
小規模宅地等の減額	－64,000	－64,000	
建物	10,000	10,000	—
その他	400,000	187,000	213,000
課税価格合計	426,000	213,000	213,000
算出税額	119,600	59,800	59,800
配偶者税額軽減	59,800	59,800	—
納付税額	59,800	0	59,800

〈第二次相続〉　（千円）

	相続財産合計	子
土地	80,000	80,000
建物	10,000	10,000
その他相続財産	187,000	187,000
その他固有財産	600,000	600,000
課税価格合計	877,000	877,000
算出税額	390,550	390,550
納付税額	390,550	390,550

第一次、第二次相続合計税額	450,350

第3章

パターン２　第一次相続では、配偶者は何も取得しない。

＜第一次相続＞

①　課税価格

80,000＋10,000＋400,000＝490,000千円

②　基礎控除

30,000千円＋6,000千円×２人＝42,000千円

③　差引金額

①　－　②＝448,000千円

④　相続税の総額

448,000千円×１／２＝224,000千円

224,000千円×45％－27,000千円＝73,800千円

73,800千円×２人＝147,600千円➡全額、子の負担になります。

＜第二次相続＞

①　課税価格

600,000千円

②　基礎控除

30,000千円＋6,000千円×１人＝36,000千円

③　差引金額

①－②＝564,000千円

④　相続税の総額

564,000千円×50％－47,000千円＝235,000千円➡全額、子の負担になります。

■Ⅴ■　配偶者居住権と小規模宅地等の特例の関係

〈第一次相続〉　　(千円)

	相続財産合計	配偶者	子
土地	80,000	—	80,000
建物	10,000	—	10,000
その他	400,000	—	400,000
課税価格合計	490,000	—	490,000
算出税額	147,600	—	147,600
配偶者税額軽減	—	—	—
納付税額	147,600	—	147,600

〈第二次相続〉　　(千円)

	相続財産合計	子
土地	—	—
建物	—	—
その他	600,000	600,000
課税価格合計	600,000	600,000
算出税額	235,000	235,000
納付税額	235,000	235,000

第一次、第二次相続合計税額	382,600

パターン３　第一次相続では、配偶者は自宅の土地・建物を取得する。

<第一次相続>

①　課税価格

80,000－64,000＋10,000＋400,000＝426,000千円

配偶者：土地80,000－64,000＋建物10,000＝26,000

子：その他400,000

②　基礎控除

30,000千円＋6,000千円×２人＝42,000千円

③　差引金額

①－②＝384,000千円

④　相続税の総額

384,000千円×１／２＝192,000千円

192,000千円×40％－17,000千円＝59,800千円

59,800千円×２人＝119,600千円

⑤　配偶者軽減額

119,600千円×（80,000－64,000＋10,000）／426,000＝7,300千円

⑥　子の納付税額

119,600千円×400,000／426,000＝112,300千円

<第二次相続>

①　課税価格

80,000＋10,000＋600,000＝690,000千円

②　基礎控除

30,000千円＋6,000千円×１人＝36,000千円

③　差引金額

①－②＝654,000千円

(2)　相続税の総額

654,000千円×55%－72,000千円＝287,700千円➡全額、子の負担になります。

〈第一次相続〉　(千円)

	相続財産合計	配偶者	子
土地	80,000	80,000	—
小規模宅地等の減額	－64,000	－64,000	
建物	10,000	10,000	—
その他	400,000	—	400,000
課税価格合計	426,000	26,000	400,000
算出税額	119,600	7,300	112,300
配偶者税額軽減	7,300	7,300	—
納付税額	112,300	0	112,300

〈第二次相続〉　(千円)

	相続財産合計	子
土地	80,000	80,000
建物	10,000	10,000
その他	600,000	600,000
課税価格合計	690,000	690,000
算出税額	287,700	287,700
納付税額	287,700	287,700

第一次、第二次相続合計税額	400,000

第3章

パターン４　第一次相続では、配偶者は配偶者居住権を設定する。

<第一次相続>

①　課税価格

配偶者居住権に基づき居住建物の敷地を使用する権利の価額28,640千円

これに対する小規模宅地等の軽減額28,640×0.8＝22,912千円

配（8,930＋28,640－22,912＝14,658）＋子（1,070＋51,360＋400,000＝452,430）＝467,088千円

②　基礎控除

30,000千円＋6,000千円×２人＝42,000千円

③　差引金額

①－②　＝425,088千円

④　相続税の総額

425,088千円×１／２＝212,544千円

212,544千円×45%－27,000千円＝68,645千円

68,645千円×２人＝137,290千円

⑤　配偶者軽減額

137,290千円×14,658／467,088＝4,308千円

⑥　子の納付税額

137,290千円×452,430／467,088＝132,982千円

<第二次相続>

①　課税価格

600,000千円

②　基礎控除

30,000千円＋6,000千円×１人＝36,000千円

③　差引金額

①－②＝564,000千円

④　相続税の総額

564,000千円×50%－47,000千円＝235,000千円➡全額、子の負担になります。

〈第一次相続〉　（千円）

	相続財産合計	配偶者	子
土地	80,000	28,640	51,360
小規模宅地等の減額	－22,912	－22,912	—
建物	10,000	8,930	1,070
その他	400,000	—	400,000
課税価格合計	467,088	14,658	452,430
算出税額	137,290	4,308	132,982
配偶者税額軽減	4,308	4,308	—
納付税額	132,982	－ 0	132,982

〈第二次相続〉　（千円）

	相続財産合計	子
土地（配偶者居住権）	—	—
建物（配偶者居住権）	—	—
その他	600,000	600,000
課税価格合計	600,000	600,000
算出税額	235,000	235,000
納付税額	235,000	235,000

第一次、第二次相続合計税額	367,982

第3章

まとめ

	パターン１	パターン２	パターン３	パターン４
第一次相続	59,800	147,600	112,300	132,982
第二次相続	390,550	235,000	287,700	235,000
合　計	450,350	382,600	400,000	367,982

パターン４の税額が一番低くなり、配偶者に資産があるときには配偶者居住権を設定するメリットはあります。しかし、第一次相続後の状況など不透明な部分が多く、配偶者居住権の設定には慎重な検討が必要になります。

第4章

小規模宅地等の特例に関する裁判例・裁決例

はじめに

小規模宅地等に関する裁判例、裁決例を調査したところ、次ページ以下のとおりになりました。調査にあたっては、税理士情報ネットワークシステム（以下、TAINSといいます。）により、検索を試みました。「TAINSキーワード詳細検索」にて、「検索キーワード」を「小規模宅地」、「税区分」を「相続税」としたうえで、令和６年１月４日時点で検索して抽出致しました。また、国税不服審判所のホームページの検索機能も参考に致しました。

裁判例・裁決例の一覧については、642～644ページに記載のとおりです。

小規模宅地等が争点となっていないと思われるものは、掲載しておりません。また、TAINSでは抽出されなかったものも、必要なものは掲載しております。

各裁判例、裁決例について、小規模宅地等の特例に関する事柄のみの要旨を掲げましたので、必要になったときには全文を参照するなどして、活用していただければと思います。

【小規模宅地等に関する裁判例・裁決例一覧】

No.	裁判所	判決年月日	争点	出典(TAINS)	税務訴訟資料等	掲載頁
1	審判所	S60.6.18	地積	F0-3-037	＊	649
2	審判所	H2.7.6	建築中	J40-6-04	△40集302頁	649
3	大阪地裁	H4.9.22	小規模なし	Z192-6969	※192号490頁	649
4	審判所	H5.5.24	事業開始	J45-6-04	△45集336頁	650
5	審判所	H5.12.13	選択換え	J46-1-01	△46集1頁	651
6	東京地裁	H6.7.22	事業開始	Z205-7370	※205号209頁	651
7	東京高裁	H6.12.22	事業開始	Z206-7436	※206号804頁	652
8	審判所	H7.1.25	駐車場	J49-4-25	△49集428頁	652
9	東京地裁	H7.6.30	事業的規模	Z209-7545	※209号1304頁	653
10	横浜地裁	H7.7.19	貸付事業用の範囲	Z213-7552	※213号134頁	653
11	大阪高裁	H7.7.26	減額割合の差	Z213-7558	※213号339頁	649
12	審判所	H7.11.14	建築中	J50-4-17	△50集235頁	654
13	東京地裁	H8.3.22	建築中	Z215-7685	※215号938頁	654
14	東京高裁	H8.4.18	貸付事業用の範囲	Z216-7714	※216号144頁	653
15	東京地裁	H8.6.21	事業開始	Z216-7742	※216号637頁	655
16	東京地裁	H8.11.28	選択換え	Z221-7822	※221号565頁	656
17	最高裁	H9.2.25	減額割合の差	Z222-7864	※222号538頁	650
18	東京高裁	H9.2.26	建築中	Z222-7868	※222号597頁	654
19	審判所	H9.5.14	売主相続	J53-4-19	△53集334頁	656
20	東京高裁	H9.5.22	事業開始	Z223-7921	※223号830頁	655
21	審判所	H9.11.19	相当対価	J54-4-22	△54集481頁	657
22	審判所	H9.12.9	贈与物件	J54-1-07	△54集94頁	658
23	名古屋地裁	H10.2.6	建築中	Z230-8079	※230号384頁	658
24	最高裁	H10.2.26	貸付事業用の範囲	Z230-8097	※230号851頁	653
25	最高裁	H10.2.26	事業開始	Z230-8098	※230号858頁	655
26	東京地裁	H10.4.30	相当対価	Z231-8156	※231号905頁	659
27	最高裁	H10.6.25	建築中	Z232-8191	※232号821頁	655
28	千葉地裁	H10.10.26	駐車場	Z238-8265	※238号811頁	660
29	審判所	H11.6.21	事業性	J57-4-31	△57集481頁	660
30	東京高裁	H11.8.30	駐車場	Z244-8469	※244号387頁	660
31	審判所	H12.12.22	貸付事業用の範囲	J60-4-45	△60集567頁	661
32	東京地裁	H13.1.31	事業性	Z250-8830	※250号順号8830	662
33	審判所	H13.12.25	家なし親族	J62-4-30	△62集412頁	662
34	審判所	H14.2.25	小規模なし	J63-1-04	△63集37頁	−
35	東京地裁	H14.7.11	選択換え	Z252-9156	※252号順号9156	663
36	審判所	H14.11.19	地積	F0-3-079	＊	665
37	審判所	H14.12.5	入院中	J64-4-36	△64集519頁	665
38	審判所	H15.3.3	明細・同意書	F0-3-292	＊	666
39	審判所	H15.3.3	明細・同意書	F0-3-293	＊	666
40	東京高裁	H15.3.25	選択換え	Z253-9311	※253号順号9311	664
41	審判所	H15.4.24	更正の請求	J65-4-48	△65集788頁	667
42	東京地裁	H15.8.29	家なし親族	Z253-9422	※253号順号9422	668

No.	裁判所	判決年月日	争点	出典(TAINS)	税務訴訟資料等	掲載頁
43	徳島地裁	H15.10.31	明細・同意書	Z253-9463	※253号順号9463	668
44	福岡地裁	H16.1.20	仮換地、生計一	Z254-9513	※254号－6順号9513	669
45	東京地裁	H16.1.20	代償財産	Z254-9515	※254号－8順号9515	672
46	高知地裁	H16.8.10	親族への賃貸	Z254-9717	※254号－210順号9717	672
47	福岡高裁	H16.11.26	仮換地	Z254-9837	※254号－330順号9837	670
48	東京高裁	H17.2.10	代償財産	Z255-09931	※255号－50順号9931	672
49	最高裁	H17.3.29	選択換え	Z255-09977	※255号－96順号9977	664
50	審判所	H17.7.4	同意書	F0-3-140	*	673
51	審判所	H17.12.16	駐車場	F0-3-213	*	673
52	審判所	H18.5.8	分割見込書	F0-3-176	*	674
53	審判所	H18.6.6	居住用の範囲	J71-4-30	△71集706頁	674
54	審判所	H18.12.7	相当対価	F0-3-201	*	675
55	最高裁	H19.1.23	仮換地	Z257-10614	判タ1233号152頁	670
56	審判所	H19.5.15	更正の請求	J73-4-27	△73集483頁	675
57	審判所	H19.6.5	駐車場	F0-3-217	*	676
58	審判所	H19.6.14	生計一	F0-3-290	*	677
59	福岡高裁	H19.7.19	生計一	Z257-10756	※257号－147順号10756	671
60	審判所	H19.10.24	同意書	J74-4-19	△74集274頁	678
61	大阪地裁	H19.11.14	更正の請求	Z257-10822	※257号－213順号10822	678
62	佐賀地裁	H20.5.1	居住用の範囲	Z258-10956	※258号－98(順号10956)	679
63	審判所	H20.6.26	生計一	J75-4-38	△75集645頁	680
64	審判所	H20.10.2	有料老人ホーム	J76-4-25	△76集450頁	681
65	静岡地裁	H20.11.27	駐車場	Z258-11086	※258号－228(順号11086)	682
66	札幌地裁	H21.1.29	駐車場構築物	Z259-11129	※259号－16(順号11129)	682
67	福岡高裁	H21.2.4	居住用の範囲	Z888-1418	*	679
68	東京高裁	H21.6.25	駐車場	Z888-1531	*	682
69	審判所	H21.11.4	明細・同意書	F0-3-285	*	683
70	最高裁	H21.11.27	駐車場	Z888-1532	*	682
71	最高裁	H22.2.5	居住用の範囲	Z888-1503	*	680
72	審判所	H22.6.11	有料老人ホーム	F0-3-257	*	683
73	東京地裁	H23.8.26	有料老人ホーム	Z888-1618	*	684
74	東京地裁	H24.4.18	更正の請求	Z262-11931	※262号－81(順号11931)	685
75	東京地裁	H24.4.24	更正の請求	Z263-12373	※263号－249(順号12373)	686
76	審判所	H24.8.2	有料老人ホーム	F0-3-389	*	687
77	東京高裁	H24.9.12	更正の請求	Z262-12033	※262号－183(順号12033)	686
78	東京高裁	H24.9.12	更正の請求	Z263-12375	※263号－251(順号12375)	686
79	審判所	H25.3.7	未分割の承認申請	F0-3-348	*	687
80	審判所	H25.8.29	代償財産	J92-4-16	△92集347頁	688
81	京都地裁	H26.3.13	分割見込書	Z264-12429	※264号－48(順号12429)	688
82	審判所	H26.6.2	未分割の承認申請	J95-4-15	△95集380頁	690
83	審判所	H26.8.8	同意書	J96-4-08	△96集185頁	690
84	東京地裁	H27.2.9	代償財産	Z888-1950	*	691

No.	裁判所	判決年月日	争点	出典（TAINS）	税務訴訟資料等	掲載頁
85	大阪高裁	H27. 4. 9	分割見込書	Z 265-12645	※265号－62（順号12645）	689
86	審判所	H27. 6. 25	地積	J 99-8-17	△99集335頁	692
87	審判所	H27. 10. 1	貸付事業用の範囲	F 0-3-445	＊	693
88	審判所	H27. 10. 1	貸付事業用の範囲	F 0-3-446	＊	693
89	最高裁	H27. 10. 2	分割見込書	Z 265-12730	※265号－147（順号12730）	689
90	審判所	H28. 6. 6	居住用の範囲	F 0-3-485	＊	694
91	東京地裁	H28. 7. 22	同意書	Z 888-2017	＊	695
92	審判所	H28. 9. 29	居住用の範囲	J 104-4-10	△104集264頁	697
93	審判所	H29. 1. 6	更正の請求	F 0-3-544	＊	698
94	東京高裁	H29. 1. 26	同意書	Z 888-2139	＊	697
95	審判所	H30. 8. 22	生計一	F 0-3-670	＊	699
96	審判所	H31. 3. 29	家なし親族	F 0-3-686	＊	699
97	審判所	H31. 4. 8	生計一	国税速報第6601号掲載		700
98	横浜地裁	R2. 12. 2	生計一	Z 888-2343		701
99	審判所	R3. 6. 21	居住用の範囲	審判所ホームページ	＊	703
100	審判所	R3. 6. 22	更正の請求	J 123-3-10	＊	704
101	東京高裁	R3. 9. 8	生計一	Z 888-2368	＊	702
102	審判所	R4. 6. 8	特定事業用の範囲	F 0-3-833	＊	705
103	審判所	R4. 9. 20	生計一	審判所ホームページ	＊	706
104	審判所	R5. 2. 20	地積	審判所ホームページ		707
105	審判所	R5. 4. 12	貸付事業の範囲	審判所ホームページ		708

（※）　※：税務訴訟資料　＊：情報公開法による開示情報
　　　△：裁決事例集　　審判所：国税不服審判所

【小規模宅地等に関する裁判例・裁決例争点一覧】

争点	裁判所	判決年月日	出典（TAINS）	No.	掲載頁
地積	審判所	S60.6.18	F0-3-037	1	649
	審判所	H14.11.19	F0-3-079	36	665
	審判所	H27.6.25	F99-8-17	86	692
	審判所	R5.2.20	審判所ホームページ	104	707
建築中	審判所	H2.7.6	J40-6-04	2	649
	審判所	H7.11.14	J50-4-17	12	654
	東京地裁	H8.3.22	Z215-7685	13	654
	東京高裁	H9.2.26	Z222-7868	18	654
	名古屋地裁	H10.2.6	Z230-8079	23	658
	最高裁	H10.6.25	Z232-8191	27	655
事業開始	審判所	H5.5.24	J45-6-04	4	650
	東京地裁	H6.7.22	Z205-7370	6	651
	東京高裁	H6.12.22	Z206-7436	7	652
	東京地裁	H8.6.21	Z216-7742	15	655
	東京高裁	H9.5.22	Z223-7921	20	655
	最高裁	H10.2.26	Z230-8098	25	655
選択換え	審判所	H5.12.13	J46-1-01	5	651
	東京地裁	H8.11.28	Z221-7822	16	656
	東京地裁	H14.7.11	Z252-9156	35	663
	東京高裁	H15.3.25	Z253-9311	40	664
	最高裁	H17.3.29	Z255-09977	49	664
駐車場	審判所	H7.1.25	J49-4-25	8	652
	千葉地裁	H10.10.26	Z238-8265	28	660
	東京高裁	H11.8.30	Z244-8469	30	660
	審判所	H17.12.16	F0-3-213	51	673
	審判所	H19.6.5	F0-3-217	57	676
	静岡地裁	H20.11.27	Z258-11086	65	682
	札幌地裁	H21.1.29	Z259-11129	66	682
	東京高裁	H21.6.25	Z888-1531	68	682
	最高裁	H21.11.27	Z888-1532	70	682

争点	裁判所	判決年月日	出典（TAINS）	№.	掲載頁
事業的規模	東京地裁	H7.6.30	Z209-7545	9	653
貸付事業の範囲	横浜地裁	H7.7.19	Z213-7552	10	653
	東京高裁	H8.4.18	Z216-7714	14	653
	最高裁	H10.2.26	Z230-8097	24	653
	審判所	H12.12.22	J60-4-45	31	661
	審判所	H27.10.1	F0-3-445	87	693
	審判所	H27.10.1	F0-3-446	88	693
	審判所	R5.4.12	審判所ホームページ	105	708
減額割合の差	大阪高裁	H7.7.26	Z213-7558	11	649
	最高裁	H9.2.25	Z222-7864	17	650
売主相続	審判所	H9.5.14	J53-4-19	19	656
相当対価	審判所	H9.11.19	J54-4-22	21	657
	東京地裁	H10.4.30	Z231-8156	26	659
	審判所	H18.12.7	F0-3-201	54	675
贈与物件	審判所	H9.12.9	J54-1-07	22	658
事業性	審判所	H11.6.21	J57-4-31	29	660
	東京地裁	H13.1.31	Z250-8830	32	662
	審判所	R4.6.8	F0-3-833	102	705
家なし親族	審判所	H13.12.25	J62-4-30	33	662
	東京地裁	H15.8.29	Z253-9422	42	668
配偶者	審判所	H31.3.29	F0-3-686	96	699
入院中	審判所	H14.12.5	J64-4-36	37	665
更正の請求	審判所	H15.4.24	J65-4-48	41	667
	審判所	H19.5.15	J73-4-27	56	675
	大阪地裁	H19.11.14	Z257-10822	61	678
	東京地裁	H24.4.18	Z262-11931	74	685
	東京地裁	H24.4.24	Z263-12373	75	686
	東京高裁	H24.9.12	Z262-12033	77	686
	東京高裁	H24.9.12	Z263-12375	78	686
	審判所	H29.1.6	F0-3-544	93	698
	審判所	R3.6.22	J123-3-10	100	704
明細・同意書・分割見込書	審判所	H15.3.3	F0-3-292	38	666
	審判所	H15.3.3	F0-3-293	39	666

争点	裁判所	判決年月日	出典（TAINS）	No.	掲載頁
明細・同意書・分割見込書	徳島地裁	H15.10.31	Z253-9463	43	668
	審判所	H17.7.4	F0-3-140	50	673
	審判所	H18.5.8	F0-3-176	52	674
	審判所	H19.10.24	J74-4-19	60	678
	審判所	H21.11.4	F0-3-285	69	683
	審判所	H25.3.7	F0-3-348	79	687
	京都地裁	H26.3.13	Z264-12429	81	688
	審判所	H26.6.2	J95-4-15	82	690
	審判所	H26.8.8	J96-4-08	83	690
	大阪高裁	H27.4.9	Z265-12645	85	689
	最高裁	H27.10.2	Z265-12730	89	689
	東京地裁	H28.7.22	Z888-2017	91	695
	東京高裁	H29.1.26	Z888-2139	94	697
代償財産	東京地裁	H16.1.20	Z254-9515	45	672
	東京高裁	H17.2.10	Z255-09931	48	672
	審判所	H25.8.29	J92-4-16	80	688
	東京地裁	H27.2.9	Z888-1950	84	691
親族への賃貸	高知地裁	H16.8.10	Z254-9717	46	672
仮換地	福岡地裁	H16.1.20	Z254-9513	44	669
	福岡高裁	H16.11.26	Z254-9837	47	670
	最高裁	H19.1.23	Z257-10614	55	670
居住用の範囲	審判所	H18.6.6	J71-4-30	53	674
	佐賀地裁	H20.5.1	Z258-10956	62	679
	福岡高裁	H21.2.4	Z888-1418	67	679
	最高裁	H22.2.5	Z888-1503	71	680
	審判所	H28.6.6	F0-3-485	90	694
	審判所	H28.9.29	J104-4-10	92	697
	審判所	R3.6.21	審判所ホームページ	99	703
生計一	福岡地裁	H16.1.20	Z254-9513	44	669
	審判所	H18.6.6	J71-4-30	53	674
	審判所	H19.6.14	F0-3-290	58	677
	福岡高裁	H19.7.19	Z257-10756	59	671
	審判所	H20.6.26	J75-4-38	63	680

第4章

争点	裁判所	判決年月日	出典（TAINS）	No.	掲載頁
生計一	審判所	H30. 8. 22	F0-3-670	95	699
	審判所	H31. 4. 8	国税速報第6601号掲載	97	700
	横浜地裁	R2. 12. 2	Z888-2343	98	701
	東京高裁	R3. 9. 8	Z888-2368	101	702
	審判所	R4. 9. 20	審判所ホームページ	103	706
有料老人ホーム	審判所	H20. 10. 2	J76-4-25	64	681
	審判所	H22. 6. 11	F0-3-257	72	683
	東京地裁	H23. 8. 26	Z888-1618	73	684
	審判所	H24. 8. 2	F0-3-389	76	687

【小規模宅地等に関する裁判例・裁決例要旨】

No.1　昭和60年６月18日裁決（仮換地の地積）

（昭○.○.○相続開始）居住用小規模宅地の減額の規定の適用される面積について、実際の面積である仮換地の土地の面積によって計算せず、従前の土地の面積によって計算した原処分には誤りが認められる。

No.2　平成２年７月６日裁決（建築中の相続）

（昭62.１.28相続開始）貸家用の家屋を建替え中の敷地が事業の用に供されているものとして、事業用の小規模宅地等についての相続税の課税価格の計算の特例が適用される。

本件宅地を含む土地の上に存していた旧建物のうち居住の用に供していた部分以外の部分を長期間、相当な対価を得て貸し付けていたことが認められ、また、旧建物の敷地の一部を譲渡したことに伴う買換資産として、譲渡した残りの宅地等である本件宅地等の上に新建物を建築中であったこと及び新建物は完成後直ちに請求人が賃貸したことが認められる。これを被相続人の事業の面からみた場合、その事業には継続性が認められる。したがって、本件土地等は相続の開始直前においても被相続人の事業に供されていたとするのが実態に即しており、特例の趣旨に照らしても相当と認められ、特例を適用するのが相当である。

No.3　大阪地判平成４年９月22日　平成４年（行ウ）第８号

（昭62.４.20相続開始）小規模宅地等の争点なし。

⇒ No.11〔控訴審〕 大阪高判平成７年７月26日　平成４年（行コ）第41号（事業用と居住用の減額の差は憲法違反か）

第４章

控訴人は事業用地（40%減額）と居住用地（30%）との間に差を設けているのは憲法14条に違反する旨主張するが、措置法の規定は宅地の利用状況に着目して減額調整を図ったものと解され、それは立法府の合理的な裁量の範囲内の事項であって、これをもって直ちに憲法14条に違反するとはいえない。

⇒ **No.17〔上告審〕　最判平成９年２月25日　平成７年(行ツ)第198号**

原審の判断は正当として、是認することができる。

No.4　平成５年５月24日裁決(信託契約中の事業性)

（昭63.11.７相続開始）信託契約中の土地・建物であっても、現に事業の用に供されていないものについては、小規模宅地等に該当しない。

個人が信託受益権を相続した場合、小規模宅地等の特例の適用の取扱いについては、信託受益権の目的となっている信託財産に属する宅地等が、相続開始の直前において被相続人の事業又は居住の用に供されていた宅地等に該当するものであるときに適用の対象となると解される。単に信託契約が締結されたことをもって、信託受益権の目的となっている信託財産に属する土地の取扱いを、所有者自らが財産の管理及び運用を行う場合の取扱いと異にすべき理由は認められないから、賃貸借契約が締結されるなど、現実に運用され収益を計上し得る状態にあるか否かを基準として、事業用宅地等であるか否かを判断するのが相当である。本件建物１・２階部分については、相続開始の時において被相続人等の事業の用又は居住の用に供されていた事実は認められないから、被相続人の居住の用に供されていた本件建物の３階部分に対応する部分のみについて、特例が適用されることとなる。

No.5　平成５年12月13日裁決（対象宅地の選択換え）

（平３．３.28相続開始）相続税の確定申告書において、特例の適用を受けるために、いったん宅地を適法に選択した以上、後日、他の宅地への選択換えを求めて更正の請求をすることはできない。

国税通則法による更正の請求は、申告書の提出により納付すべき税額が過大であることのみでは行うことができず、過大であることが計算が国税に関する法律に従っていなかったこと又は誤りがあったことに基づいていなければならず、所得計算の特例又は減免等の規定で、納税者に一定事項の申告及び選択等を条件としてその規定の適用を受けることをゆだねている場合に、いったん自由な意思でこれらに従い、かつ、適法な計算に基づいて申告書を提出して税額を確定させた者は、後日その一定事項の申告及び選択等の内容を変更することを理由に更正の請求をすることはできないと解すべきであり、いったん特例の適用対象となる宅地を適法に選択して税額を確定させたならば、後日選択換えするために更正の請求をすることはできない。

No.6　東京地判平成６年７月22日　平成５年（行ウ）第213号（信託契約の場合の事業開始時期）

（昭63.11.７相続開始）信託財産が事業用資産に該当するか否かは、受益者が自ら財産を所有して管理運用する場合と同様に取り扱うのが相当であり、相続の開始直前において、現実に事業の用に供されていたか否かという観点から判断されるべきである。本件建物１・２階部分について信託の受託者が賃貸借契約を締結したのは、相続開始後であり、相続開始直前において現実に賃貸事業の用に供されていたということはできない。

原告は、受託者が相続開始前に、賃借人の募集を広告し、管理会社に管理料を支払い、賃借人との覚書を作成するなど、賃貸事業の準備行為

第４章

をしているから、事業用宅地に該当する旨主張する。しかし、本件特例は、生活基盤の維持、個人事業者の事業の承継等を図るために、対象宅地を相続開始直前に事業の用に供されているもの等に限っているのであり、適用範囲を安易に拡大することは許されない。したがって、事業の用に供されたか否かについては、課税の公平、迅速の観点から、一義的、明確な基準をもって判断されるべきであり、賃貸事業にあっては、賃貸借契約の締結をもって、事業の用に供されたものとするのが相当である。

⇒ **No.7〔控訴審〕 東京高判平成6年12月22日 平成6年(行コ)第139号**

原判決引用の他、以下のとおり判示した。受託者が、信託財産を事業の用に供して初めて、事業用財産になり、本件特例があるか否かは、受託者によって、相続開始直前において、現実に事業の用に供されているか否かによって判断すべきものである。

No.8 平成7年1月25日裁決(駐車場構築物、相当な対価)

（平3．6．1相続開始）構築物又は建物の敷地の用に供されておらず、また、相当な対価を得て貸し付けられていない等の理由から、特例の適用対象となる宅地等に該当しない。

A宅地について、被相続人が砂利敷きの月極駐車場として貸し付けていたが、砂利を敷設したのは10年くらい前であると認められ、相続開始の約2年後において砂利は地中に埋没して土地の一部とみられる状態となっていることから、相続開始直前においても砂利敷きは構築物といえない状態にあったものと推認され、構築物の敷地の用に供されていなかったと認定されるので、特例の対象となる宅地等には該当しない。B宅地については、アスファルト敷きで長女に賃貸していたため、構築物の敷地の用に供されていたと認められるが、長女への賃貸に伴う賃料は、周辺地域における賃貸料と比較して著しく低廉であると認められ、当該賃貸は相当な対価を得て行われたものとはいえず、また、賃貸借期間の定めもなかったのであるから、継続的に行われたものとはいえないことから、事業の用に供されていたとはいえず、特例の対象となる宅地等には該当しない。

No.9　東京地判平成７年６月30日　平成５年（行ウ）第157号（事業的規模か否か）

（平元.12.６相続開始）５棟10室基準時代の事業的規模に当たるか否かが争点となった事例。100㎡のものが２室で収入が年間1,000万円のものであり、その収入が借入金の返済原資になっている、管理業務を行っていたことなど総合勘案して判断すると、事業として認められる。生計を一にする親族が貸し付けていた１室も同様な理由により、事業として認められた。

No.10　横浜地判平成７年７月19日　平成４年（行ウ）第18号（一部空室がある場合）

（昭61.８.25相続開始）相続開始日において、賃貸用マンションにいまだ賃貸されていない部屋がある場合であっても、その賃貸用マンションの敷地全体について、小規模宅地等の特例は適用される。

⇒ **No.14〔控訴審〕　東京高判平成８年４月18日　平成７年（行コ）第104号**

原判決引用。

⇒ **No.24〔上告審〕　最判平成10年２月26日　平成８年（行ツ）第202号**

原審の判断は正当として、是認することができる。

No.12　平成７年11月14日裁決（建築中の相続）

（平３．８.10相続開始）請求人は、本件宅地上には本件建物が建築される以前に本件作業所が存しており、同作業所は、Ｌ社に賃貸されていたが、その取壊し後に賃貸用の建物を建築（相続開始時において建築中）したとして、事業の継続性を主張するが、Ｌ社は事実上の休業状態であったことが明らかであり、同社が賃借していたことが確認できず、同社の事業の用に供していたことも確認できないため、本件宅地が請求人の事業の継続のために使用されていたと認めることはできない。また、仮に事業の継続のために使用されていたとしても、請求人は、申告書に特例の適用を受ける旨の記載をしておらず、その計算に関する明細書及び書類の添付もなく、法律に定めるやむを得ない事情があったと認められる事実もないので、本件宅地に特例を適用することはできない。

No.13　東京地判平成８年３月22日　平成６年（行ウ）第339号（建築計画段階での適用）

（平３．５.25相続開始）相続開始時において、土地上に居住用建物の建築計画があることや建築請負契約を締結しているだけで、建物の建築工事に着手されておらず、更地のまま具体的に使用されていない土地についてまで、特例の対象となる居住用宅地に当たると解するのは困難である。相続開始時点において、被相続人は、居住の用に供するため本件建物を本件宅地上に建築するため請負契約を締結していたが、建築確認の申請も建築工事の着手もされておらず、更地の状態であったものであるから、居住用宅地に該当しないことは明らかである。

⇒　No.18〔控訴審〕　東京高判平成９年２月26日　平成８年（行コ）第36号

原判決引用。

⇒ **No.27〔上告審〕　最判平成10年６月25日　平成９年(行ツ)第130号**

原審の判断は正当として、是認することができる。

No.15　東京地判平成８年６月21日　平成７年(行ウ)第208号(事業の開始時期)

（平３．４.30相続開始）宅地が駐車場事業の用に供された時期がいつかの判断については、利用客の現実の利用が可能になった最初の時点、すなわち営業開始がいつかという観点から判断すべきであり、被相続人が相続開始前に行った活動は、いずれも営業開始の準備活動であるから、本件立体駐車場の営業を開始したとみることはできず、既に利用契約を締結していたとしても、相続開始前に設定されていた利用開始期間からの利用が現実にはできなかったのであり、営業を開始したとみることはできず、本件宅地は、相続開始の直前において、駐車場事業の用に供されていたということはできない。また、小規模宅地等の特例は一義的、明確な基準によってその適用要件を客観的、外形的に判断する必要があり、事業の一時的な中断とみられる場合を除き、現実に事業用宅地として利用していなければ特例を適用できないというべきであるから、契約上の義務として又は損害賠償として営業利益に代わる金銭が後日授受されたとしても、特例を適用することはできないというべきである。

⇒ **No.20〔控訴審〕　東京高判平成９年５月22日　平成８年(行コ)第80号**

原判決引用。

⇒ **No.25〔上告審〕　最判平成10年２月26日　平成９年(行ツ)第206号**

原審の判断は正当として、是認することができる。

No.16　東京地判平成８年11月28日　平成７年(行ウ)第125号(更正の請求での選択替え)

（平３．７．８相続開始）相続した適用対象宅地等のうちどの土地について、小規模宅地等の特例の適用を受けるかは、納税者の自由な選択に委ねられているので、特定の宅地等を選択して本件特例の適用を受ける旨の申告をした後に、その選択が誤っていたとして、国税通則法23条１項１号の更正の請求ができるかどうかは問題の存するところである。本件においては、更正の請求で選択をした宅地等については、原告側は特例の適用があると考えていたものの、過少申告加算税の賦課の危険を回避するためのものである。したがって、当初申告における特例の対象宅地等の選択に錯誤があったという主張は失当であり、更正をすべきでないとした処分は適法である。

No.19　平成９年５月14日裁決(売主に相続があった場合)

（平４．２．23相続開始）借地権等の売買契約中に売主である被相続人に相続が開始した場合の相続財産は、当該借地権ではなく、当該売買契約に係る残代金請求権であり、特例の対象とはならない。

本件建物の所有権移転登記は相続開始前に行われていること、被相続人は売買代金の７割相当を受領していること及び売買契約時から相続開始時の期間等から勘案すれば、本件借地権等が相続開始時において、買主側に移転していたと認められる。また、本件借地権に係る譲渡所得については、被相続人の所得として修正申告をし、その所得税額を本件相続に係る債務として相続税の更正の請求を行っており、本件借地権等がもはや売主側には属していなかったことを請求人らが自認していたと考えるのが相当である。本件借地権等は所有権移転登記された日に引き渡されたものと解するのが相当であり、相続開始時に被相続人は本件借地権等を所有していたとは認められない。本件相続により取得した財産は借地権等ではなく、残代金請求権であり、本件借地権等の具体的な利用状況を検討するまでもなく、特例の適用は認められない。

No.21　平成９年11月19日裁決（相当地代と実際支払地代）

（平６.５.23相続開始）法人税法施行令137条は、法人が借地権の設定により他人に土地を使用させた場合の規定であるから、特例の適用に当たっては、実際の支払地代により判断すべきものである。

被相続人の事業には、「事業と称するに至らない不動産の貸付その他これに類する行為で、相当の対価を得て継続的に行うものを含む」とされており、この「相当の対価を得て」については貸付の用に供している資産の賃貸料が、その資産の固定資産税その他の必要経費を回収した後において、相当の利益を現実に得ていることと解され、相当の利益を得ていたかどうかについては、相続開始の直前において、相当の対価を現実に得ていたかどうかという客観的事実により判断するものと解される。固定資産税及び都市計画税相当額で相続開始の直前まで貸し付けていた本件宅地は、被相続人の事業の用に供されていた宅地等に該当しないというべきである。

また、請求人らは本件宅地に係る土地の無償返還の届出書を提出し、本件宅地の地代の額は法人税法施行令137及び法人税基本通達13－１－２及び同13－１－７の定めによる相当の地代の額であり、「相当の対価を得て」いたものであると主張するが、これらの規定は法人が借地権の設定により他人に土地を使用させた場合の規定等であるから、本件宅地の貸付けに関して適用することはできない。

No.22　平成９年12月９日裁決（贈与による取得）

（平６．３．１相続開始）贈与により取得した宅地等には、特例の適用はできない。

No.23　名古屋地判平成10年２月６日　平成７年（行ウ）第45号（事業中断中の適用）

（平４．３.26相続開始）被相続人甲は従前、駐車場を開業していたが平成３年４月に廃業した。平成３年５月にこの駐車場土地のうち358㎡（契約対象外土地）は残し、162㎡分（契約土地）を604百万円で売却し、これらの土地の上に建築される建物の区分所有権1,975㎡分を998百万円で購入する契約を取り交わした。代金決済は、建物引き渡し時に差額の394百万円を甲が支払うこととされていた。建物の工事の進捗が55％の平成４年３月に甲は死亡した。課税庁は、契約土地の評価を代金請求権とし、契約対象外土地は路線価で評価をして、いずれにも小規模宅地等の特例は適用しない処分をした。裁判所は以下のように判示した。

相続財産が何とみるかは、民法等の一般私法の定めるところに基づいて判断すべきであるが、単に形式的な法律的な観点ないし私法上の法律関係の如何にとらわれることなく、相続税課税上の妥当性、相当性という観点から、言い換えれば経済的実質という観点からなされるべきである。こうした観点からみると、甲はどの段階においても代金相当額の現金を取得する余地はなく、本件契約の実質は交換契約であることから、相続財産は代金請求権でもなく、土地所有権でもなく、建物等価交換部分の引き換え請求権となる。この評価額は604百万円となる。

従前の駐車場業は、17年間行われ30台収用できるもので、開業時に586万円でアスファルト敷きで屋根もあった。また、代金の管理、掃除及び違反者への対処などの駐車場の維持管理を甲が行っていた。これらから駐車場業は事業に当たると解される。そこで、契約対象外土地は、相続開始時点において駐車場業は廃止されていたから、法に規定する「相続開始直前において事業の用に供されていた宅地」には当たらない。しかし、本特例の趣旨は、個人事業者等の円滑な事業承継を可能にするためであり、相続開始直前に事業の用に供されていなくても、従前事業をしていたが、いったん事業を中断しているものの再び事業を再開することが認められる場合には、特例の適用を認めるべきである。本件では、甲は生前、建物建築中から賃借人の募集を行い、予約契約を結んでいる者もあった。以上により、契約対象外土地については、小規模宅地等の特例を適用すべきである。

No.26　東京地判平成10年４月30日　平成６年(行ウ)第301号(相当な対価の意義)

（平２．５．９相続開始）92歳の被相続人が、相続開始３ヵ月前に50億円借入を行い取得した宅地等に対する特例の適用の有無が争われた。本件特例にいう事業用宅地と認められるためには、当該被相続人が行っていた行為が、相続開始直前における客観的な状況からみて、営利性、有償性を有していたと認められることが必要である。その判断にあっては、収入の増額の見込み、権利金等の授受の有無、金額、その維持管理に係る費用、減価償却費、固定資産税その他の必要経費を総合的に判断して、相当な対価を受領して現実に利益を上げているとか、客観的に事業として利益を上げることを志向していると認められるか否かといった観点から判断すべきである。本件は、大幅な支出超過となっており、事業用宅地等には該当しない。また、他の宅地等の貸付状況等は、判断の参考にとどまり、直接的には影響しない。さらに、将来、ビル新築計画を有していたことを考慮すべきとの原告の主張に対し、相続開始の直前の利用状況から判断すべきとした。

No.28　千葉地判平成10年10月26日　平成７年（行ウ）第30号（事業の継続性、駐車場の構築物）

（平２．１.11相続開始）本件土地は駐車場として貸し付けられていたが、契約期間は１年間の短期とされており、必要があれば契約を更新でき、事実上賃貸借契約は継続されているものの、被相続人から返還の申出があれば明け渡す旨の合意がなされており、また、必要最小限の設備を施したのみで、容易に撤去して原状回復が可能で、その後の管理や補修は賃借人が行っており、被相続人は特段管理のために労力を費やしていなかったのであり、本件土地の貸付けをもって社会通念上事業の用に供されていたということはできない。また、本件土地にはコンクリート舗装等の措置は講じられておらず、砂利が敷かれた程度で地面は露出しており、フェンス等の設備も簡易なものであって、施設の維持管理も賃借人が行っているなど、特段の人的・物的な資本投下がされているとは認められず、事業性を認識しうる程度に資本投下がされた構築物の敷地の用に供されているとはいうことはできないのであり、特例の適用要件を充たさない。

⇒ **No.30〔控訴審〕　東京高判平成11年８月30日　平成10年（行コ）第198号**

原判決引用。

No.29　平成11年６月21日裁決（賃貸借契約終了後の事業性）

（平７．７.12相続開始）和解調書において、相続開始前に被相続人所有の建物の賃貸借契約が終了し、その後建物の明渡期限までに旧賃借人に無償で建物を使用させることになっている建物及びその敷地は貸家及び貸家建付地に該当せず、特例の対象とはならない。

明渡猶予期間中における本件建物の貸借は無償使用と認めるのが相当であるから、当該賃借に係る貸付けは、①営利性、有償性を欠いていることは明らかであり、事業ということができず、②相当の対価を得て継続的に行うものにも該当しないので、事業に含まれることにもならないと認めるのが相当であり、本件土地は特例が適用できる宅地等に該当しないこととなる。

No.31　平成12年12月22日裁決（一時的空室）

（平７.10.４相続開始）本件宅地上の建物は相続開始直前において空家であり、賃借人を募集していた等の事実は認められず、その空家の状態も一時的なものとは認められないから、事業用の小規模宅地等の特例の適用はない。

本件建物について、①請求人は、本件建物を管理に関与していなかったこと、②本件建物は、被相続人が設立したＨ社の社屋として建てたもので、第三者に対する賃貸を予定していたものでなく、Ｊ社に対する賃貸は、取引銀行からの紹介による特別なものであること、③本件建物やその敷地である本件土地に、賃借人を募集する旨の看板等が設置されたことはないこと、④本件建物は、相続開始日時点において、建築後33年余り経過し、床や階段が破損し、雨漏りもするなど相当老朽化が進行しており、Ｊ社が退居した後、直ちに第三者に賃貸できるような状態ではなかったこと、④結局、本件建物は、Ｊ社の退去後、何らの用に供されることなく、取り壊されたことが認められるのであって、本件建物が相続開始日の直前において賃貸されていなかったことを一時的なものということはできない。本件宅地に係る事業は継続性が認められず、一時的な中断とは認められないから、本件宅地は、特例が適用される小規模宅地には当たらない。

No.32　東京地判平成13年１月31日　平成11年(行ウ)第204号(明渡猶予期間中の適用)

（平７．７.12相続開始）被告は、宅地が事業の用に供されていたものと認められるためには、被相続人が行っていた行為が、客観的にみて営利性、有償性を有していたと認められることが重要であるところ、相続開始に至るまで９年間に渡って本件建物の使用料は無償とされていたのであるから、営利性、有償性を有するものとはいえない旨主張する。しかし、事業は不確実性のもとに事業主の経営判断により行われる経営活動である以上、収益が上がらない状態の時期もあり得るのであるから、ある時期において収入がないからといって、直ちに営利性及び有償性に欠けるものとして事業ではなくなるものでなく、事業性の有無は、その事業の性質や経過、事業に対する事業主の経営判断などの要素も総合して判断しなければならない。本件においては、相続開始時に単なる不法占有又は使用貸借をしていたものではなく、継続していた賃貸借契約に関する明渡訴訟においてなされた訴訟上の和解に基づいて建物を使用していたものであり、その使用関係は実質的には一時使用の賃貸借と異ならず、被相続人が賃料相当額の支払いを求めないこととしたのは、これを立退料の実質を有するとした上で、本件土地を使用した事業を行うにはそれもやむを得ないとする経済的な判断によりなされたものであるから、形式的に賃料相当額の支払いがなかったことをもって、直ちに営利性及び有償性を欠くから事業には該当しないと解することは相当でない。

No.33　平成13年12月25日裁決(未分割財産に居住していた者)

（平10．４.18相続開始）前回相続の未分割財産に居住していた者は、法律に規定する「所有する家屋に居住したことがない者」に当たらない。

被相続人の居住の用に供されていた家屋に同居していた親族がいない

場合に特例の適用を受けるには、被相続人の居住の用に供されていた土地を取得した相続人が「相続開始前３年以内に相続税法の施行地内にあるその者又はその者の配偶者の所有する家屋に居住したことがない者」であることが要件となる。請求人は、相続開始前３年以内に前回の相続により未分割となっていた家屋に居住しており、民法896条及び同898条によれば、請求人らの共有に属していたことが認められることから要件を満たさないこととなり、特定居住用宅地等には該当しないこととなる。

No.35　東京地判平成14年７月11日　平成９年(行ウ)第125号(事業中断中の適用、選択換え)

（平５．９．24相続開始）事業は、その性質上開始に当たってある程度の準備を要するものであるし、開始後も諸処の事情の変化に応じて、その内容に変更を加える必要が生じ、そのために事業を一定期間休止して所要の変更を施した後に事業を再開することも少なくないと考えられる。このような性質と特例の趣旨からすると、「事業の用に供されていた土地」の解釈に当たっては、土地上で外形的に明らかな形で特例の事業の準備が開始された時点以降、事業が廃止されるまでの全ての段階を含むものと解するのが相当であり、従前事業が行われていなかった土地であっても、相続開始時において外形上明らかな形で事業の準備が行われている場合はもとより、従来行われていた事業が相続開始時に一時中止されているものの、その再開が確実に予定されている場合もまた「事業の用に供されていた土地」に該当すると解するのが相当である。被相続人等が相続開始前に不動産の貸付けを行っていたことは当事者間に争いがなく、Ｉ公団は、権利変換後の建物を賃貸事業用とする計画に沿って事業を進めており、権利変換後の建物を賃貸事業用とした場合の資産運用モデルを示していたこと等の事実に加え、被相続人が権利変換後の権利

第４章

を他に譲渡するなど、これを用いた不動産賃貸業を廃することを意図していた形跡がない。権利変換前の土地と権利変換後の本件施設建築物敷地及び施設建築物は、法的には通じて一体のものとみるべきであるから、相続開始時において、事業は建物の建て替えのために一時中断していたものの、本件施設建築物の完成により建て替えが完了すれば再び事業を再開することが確実であったと認められるから、実体的には、特例の適用要件を充たしていると認められる。

また、当時の課税当局が、このような事例について特例を認めないとの規範を確立し、外部にも示していたのであるから、これに従って、本宅地等を当初申告において、小規模宅地等として選択しなかったことは無理からぬところがあり、法律にいう「やむを得ない事情がある」というべきである。これを理由に自ら更正の請求ができるか否かはともかくとして、課税庁が別個の理由での増額更正を行った場合には、この事由に基づき、小規模宅地等の選択換えを考慮した減額がされるべきことを主張しうると解するのが相当である。

⇒ **No.40〔控訴審〕 東京高判平成15年３月25日 平成14年(行コ)第210号**

相続人は、別の土地について本件特例を適用する宅地として選択をして、相続税の申告をしているので、「相続税の申告書の提出がなかった場合又は本件特例の適用を求める旨の記載等がない相続税の申告書の提出があった場合」という法律の規定の前提を欠いている。したがって、小規模宅地等の選択について、やむを得ない事情があったという主張は採用できない。

⇒ **No.49〔上告審〕 最判平成17年３月29日 平成15年(行ツ)第160号**

上告棄却・上告不受理。

No.36　平成14年11月19日裁決（地積が増えた場合）

（平11．3．29相続開始）相続税の申告書を提出した後、選択適用した小規模宅地等の地積につき、相違があったことを認識した場合、小規模宅地等の選択換えという場所の変更を行うものではないから、法律に規定する「やむを得ない事情」として小規模宅地等の地積の変更を認めるのが相当である。

請求人は、申告書を提出するまでは実測図の存在を知らなかったこと、また、現在に至るまで実測図を所有していない事実からして、申告書の提出に当たり、相続税の課税対象となり、また、特例の適用対象となる宅地を固定資産税の課税明細によってしか把握することができなかったものとして認められる。そうすると、特例の対象となる宅地の選択に当たり、土地課税台帳に公衆用道路（非課税該当）となっている部分の宅地を選択しなかったとしても、これについては、やむを得なかったといわざるを得ない。また、遺留分減殺請求等の相続固有の後発的事由に基づいてなされる更正の請求については、要件を満たす限り、小規模宅地等の変更ができることからすれば、申告書の提出後に、そもそも本件土地が含まれていた本件ビルの敷地である本件土地の地積の変更を行うものであることが認められ、小規模宅地等の選択換えという場所の変更を行うものではないのであるから、「やむを得ない事情」があるものとして、小規模宅地等の地積の変更を認めるのが相当である。

No.37　平成14年12月５日裁決（居住地の判定）

（平11．7．25相続開始）請求人らのうちの一人とともに本件宅地上の建物に居住していた被相続人は、病院を退院後、相続開始の直前においては、長女の住所地に居住していたと認めるのが相当であり、本件宅地に小規模宅地等の特例を適用することはできない。

被相続人は、本件宅地及び建物に70年以上住み続け、長男夫婦とともに長らく同居していた。請求人は、本件建物には被相続人の生活必需品や仏壇等も残されていること等を指摘して、被相続人の生活の本拠は被相続人死亡するまで本件建物にあったと主張する。しかし、①被相続人が入院中、長男夫婦は、長女夫婦が被相続人を引き取ることを望んでおり、長女夫婦は被相続人を引き取る意向であったこと、②被相続人は、退院後、死亡するまで長女宅で日常生活を送っていたこと、③被相続人の住民票上の住所も、退院日を転居日として長女宅の所在地に変更されていること、及び④被相続人は、転居日以後、国民健康保険及び所得税の申告において、長女の夫の扶養親族となっていることなどから総合的に判断すると、被相続人の生活の本拠は長女宅にあったと認めるのが相当であり、相続開始の直前において、被相続人は本件宅地を居住の用に供しているとは認められない。

No.38・39　平成15年3月3日裁決（大裁（諸）平14－54、55）

（平○．○．○相続開始）本件申告書に添付された小規模宅地等の計算明細書には、小規模宅地等の特例を受ける宅地として、分割協議によりAが取得した宅地を選択しているところ、同明細書の特例適用同意欄には、Aの氏名の記載がない。Aが本件申告書の提出について同意したことは認められるが、Aが取得した宅地を特例の適用を受ける宅地として選択することについて、Aの同意があったとまで認めることはできず、本件申告書による小規模宅地等の特例の適用については、その適用要件を欠く不適法なものといわざるを得ない。

請求人Ｂは、本件申告書による小規模宅地等の特例の適用に同意していないから、小規模宅地等の特例は相続人全員が均等に受けるべきである旨主張するが、小規模宅地等の特例の適用に当たっては、小規模宅地等の計算明細書に特例の適用を受けようとする宅地等の明細を記載することが要件とされているところ、本件申告書に添付された小規模宅地等の計算明細書には、小規模宅地等の特例を受ける宅地として、Ａが取得した宅地のみが記載されているのであるから、請求人の主張は、その前提を欠くものといわざるを得ない。

また、宥恕規定の適用を受けることができるやむを得ない事情に該当するか否かであるが、たとえ税理士から小規模宅地等の特例の適用についての説明がなかったとしても、本件申告書には小規模宅地等の計算明細書が添付されており、請求人が本件申告書に押印する前に、税理士に質問なり異議を申し立てるなどして、特例の対象となる宅地を変更することもできたのであるから、このことをもって、やむを得ない事情があったとは認められない。

No.41　平成15年４月24日裁決（協議分割後の更正の請求の期限）

（平９.12.28相続開始）相続開始後３年以内に遺産分割された土地について、特例の適用を受ける場合の更正の請求の期限は、当該土地の遺産分割の日から４か月以内である。

本件土地は、申告期限から３年以内に分割されたことにより、特例の適用が可能となり、特例を適用することにより課税価格及び相続税額が過大となることから更正の請求をすることができることとなる。本件土地が分割されてから４か月以内に更正の請求をなされなければならないところ、本件土地に係る更正の請求は４か月を経過した後になされたものと認められ、期限を経過した後に行われた不適法なものである。また、請求人は期限内に行った更正の請求及び修正申告において特例の適用を失念した場合、「やむを得ない事情」に該当する旨主張するが、この「やむを得ない事情」とは、例えば災害、交通や通信の途絶等、納税者の責めに帰すことのできない客観的な事情によるものをいい、本件のように請求人らが失念したことは、「やむを得ない事情」に該当しない。

No.42　東京地判平成15年８月29日　平成14年(行ウ)第154号(未分割財産に居住していた者)

（平10．4．18相続開始）被相続人と別居していた原告らは、被相続人の居住の用に供されていた建物の敷地の用に供されていた本件土地を取得した。原告らは、本件相続開始前に死亡した本件被相続人の配偶者の相続（前回相続）における相続人であり、前回相続において未分割となっていたマンションに居住していたのであるが、遺産分割協議が成立するまで、原告らはマンションを共同して所有していたと認めるのが相当である。したがって、原告らは「相続開始前３年以内に…その者又はその者の配偶者の所有する家屋…に居住したことがない者」に該当しないというほかはなく、本件土地は「特定居住用宅地等」にあたらないというべきである。

No.43　徳島地判平成15年10月31日　平成14年(行ウ)第25号(相続人の同意)

（平10．2．4相続開始）同一の被相続人から相続又は遺贈により小規模宅地等を取得した者が複数あり、これらの宅地等の面積の合計が限度面積を超えるときは、選択しようとする宅地等の明細を記載した書類及びその同意書が必要とされているところ、訴外Ａの同意書を添付していないことに争いはないのであるから、特例の適用要件を欠くというべきである。また、原告らはＡが取得した取得する面積を除外した部分についてのみ特例を申請しているので、Ａはその宅地全部に本件特例を適用しうる余地があり、同意書がなくてもなんらＡの利益を害さない以上、特例の適用に支障はない旨主張するが、小規模宅地等の選択に同意しない者が、必ずしも自己が取得する宅地について特例の適用を希望しているわけではなく、希望しない場合があることを考えれば、不同意者が取得する宅地全部が特例の対象になるからといって、小規模宅地等の選択に同意したものと扱うことはできない。

No.44　福岡地判平成16年１月20日　平成14年（行ウ）第26号（更地の仮換地への適用）

（平10.10.18相続開始）小規模宅地等の特例は、事業又は居住の用を廃して宅地を処分することに制約があることに対する配慮である。本件土地について仮換地の指定及びその使用収益を開始することができる日の定めがある場合においても、従前の土地についての使用収益権は仮換地上に移行するが、処分権はなお従前の土地上に存在し、土地所有者は従前の土地を処分することについて何ら制限されているものではなく、従前の土地の所有者は、従前の土地を譲渡することによって結果的に仮換地を譲渡することができるのであるから、特例が救済を予定しているものではない。本件では、相続開始の10月前に建物が取り壊されて更地になっていたものであるから、本件土地を被相続人が現に居住の用に供していた宅地等といえず、本件仮換地についても同様である。

また、被相続人が仮設住宅へ移転した前後を通じ、原告らが被相続人の食材等をまとめて購入し、夕食の世話をしていたことが認められるが、一方、被相続人の身の回りの世話及び朝食並びに昼食の支度は被相続人と同居していた義理の妹が行っており、また、被相続人自ら賃貸収入を得て申告をし、社会保険に加入しており、原告らの扶養親族として扱われていなかったことが認められるのであり、原告らと被相続人が生計を一にしていたと認めるには足りない。

よって、本件宅地は「特定居住用宅地等」に該当せず、特例の適用はない。

⇒ **No.47〔控訴審〕 福岡高判平成16年11月26日 平成16年(行コ)第7号**

原判決引用の他、以下のとおり判示した。控訴人らは、本件土地及び本件仮換地の使用収益がいずれも禁止されていたため、居住の用に供する予定であったビルの建築に着工することができなかったのであるから、自己都合によらない事情により相続開始時に居住用建物の敷地としての使用が一時中止されているような場合は、特例を適用すべきであると主張する。本件仮換地に居住用建物を建築することを計画し、使用収益が可能になった時点で速やかに本件ビルの建築工事に着手することが可能であったものと認められるが、相続開始時においては本件土地及び本件仮換地がいずれも更地であり、相続開始の直前において居住用建物の敷地として使用できる状況になかったのであるから、特例の適用はないといわざるを得ず、控訴人らが主張するような事由が存したとしても、特例が適用されると解することはできない。

⇒ **No.55 最判平成19年1月23日 平成17年(行ヒ)第91号**

相続開始の直前において、本件土地は更地となり、本件仮換地もいまだ居住の用に供されてはいなかったものであるが、それは仮換地指定により両土地の使用収益が禁止された結果、やむを得ずそのような状況に立たされたためであるから、相続開始ないし相続税申告の時点において、仮換地を居住の用に供する予定がなかったと認めるに足りる特段の事情のない限り、「相続の開始の直前において…居住の用に供されていた宅地」に当たると解するのが相当である。本件においては、上告人らは、仮換地指定通知に伴って仮設住宅に転居しており、また、相続開始後とはいえ仮換地の使用収益が可能となると、仮換地上にビルを建築してこれに入居したものであって、上記特段の事情は認めることができない。したがって、特例が適用されるべきである。

以上と異なる原審の判断には、判決に影響を及ぼすことが明らかな法令の違反がある。

上記部分につき、本件を原審に差し戻すこととする。

⇒ **No.59〔差戻審〕　福岡高判平成19年７月19日　平成19年(行コ)第６号**

上告審判決における、「甲土地について本件特例が適用される」という判断は、当裁判所を拘束する。残る争点は、特定居住用宅地等に該当するか否かと、特例対象面積である。

「生計を一にしていた」とは、日常生活の糧を共通にしていたことを意味するのが相当であるが、被相続人と控訴人が同居していないことは明らかであり、認定事実によっても生活費の支出が共通になされていたとは認めがたく、むしろ、被相続人が自ら賃料収入を得て、社会保険にも加入していたことからすれば、両者の生計は各自独立していたものと推認され、控訴人が被相続人と「生計を一にしていた者」であるとはいえない。したがって、特定居住用宅地等には該当しない。

本件特例適用部分の価額を算定するに当たっては、面積については従前地を基準とするが、価額については、従前地と仮換地が等価であるとの前提のもと、仮換地の価額を基準とすることになる。本件においては、仮換地の面積を基準にすると、仮換地の指定がなかった場合以上に利益を受けることとなるが、そのような利益を享受させる理由は全くないからである。

上記最高裁判決を受けて、平成19年６月22日付課資２－９他で租税特別措置法通達69の４－１の３（現69の４－３）が発出された。

No.45　東京地判平成16年１月20日　平成15年（行ウ）第154号（代償財産への適用）

（平４.10.９相続開始）原告は､代償財産の交付を受ける相続人は、被相続人から遺産を相続したものとして課税されることになるから、代償財産の対象となる財産の中に小規模宅地等の特例の適用を受ける財産がある場合には、代償金の交付を受けた者の課税価格を計算するに当たっても、小規模宅地等の特例が適用され、相続した割合に応じて減額されるべきである旨主張するが、この特例の適用対象者は、相続又は遺贈により小規模宅地等を取得した個人であることが明らかであり、代償財産を現金で取得した者は、文理解釈上、適用対象者に含まれる余地はない。

⇒ **No.48〔控訴審〕　東京高判平成17年２月10日　平成16年（行コ）第47号**

小規模宅地等の特例は争点となっていない。

No.46　高知地判平成16年８月10日　平成15年（行ウ）第22号（親族への賃貸）

（平12.７.30相続開始）本件土地上には、本件相続開始時において被相続人の長女の夫名義の建物が存在し、長女家族が居住していた事実が認められるところ、被相続人と長女の夫との間には、本件土地の賃貸借契約の締結及び地代の授受等はなかったものと推認され、本件土地は使用貸借に基づいて占有されていたものであるというべきであるから、相当の対価を得て行う不動産の貸付けを含む被相続人の事業の用に供されていた宅地に該当しないから、特例の適用を受けることはできない。

No.50　平成17年７月４日裁決（相続人の同意）

（平○.○.○相続開始）相続税の申告書に小規模宅地等として選択することに同意したことを証する書類の添付がなければ、課税価格の計算に当たり、小規模宅地等の計算の特例を適用することはできない。

共同相続人らが小規模宅地等の特例の適用を受けるためには、当該特例対象宅地等を取得したすべての者の当該選択についての同意を証する書類を相続税の申告書に添付しなければならない。本件土地は特例対象宅地等に該当するが、本件相続税に係る申告書にはこの書類の添付がないため、小規模宅地等の特例を適用することはできない。

No.51　平成17年12月16日裁決（駐車場の構築物）

（平○.○.○相続開始）賃貸用の青空駐車場に使用されている本件土地は、物的施設に乏しく、構築物の敷地の用に供されている宅地に該当するとはいえず、特例の対象とはならない。

不動産所得の収支内訳書には、減価償却資産として、駐車場整地工事、通路舗装、フェンス等が記載され、相続税の課税価格にも63万円の減価償却資産が算入されている。しかし、この路面は、相続の８年前に、砂利を敷設したと推認されるが、砂利の量は少なく、フェンスは容易に撤去できる。また、アスファルト舗装もあるが、駐車場の８％に過ぎない。本特例の適用に当たっては、宅地等が事業性を認識しうる程度の資本投下がされたある程度堅固な施設である構築物の敷地として利用されてい

第４章

る必要がある。構築物といっても、物的施設に乏しく、宅地への転用に際し、その撤去や除去が容易な場合には、処分面の制約への配慮の必要性は非常に少ないので、特例を認めるべきではない。

No.52　平成18年5月8日裁決（未分割遺産に係る「やむを得ない事情」の有無）

（平○．○．○相続開始）未分割遺産について、当該相続に関し訴えの提起がされたこと等やむを得ない事情がある場合には、当該財産の分割ができることとなった日の翌日から4か月以内に当該財産を分割した場合に限り、小規模宅地等の特例が適用され、やむを得ない事情があることについて承認を受けようとする者は、当該相続税の申告期限後3年を経過する日の翌日から1か月を経過する日までに、その事情の詳細等を記載した承認申請書を所轄税務署長に提出することが必要である。しかし、本件では、承認申請等を提出したのは、法定の申請期限を過ぎてされているので、本特例の適用はないこととなる。

No.53　平成18年6月6日裁決（居住用は一つか）

（平14.11.○相続開始）被相続人の居住の用に供されていた宅地等は、相続人等の生活基盤の維持に必要なものに限定されるべきであり、被相続人が生前に居住用の宅地を複数保有していた場合であっても、正に相続開始の直前において現に居住の用に供していた宅地の部分に限られる。

被相続人は、Q市家屋に居住していたが、事業の便を考えマンションを購入して家具等を搬入し、週の半分をQ市家屋で、残りをマンションで過ごすため文化講座などの申し込みも行ったが、手術入院することとなり、入院した以外はQ市家屋で療養していたことが認められる。被相続人が、マンションを購入して時々利用するうちに週の半分をQ市家屋で、週の半分をマンションで過ごす意向も持っていたとしても、その意向は実現されておらず、被相続人の生活の拠点は、マンション購入後も依然としてＱ市家屋であったと認められる。被相続人が相続開始の直前においてマンションを生活の拠点として認められないことから、マンションの敷地である宅地には特例を適用することはできない。

No.54　平成18年12月７日裁決（相当な対価）

（平〇.〇.〇相続開始）被相続人と請求人らが締結した土地に係る賃貸借契約は、契約書表記どおりの賃貸借を目的としたものではなく、使用貸借契約と認められることから、特例の適用は認められない。

①本件保証金は権利金でないこと、②本件保証金は権利金を支払わずに行う賃貸借契約において貸主が得る利益を相当の地代の水準にするための地代の調整機能も有していないこと、③地代の算定根拠は不明である上、土地の時価に占める割合はきわめて低く、固定資産税・都市計画税の納税額を参考として決められたと推認されることから賃貸借契約に該当しないことは明らかである。さらに、本件契約は、土地の利用状況を確認した上で、契約成立後の土地に係る必要経費程度の金額を請求人が負担することを条件に被相続人から確実に承継するためのいわば担保として締結されたものと評価すべきであって、権利金といえる経済的利益の授受もないことから、実質的には親子という特殊な関係に基づく使用貸借契約であると認めるのが相当であり、小規模宅地等の特例を適用することはできない。

No.56　平成19年５月15日裁決（未分割のやむを得ない事情）

（平14.〇.〇相続開始）請求人の多忙及び共同相続人の通院加療等を理

由に請求人が行った申告期限から3年以内に遺産が分割されなかったことについてのやむを得ない事情の承認申請を却下した処分は適法である。

請求人は、特例の適用を受けようとする遺産が未分割であることについて、①被相続人が関係していた法人と原処分庁との間の訴訟が係属中であること、②請求人は、自ら当事者となっている訴訟事件7件、雑事件10件、その他9件を抱えて多忙であったこと、③遺産の一部については分割を了するなど、請求人は分割協議の完了に努力していること、④共同相続人のうち1名が通院加療中であり、同人に対して配慮する必要があったこと、をやむを得ない事由としてあげている。しかし、①ないし③はいずれも「やむを得ない事情」に該当せず、また、④についても通院加療中とはいえ精神又は身体の重度の障害疾病のため客観的に遺産分割ができなかったとは認められないことから、「やむを得ない事情」に該当しない。

No.57　平成19年6月5日裁決（駐車場の構築物）

（平○.○.○相続開始）青空駐車場にある看板等は、構築物に該当しないから、その敷地について特例の適用を受けることはできない。

小規模宅地等の特例の適用対象は、被相続人の事業の用又は居住の用に供されている宅地等で、建物又は構築物の敷地の用に供されている宅地等とされており、ここでいう構築物とは、ある程度堅固な施設であり、かつ、その施設を利用した事業が行われていなければならないと解するのが相当である。本件においては、青空駐車場のごく一部に看板があるものの、その撤去ないしは除却が容易なものであり、ここでいう構築物には該当せず、小規模宅地等の特例の適用を受けることはできない。

No.58　平成19年６月14日裁決

（平○.○.○相続開始）本件宅地は、被相続人の居住の用に供されていた宅地等、被相続人と生計を一にしていた親族の居住の用に供されていた宅地等に該当せず、特例の適用対象とはならない。
被相続人の住民登録は本件家屋に居住してから死亡時まで本件家屋の所在地にあったが、住み込みで働くため他所に転居し、退職した後はさらに他所に別家屋を新築し死亡時まで居住していた。被相続人が本件家屋から転居後、死亡するまでの間、本件家屋に生活拠点を置いていたと認めるに足る証拠は見当たらない。

被相続人と生計を一にしていた親族Ａについては、①相続開始時に現に本件家屋に居住していなかった、②入院により長期間本件家屋に居住していなかった、③被相続人夫婦と同居することを条件に退院したことから、本件家屋に生活拠点が置かれていたとはいえない。生計一親族Ｂについては、仮に入院する前の生活拠点が本件家屋にあったとしても、被相続人が別家屋を新築した際に移動していたとみるべきであり、加えてＡが退院する条件が被相続人夫婦と同居することであったことから、Ａよりも入院歴の長いＢが被相続人夫婦から独立して生活の拠点を有していたとは考え難く、Ｂの生活拠点も被相続人夫婦とともに移動したとみるべきであり、本件家屋に生活拠点が置かれていたとすることは実情に合致しない。

また、請求人Ｃは相続開始直前において、本件家屋を事業所兼居宅として使用していたと認められるが、Ｃは上記いずれの者とも生計を一にしていたとは認められない。

仮に本件宅地が特例の適用対象宅地等に該当するとしても、特例の適用可能となる特例対象宅地等を取得したすべての個人の選択同意書が提出された事実が見当たらないため、特例の適用は認められない。

No.60　平成19年10月24日裁決（相続人の同意）

（平14.12.○相続開始）未分割である宅地等について、その宅地等を取得する可能性のある者全員の同意がない場合には、特例の適用を受けることはできない。

同意を得る必要のある特例対象宅地等を取得したすべての個人には、相続税の申告書の提出期限までに分割された特例対象宅地等を取得した者のみならず、未分割である特例対象宅地等を取得した者も含まれるものと解される。未分割である宅地については、相続人ら全員が相続分を有することから、特例の適用を受けるに当たっては、相続人ら全員の同意を証する書類の提出が必要であったと認められるが、本件においては、相続人らのうち一人の同意がないのであるから、特例の適用を認めることはできない。

No.61　大阪地判平成19年11月14日　平成18年（ワ）第2484号（更正の請求の特則の事由を知った日の意義）

（平８.11.22相続開始）相続税法32条各号の事由を知った日とは、更正の請求をしようとする者ないしその代理人において社会通念上当該事由が生じたことを知ったと認められれば足り、それ以上に当該事由が生じたことについての入念な確認までは要しないというべきである。この事由に係る分割の原因が遺産分割審判である場合は、弁護士に裁判所のする送達その他の連絡を第一義的に行う権限を与えており、弁護士が遺産分割審判につき即時抗告申立期間の満了の日の翌日には、抗告の申し立てが出ていないことを承知しており、この日が遺産分割審判の確定を知った日となる。

No.62　佐賀地判平成20年５月１日　平成18年（行ウ）第10号（複数の居住用家屋）

（平14.11.16相続開始）所得税と相続税という違いはあるものの、所得税においては「居住の用に供されている（家屋）」とは、居住の用に供している家屋が二以上ある場合は、主として居住の用に供していると認められる一の家屋に限ることとされている一方、本件特例においてはそのような制限はされていないことからすると、本件特例の解釈として、主として居住の用に供されていた宅地等に限定することは困難であって、面積要件さえ満たせば、複数存在することが許容されていると解するのが相当である。被相続人は、本件家屋では営業や買い物に不便であったため、これを改善する目的で本件マンションを購入し、現に週に１回は本件マンションに立ち寄り、時には宿泊もしていたこと、水道設備の他、日常生活に必要な電化製品も備えられており、本件マンションの利用は単に娯楽や一時的な目的に出たものではなく、生活の改善を目的に本件家屋及び本件マンション双方において生活することを選択した一つの生活スタイルに基づくものと認めることができる。したがって、被相続人は本件マンションに生活の拠点置いていたといえるから、本件家屋のみならず、本件マンションの敷地にも特例の適用があるというべきである。

⇒ **No.67〔控訴審〕　福岡高判平成21年２月４日　平成20年（行コ）第27号**

特例の対象となる「居住の用に供されていた宅地等」は、「主として居住の用に供されていた宅地等」に限られないものと判断する。

本件マンションの面積や間取りは、被相続人が一人で居住するには不必要なほど広く、電気もその使用量に比べて契約容量が極めて大きい。家具や電化製品も世帯用の製品が購入されており、また、被相続人は運転免許を持たないにもかかわらず、駐車場契約を締結しており、専ら被相続人一人が仕入れ等の便宜のために居住するためのものであったかについては疑問がある。さらに、本マンションへの立ち寄りも定期的でなく散発的で、仕入れ等に出かけた日と一致せず、その拠点として実際に利用されていたものではない。使用された電気、ガス、水道も極めて少量である。また、本件マンションについて、住所として届け出た金融機関や取引先はなく、届く郵便物はダイレクトメールの類に過ぎず、知人らに生活拠点として知らせた形跡もなく、入退院を繰り返していた時期や死亡前3か月程度は最後まで本件家屋で療養していた。以上の状況等からすれば、被相続人が病気等の事情から利用できなかったことを考慮しても、生活の拠点として使用されていたとは認められず、「居住の用に供されていた」宅地に当たるとは認められない。

⇒ **No.71〔上告審〕　最判平成22年２月５日　平成21年(行ヒ)第157号**

上告不受理。

No.63　平成20年６月26日裁決（生計一の判定）

（平17. 2.○相続開始）請求人は被相続人と生計を一にしていた親族とは認められないから、請求人が相続により取得した請求人の居宅の敷地は特例の対象とならない。

被相続人の生活の本拠はその居宅であり、請求人は請求人居宅を建築後は、被相続人と別居しており、それぞれ独立した生活をしていたと認められ、また被相続人の入院後は複数の病院を転院しながら入院生活を継続しており、請求人と被相続人は別居していたものと認められる。被相続人の入院費用は被相続人名義の預金口座から出金された金員で支払われたものと推認でき、また、被相続人居宅に係るガス料金等は被相続人の預金口座から引き落とされていることからすれば、請求人と被相続人は、相続開始の直前において、日常生活に係る費用の全部又は主要な部分を共通にしている関係にはなく、請求人が被相続人と「生計を一にしていた」親族であるとは認められず、特例の対象とはならない。

No.64　平成20年10月２日裁決（老人ホーム入居者）

（平16．６．○相続開始）老人ホームへの入居は一時的とはいえないから、入所前に居住していた家屋の敷地は居住の用に供されていた宅地等には該当せず、特例の対象とはならない。

本件老人ホームは終身入居可能な介護付終身利用型老人ホームであり、終身にわたって生活全般にわたる介護サービスの提供を受けることができ、被相続人は終身生活することが可能であった。また、被相続人は３年間で全額が償却される預り金を入所時に支払っており、その他月額利用料は介護保険及び健康保険の給付金で賄うことができ経済的にも終身にわたって利用することが可能であった。しかも、被相続人は相続開始まで入院治療を受けた以外に外出したことはなく、同ホームで生活していた。本件契約の内容は、解除を申し出るなどしなければ終身利用できるものであり、入所契約の締結に至る経緯及びその内容に照らすと、ショートステイとは異なり、客観的に見て短期間の施設利用及び介護サービスの終了後に帰宅が予定されていたとはいえず、本件老人ホームへの入居は、客観的に見て一時的なものであったとはいえず、特例を適用することはできない。

第４章

No.65　静岡地判平成20年11月27日　平成19年（行ウ）第28号（駐車場の構築物）

（平〇.〇.〇相続開始）本件土地は、A社に賃貸され、従業員用駐車場として利用されているが、その土地上には、地面に駐車位置を示すためのロープが敷設され、道路に面した南側面の一部に駐車場であることを示す野立看板が設置されているのみで、それ以外に設置物はなく、いわゆる青空駐車場として利用されているにすぎないのであり、本件土地に何らかの構築物を設置し、その上で、当該構築物を利用した事業が行われているものでもない。そうすると、本件土地は、「財務省令で定める建物若しくは構築物の敷地の用に供されているもの」ということはできず、小規模宅地等の特例を適用することはできないというべきである。

⇒ **No.68〔控訴審〕　東京高判平成21年6月25日　平成〇年（行コ）第〇号**

原判決引用。

⇒ **No.70〔上告審〕　最判平成21年11月27日　平成〇年（行ツ）第〇号**

上告棄却・上告不受理。

No.66　札幌地判平成21年1月29日　平成18年（行ウ）第23号

（平12.10.24相続開始）本件特例に規定する「構築物」とは、事業性を認識しうる程度に人的・物的な資本投下がなされた、ある程度堅固な施設であり、かつ、その施設上において、その施設を利用した事業が行われているようなものであることを要すると解すべきである。本件宅地は青空駐車場として利用され、敷地の一部にアスファルト舗装やフェンスを設置するなどの資本投下がされており、事業性が認められる。しかし、本件宅地に設けられたアスファルト舗装は、全敷地の約８パーセントにとどまり、金属製のパイプを組み合わせたフェンスが設置されているのみである。このようなアスファルト舗装やフェンスを撤去、除去して本件宅地を転用することは容易であり、処分面での制約は非常に少ないということができる。また、個人の生活基盤として保護する必要性を見い出すこともできない。そうすると、本件宅地上のアスファルト舗装やフェンスは本件特例上の「構築物」に当たらないというべきである。

No.69　平成21年11月４日裁決

（平○.○.○相続開始）相続税申告書の提出に際し、「選択特例対象宅地等の明細書」及び「特例適用の同意書」を添付しておらず、更正処分等が行われるまでの間、これらの書類を提出した事実は認められないから、特例の適用を受けることはできない。

選択特例対象宅地等として選択した本件１土地につき特例が認められないとは思っていなかったから、本件２土地を選択特例対象宅地等とする手続きをしなかった旨主張する。しかし、「選択特例対象宅地等の明細書」及び「特例適用の同意書」の添付がなかったことにつきやむを得ない事情があったと認められる場合には、税務署長にこれらの書類の提出があった場合に限り、本件特例の適用を受けることができるとされているところ、本件更正処分等が行われるまでの間、請求人がこれらの書類を原処分庁に提出した事実は認められないから、本件土地２について小規模宅地等の特例の適用を受けることはできない。

No.72　平成22年６月11日裁決

（平○.○.○相続開始）被相続人夫婦は、相続開始直前に本件家屋に居住していなかったと認められ、居住の用に供されていた宅地等に該当せず、特例の対象とならない。

被相続人は介護を受けることを目的として老人ホームに入園し、当該老人ホームを終身利用することが可能であった。被相続人夫婦が本件家屋に居住しなくなってから相続開始まで1年8ヶ月経過しているが、その間、入園契約を解除して帰宅したり、入院以外に外泊した事実は認められない。また、ショートステイとは事情が異なっており生活の拠点が本件家屋に置かれていたとは認められない。家財道具が本件家屋を置いたままにしていたのは、老人ホームに生活に必要な設備が整っていたためであり、電気水道の契約を継続していたのは、本件家屋の掃除等の便宜のためと認められる。また住民登録を本件家屋の所在地から異動させていなかったとしても、生活の実態を反映するものではなく、上記認定を覆すに足る事情とまではいえない。

請求人らは、特別養護老人ホームの入所者には特例の適用が認められているのであるから、終身利用権の取得のみを理由に介護型有料老人ホームに入所した場合に特例の適用を受けられないのは法令の解釈を誤っていると主張するが、特例の適用があるか否かは客観的な事情を総合的に勘案して判断すべきであり、終身利用権の取得のみを理由に判断するわけではない。

No.73　東京地判平成23年８月26日（平成22年（行ウ）695号）

（平○.○.○相続開始）被相続人は、相続開始直前に本件家屋に居住していなかったと認められ、居住の用に供されていた宅地等に該当せず、特例の対象とならない。

本特例の「居住の用に供されていた宅地」に当たるか否かは、被相続人等が生活の拠点を置いていたかどうかにより判断すべきであり、具体的には、①その者の日常生活の状況、②その建物への入居の目的、③その建物の構造及び設備の状況、④生活の拠点となるべき他の建物有無その他の事実を総合考慮して判断すべきものと解するのが相当である。

本件では、①１年８か月の間、入院以外には外泊したことがなく、②夫婦とも介護が必要であることから、終身利用権を取得したうえで入所したもので、健康状態が早期に改善する見込みがあったわけではなく、相当の期間にわたって生活する目的で入居したものであり、③本件ホームは、日常生活に必要な設備が備わっており、協力医療機関の往診も受けられる、ことが認められる。以上からすれば、④本件家屋に家財道具が置いたままで電気、水道の契約が維持されていたとしても、生活の本拠が本件ホームにあったことは明らかである。

原告は、特別養護老人ホームの入所者と比べ、介護型有料老人ホームに入所した場合に特例の適用を受けられないのは著しく不公平であると主張するが、特例の適用があるか否かは生活の拠点があるか否かで判断すべきである。生活の拠点の事実認定については、老人ホームに入所していたとの一事をもって一律に決すべきではなく、個別の事案の事実関係に照らして判断すべきであり、ＨＰの要件は目安としているにすぎない。

No.74　東京地判平成24年４月18日　平成23年（行ウ）第284号（抗告棄却の場合の更正の請求の期限）

（平12.7.27相続開始）原告らは、相続財産につき、全て分割済みであるとした上で、小規模宅地等の特例を適用して、相続税の期限内申告書を提出したが、税務調査により財産の分割が行われていないことが判明し、更正処分により本件特例の適用はないものとされた。その後、原告らは遺産分割を求める調停の申立てをしたがいずれも不成立となり、家

第４章

裁の審判が行われた。この審判に対し、原告らは即時抗告を提起したところ、高裁は抗告棄却の決定をし、決定書の正本が原告らに送付又は送達された。これに対し原告らは、高裁に抗告の許可の申立て及び特別抗告の提起をしたが、抗告は不許可となり特別抗告は却下され、さらに最高裁に特別抗告の提起をしたが、抗告は棄却された。

即時抗告に対する高裁の決定がされた場合には、その告知によって原裁判は即時に確定し、その後に特別抗告が提起された場合又は抗告の許可の申立てがされた場合でも、このことに変わりはないものと解される。よって、本件審判は高裁決定が告知されたこと、すなわち、決定書の正本が送付又は送達されたことによって確定してその効力を生じ、原告らは更正の事由が生じたことを知ったものと認めるのが相当である。原告らが本件各更正請求をしたのは、前記送付又は送達の日の翌日から4月を経過した後であるから、本件各更正請求は、相続税法32条所定の期間を経過した後にされたものとして、不適法なものというべきである。

⇒ **No.77〔控訴審〕 東京高判平成24年9月12日 平成24年(行コ)第197号**

原判決引用。

No.75 東京地判平成24年4月24日（更正の請求）

No. 74と同旨

⇒ **No.78〔控訴審〕 東京高判平成24年9月12日**

原判決引用。

No.76　平成24年８月２日裁決（有料老人ホーム）

（平○．○．○相続開始）被相続人は、本件施設に入所した頃には、それまで生活の拠点としていた建物に単身で居住し生活することが不可能な状態にあり、改善の見込みもなかった上、親族が同居して生活に必要な介護を行うことも事実上不可能な状況にあったものと認められる。他方、本件施設は、生活の拠点とするに足る構造、設備及び機能等を備えたものということができる上、居住を目的とする終身利用を想定した内容の利用契約に基づいて本件施設に入居し、生活に必要な介護サービスを受けながら死亡するまでそこに居住していたというのであり、これらのことを総合勘案して、社会通念に照らして客観的に判断すると、被相続人の相続開始直前における生活の拠点は本件施設にあり、本件建物にはなかったといわざるを得ず、本件宅地は、被相続人の居住の用に供されていた宅地には該当しないというべきである。

No.79　平成25年３月７日裁決（大裁（諸）平24－59）

（平○．○．○相続開始）本件遺産分割協議書が添付された本件申告書が法定申告期限内に提出された後、相続人である請求人らと他の相続人の間に不和が生じ、請求人らは遺産分割協議不存在確認の訴訟を提起し、これが係属中であることから、勝訴した場合に相続税に係る不利益が請求人に生じないことを目的として、遺産が未分割であるとした修正申告書を提出するとともに、配偶者に対する税額軽減及び小規模宅地等の特例の適用を受けようとする遺産が未分割であることについてやむを得ない事情がある旨の承認申請書を提出した事案である。原処分庁が未分割である事実が認められないとして行った更正処分及び各承認申請について却下の処分の取消しを求めるものであるが、本件遺産分割協議書の写

第４章

しは、本件申告がされるまでに作成されたものであると認められ、分割協議書には相続人らの自筆署名があり、遺産分割協議書及び申告書の押印は印鑑証明書の印影と同一である上、外形上不自然な点はなく、本件遺産分割協議書に係る遺産分割協議は有効に成立したものと認められることから、本件各承認申請を行うことができる場合にあたらず、不適法なものであるから、原処分庁が行った処分は適法である。また、本件更正処分は本件修正申告書に記載された税額を減少させたものであるから処分の取消しを求める利益はなく、請求の利益を欠く不適法なものである。

No.80　平成25年８月29日裁決（代償財産への適用）

（平16. 2.○相続開始）小規模宅地等の特例の規定からすれば、この特例の適用対象者は、相続又は遺贈により小規模宅地等を取得した個人であることは明らかであり、請求人らのように、代償財産である価額弁償金を現金で取得した者は、文理解釈上、適用対象者に含まれると解する余地はない。さらに、現金を取得した者については、処分の制約等も考慮する必要がないから、このような者に小規模宅地等の特例を適用する理由もないというべきである。

No.81　京都地判平成26年３月13日　平成25年（行ウ）第１号（未分割遺産に係る「やむを得ない事情」の有無）

（平19. 5.19日相続開始）申告期限から３年を経過する日において、遺産が未分割であることについてやむを得ない事由があるかが争点となった事案である。

調停申立ては取り下げられており、本件相続又は遺産分割に関する新たな調停や審判の申立て等をしていない。したがって、本件が、相続税法施行令第４条の２第１項第１号又は第２号が「やむを得ない事情がある場合」として定めている場合のいずれにも該当しないことは、明らかである。原告らは、調停申立ての取下げ後、遺産の分割に関する協議を続けており、遺産分割調停の係属中と同様の紛争状態にあるから、相続税法施行令第４条の２第１項第１号又は第２号の規定を類推適用すべきである旨を主張する。しかしながら、租税法律主義の観点からは、租税法規の安易な拡張解釈や類推適用は、避けるべきである上、相続税法施行令第４条の２第１項第４号の「税務署長においてやむを得ない事情があると認める場合」とは、同項１号ないし３号に掲げる場合と同視し得る事情があると認められる場合、すなわち申告期限から３年を経過する日において、同項１号ないし３号に規定されている遺産の分割に向けた具体的な法的手段が執られている場合や、遺産の分割が実際上不可能な状態にあると客観的に認められる場合等であると解するのが相当である。本件は、原告らが、法的問題を訴えの提起等によって解決することなく、原告らとＡとの間で漫然と話し合いを続けても、遺産分割協議が成立する可能性は、低いといわざるを得ず、このような状況の下における話し合いを、訴訟における和解協議や調停等、遺産の分割に向けた実効性のある具体的な法的手段が講じられている場合と同視することはできない。

⇒ **No.85〔控訴審〕　大阪高判平成27年４月９日　平成26年（行コ）第69号**

原判決引用。

⇒ **No.89〔上告審〕　最判平成27年10月２日　平成27年（行ツ）第331号、平成27年（行ヒ）第358号**

上告棄却・上告不受理。

第４章

No.82　平成26年６月２日(未分割の承認申請)

（平21. 4.○相続開始）例外として申告期限後３年経過日後においても本件特例を適用することができる「税務署長がやむを得ない事情があると認められる場合」に該当するか否かの判断は、申告期限の翌日から３年を経過する日において、客観的に遺産分割ができないと認められる状態にあったか否かにより行うところが相当であるところ、申告期限３年経過日において相続人の範囲、遺産の範囲は確定していたものと認められる。相続人間において協議された事項は、主に①別件第一次相続において取得した預金の一部に係る返済の問題、②本件相続に係る遺産のうち賃貸不動産からの収入の精算等の問題、③本件相続に係る代償金の額の問題であった。これらのうち①及び②は遺産分割との関係では付随事項である（これらは解決されなくても遺産分割可能）。他方、③は遺産分割の方法に係る事項であり、代償分割によった場合の代償金の額を協議するためには、遺産の評価に争いがないことが必要であるとはいえ、代償分割の対象となる不動産については、当初申告時までに相続税評価額が存在しており、申告期限３年経過日までにこれを基礎として遺産分割をすることは客観的に可能であり、代償金の額が決しなかったのは相続人の中に当該評価では納得しなかった者がいたためである。そうすると、本件においては申告期限３年経過日において客観的に遺産分割ができないと認められる状態にあったとはいえないから、「税務署長においてやむを得ない事情があると認められる場合」には該当しない。

No.83　平成26年８月８日裁決(相続人ら全員の選択同意書の添付の有無)

（平○. ○. ○相続開始）請求人は、同人に相続させる旨の遺言により相続した宅地について、①他の相続人は、遺言無効確認等訴訟が終了したときには、当該宅地に小規模宅地等の特例を適用することに反対していない、②遺言書の効力について訴訟で争われている場合には、当該宅地を選択特例対象宅地等とすることについて相続人全員の同意を必要とすることは、不可能なことを要求するものであるなどとして、当該宅地には、相続人全員の同意を証する書類の提出がなくても本件特例の適用が認められるべきである旨主張する。

しかし、本件特例を適用するためには、特例対象宅地等のうち本件特例の適用を受けるものの選択について、当該特例対象宅地等を取得した全ての個人の同意を証する書類の提出が必要とされているところ、請求人は、当該宅地につき特例対象宅地等を取得した全ての個人の同意を証する書類を提出していないから、当該宅地に本件特例を適用することはできない。なお、請求人の主張するような個別事情がある場合において、例外的に同意を証する書類の提出が必要でないとする規定はなく、また、租税特別措置法の規定をみだりに拡張解釈することは許されない。

No.84　東京地判平成27年２月９日　平成25年(行ウ)第552号(遺留分減殺請求に係る価額弁償金への小規模宅地の適用)

(平16年２月２日相続開始) 遺留分減殺請求に係る価額弁償金に小規模宅地の適用ができるかが争点となった事案である。

小規模宅地特例は、被相続人等の事業の用又は居住の用に供されていた宅地等のうち、いわゆる小規模宅地については、それが相続人等の生活の基盤のために不可欠のものであって、その処分について相当の制約を受けるのが通常であること等に鑑み、相続税の課税上特別の配慮を加えることとし、小規模宅地等についての相続税の課税価格の計算の特例として法定することとしたものであると解される。相続財産である不動産の一部の価額を基にして、価額弁償金の額が定められたとしても、この小規模宅地の特例の趣旨に照らすと、価額弁償金は、金銭であって、少なくとも、「その処分について相当の制約を受ける」ものといえないことは明らかであるから、価額弁償金について、小規模宅地特例に定めるのと同様の減額をしたものを課税価格とすべきではない。

No.86　平成27年６月25日裁決（複数の利用区分があり共有で取得する場合の適用面積）

（平22.7.○相続開始）請求人らは、被相続人の所有する宅地の上に存する一棟の建物が利用上及び構造上独立しており、本件被相続人及びその配偶者の居住の用並びに本件被相続人が主宰する法人の事業の用に供されていたという利用実態に応じて、本件宅地のうち、本件被相続人等の居住の用に供されていた部分に相当する宅地を本件配偶者が取得し、本件同族会社の事業の用に供されていた部分に相当する宅地を本件同族会社の役員である本件被相続人の子らが取得するとして、共有としたことから、本件配偶者が取得した本件宅地の持分の全てが特定居住用宅地等に該当し、本件子らが取得した各持分の全てが特定同族会社事業用宅地等に該当する旨主張する。

しかし、被相続人が所有していた宅地を相続人が共有で取得した場合には、各共有者の権利は単独所有の権利、性質、及び内容と異ならず、共有物全体に及ぶと解されている。また、特定居住用宅地等又は特定同族会社事業用宅地等に該当する各部分は、要件に該当する者が相続により取得した持分に応ずる部分とする旨規定されている。そうすると、①特定居住用宅地等として本件特例を適用できる部分は、本件被相続人等の居住の用に供されていた部分に相当する本件宅地の面積に、本件配偶者が取得した本件宅地の持分を乗じた面積となり、②特定同族会社事業用宅地等として本件特例を適用できる部分は、本件同族会社の事業の用に供されていた部分に相当する本件宅地の面積に、本件子らが取得した本件宅地の各持分を乗じた面積となる。

No.87・88　平成27年10月１日裁決（定期借地権の混同による消滅と貸付事業用宅地）（東裁（諸）平27－42、43）

（平22.○.○相続開始）本特例の事業には、準事業、すなわち、事業と称するに至らない不動産の貸付けその他これに類する行為で相当の対価を得て継続的に行うものが含まれていることからすれば、相続財産である宅地等自体が、相続の開始直前において、被相続人により被相続人以外の者に相当の対価を得て継続的に貸し付けられていた場合には、被相続人の事業の用に供されていたものと解するのが相当である。

本件においては、被相続人が、請求人に対し、定期借地権設定契約に基づき、存続期間を平成18年12月28日から平成68年12月31日までとして、本件持分を貸し付けており、その対価は、本件持分に係る平成22年度の固定資産税等相当額を上回る額であるから、相当の対価を得て継続的に貸し付けられていたと認められ、本件持分は、相続の開始直前において、被相続人の事業の用に供されていた宅地と認められる。なお、賃借人は生計一親族に当たる請求人であるが、当該宅地等の貸付けに係る賃借人について、生計一親族を除く旨の規定はないことから、上記認定を左右しない。

定期借地権設定契約に基づく貸付けにより、本件持分に関し、相続の開始直前の時点において、被相続人が貸主たる地位を有し、請求人が借主たる地位を有していたところ、請求人Ａが本件持分を相続により取得し、貸主たる地位を承継したことにより、定期借地権は民法第520条《混同》の規定に基づき消滅している。その結果、請求人は、被相続人の貸付事業を引き継いでいないこととなるから、貸付事業用宅地等に該当しない。

以上のとおりであるから、請求人は、本件持分について本件特例を適用することはできない。

No.90　平成28年６月６日裁決（介護をしていた親族の「生活の本拠」）

（平24．３．○相続開始）被相続人と同居していたというかどうかは、家屋を生活の基盤そのものとしていたといえるか、言い換えれば、当該家屋に生活の拠点を置いていたといえるか否かにより判断すべきであり、具体的には、その者の日常生活の状況、その建物への入居の目的、その建物の構造及び設備の状況並びに生活の拠点となるべき他の建物の有無その他の事実を総合勘案して判断すべきものと解される。

請求人は、生活を営むのに十分な構造及び設備を有しているマンション（Ａ建物）を所有し、相続の開始前の少なくとも10年弱にわたって居住していた上、その後も住民票上の住所地をＡ建物に置き続け、金融機関への届出住所もＡ建物のままにしてる。さらに、相続開始時から申告期限までの間は、Ａ建物で請求人以外の者は生活していないところ、同期間におけるＡ建物と本件建物の電気、ガス及び水道の各使用量を比較すると、電気については約1.5倍ないし約3.5倍、ガスの使用量については２倍以上であり多い月は約15倍、水道の使用量については4.5倍ないし10.5倍と、いずれもＡ建物の使用量が本件建物の使用量を大きく上回っている上、同期間の本件建物における水道及びガスの各使用量をみると、水道は、通じて２㎥ないし４㎥と基本料金となる使用量の範囲内であり、ガスも多くの期間で０㎥又は１㎥と僅少である。これらのことからすれば、相続開始時から申告期限までにおける請求人の生活の拠点は、Ａ建物にあったと認められる。

ところで、相続の開始前は、一定の介護を要する被相続人が本件建物に居住していたものの、相続の開始後においては、被相続人が死亡している以上、請求人が本件建物で介護を目的として居住する必要はない。請求人は、相続の開始後も本件建物に居住していた理由として、一周忌までは来客や電話が多かったことを挙げるが、通常、徒歩圏内に居住し得る環境を別途備えている状況においては、弔問客の応対等のためだけに被相続人の生前の居住地に住み続ける必要性は乏しいなど、本件建物に生活の拠点があったことを裏付ける客観的事実に乏しいといわざるを得ず、相続の開始時から申告期限までにおける請求人の生活の拠点は、Ａ建物にあったと認めれる。

したがって、特定居住用宅地等に該当しない。

No.91　東京地判平成28年７月22日　平成27年（行ウ）第57号（相続人ら全員の選択同意書の添付の有無）

（平○年○月○日相続開始）小規模宅地の対象となる土地の遺贈を受けた者が小規模宅地の特例を適用する場合に、本特例の対象となる未分割の土地の共同相続人の選択同意書の添付が必要となるかが争点となった事案である。

未分割財産である土地は、共同相続人らの共有に属していたことになるから、相続により特例対象宅地等を取得したのは、相続人ら全員ということになる。したがって、本件相続において、特例対象宅地等の選択をして本件特例の適用を受けるためには、特例対象宅地等を取得した全ての相続人である本件相続人らの選択同意書を相続税の申告書に添付してしなければならないということになる（措令40条の２③本文）。原告は、本件申告において、本件相続人らの選択同意書を添付していないのであるから、本件特例を適用することはできないというべきである。

原告は、特例対象宅地等を相続させる旨の遺言が存在する場合に、申告時点での選択同意害の添付を要件とすると、措置法69条の４第４項ただし書の適用が不能となるから、同要件は、技術的細目要件としての機能を超えて、実体要件としての機能を有するに至ってしまうとして、措置法施行令第40条の２第３項第３号は、相続させる旨の遺言の対象となった特例対象宅地等に対し適用される限りにおいて、租税法律主義（憲法84条）に違反した違憲無効な規定となる旨を主張する。しかし、措置法第69条の４第１項は、選択特例対象宅地等を、同一の被相続人に係る全ての相続人等に係る全ての特例対象宅地等の中から選択したものと定め、全ての相続人等間で統一された選択をすることを要求しているものというべきであって、措置法施行令第40条の２第３項は、これを受けて、特例対象宅地等のうち、本件特例の適用を受けるものの選択は、特例対象宅地等を取得した個人が１人である場合を除き、当該特例対象宅地等を取得した全ての個人の選択同意書を相続税の申告書に添付することを定めているのであるから、措置法第69条の４第１項に規定する「政令で定めるところにより選択」との文言を受けて、その委任に基づき具体的手続を定めた規定であることが明らかである。したがって、措置法第40条の２第３項第３号が租税法律主義（憲法84条）に違反する旨の原告の主張は、採用することができない。しかし、被相続人が所有していた宅地を相続人が共有で取得した場合には、各共有者の権利は単独所有の権利、性質、及び内容と異ならず、共有物全体に及ぶと解されている。また、特定居住用宅地等又は特定同族会社事業用宅地等に該当する各部分は、要件に該当する者が相続により取得した持分に応ずる部分とする旨規定されている。そうすると、①特定居住用宅地等として本件特例を適用できる部分は、本件被相続人等の居住の用に供されていた部分に相当する本件宅地の面積に、本件配偶者が取得した本件宅地の持分を乗じた面積となり、②特定同族会社事業用宅地等として本件特例を適用できる部分は、本件同族会社の事業の用に供されていた部分に相当する本件宅地の面積に、本件子らが取得した本件宅地の各持分を乗じた面積となる。

⇒ **No.94〔控訴審〕　東京高判平成29年１月26日　平成○年(○○)第○号**

原判決引用。

No.92　平成28年９月29日裁決（区分所有の場合の居住用の範囲）

（平22.10.○相続開始）請求人らは、兄及び弟が２分の１ずつ相続により取得した宅地について、本件建物の２階部分に居住していた兄が、１階部分に居住していた被相続人及び弟の面倒を見ていたという事情を踏まえ、本件建物の１階部分と２階部分を区別せずに１棟の建物として考えれば、建物全体が、被相続人等の居住の用に供されていた家屋に該当し、さらに、兄が、被相続人らと同居していた親族に該当するので、本件宅地の全体を特定居住用宅地等として本件特例が適用できる旨主張する。

しかし、本件建物はその構造上１階部分及び２階部分に区分でき、それぞれが独立して居住の用に供することができる設備・構造を備えている上、区分登記されていることからすれば、本件被相続人の居住の用に供されていた「家屋」は、本件建物の１階部分に限られる。また、実際の生活状況をみても、兄は本件被相続人と同居していた親族、あるいは生計を一にしていた親族とは認められない。したがって、本件宅地のうち、本件被相続人らの居住の用に供されていた１階部分の敷地に相当する宅地で、本件被相続人と同居していた弟が相続した部分のみが、特定居住用宅地等として本件特例の適用対象となり、その他の部分は本件特例を適用することができない。

No.93　平成29年1月6日裁決（更正の請求の特則の「事由が生じたことを知った日」の意義）

（平23.○.○相続開始）請求人らは、平成27年10月29日付で遺産分割協議書を作成して本件遺産分割（調停外の遺産分割）をしており、同日に本件遺産分割をしたと認められるから、同日に相続税法第32条第１号所定の事由が生じ、請求人らは、「当該事由が生じたことを知った」ものと認められる。そうすると、同条に基づく更正の請求の期限は、その翌日から４月以内の平成28年２月29日までとなるところ、本件各更正請求は、同年３月４日にされているから、同条所定の期限内にされたものとはいえない。したがって、本件各更正請求は、相続税法第32条所定の更正の請求の期限を徒過してされた不適法なものであるといわざるを得ない。

請求人らは、措置法施行令第40条の２第13項が準用する相続税法施行令第４条の２第１項第２号が、「分割ができることとなった日」について、調停の取下げの日と規定していることに鑑みると、本件において相続税法第32条に規定する「当該事由が生じたことを知った日」は、遺産分割調停（本件調停）を取り下げた日である平成27年11月４日である旨主張する。しかし、相続税法施行令第４条の２第１項の規定は、相続税法第19条の２第２項に規定する「分割できることとなった日」について定めたものであり、措置法第69条の４第４項に規定する「分割できることとなった日」について規定する政令である措置法施行令第40条の２第13項の規定により準用されるものでもあるが、相続税法第32条に規定する「当該事由が生じたことを知った日」について定めるものではない。

そして、本件において請求人らが相続税法第32条第１号に規定する事由が生じたことを知った日は、本件調停の申立てを取り下げた日ではなく、本件遺産分割の日であると認められるから、請求人らの主張は採用することができない。

No.95　平成30年８月22日裁決（生計一）

（平26.○.○相続開始）被相続人と同居していなかった親族が「生計を一にしていた」と認められるためには、当該親族が被相続人と日常生活の資を共通にしていたと認められることを要し、そのように認められるためには、少なくとも、居住費、食費、光熱費その他日常の生活に係る費用の主要な部分を共通にしていた関係にあったことを要するものと解するのが相当である。

しかし、相続人は、被相続人に係る食費、訪問介護費、日用品費及び医療費等について、被相続人名義の預貯金口座から出金した金銭等により支払っており、居宅に係るガス、水道及び電気の使用料金も被相続人名義の預金口座から支払われていることからすれば、被相続人と相続人の間で、日常の生活に係る費用の主要な部分を共通にしていた関係にはなかったと言わざるを得ない。

No.96　平成31年３月29日裁決（家なし親族）

（平26.○.○相続開始）請求人は、本件特例適用規定は、①被相続人の配偶者、②被相続人と同居していた民法５編２章の規定による相続人（相続放棄があった場合には、その放棄がなかったものとした場合における相続人）のいる親族を適用対象親族から除いており、その文理上、②については相続放棄の効力を排除している一方、①については相続放棄の効力が排除されていないことから、相続放棄を行っている本件配偶者は、被相続人の配偶者に含まれない旨主張する。

しかし、本件特例適用規定によれば、②については被相続人の相続人

第４章

に限定する（相続放棄があった場合には、その放棄がなかったものとした場合における相続人）ものであって、被相続人の配偶者について被相続人の相続人に限定するものではなく、その他、被相続人の配偶者について被相続人の相続人に限定する旨規定した法令の規定もないことからすると、被相続人の配偶者は、被相続人の相続人であることを要するものではない。

No.97　平成31年４月８日裁決（生計一）

（平27.○.○相続開始）被相続人は、土地の全部を所有し、家屋については請求人と２分の１ずつ所有し、被相続人の弟の子に賃貸していた。土地については、請求人は無償で被相続人から借りていた。被相続人は、請求人と同居していたが、老人ホームに入居して９年間一度も元の家に戻ることなく、死亡した。

請求人は、老人ホームへの入居は、被相続人の病状・要介護状態の悪化に伴いやむなく入居していただけであって、病状が改善すれば自宅である請求人住所地に戻ることを想定しており、治療のために病院へ入院している状態と同じであるから、老人ホームへの入居以降も被相続人の生活の本拠は請求人住所地であるとして、「被相続人と生計を一にしていた親族」に当たると主張した。

これに対して、審判所は、９年間余りの間、被相続人はその日常生活の大半を老人ホームで過ごしていたのであり、また、被相続人が、請求人住所地から約１kmという距離にある老人ホームに入居し、いずれ請求人住所地に戻ることを想定していたのだとしても、かかる当事者の主観的事情をもって、生活の拠点がいずれにあるかを判断すべきものではないから、老人ホーム入居以後の被相続人の生活の本拠が請求人住所地にあったと認めることはできない。また、生計を一にするとは、当該親族が被相続人と日常生活の資を共通にしていたと認められることを要し、そのように認められるためには、少なくとも、居住費、食費、光熱費その他日常の生活に係る費用の主要な部分を共通にしていた関係にあったことを要するものと解するのが相当であり、本件では、老人ホームの入居金、施設利用費、管理共益費、月額の利用料及び利用料に含まれない実費負担額の全てを被相続人が負担しており、被相続人と請求人が日常生活の資を共通にしていたと認めることはできず、請求人は被相続人と生計を一にしていたとはいえないと判断した。

No.98　横浜地判　令和２年12月２日判決（生計一）

（平26．8．27相続開始）被相続人所有の土地に原告所有の建物があり、そこを原告が大工業として使用していた。

原告は以下の理由により、生計一親族の事業の用に供していた土地として、小規模宅地等の特例を適用できると主張した。

原告は、３年半以上もの期間、被相続人の成年後見人として、身上監護業務として被相続人の生活の維持や医療、介護等、身上の保護に関する行為を行い、財産管理業務として、被相続人の財産全体を把握し、包括代理権を行使することによりこれらの財産を保存し、一定の範囲で被相続人のために利用する財産の管理に関する行為を無償で行ってきたので、「①同一の生活単位に属しているか（独立した生活を営んでいないか)」の要件を満たす。また「②相扶けて共同生活を営んでいるか」という要件も、身上監護、財産管理を行う原告は、被相続人のあらゆる生活を助けており、相扶けて共同生活を営んでいるとの要件を充たしていることは明らかである。また、「③日常の生活の糧を共通にしているか」の要件も、原告は後見人として被相続人の財産を自由に処分することができる立場にあり、日常生活の糧を共通にしているといえる。

第４章

これに対して、裁判所は以下のように判示し、原告の請求を棄却した。本件特例の趣旨は、被相続人等の事業等の用に供されていた小規模な宅地等については、一般にそれが相続人等の生活基盤の維持のために欠くことのできないものであって、その処分について相当の制約を受けるのが通常であることを踏まえ、担税力の減少に配慮した点にあると解されるから、生計を一にしていたとの要件に該当するというためには、相続人の事業によって、相続人のみならず、被相続人の生計が維持されていたという関係がなければならない。原告が主張する生活面での種々の貢献や丙の成年後見人としての財産管理は、成年後見人としての報酬請求権や本件相続における寄与を基礎付けるものではあっても、宅地等の処分の制約や担税力の減少を基礎付けるものとはいえず、原告の主張する事情は、生計一要件を基礎付けるものであるとはいえない。また、生計を一にしていたとの要件は、被相続人と相続人が日常生活の糧を共通にしていた事実を要するものと解するのが相当であり、本件では、居住費、食費、光熱費、その他日常の生活に係る費用の全部又は主要な部分を共通にしていた関係にはなく、日常生活の糧を共通にしていたとはいえず、生計を一にしていたとは認められない。

No.101 〔控訴審〕東京高判令和3年9月8日

原判決を維持し、本件特例の趣旨（担税力の減少への配慮）解釈を前提に、日常の生活費の管理状況、甲と丙は同居していないことなどから、甲が土地上で営んで大工業によって丙の生計が支えられていたとは到底いえないとして、その土地は、丙と「生計を一にしていた」甲の事業の用に供されていた宅地等には当たらず、本件特例を適用することはできないと判断した。

なお、納税者は、「生計を一にしていた」との要件は、所得税法

56条と同様、財布（生計）が一つの状態と言えるかという観点から判断すべきこと、本件は、成年後見人事案であり、「居住費、食費、光熱費、その他日常の生活の費用」を共通していたといえるから、「生計を一にしていた」との要件を充足していることなどを補足主張したが、認められなかった。

No.99　審判所　令和３年６月21日裁決（居住用の範囲）

請求人らは、被相続人が２階部分に居住していた建物（本件建物）の自らが居住する１階部分に係る敷地権（本件敷地権）について、本特例の適用があるとして、①被相続人に対して、請求人らが同居するとともに経済的な側面以外のサポートを行っていたことや、②請求人らが本件建物の新築当時から約10年間、毎月十数万円を生活費として現金で交付し、更に共用部分の電気代及び水道代並びに単一の契約となっているケーブルテレビ及びインターネットの料金を支払っていたことから、請求人らは被相続人と生計を一にしていた親族に該当する旨主張する。

しかし、①「生計」とは、暮らしを立てるための手立てであって、通常、日常生活の経済的側面を指すものと解すべきであり、日常の生活に係る費用の主要な部分を共通にしていた関係にあったか否かにより判断すべきであることに鑑みると、経済的な側面以外の事情については、上記判断の考慮要素とすべきではない。また、②仮に請求人らが主張するように毎月十数万円を交付していた事実が認められたとしても、これがなくても、被相続人夫妻の日常生活に係る費用については、自らの年金収入によって十分に賄われていたと認められることに鑑みると、請求人らの主張する金員が被相続人夫妻の日常生活の資にされていたと認めることはできないし、本件建物の共用部分の光熱費等の負担を請求人らがしていたとしても、これは日常生活に係る費用の主要な部分の負担とまではいえない。よって、請求人らは被相続人と生計を一にしていた親族に該当しない。

また、①被相続人及び請求人らの生活は客観的にみて本件建物に二世帯住宅の同居と認知されていることや、②本件建物を区分所有建物としたのは被相続人の妻の安心した居住を考えてしたものに過ぎず、本件建物の1階部分と2階部分は、一般的なマンションとは明らかに相違し、分割して処分することは不可能であって、措置法施行令に規定する区分所有建物に該当しないことから、本件敷地権は、被相続人の居住の用に供されていた宅地等に該当する旨主張する。

しかし、①建物に生活の拠点を置いていたかどうかの判断は、日常生活の状況、建物への入居目的、建物の構造及び設備の状況、生活の拠点となるべき他の建物の有無その他の事実を総合勘案して社会通念に照らして客観的に判断すべきであり、周囲近隣から被相続人及び請求人らが本件建物に同居と認知されていたとしても、被相続人が本件建物1階部分に生活の拠点を置いていたものとは認められない。また、②施行令に規定する区分所有建物とは、区分所有建物である旨の登記がされている建物をいうものと解するのが相当であり、本件建物はこれに該当するから、同項の規定によっても本件敷地権は被相続人の居住の用に供されていた部分に含まれない。加えて、請求人らの主張する事情は、区分所有の意思に基づいて区分所有建物の登記をしたことを否定するものでもない。よって、本件敷地権は被相続人の居住の用に供されていた宅地等に該当しない。

No.100　審判所　令和3年6月22日裁決（更正の請求）

請求人らは、本特例の規定にある「特例対象宅地等が申告期限から3年以内に分割された」というのは、「全ての相続財産が申告期限から3

年以内に分割された」と解釈して、相続税法第32条第１項の更正の請求を認めるべきであるから、本件の各更正の請求は、所定の期限内にされたものである旨主張する。

しかし、請求人らによって、本特例の対象とした土地は、遺産分割協議書の作成日付の日において遺産分割がされたものと認められるところ、当初申告の時点では未分割であったが、本件土地の遺産分割により「申告期限から３年以内に分割された場合」に該当したことによりされたものであるから、相続税法第32条第１項第１号及び第８号に規定する課税価格及び相続税額が異なることとなったことを知った日についても、本件土地の遺産分割の日であるというべきであり、本特例の適用についてされる相続税法第32条第１項に規定する更正の請求は、本件土地の遺産分割の日の翌日から４月以内にしたものに限られることとなり、請求人らは、これをしなかったものであるから、その後にされた本件各更正請求が相続税法第32条第１項所定の期限内にされたものに該当することはない。

No.102　審判所　令和４年６月８日裁決（特定事業用宅地等）

請求人は、①本特例の「事業」には、所得税法上の事業主でなければならないという形式的要件はなく、また、措置法第70条の４第１項が規定する「農業を営む個人」について、措通70の４－６は所得税の課税上事業主となっているかどうかを問わない旨定めていることからすると、本特例の適用に当たり、事業主として事業を行っているか否かにより判定する旨を定めた措通69の４－20には合理性が認められず、加えて、②被相続人の配偶者は、果樹等を相続し、請求人に対し農作業の助言等をしながら共同で農業を行っていたのであるから、本件配偶者が相続により取得した宅地に本件特例を適用することができる旨主張する。

しかし、本特例にいう「事業」について直接定めた規定はないが、所得税法上の「事業」と別異に解すべき理由はないところ、所得税法上の「事業」とは、自己の計算と危険において独立して営まれ、営利性、有償性を有し、かつ反復継続して遂行する意思と社会的地位とが客観的に認められる業務をいうものと解されていることからすると、本件通達の定めは、本件特例における「事業」の解釈に沿うものであり一定の合理性が認められる。また、措置法第70条の４の規定は、本件特例とは全く異なる観点から規定されたものであるから、「当該事業を営んでいること」と、措置法第70条の４第１項に規定する「農業を営む個人」とを同一に解釈すべきものとは解されない。加えて、配偶者の農業への関与は、事業主である請求人の業務に対する付随的かつ従属的なものであり、請求人と共同で農業を営んでいるとはいえず、本件配偶者が農業の事業主となれないことについて、やむを得ない事情も認められない。したがって、本件配偶者の取得した宅地に本件特例を適用することはできない。

No.103　令和４年９月20日裁決（生計一）

請求人らは、被相続人の居住の用に供されていた土地について、本件相続人らは被相続人が居住する家屋とは別家屋に居住していたものの、居住費、食費、水道光熱費その他日常生活に係る費用の大部分を共通にしていたから被相続人と本件相続人らとは「生計を一にしていた」のであり、本特例が適用されるべきである旨主張する。

しかし、被相続人が居住していた家屋とは別の独立した家屋にて起居していた親族が「生計を一にしていた」というためには、被相続人と日常生活の資を共通にしていたと認められることを要するところ、被相続人と本件相続人らとは、それぞれに一定額以上の収入がありいずれかが他方を扶養しなければならなかったとはいえず、また、水道光熱費は、被相続人と本件相続人らとがそれぞれに負担していたことなどからすると、本件相続人らが被相続人と日常生活の資を共通にしていたとは認められず、本件相続人らは、本件被相続人と「生計を一にしていた」親族には該当しないから、本特例を適用することはできない。

No.104　令和５年２月20日裁決（地積）

請求人は、本件宅地のうち、請求人の事業の用に供していた納屋の敷地部分（75㎡。本件敷地）について、本特例に規定する特定事業用宅地等に該当するとして本件特例を適用し相続税の申告をしたものの、正しくは、本件宅地上の倉庫の敷地も特定事業用宅地等に該当し、それを踏まえて特定事業用宅地等の面積を算出すると限度面積（400㎡）まで本特例が適用されるべきであったため、事実認定及び面積の計算方法に誤りがあり相続税が過大となっていることから、国税通則法第23条第１項第１号に規定する更正の請求ができる場合に該当する旨主張する。

しかし、本特例は、本特例を受けようとする納税者が提出する申告書に、本特例を受ける旨の記載並びに一定事項の記載がある明細書及び所定の書類の添付がある場合に限り本件特例を適用する旨規定していることから、本特例の対象とする宅地や本特例を適用する面積等について納税者の選択に委ねている趣旨と解され、一旦、納税者が同条の規定に従い適法に選択して申告した場合、仮に選択内容と異なる選択をすれば税額が減少するとしても、国税通則法に規定する更正の請求ができる場合に該当しない。本件の場合、請求人は、本特例の規定に従い、申告書に本件敷地を特定事業用宅地等として本特例の適用を受ける旨及び本特例の適用における限度面積要件を満たしている旨記載した上で、所定の書類を添付して申告しており、本件申告における本特例の適用は適法になされ、かつ、その申告手続も適法に行われているのであるから、請求人

第４章

が本件敷地を特定事業用宅地等として申告したことは、国税通則法第23条第1項第1号に規定する更正の請求ができる場合には該当しない。

No.105　令和5年4月12日裁決（貸付事業の範囲）

請求人は、相続開始の直前において、被相続人が所有していた本件共同住宅の8部屋あるうち5部屋が空室であったが、被相続人は、本件共同住宅を貸付事業以外の用に供さず維持管理を行い、インターネットサイトで本件各空室部分の入居者の募集をしていたことから、その敷地の全てが貸付事業の用に供されていたとして、本件宅地の全てに本特例の適用がある旨主張する。

しかし、空室部分のうち3部屋については、相続開始の時に長期にわたって空室の状態が続き、客観的に空室であった期間だけみても、相続開始の時に賃貸されていたのと同視し得る状況になく、一時的に賃貸されていなかったものとは認められない。また、空室部分のうち残る2部屋については、相続開始の時に空室であった期間は長期にわたるものではなく、インターネットサイトに入居者を募集する旨の広告が掲載されていたものの、①その問合せ先である被相続人と一般媒介契約を締結していた不動産業者は本件共同住宅に関して入居者を仲介した実績がないこと、②当該不動産業者は被相続人と連絡が取れなかったことにより平成27年以降の本件共同住宅の空室の状況を把握していなかったこと、③当該不動産業者ではオーナーから広告の掲載を取りやめたい旨の申出がない限りその掲載を継続する扱いをしていたことからすれば、被相続人が上記一般媒介契約及び上記広告を放置していたにすぎず、積極的に新たな入居者を募集していたとはいえないし、現に相続税の申告期限までの期間をみても、新たな入居者はなく、空室のままだったものである。したがって、当該2部屋についても、相続開始の時に賃貸されていたのと同視し得る状況になく、一時的に賃貸されていなかったものとは認められない。以上のとおり、空室部分は、被相続人の貸付事業の用に供されていたとは認められないから、本件宅地のうち、本件各空室部分に対応する部分に本特例の適用はない。

《参考判決》空室がある場合の貸家・貸家建付地評価
東京地判平成６年７月22日（税資205－209）…本書No. 6
大阪地判平成28年10月26日（税資266－12923）

巻末資料

◆ 租税特別措置法第69条の４関係法令・通達一覧

【租税特別措置法第69条の４　関係法令・通達一覧】

項	号	条文要旨	本書参照頁・Q&A	措令（第40条の２）	措規（第23条の２）	措通
第１項		基本規定	P.３~34、Q１~５、Q７~12、Q14、Q15、Q36、Q37、Q114~130、Q140、141	１項・２項・３項 ４項・５項・６項	１項・２項 ３項	69の４－１ 69の４－１の２ 69の４－２ 69の４－３ 69の４－４ 69の４－４の２ 69の４－７ 69の４－７の２
	第１号	80%減額				
	第２号	50%減額				
第２項		限度面積	P.19、P.35、P.84~120、Q18~24、Q131~139	６項	—	69の４－10
	第１号	特定事業用等宅地等		—	—	69の４－11
	第２号	特定居住用宅地等				69の４－12
	第３号	貸付事業用宅地等				—
第３項		用語の意義		—	—	—
	第１号	特定事業用宅地等	P.26~30、P.67~70、Q17、Q183~218	７項・８項・９項 10項	—	69の４－４ 69の４－５ 69の４－６ 69の４－13 69の４－14 69の４－15 69の４－16 69の４－17 69の４－18 69の４－19 69の４－20
		イ　被相続人の事業用	Q186、Q187			
		ロ　生計一親族の事業用	Q200			
	第２号	特定居住用宅地等	P.６~19、P.59~62、P.121、Q39~153	11項・12項 13項・14項・15項	４項	69の４－７ 69の４－７の３ 69の４－８ 69の４－９ 69の４－17 69の４－19 69の４－21 69の４－22 69の４－22の２
		イ　同居親族が取得する場合	Q46			
		ロ　住居を所有していない家なし親族が取得する場合	Q39~44、Q49、Q55、Q67、Q69~Q71、Q85、Q87、Q90、Q103~113			
		ロ（1）相続開始前３年内に親族等や関係法人の所有家屋に居住していないこと				
		ロ（2）相続開始時居住家屋を従前に所有していないこと				
		ロ（3）保有要件				
		ハ　生計一親族が取得する場合	Q16、Q47、Q54、Q60、Q62、Q68			
	第３号	特定同族会社事業用宅地等	P.31~33、P.71~74、Q６、Q219~238	16項・17項・18項	５項・６項・７項	69の４－16 69の４－17 69の４－18 69の４－19 69の４－23 69の４－24
	第４号	貸付事業用宅地等	P.20~25、P.63~66、Q154~182	19項・20項・21項 22項	—	69の４－13 69の４－14 69の４－15 69の４－16 69の４－17 69の４－19 69の4－24の2 69の4－24の3 69の4－24の4 69の4－24の5 69の4－24の6 69の4－24の7 69の4－24の8
		イ　被相続人の貸付事業用	Q165、166			
		ロ　生計一親族の貸付事業用	Q165~167			

第4項		分割要件	P.36、Q25～28、Q32～Q34	23項	9項	69の4－25
第5項		分割に伴う相法32条の準用	P.36～42	24項・25項・26項	9項	69の4－26
第6項	—	個人版事業承継制度との選択適用	Q38			
第7項		手続き	P.47～57、Q30、31	5項	8項	—
第8項		宥恕規定	Q13、Q28		—	
第9項		特定物納の適用	P.58		—	—
第10項		政令委任	Q32	27項	9項	—

【租税特別措置法施行令　第40条の2】

項	条文要旨	本書参照頁・Q&A
第1項	事業に準ずるもの（準事業）	P.22
第2項	居住の用に供することができない事由（老人ホームへの入居）	P.8、Q116～130
第3項	政令で定める用途（事業の用、被相続人等以外の居住の用）	P.12、P.13
第4項	事業の用又は居住の用に供されていた宅地等（一棟の建物の居住用部分）	P.16、P.17、Q72～97
第5項	特例対象宅地等の選択の方法（添付書類）	P.54～57
第6項	配偶者居住権の目的となっている建物の敷地を選択する場合の面積	P.19、P.82～120、Q131～139
第7項	除かれる事業の範囲（駐車場業・自転車駐車場業・準事業）	P.20～22、Q190、Q191
第8項	政令で定める規模以上の事業	P.26、Q184、Q185
第9項	被相続人が相続開始前3年以内に相続等により取得した特定事業用宅地等	P.26
第10項	特定事業用宅地等に該当する部分	P.26
第11項	居住用宅地等が2か所ある場合の適用	P.15、Q66～71
第12項	特定居住用宅地等に該当する部分	P.6
第13項	本法第3項第2号イに規定する部分（一棟の建物の同居部分の判定）	P.16、P.17、Q72～95
第14項	被相続人の居住用家屋に居住していた親族の範囲	P.6
第15項	本法69の4第3項第2号ロ(1)に規定する政令で定める法人	P.7
第16項	特別の関係がある者の範囲	P.31
第17項	含まれない株式又は出資	P.32
第18項	特定同族会社事業用宅地等に該当する部分（清算中の法人を除く）	P.31、Q236
第19項	特定貸付事業	P.22
第20項	第9項の貸付事業用宅地等への準用	P.20
第21項	相次相続があった場合の貸付期間の計算	Q159
第22項	貸付事業用宅地等に該当する部分（第10項を準用）	P.20
第23項	配偶者に対する相続税額の軽減規定（相令4条の2）の準用	P.36～42
第24項	申告期限内分割済み特例対象宅地等と未分割特例対象山林がある場合の適用	
第25項	前項の場合の配偶者に対する相続税額の軽減規定（相令4条の2）の準用	
第26項	相続税法の更正の請求の特則（相法32条）の準用	P.36～42
第27項	相続税法の信託に関する特例の規定（相法9条の2第6項）の準用	

【租税特別措置法施行規則　第23条の２】

項	号		条文要旨	本書参照頁・Q&A
第１項	—	—	建物又は構築物の範囲	P.３、Q36、37、192、193
第２項	—	—	施行令第40条の２第２項に規定する被相続人	P.８、P.９
第３項	—	—	棚卸資産に準ずるもの	P.３
第４項	—	—	適用可能な家なし親族	Q39
第５項	—	—	特例が適用可能な親族の範囲（法人税法２条15号の役員）	P.32
第６項	—	—	議決権に制限のある株式の範囲	P.32
第７項	—	—	議決権に制限のある出資（第６項の準用）	P.32
第８項			添付書類	P.54
第８項	第１号		特定事業用宅地等	P.56
第８項	第１号	イ	計算に関する明細書	
第８項	第１号	ロ	施行令第40条の２第５項各号に定める書類	
第８項	第１号	ハ	遺言書の写し、遺産分割協議書の写しなど財産取得が確認できるもの	
第８項	第１号	ニ	特定事業に該当するものであることを明らかにするもの	
第８項	第２号		特定居住用宅地等	P.54
第８項	第２号	イ	第１号イ～ハの書類	
第８項	第２号	ロ	個人番号を有しない場合の自己の居住を証明する書類	
第８項	第２号	ハ	個人番号を有しない場合の相続開始前３年間の住所を証明する書類	
第８項	第２号	ニ	相続開始前３年の居住家屋に関する書類	
第８項	第２号	ホ	相続開始前いずれの時においても相続開始時に居住していた家屋を所有していなかったことの証明	
第８項	第３号		特定居住用宅地等(居住の用に供することができない事由がある場合)	P.55
第８項	第３号	イ	第２号イ～ホの書類	
第８項	第３号	ロ	相続開始後の被相続人の戸籍の附票の写し	
第８項	第３号	ハ	介護保険の被保険者証・障害福祉サービス受給者証の写し等	
第８項	第３号	ニ	入所等が政令で定める特別養護老人ホーム等である旨を証する書類	
第８項	第４号		特定同族会社事業用宅地等	P.56
第８項	第４号	イ	第１号イ～ハの書類	
第８項	第４号	ロ	法人の定款	
第８項	第４号	ハ	相続開始直前の株主名簿などの写し（法人が証明したもの）	
第８項	第５号		貸付事業用宅地等	P.55
第８項	第５号	イ	第１号イ～ハの書類	
第８項	第５号	ロ	貸付事業用宅地等である小規模宅地等が相続開始３年以内に新たに被相続人等の貸付事業の用に供されたものである場合には、被相続人等が相続開始の日まで３年を超えて特定貸付事業を行っていたことを明らかにする書類	
第８項	第６号	—	本法第４項の未分割の場合	P.36、Q25
第８項	第７号	—	施行令第５項の未分割の場合	
第９項	—	—	遺産が未分割であることについてやむを得ない事由がある旨の承認申請手続き（相規１条の６第１項・第２項の読替え）	P.39、Q32

【租税特別措置法通達（相続税・贈与税関係）】

通達No.	項目名	Q＆A
69の4－1	贈与財産	Q1
69の4－1の2	配偶者居住権等	P.19、P.82～120、Q131～139
69の4－2	信託	
69の4－3	公共事業施行地	
69の4－4	事業の用に供されていた宅地等の範囲	Q167、186、188
69の4－4の2	配偶者居住権の目的となっている建物の敷地である場合の事業の用に供されていた宅地等の範囲	
69の4－5	事業用建物が建築中の場合	Q130、142、173、175、176
69の4－6	使用人の寄宿舎	Q194、195、196
69の4－7	居住の用に供されていた宅地	Q53、54、59、61、62、68、69、70、71、83、123、126、141、147、152
69の4－7の2	配偶者居住権の目的となっている家屋の敷地である場合の居住の用に供されていた宅地等の範囲	
69の4－7の3	要介護認定等の判定時期	Q118
69の4－7の4	建物の区分所有等に関する法律第1条の規定に該当する建物	
69の4－8	居住用建物が建築中の場合	Q130、142
69の4－9	店舗兼住宅について贈与税の配偶者控除を受けた場合	Q140
69の4－10	限度面積の計算式	Q24
69の4－11	限度面積を満たさない場合	
69の4－12	小規模宅地等の特例、特定計画山林の特例又は個人の事業用資産についての納税猶予及び免除を重複適用する場合に限度額要件等を満たさないとき	
69の4－13	不動産貸付業等の範囲	Q190、191
69の4－14	下宿等	
69の4－15	宅地等を取得した者が申告期限までに死亡した場合	Q178、180、203
69の4－16	申告期限までに転業又は廃業があった場合	Q205
69の4－17	災害のため事業が休止された場合	Q17
69の4－18	申告期限までに宅地等の一部の譲渡又は貸付けがあった場合	Q209、210
69の4－19	申告期限までに事業用建物等を建て替えた場合	Q143、174、211、216、217、234、235
69の4－20	宅地等を取得した親族が事業主となっていない場合	Q189、202
69の4―20の2	新たに事業の用に供されたか否かの判定	Q206、213、214、215
69の4―20の3	政令で定める規模以上の事業の意義等	Q184、185、214、215
69の4―20の4	相続開始前3年を超えて引き続き事業の用に供されていた宅地等の取扱い	Q183

69の４―20の５	平成31年改正法附則による特定事業用宅地等に係る経過措置について	
69の４－21	被相続人の居住用家屋に居住していた親族の範囲	Q73、85、87、89、93
69の４－22	その者の配偶者の意義	
69の４－22の２	平成30年改正法附則による特定居住用宅地等に係る経過措置について	
69の４－23	法人の事業の用に供されていた宅地等の範囲	Q220、226
69の４－24	法人の社宅等の敷地	Q232、233
69の４－24の２	被相続人等の貸付事業の用に供されていた宅地等	Q136、139、164
69の４－24の３	新たに貸付事業の用に供されたか否かの判定	Q162
69の４－24の４	特定貸付事業の意義	
69の４－24の５	特定貸付事業が引き続き行われていない場合	Q160
69の４－24の６	特定貸付事業を行っていた「被相続人等の当該貸付事業の用に供された」の意義	Q161
69の４－24の７	相続開始前３年を超えて引き続き貸付事業の用に供されていた宅地等の取扱い	Q155、158
69の４－24の８	平成30年改正法附則による貸付事業用宅地等に係る経過措置	
69の４－25	共同相続人が分割前に死亡している場合	Q102、180、181
69の４－26	申告期限後に分割された宅地等について特例の適用を受ける場合	
69の４―26の２	個人の事業用資産についての納税猶予及び免除の適用がある場合	Q38
69の４－27	郵便局舎の敷地	Q239
69の４－28	既に郵政民営化法により特例を受けている場合	Q240
69の４－29	相続人の意義	
69の４－30	特定宅地等の範囲	
69の４－31	建物の所有者の範囲	
69の４－32	特定宅地等とならない部分の範囲	
69の４－33	郵便局舎の敷地を被相続人から無償提供されていた場合	Q239
69の４－34	賃貸借契約の変更に該当しない事項	
69の４－35	郵便局舎の貸付の範囲	Q241
69の４－36	災害のため業務が休業された場合	
69の４－37	郵便局㈱との賃貸借契約の解除	
69の４－38	平成21年改正前の取扱い	
69の４－39	平成21年改正前の取扱い（小規模宅地等の特例の不適用）	

◆（参考）　平成30年度改正前◆

【旧租税特別措置法第69条の4　関係法令・通達一覧】

項	号	条文要旨	措令（第40条の2）	措規（第23条の2）	措通
第1項		基本規定	1項・2項・3項 4項・5項	1項・2項 3項	69の4－1
	第1号	80％減額			69の4－2
	第2号	50％減額			69の4－3
					69の4－7の2
第2項		限度面積	—	—	69の4－10
	第1号	特定事業用等宅地等	—	—	69の4－11
	第2号	特定居住用宅地等			69の4－12
	第3号	貸付事業用宅地等			—
第3項		用語の意義	—	—	—
	第1号	特定事業用宅地等	6項・7項	—	69の4－4
					69の4－5
					69の4－6
		イ　被相続人の事業用			69の4－13
					69の4－14
					69の4－15
					69の4－16
		ロ　生計一親族の事業用			69の4－17
					69の4－18
					69の4－19
					69の4－20
	第2号	特定居住用宅地等	8項・9項・10項 11項	4項	69の4－7
					69の4－7の3
					69の4－8
		イ　同居親族が取得する場合			69の4－9
					69の4－17
		ロ　住居を所有していない家なし親族が取得する場合			69の4－19
					69の4－21
		ハ　生計一親族が取得する場合			69の4－22
	第3号	特定同族会社事業用宅地等	12項・13項・14項	5項・6項・7項	69の4－16
					69の4－17
					69の4－18
					69の4－19
					69の4－23
					69の4－24
	第4号	貸付事業用宅地等	6項・7項・15項	—	69の4－13
					69の4－14
		イ　被相続人の貸付事業用			69の4－15
					69の4－16
					69の4－17
		ロ　生計一親族の貸付事業用			69の4－19
					69の4－24の2
第4項	—	分割要件	16項	9項	69の4－25
第5項	—	分割に伴う相法32条の準用	17項・18項・19項	9項	69の4－26
第6項	—	手続き	5項	8項	—
第7項	—	宥恕規定		—	69の4－11
第8項	—	特定物納の適用		—	—
第9項	—	政令委任	18項・20項	9項	—

【旧租税特別措置法施行令　第40条の２】

項	条文要旨
第１項	事業に準ずるもの（準事業）
第２項	居住の用に供することができない事由（老人ホームへの入居）
第３項	政令で定める用途（事業の用、被相続人等以外の居住の用）
第４項	事業の用又は居住の用に供されていた宅地等（一棟の建物の居住用部分）
第５項	特例対象宅地等の選択の方法（添付書類）
第６項	除かれる事業の範囲（駐車場業・自転車駐車場業・準事業）
第７項	特定事業用宅地等に該当する部分
第８項	居住用宅地等が２か所ある場合の適用
第９項	特定居住用宅地等に該当する部分
第10項	本法第３項第２号イに規定する部分（一棟の建物の同居部分の判定）
第11項	被相続人の居住用家屋に居住していた親族の範囲
第12項	特別の関係がある者の範囲
第13項	含まれない株式又は出資
第14項	特定同族会社事業用宅地等に該当する部分
第15項	貸付事業用宅地等に該当する部分（第７項を準用）
第16項	配偶者に対する相続税額の軽減規定（相令４条の２）の準用
第17項	申告期限内分割済み特例対象宅地等と未分割特例対象山林がある場合の適用
第18項	前項の場合の配偶者に対する相続税額の軽減規定（相令４条の２）の準用
第19項	相続税法の更正の請求の特則（相法32条）の準用
第20項	相続税法の信託に関する特例の規定（相法９条の２第６項）の準用

【旧租税特別措置法施行規則　第23条の２】

項	号		条文要旨
第１項	—	—	建物又は構築物の範囲
第２項	—	—	施行令第40条の２第２項に規定する被相続人
第３項	—	—	棚卸資産に準ずるもの
第４項	—	—	適用可能な家なし親族
第５項	—	—	特例が適用可能な親族の範囲（法人税法２条15号の役員）
第６項	—	—	議決権に制限のある株式の範囲
第７項	—	—	議決権に制限のある出資（第６項の準用）
第８項			添付書類
	第１号		特定事業用宅地等
		イ	計算に関する明細書
		ロ	施行令第40条の２第５項各号に定める書類
		ハ	遺言書の写し、遺産分割協議書の写しなど財産取得が確認できるもの
	第２号		特定居住用宅地等
		イ	第１号イ～ハの書類
		ロ	個人番号を有しない場合の自己の居住を証明する書類
		ハ	個人番号を有しない場合の相続開始前３年間の住所を証明する書類
		ニ	相続開始前３年の居住家屋に関する書類
	第３号		特定居住用宅地等（居住の用に供することができない事由がある場合）
		イ	第２号イ～ニの書類
		ロ	相続開始後の被相続人の戸籍の附票の写し
		ハ	介護保険の被保険者証・障害福祉サービス受給者証の写し等
		ニ	入所等が政令で定める特別養護老人ホーム等である旨を証する書類
	第４号		特定同族会社事業用宅地等
		イ	第１号イ～ハの書類
		ロ	法人の定款
		ハ	相続開始直前の株主名簿などの写し（法人が証明したもの）
	第５号	—	貸付事業用宅地等
	第６号	—	本法第４項の未分割の場合
	第７号	—	施行令第17項の未分割の場合
第９項	—	—	遺産が未分割であることについてやむを得ない事由がある旨の承認申請手続き（相規１条の６第１項・第２項の読替え）

【旧租税特別措置法通達（相続税・贈与税関係）】

通達No.	項目名
69の4－1	贈与財産
69の4－2	信託
69の4－3	公共事業施行地
69の4－4	事業の用に供されていた宅地
69の4－5	事業用建物が建築中の場合
69の4－6	使用人の寄宿舎
69の4－7	居住の用に供されていた宅地
69の4－7の2	要介護認定等の判定時期
69の4－7の3	建物の区分所有等に関する法律第1条の規定に該当する建物
69の4－8	居住用建物が建築中の場合
69の4－9	店舗兼住宅について贈与税の配偶者控除を受けた場合
69の4－10	限度面積の計算式
69の4－11	限度面積を満たさない場合
69の4－12	限度額満たさない場合（措法69の4、69の5重複適用）
69の4－13	不動産貸付業等の範囲
69の4－14	下宿等
69の4－15	宅地等を取得した者が申告期限までに死亡した場合
69の4－16	申告期限までに転業又は廃業があった場合
69の4－17	災害のため事業が休止された場合
69の4－18	申告期限までに宅地等の一部の譲渡又は貸付けがあった場合
69の4－19	申告期限までに事業用建物等を建て替えた場合
69の4－20	宅地等を取得した親族が事業主となっていない場合
69の4－21	被相続人の居住用家屋に居住していた親族の範囲
69の4－22	その者の配偶者の意義
69の4－23	法人の事業の用に供されていた宅地等の範囲
69の4－24	法人の社宅等の敷地
69の4－24の2	被相続人等の貸付事業の用に供されていた宅地等
69の4－25	共同相続人が分割前に死亡している場合
69の4－26	申告期限後に分割された宅地等について特例の適用を受ける場合
69の4－27	郵便局舎の敷地
69の4－28	既に郵政民営化法により特例を受けている場合
69の4－29	相続人の意義
69の4－30	特定宅地等の範囲
69の4－31	建物の所有者の範囲
69の4－32	特定宅地等とならない部分の範囲
69の4－33	郵便局舎の敷地を被相続人から無償提供されていた場合
69の4－34	賃貸借契約の変更に該当しない事項
69の4－35	郵便局舎の貸付の範囲
69の4－36	災害のため業務が休業された場合
69の4－37	郵便局㈱との賃貸借契約の解除
69の4－38	平成21年改正前の取扱い
69の4－39	平成21年改正前の取扱い（小規模宅地等の特例の不適用）

【索　引】

【あ】

空家……244,362
家なし親族……4,6,342
遺贈により取得した宅地等
……165,166
一部貸付け……547
１棟の建物……16,327,329
遺留分侵害額……182
医療法人……569,570

【か】

海外転勤……439
海外に所在する宅地等……178
介護医療院……8
外国の所有家屋……349
学生……251
貸付事業……xviii,471,473
貸付事業用宅地等
……20,63,494,497
貸家建付地……331
仮換地……669
議決権に制限のある株式又は出資
……32
共同相続人等……222
共有……169,190,192
共有不動産……448
居住継続要件……4
空室……466,499
区分所有……16,189
建築中
（貸付事業用建物）……484,486
（居住用建物）……425
限度面積要件……35
個人版事業承継税制……30,233

【さ】

災害……185
３年以内…202,349,351,353,358,
445,455,459,461
３年超……354
仕送り……251
事業……xviii
事業継続要件……4,27,524
事業承継……526,535,537
事業承継者……528
事業承継要件……27,469
事業専従者……510
事業的規模……447,448,514
事業主……533
事業の準備行為の状況……552
私道……174
借地権……172,566
社宅……238
従業員宿舎……518,520,522
従前地……669

準事業……………………………xviii
譲渡………………………………545
新規事業…………………………484
申告要件…………………………47
数次相続…………………………217
生計一……………………3,183,266
生計別……………………………270
生計を一にする（所基通2－47）
……………………………………4
清算中…………………………31,591
成年後見人………………………443
選択換え…………………180,181
選択同意…………………………211
選択同意書………………………213
相続時精算課税…………………161
相続税法の施行地内………350,352
相続登記…………………………45
相当の地代………………592,593
贈与税の配偶者控除……………422
贈与により取得した宅地等……161

【た】

代償分割…………………………208
第二次相続開始
（貸付事業用宅地等）
…………………………490,492,494
（特定居住用宅地等）
…………335,336,337,338,340
（特定事業用宅地等）…………537
太陽光発電設備……………229,231
宅地等……………………………xviii
建替中
（貸付用建物）……………479,482
（居住用建物）……………………427
（事業用建物）……………549,551
（特定同族会社事業用建物）
…………………………………587,589
建物等……………………………xviii
建物の区分所有等に関する法律
第１条の規定に該当する建物
……………………………………16
建物又は構築物…………………3
単身赴任中………………436,438
庁Q＆A……175,176,182,230,363,
367,371,437,467
通常の地代………………………592
転居………………………………259
転業………………………539,541,543
転勤………………………………358
転用………………………………464
添付書類…………………………54
同居親族…………………………6,18
特定貸付事業……xviii,21,22,457
特定居住用宅地等…………6,59,238
特定事業…………………501,502
特定事業用宅地等………26,67,501
特定同族会社事業用宅地等
……………………………31,71,566
特定物納…………………………58
特別の関係のある者……………31

独立部分
………285,307,311,315,317,326
特例対象宅地等………………………3
特例対象宅地等の選択……………34
特例対象宅地等の分割要件……36
土地の無償返還に関する届出書
……………………………………567

【な】

２ヶ所居住用…………………14,265
（居住用宅地等が二以上）
二世帯住宅……………………16,284
日本国籍…………………6,178,239
入院…………………………362,365
庭先部分…………………………441
農地………………………………515
農機具置場………………………516

【は】

廃業………………………………544
配偶者居住権…………19,82,84,394
売買契約中………………175,176
被相続人等……………………xviii
非同居親族………………431,435
不動産貸付業…………577,582,583
不動産管理業……………………579
物納………………………………228
分割が未了…………………………36
弁護士業…………………………532
法人成り…………………………544
法人役員要件………………………31
保有継続要件…………4,27,31,524

【ま】

マンションの相続税評価………320
未分割
（共通事項）………………200,215
（貸付事業用宅地等）……488,494
（特定居住用宅地等）……360,340
（特定事業用宅地等）…………564
無償……………………………xviii
無償返還の届出…………66,70,424

【や】

役員…………………………………32
役員社宅…………………………586
有償……………………………xviii
郵政民営化法……………………599
郵便局舎…………………597,601
郵便局舎用宅地等………33,79,597
要介護認定…………………10,366
養子………………………………168
要支援……………………370,371

【ら】

立体駐車場………………………512
隣地………………………………273
老人ホーム等………8,12,362,366

【著者紹介】

松岡　章夫（まつおか　あきお）

昭和33年東京都生まれ。早稲田大学商学部卒業、筑波大学大学院企業法学専攻修士課程終了。大蔵省理財局、東京国税局税務相談室等を経て、平成５年３月国税庁資料調査課を最後に退職。平成７年８月税理士事務所開設、平成16・17・18年度税理士試験試験委員。他に東京地方裁判所所属民事調停委員、全国事業再生税理士ネットワーク副代表幹事、早稲田大学大学院（会計研究科）非常勤講師、東京国際大学大学院客員教授など。

〔主な著書〕

平成16～令和５年度「税制改正早わかり」、「令和５年12月改訂　所得税・個人住民税ガイドブック」、「４訂版　不動産オーナーのための会社活用と税務」、「令和４年版　図解　事業承継税制」、「個人版事業承継税制のポイント」、「法務・税務からみた配偶者居住権のポイント」、「ゼミナール相続税法」、「令和５年からはじめる計画的生前贈与のシミュレーション」（いずれも大蔵財務協会刊）など。

山岡　美樹（やまおか　よしき）

昭和33年愛知県生まれ。横浜国立大学経営学部卒業。東京国税局課税第一部審理課、資産課税課等を経て、平成20年７月総務部税務相談室を最後に退職。同年８月税理士登録。文京学院大学大学院客員教授。

〔主な著書〕

「令和４年版　図解　事業承継税制」、「個人版事業承継税制のポイント」、「改訂版　資産税調査における是否認の接点」、「令和５年からはじめる計画的生前贈与のシミュレーション」（共著・大蔵財務協会刊）

大蔵財務協会は、財務・税務行政の改良、発達およびこれらに関する知識の啓蒙普及を目的とする公益法人として、昭和十一年に発足しました。爾来、ひろく読者の皆様からのご支持をいただいて、出版事業の充実に努めてきたところであります。

今日、国の財政や税務行政は、私たちの日々のくらしと密接に関連しており、そのため多種多様な施策の情報をできる限り速く、広く、正確にかつ分かり易く国民の皆様にお伝えすることの必要性、重要性はますます大きくなっております。

このような状況のもとで、当協会は現在、「税のしるべ」（週刊）、「国税速報」（週刊）の定期刊行物をはじめ、各種書籍の刊行を通じて、財政や税務行政についての情報の伝達と知識の普及につとめております。また、日本の将来を担う児童・生徒を対象とした租税教育活動にも、力を注いでいるところであります。

今後とも、国民・納税者の方々のニーズを的確に把握し、より質の高い情報を提供するとともに、各種の活動を通じてその使命を果たしてまいりたいと考えておりますので、ご叱正・ご指導を賜りますよう、宜しくお願い申し上げます。

一般財団法人　大蔵財務協会
理事長　木　村　幸　俊

令和６年版　Q&A241問　相続税　小規模宅地等の特例

令和６年２月26日　初版印刷
令和６年３月19日　初版発行

不許複製

著者　松岡章夫
　　　山岡美樹

（一財）大蔵財務協会　理事長
発行者　木村幸俊

発行所　一般財団法人　大蔵財務協会
〔郵便番号　130-8585〕
東京都墨田区東駒形1丁目14番1号
（販売部）TEL 03(3829)4141・FAX 03(3829)4001
（出版編集部）TEL 03(3829)4142・FAX 03(3829)4005
https://www.zaikyo.or.jp

乱丁・落丁はお取替えいたします。　印刷　恵友社
ISBN 978-4-7547-3217-2